中国式领导力

修己安人、内圣外王之道

THE CHINESE APPROACH
TO LEADERSHIP

孔云中／著

复旦大学出版社

献给我的父亲母亲

献给我的女儿小云朵

推荐序一

云中是孔子后裔第78代维字辈，安徽合肥生人，是孔家在上海生活和打拼的年轻一代。我们在2014年相识，之后接触颇多，他陪同我一起参与了许多中国传统文化活动，例如上海每年两次的祭孔大典，他基本都参与了策划组织工作，并担任"鸣赞官"，他还发起并领导了家乡的孔子世家谱续修工作，等等。近十年来，他在职场打拼之后离开外企、重入复旦大学攻读社会心理学博士、理论结合实战四处讲学、深度思考融会东西方文化等，我基本是看着他一路走来。作为一个年轻的新上海人，他所遭遇的困难、障碍、迷茫和挫折也必然很多。好在他一直保持着乐观向上、积极进取、努力拼搏、自强不息的精神品质，让人生走的每一步都算数，这大概也是他潜心修习中华优秀传统文化的结果。时至今日，我很欣慰地看到《中国式领导力》这本书的诞生，也映射出他的精进和成长。

在通读这本书的书稿之后，针对其中重要的几个话题，我在这里稍加评述，供读者朋友们参考。

第一，中华优秀传统文化以儒家文化思想为主体，而儒家文化思想涉及我们人类个体生命和社会世界的方方面面。儒学不仅是政治儒学、社会儒学，还是生命和心性的哲学，儒家思想强调人与自我的关系，以及人与人、人与事、人与物、人与场的关系。认识、理解并理顺这些关系，就是一个完整的生命教育和生命觉醒的过程。而最后的这个所谓"场"可大可小，小可以小到个体独处的空间、一对一沟通的场景、一个家庭的内部环境、一个企业的文化氛围等等，大可以大到一个国家、一个社会，乃至整个地球、自然和全宇宙。因此，"人与场"的关系，其涉及面极为宽泛，"其大无外，其小无内"[1]。

我很欣喜地看到云中这本书跳脱了西方管理学的窠臼，关注到了儒家思想所涉及到的，而西方管理学可能略微忽视的"人与自我"和"人与场"的关系。"人与自我"的关系涉及"内圣"和"修己"的部分，中国文化自古以来倡导的"修己以敬""反求诸己""慎独"等概念，都是提醒我们人类要注重"向内求"；"人与场"的关系中所涉及的人与自然、人与地球、人与宇宙的关系，是中国文化自古以来所倡导的"天人合一的宇宙观""协和万邦的世界观""大道为公的天下观"等所涵盖的内容。我们知道，在东西方文明还没有产生交集的轴心时代，有些思想和智慧却已经相通。例如在古希腊奥林匹斯山上的德尔斐神殿里，一块石碑上刻着苏格拉底的名言"人啊，认识你自己！"虽然如此，但具体到西方领导力理论和管理学这一学科来说，更多的却是偏向于"向外求"，其关注的重点是放在人与人、人与事以及人与物的关系上。因此，这本书的内容与西方管理学的关注重点形成了有价值的互补。

第二，我关注的是中国式领导力"内圣之法"中所包含的领导者信仰、价值观以及敬畏心等话题。"内圣"修己功夫是中国传统文化数千年来的焦点之一，《大学》有言："物有本末，事有终始，知所先后，则近道矣"，而这个所谓的"本"是什么呢？"自天子以至于庶人，壹是皆以修身为本。"抓住"修身"这一根本点，才能让我们找到生命本自具足的价值和意义。书中所讲到的信仰、价值观、敬畏心等话题就是修身为本的核心内容。当代社会纷繁复杂、绚烂多彩，人们忙忙碌碌、追名逐利，中国人似乎面临着文化信仰丧失的严重问题。但因为有 5 000 年中华文明的积淀，文化信仰其实深入中国人骨髓，从未丢失，这就是中国人的天命信仰、天地信仰，于是中国人敬天法祖、天下为公，信奉天理公义、天道规律，弘扬善行善举，崇尚努力奋斗，追求高尚品德。

《易经》有言："天行健，君子以自强不息；地势坤，君子以厚德

[1]《庄子·天下》："至大无外，谓之大一；至小无内，谓之小一。"意谓大到极点已无外围可言，叫"大一"；小到极点已无所包容，叫"小一"。《管子·心术上》亦言："道在天地之间也，其大无外，其小无内。"

载物";《论语》中孔子曰:"唯天为大,唯尧则之""天何言哉?四时行焉,百物生焉,天何言哉!""天生德于予,桓魋其如予何?"《中庸》开篇曰:"天命之谓性,率性之谓道,修道之谓教。"中华古籍经典对于中国人信仰的表述其实处处可见。我在与云中谈论书中"王道仁政"的概念时也曾讲到,所谓"王"乃是三横一竖,意谓贯通天道、地道、人道的三才之道才可称之为"王",或者用本书的语言,才可称之为优秀的领导者。既然中国式领导力是"修己安人、内圣外王之道",那么涉及领导者"内圣"和"修己"功夫的信仰和价值观的建立便是其中的关键所在。

第三,以儒家思想为主体的中华优秀传统文化是与时俱进的,在任何一个人类发展时代都有其先进性。自至圣先师孔子创立儒家学派以来,儒家思想就体现了其兼容并蓄、海纳百川、与时俱进的特点。孔子本人就是如此,孟子曾说:"孔子,圣之时者也"[1],意谓圣人孔子与时俱进、顺应时势。正是因为儒家思想的这种包容性、先进性,让中国文化得以绵延数千年而没有中断,并且经历了近代以来 100 多年的低潮期之后,在当今时代重新焕发出更大的光彩。本书系统分析和提炼了中国传统诸子百家的领导思想和智慧,并梳理了现代西方管理学的理论脉络,在这一基础上尝试构建中西合璧的"中国式领导力"概念正是体现了中国文化与时俱进、海纳百川的特点。

书中还谈到了儒商的问题。当今新时代的新儒商面临着挑战和机遇并存的世界,新儒商这一群体除了应该要把握以儒家思想为主体的中华优秀传统文化的精髓之外,也要与时俱进,顺应时代大势之所趋,借鉴和应用西方管理学成熟的经验。而此书提出的"中国式领导力"概念值得新儒商群体以及所有身在领导和管理岗位上的朋友们学习和借鉴。

二十大号召"以中国式现代化全面推进中华民族伟大复兴"。中国式现代化立足于中国本土文化情境,深深植根于中华优秀传统文化,并借鉴吸收一切人类优秀文明成果,代表人类文明进步的发展方向,展现了不同于西方模式的新图景,是一种全新的人类文明形态。在这

【1】见《孟子·万章下》:"伯夷,圣之清者也;伊尹,圣之任者也;柳下惠,圣之和者也;孔子,圣之时者也。孔子之谓集大成。"孟子在这里罗列了四种圣人的典型,而孔子为顺应时势之圣人,是集大成之圣人。

一理论发展和现实演进的大背景下，云中的这本新书《中国式领导力》的出版可谓恰逢其时、至关重要、大有可为。

说其"恰逢其时"，是因为伴随中华民族伟大复兴的历史进程，中国式现代化呼唤"中国式领导力"的出现，从而将中国文化中的管理和领导的思想智慧进行提炼和升华，也为全世界领导力理论和实践的探索与发展提供中国思考、中国方案；

说其"至关重要"，是因为具有5 000多年悠久历史的中华文明辉煌灿烂，其中关于领导和管理的思想智慧在近代以来一直没有得到足够的重视，而云中为撰写此书，潜心研读中华文化经典，多方讨教学习，厚积薄发，其所总结提炼的内容虽不一定全面，但在领导力理论这个一直为西方所把持和主导的领域来说，展现了中华"文化自信"，开了先河；

说其"大有可为"，是因为"中国式领导力"概念和框架的构建，运用了西方实证主义科学的思维逻辑和研究方法，并且尝试将中华优秀传统文化思想与西方现代管理学经典理论相融合，这一追求中西合璧、古今结合的理路拓宽了现代管理学和领导力理论发展的视野和格局。

祝贺云中新书付梓。

祝愿读者能够从此书中获得启发和智慧。

是为序。

孔众

世界孔子后裔联谊总会会长

曲阜孔子书院执行院长

中国孔子基金会经典传习专项基金管委会主任

推荐序二

云中要出书，希望我写个推荐序。以我对他的了解和欣赏，好像不能推卸。

他这本书是谈领导力的。领导力原是西方管理学领域的话题，云中将其放在深厚的中国文化中加以审视，试图挖掘出中国本土的领导力思想和智慧，很有创意，且意义重大。

中华文明五千余年，古圣先贤灿若星河，英雄人物层见叠出，其中不乏历史的领导者、时代的推进者和思想的引领者。比如我一直关注的孔子，就是这样一位伟大的领导人物。

他引领弟子三千，贤者七十二（七），孟子说"以德服人者，中心悦而诚服也，如七十子之服孔子也"；他是穿越时代引领全体中国人的领导者，古人说"天不生仲尼，万古如长夜"，他承继和开创中国文化，"孔子者，中国文化之中心，无孔子则无中国文化"；他也是影响整个世界和全人类的领导者，雅思贝尔斯的《大哲学家》，把孔子和释迦牟尼、苏格拉底、耶稣称之为四位"人类思维范式的创造者"——他们是引领人类思维的伟大人物。而对思维的引领，是领导力的终极体现。

所以，中国有丰富的领导力思想和实践的历史资源。现代管理学的理论建设和实践发展不能缺少中国文化和中国人的思想与智慧，所以我说这本书意义重大。

我与云中相识于多年前的一场儒家文化论坛活动，其后在上海多有接触。作为年轻一代的孔子后裔，云中的干练敏捷、聪明活泼令人印象深刻。而近年来他潜心研读中华经典，又让人看到他内心的笃定与坚持。他是管理学专业出身，又拥有十多年在央企和外企的实践工作经历，再加上多年来深度学习和领悟中国传统文化，因此我相信在"东西方结合的中国式领导力"这一课题上，他的观察和提炼一定有其独特观点和独到眼光。本书洋洋洒洒数十万字，结构清晰、逻辑严密、层层推进，能够看到云中对于学术研究的雄心与追求。书中对古代中国治理之道的总结，以及对儒、道、法、墨、兵等诸子百家领导思想的提炼，显示出他对于中国传统文化和中华古籍的熟悉程度已达到相当不错的境界水平。此外，在对诸子百家思想的描述中，还能照顾到各家各派的关联性，尤其是它们与儒家学派的渊源和关系，充分体现了以儒家思想为主体的中华文化的延续性和统一性。

由此，本书的学术价值值得期待。去年年初云中来拜访我，我建议他选择复旦大学出版社出版这本书，就是考虑到复旦对于学术的要求和把关非常严格，相信出版社的编辑和审校团队对此书也助力颇多。慢工出细活，经过将近一年时间的辛苦写作，如今看到这样的成果，我很替云中高兴。

另外，在确保学术价值的同时，本书语言文字的运用也饱含温情，让人感受到浓郁的人文情怀，这一点难能可贵。例如，讲到老子与孔子的碰面、韩非与李斯的恩仇，还有墨家与兵家的故事等，作者有意无意地代入了自己深切的共情，娓娓道来，引人入胜。云中能够产出这样的文字，我并不奇怪。2022年疫情封控期间，他常拍摄短视频推送给我看，我发现他作为老师的"教态"非常好，语言生动练达、幽默风趣，颇具吸引力，短视频的流量也非常大。这种语言驾驭的特点运用于本书的写作中，则表现为看似不经意的评论以及与作者本人经历和情绪相关的延展等，让这本书具备相当的阅读趣味性。更为重要的是，从全书字里行间能够看到作者对于中华优秀传统文化的拳拳之心、殷殷之情，我想这正是云中作为中华儿女的文化自信和孔氏族人的文化信仰所在。

按照本书所提出的观点，"领导力是每个人的事情"，我相信本书的读者不局限于各行各业的领导者和管理者，并且鉴于以上所说的几点，我愿意向广大的读者朋友们推荐此书。

鲍鹏山

文化学者、作家、教授

推荐序三

云中博士把其书稿《中国式领导力》发给我，诚邀我写序。我的研究领域不涉及管理学，动笔之际不免忐忑。翻读了书稿内容，发现云中博士并非运用西方管理学来剖析中国的管理实践，而是意在发掘中国传统智慧在现代化过程中的价值，建构自主性的管理之道。在当今全球化的历史背景下，以及中国国力国势上升时，云中博士所探讨的"中国式领导力"，或是一种务实的文化自觉，为中华现代文明"现代转向"的自主地位确立提供学理上的解释。

与社会科学领域的其他学科一样，管理学或领导学近代以来产生于西方，并在很大程度上左右了过去一百多年非西方国家现代化的路径与方向。"现代化"就是"西方化"，或"东方"将向"西方"社会形态转型[1]，无形中就是把一切现代的事物和发展模式归为与西方相关。20世纪七八十年代以来，亚太地区逐渐成为带动世界发展的中心地带，挑战了西方社会科学有关现代化的某些论断。亚洲人恢复了对亚洲文化的自信，并转向非西方的文化资源，特别是儒家文化价值的解释。正如社会学家金耀基指出的，中国现代的新文明不是在文化真空中构建的，它必然是以中国传统文化和西方文化中的优秀元素作为构建的资源，中国现代性将必然是一个具有中国特色的现代新文明。

进入21世纪，中国已经成为拥有联合国产业分类中全部工业大类、中类、小类的国家，奠定了其在全球产业格局和产业链中的重要地位和独特价值，而全世界200多个国家中真能够掌握现代制造

【1】参见费孝通："我对自己学术的反思——人文价值再思考之一"，《读书》，1997年第9期。

业的不超过 20 个，分属于基督教新教和儒家文化圈。中国跻身于制造业大国之列，其中的因素固然很多，不可否认的一点是来自非西方传统的管理和领导方式，助力于有着强大发展生机的中国式现代化。云中博士无疑从一个特定的角度揭示了中国经济发展的某些内在理路，即"修己安人、内圣外王之道"价值在现代管理的应用以及成效。

云中展现了社会学博士的特有洞察力，在书中从人类群体的社会性特征来梳理维持群体发展所形成的中国式领导和管理思想及模式。东亚经济发展特别是中国的崛起，支持了建立在非西方文化传统上的"多元现代性"，如《孙子兵法》早年就被誉为"最高经营教科书"引入日本的企业管理体系。云中博士在本书中以"五千多年的参天古树"意象代表中华悠久而深厚的资源，其中蕴含的丰沛领导思想和管理智慧成为其构建"中国式领导力"概念的源泉。

西方式现代化是马克斯·韦伯所谓的"工具理性"的胜利。工具理性发达，固然有助于人类控制、改造客观环境并大幅度提高生产水平，却不可避免地造成人类基本价值丧失、日常生活世界的道德秩序瓦解。东亚社会经济成功，原因不在于复制了欧洲现代化的样式，而在于重新激活了传统文化价值，特别是儒学伦理思想。云中博士的新作将中国式领导力落实在追求平衡的领导思想和管理模式，并概括为"内圣外王"模式。有别于受功利驱使的"工具理性"，"内圣外王"模式强调了阴阳平衡的原则，推崇仁义的价值，将道德修养与践履、致良知与利天下作为领导力的重要养成过程。

云中博士对中国式领导力的解说，建立在丰富的传统文化资源和实践之上，但绝非退到"唯我独尊"的文化保守主义，而是意在建构中西结合、融通古今的领导力理论。正是由于中国及广大非西方国家的现代化实践呈现出不同的路径，使得非西方国家的传统文化及其价值不仅重新得到肯定，而且成为全球多元现代性的条件和基础。

数年前，云中在复旦大学社会发展与公共政策学院获得了博士学位，作为他曾经的老师，为他的学术日益精进并承担起社会责任而感到欣慰。

是为序。

范丽珠

教授、博士生导师

复旦大学社会发展与公共政策学院

前言：
一个"中国式"的新时代来了！

　　7月暑假的一天晚上八点，我到上海浦东机场接我八岁半的女儿小云同学，这是小姑娘第一次一个人乘坐飞机。机场人头攒动、秩序井然，不一会儿，小云在一名工作人员的陪同下出现在C2出口，我远远看着她背着书包，淡定从容，英姿飒爽！回家的路上，小云唧唧喳喳跟我描述一路上的见闻，在休息室里看动画片，在飞机上一个人吃晚餐，还有空姐送给她礼物，等等。机场和航空公司的工作人员悉心照料，每一个环节都是无缝衔接，还不时与我们联系让家长放心。所有这一切都让人颇为感慨。我对小云说，爸爸到20多岁还没看到过真的飞机，而你在五六岁时就已经去过四五个国家，现在竟然又可以一个人乘坐飞机！

　　真是一代更比一代强。我们这一代相较于我们的父辈，无疑是幸运的，伴随着改革开放的伟大国策，我们亲历了中国40年来翻天覆地的变化和发展；我的女儿这一代更加幸运，他们不仅将成长在一个从站起来、富起来到逐渐强大起来的中国，更是将生活在一个中华民族伟大复兴的全新时代！

　　何谓"中国"？

　　中者，中心之意也，乃是居天下之中的中央之国，居其所而众星共（拱）之。

　　何谓"中华民族伟大复兴"？

复兴者，恢复兴盛之意也，乃是指重新恢复到中华民族历史上最兴盛和荣光的地位。

自中华文明诞生以来，中国数千年来都是万邦来朝的中央之国！

众所周知，拥有5 000多年绵长历史的中华文明是世界上唯一没有发生断裂的文明，一直延续传承至今，中华民族自古以来也一直都是世界上最优秀、最先进的群体之一，创造了辉煌灿烂的中华文化。公元前4世纪，古希腊人就用"丝之国"（拉丁文Seres）这个诗意盎然的名字代表我们这个神秘而遥远的国度，英语中的中国"China"更是来源自"瓷器"的原意。这些对中国的称谓，正是记载了历史上的丝绸之路、瓷器之路、茶叶之路、香料之路等古老的商路，助推着中国的丝绸、陶瓷、茶叶、香料等风靡亚欧大陆，记录着古老的中国对西方世界的深刻影响。

然而到了19世纪40年代，数千年来一直引领世界的中国仿佛被一记闷棍打倒在地，之后又被狠狠地踩进污秽的泥土。从1840年第一次鸦片战争开始，这个曾经无比辉煌的国度遽然间走进了一百多年黑暗屈辱的近代历史。在这一时期，晚清封建王朝懦弱无能、气数殆尽；民国政府风雨飘摇、军阀混战。鸦片战争、第二次鸦片战争、中日甲午海战、八国联军入侵紫禁城、九一八东三省沦陷、卢沟桥倭寇犯中华，还有中英《南京条约》、中俄《瑷珲条约》、中日《马关条约》、中国与十一国之《辛丑条约》等一系列丧权辱国之条约的签订，这些刻骨的民族伤痛接踵而至，一波未平一波又起，中华民族到了最危险的时候！古老的中华民族虽是雄狮却沉睡不醒，只能任人宰割、受尽欺凌！

庆幸的是，虽然历尽沧桑、饱受磨难，中华大地却涌现出无数的仁人志士，他们前仆后继、英勇奋斗、艰难探索、救国图强，在民族最危难的时刻撑起了中华的脊梁！

有"我劝天公重抖擞，不拘一格降人才"的思想家和诗人龚自珍；

有"苟利国家生死以，岂因祸福避趋之"的禁烟英雄林则徐；

有"我自横刀向天笑，去留肝胆两昆仑"的变法先驱谭嗣同；

有"革命尚未成功，同志仍须努力"的民主革命先行者孙中山；

有"横眉冷对千夫指，俯首甘为孺子牛"的文学巨匠鲁迅；

有"索我理想之中华，青春之中华"的革命先驱李大钊；

更有在湘水之畔"问苍茫大地，谁主沉浮"的青年学子毛泽东和立志"为中华之崛起而读书"的淮安少年周恩来！

……

中华民族自古以来就从不曾缺少引领时代、创造历史的伟大革命先锋和民族英雄！洋务运动、戊戌变法、辛亥革命、新文化运动、五四运动、北伐战争、土地革命、抗日战争、解放战争，中国人民为了民族自由解放和幸福美好生活一直不间断地进行着伟大而艰苦卓绝的斗争！

从上海石库门到嘉兴红船，从八一南昌起义到秋收起义，从井冈星火到万里长征，从湘江血战到雪山草地，从遵义会议到延安窑洞，从西安事变到倭寇投降，从重庆谈判到三大战役，从百万雄师过大江到蒋介石遁逃中国台湾岛，中国人民在中国共产党的坚强领导下，在28年间以摧枯拉朽之势横扫帝国主义、封建主义、官僚资本主义三座大山。终于在1949年，伟大领袖毛主席在天安门城楼上庄严地向全世界宣告中华人民共和国成立。中国人民从此站起来了！我们终于走过了屈辱的百年近代历史，昂首迈入新纪元。

然而新中国成立之初，我们面对的却是极端落后、一穷二白的状况，还有西方资本主义国家的封锁围堵。毛泽东主席指出，"我们不但善于破坏一个旧世界，我们还将善于建设一个新世界"。中国共产党人带领全国各族人民自力更生、艰苦奋斗，很快使国家面貌焕然一新、社会秩序逐步改善，为新中国的建设奠定了坚实基础。我们甚至在极端困难的条件下，"抗美援朝、保家卫国"，"打得一拳开，免得百拳来"[1]！在这一时期，虽然有十年"文化大革命"，但中国人民在中国共产党的领导下艰苦奋斗、努力探索，"两弹一星"研制成功、恢复联合国合法席位等，取得了一系列辉煌的成就。

新中国经历初生的阵痛后，拥有非凡智慧的邓公力挽狂澜，在20

【1】1950年10月毛泽东与民主人士周世钊谈话中提出来的著名论断："打得一拳开，免得百拳来。我们抗美援朝，就是保家卫国。"

世纪 70 年代末拉开了改革开放的大幕，自此中国走上了令世界瞩目的高速发展道路！恢复高考制度、推行包干到户、实行市场经济、实现港澳回归、加入世贸组织、修建青藏铁路、举办北京奥运、载人航天跨越式发展、自主建成航空母舰、自行研制北斗导航、高速铁路领跑世界，直到天宫空间站全面建成，中国已成为世界第二大经济体。这一时期我们国家的伟大成就无疑将被镌刻在中华民族的历史丰碑上，留下永恒的记忆。如今，中国在全世界的影响力与日俱增，"上合组织"成立、"一带一路"倡议、"金砖国家"合作等一系列举措更是给全世界带来了中国方案和中国智慧！

伴随着经济物质层面的飞跃发展给人民生活水平带来极大的改善，具有 5 000 多年绵长历史的中国文化在当今世界的影响力也随之逐步扩大。物质文明与精神文明的同步建设极大地提升了全体中国人民的"文化自信"。

"观乎天文，以察时变；观乎人文，以化成天下"，文化的力量贯穿人类社会历史演进的始终，是一个国家和民族进步的灵魂。正如习近平总书记所强调的，"中华文化源远流长，积淀着中华民族最深层的精神追求，代表着中华民族独特的精神标识，为中华民族生生不息、发展壮大提供了丰厚滋养"。因此，自党的十八大以来，我们坚定"文化自信"，习近平总书记在 2015 年 11 月便提出，"中国有坚定的道路自信、理论自信、制度自信，其本质是建立在 5 000 多年文明传承基础上的文化自信"；在党的十九大报告中再次指出"文化自信是一个国家、一个民族发展中更基本、更深沉、更持久的力量……推动中华优秀传统文化创造性转化、创新性发展，继承革命文化，发展社会主义先进文化，不忘本来、吸收外来、面向未来，更好构筑中国精神、中国价值、中国力量，为人民提供精神指引……深入挖掘中华优秀传统文化蕴含的思想观念、人文精神、道德规范，结合时代要求继承创新，让中华文化展现出永久魅力和时代风采"。

在中国经济物质获得巨大发展，中国人民坚定"文化自信"的当今时代，我们作为普通百姓，已经能够明显地感受到，一个"中国式"

的新时代已经到来！而这全新的时代正是中国综合国力以及中华文化软硬实力全面提升的反映。

当然，我们已经深刻认识到当今世界并不平静，正面临百年未有之大变局，存在多重危机亟待解决，如新冠疫情影响深远，逆全球化思潮抬头，单边主义、贸易保护主义明显上升，世界经济复苏乏力，局部冲突和动荡频发，全球性问题加剧，世界进入动荡变革期。面临诸多突出的问题与矛盾，仅凭物质手段是远远不够的，还必须依靠精神和文明的力量。"中国式"的新时代将给全世界带来中国精神、中国智慧、中国方案和中国力量！而这种中国精神、智慧、方案和力量恰恰深深根植于中华文明。

拥有5 000多年辉煌灿烂历史的中华文明自古以来就以开放包容闻名于世，在同其他文明的交流互鉴中形成的开放体系，不断焕发出新的生命力。从历史上的佛教东传、"伊儒会通"，到近代以来的"西学东渐"、新文化运动、马克思主义和社会主义思想传入中国，再到改革开放以来全方位对外开放，中华文明始终在兼收并蓄中历久弥新。2019年5月15日，习近平主席在亚洲文明对话大会上指出："亲仁善邻、协和万邦是中华文明一贯的处世之道，惠民利民、安民富民是中华文明鲜明的价值导向，革故鼎新、与时俱进是中华文明永恒的精神气质，道法自然、天人合一是中华文明内在的生存理念。"中华文明的这些特点、理念和内容正是中国精神、智慧、方案和力量的不竭源泉！

自新中国成立以来，中国气派、中国特色、中国之治都是中国话语体系的自觉建构和主动输出。"中国式"的时代预示着历经百年的艰难探索之后，中华民族终于再一次屹立于世界民族之林！

"中国式"的新时代正是中华民族伟大复兴的前奏和序曲！

2022年10月16日，党的二十大报告号召以"中国式现代化"全面推进中华民族伟大复兴。中国式现代化是人口规模巨大的现代化，中国式现代化是全体人民共同富裕的现代化，中国式现代化是物质文明和精神文明相协调的现代化，中国式现代化是人与自然和谐共生的

5

现代化，中国式现代化是走和平发展道路的现代化。

今日之中国，不仅是中国之中国，更是亚洲之中国、世界之中国。中国式现代化的时代将是中国为人类文明的发展进步做出新的更大贡献的时代！

本书即是在这样一种"中国式"的新时代大背景下，将研究和探讨的对象聚焦在领导力培养和建设这一管理学细分领域，尝试提出并建构一种深植于中国文化，且兼容并蓄现代西方管理学相关思想理论的"中国式领导力"的概念和整体框架，以期为当今时代的中国乃至全世界各行各业的领导者和管理者提供有益的借鉴和启示。

目 录

第一章
领导力在中国

【本章导读】

是否存在一种符合中国本土情境的"中国式领导力"？

5 000多年中华文明之树长什么样子？

"领导"和"管理"皆是源自西方的现代词汇，但领导力并非西方所独有。自从盘古开天地，三皇五帝到如今，中华文明作为世界上唯一没有发生断裂的文明，其所孕育的领导和管理智慧传承和发展了五千年之久。诸子百家等古代经典中的领导和管理智慧俯拾皆是、灿若星辰，而各家各派的渊源皆可追溯至作为群经之首、大道之源的《易经》。先秦时期的古代中国在实践中逐渐形成了德治与刑治相结合的治理之道，现代社会的人们也开始愈发重视中国文化中的领导和管理智慧。因此，在中华民族伟大复兴的历史进程中，当代中国人不应该忽视"中国式领导力"所蕴含的无穷的中国力量！

一百多年前的 19 世纪中叶，晚清闭关锁国的政策被西方列强的坚船利炮所打破，近代中国第一批睁眼看世界的有识之士提出"师夷长技以制夷"，其后轰轰烈烈的洋务运动促进了西方科学技术在中国的广泛传播，逐渐形成了清末民初"西学东渐"的历史潮流。《易经·系辞》有云："形而上者谓之道，形而下者谓之器。"中国文化自古以来偏重哲学性表达与钩沉（道），而忽视技术性总结和提炼（器）。但随着近代西方科学技术在中国的广泛传播，古老的中国文化也因此发生了巨大的变化。

众所周知，中国文化在近代以前并没有形成类似于"领导学"或"管理学"的专门学科，"领导"和"管理"这两个词汇在古籍中甚至没有明确出现过。因此可以说，"领导"和"管理"是随着"西学东渐"之潮流传到中国的舶来词。随着东西方文化交流的日渐深入，领导和管理的概念被国人所认识和接受，并逐渐形成了我们今天所熟知的含义。

在如今的管理学领域，我们耳熟能详的领导力概念和理论有很多，伟人理论、特质理论、权变理论、情境领导力、变革领导力、交易领导力、挑战领导力、真诚领导力等。领导力的各种概念和理论在西方学术界可谓"你方唱罢我登场"，创新不断、层出不穷，而中国人数十年来学习、借鉴和应用西方领导力理论时却又是"反认他乡是故乡"[1]，缺乏民族自信、忽视文化传统。

我在本科和硕士教育阶段攻读的是管理学专业，博士阶段攻读的是心理学专业，踏入职场后又在位列世界 500 强的数家外资企业工作长达 15 年之久。可因为孔子后裔的个人身份，我对于中华优秀传统文化有着天然的亲近感。所以在学生时代学习源自西方的管理学和心理学，以及在参加工作后学习和应用外企的管理流程和领导力体系期间，

【1】曹雪芹《红楼梦》甄士隐解《好了歌》："乱烘烘你方唱罢我登场，反认他乡是故乡。"

以下问题就很自然地浮现在我的脑海中，那就是：

除了西方管理学的相关理论，以及外资企业所倡导的领导力体系，是否存在中国人自己的领导力理论？中华古籍中虽然并未出现"领导"和"管理"的表述，但古老而灿烂的中国文化中是否也会蕴含着中国人自己的领导思想和管理智慧？

或曰，是否存在一种符合中国本土情境且更加适用于当代中国人的"中国式领导力"？

一、中国式领导力为什么存在

（一）人类的群体性特征

首先我们不能否认一个事实，那就是只要有群体存在，就会产生领导和管理的实践活动。这种现象甚至在群居性动物的群体中也并不少见。例如大象是典型的母系社会动物，通常由一头年长的母象作为领导，这头母象凭借多年积累的经验带领族群寻找食物和水源，并维护族群的秩序和稳定；狼群也是等级森严的社会组织，一般由经验丰富、身体强壮的成年雄狼作为头狼，某些情况下，辈分高并拥有充足生存经验的雌狼也会成为头狼，它们领导狼群进行狩猎、守卫、进食和迁徙等群体性活动。

自然界中的领导和管理行为其实是普遍存在的，除了象群和狼群，在陆地上的狮群、猴群、羊群，海洋中的鲸鱼、海豚和各种鱼类群体，还有看似微不足道的蚁群中，都可以观察到领导和管理行为。

我们人类更是群体性动物的代表，因为人类没有像独居动物那样，进化出完备的生存装备和手段，"人类不像海龟那样拥有坚硬的甲壳，不像豪猪那样拥有一身保护自己的尖刺"[1]，也没有像熊类那样抵御严寒的厚实毛皮，像猎豹那样猎取食物的尖牙利爪，等等。因此，人类为了生存，就必须有效地组织在一起，过着一种群居的生活，共同应对和解决生存发展过程中所遇到的各种艰难险阻。所以，作为群体性的动物，人类从诞生之初到逐渐形成了部落、家族、城邦、民族、

【1】〔美〕乔治·萨拜因：《政治学说史》上卷，上海人民出版社，2008年，第11—12页。

联盟乃至国家和社会，在这一进化发展过程中，自然而然地产生了领导和管理活动，小到子女、家庭、氏族的引领，大到部落、诸侯、国家的治理，再到商业、联盟、战争等各种人类活动，莫不如此。

对此，中国古人早有清晰的认识：

> 凡人之性，爪牙不足以自守卫，肌肤不足以扞（hàn，也作"捍"，抵御）寒暑，筋骨不足以从利辟害，勇敢不足以却猛禁悍，然且犹裁（主宰之意）万物，制禽兽，服狡虫（指凶害之虫），寒暑燥湿弗能害，不唯先有其备，而以群聚邪！群之可聚也，相与利之也。利之出于群也，君道立也。故君道立则利出其群，而人备可完矣。

> ——《吕氏春秋·恃君览》

《吕氏春秋》这一段论述人类"群聚"性特征的文字文采斐然、精彩纷呈，也很容易理解，故无须翻译成白话。据司马迁《史记·吕不韦列传》记载，吕不韦组织门人著书，"以为备天地万物古今之事，号曰《吕氏春秋》。布咸阳市门，悬千金其上，延诸侯游士宾客，有能增损一字者，予千金。"这个吕不韦难怪是个精明的商人，出版了《吕氏春秋》还策划了一场绝妙的事件营销，广告语是"如果有人能增减改动书中一个字，就给一千金"。结果营销很成功，不仅轰动一时，还由此衍生了"一字千金"的成语，直接流芳百世了。当然吕不韦更为出名的是他和秦始皇母子不清不楚的关系，这个千古之谜也成就了一个成语，叫作"奇货可居"。好个吕丞相，先是富可敌国，后又封侯拜相，政商两界纵横驰骋。然而就是这样一个天才人物，却"机关算尽太聪明，反误了卿卿性命"。据《史记》记载，秦王嬴政逐渐长大，赵太后对吕不韦仍然纠缠不休，吕不韦深恐祸乱宫闱之事败露，于是想来想去，向赵太后引荐了一个"大阴人"嫪毐来代替自己，却没想到后来嫪毐做大造反，被嬴政夷灭三族，吕不韦因此受到牵连，最终57岁落得个饮鸩自尽的悲惨结局。这是一个典型的聪明反被聪明误的故事。吕不韦一世英名，却不知是脑袋被门挤了还是咋的，想了这么一出馊主意，还被司马迁记载下来流传了 2 000 多年，可悲可叹也。

上面这段引述《吕氏春秋》的文字能不能改动几个字已经不重要了，横竖咱也找不到吕不韦兑现一千金。但我们需要注意的是，其中"君道立也"的"君道"二字。所谓"君道"，在此指的是"君王的统治之道"，联系到本书的主题，我们可将其理解为"领导和管理之道"。因此这段话的核心意思是说，正因为人类的"群聚"性特征，故人类群体组织的"领导和管理之道"才得以建立，进而反过来对人类的"群聚"更为有利，人事方方面面的准备也因此变得更加完善了。

从这一认识出发，我们可以说，中华民族作为世界上最为古老的民族之一，其领导和管理的实践活动也就必然地贯穿在整个民族极为漫长的发展成长过程中。中华大地的先民们关于领导和管理的实践与思考，毫不夸张地说，已经有数千年的历史了。由此，我们完全可以确定，辉煌灿烂的中国文化必然蕴含着极为丰富的领导思想和管理智慧，这是社会发展的必然结果。只是在中华古籍中并未明确出现"领导"或"管理"这两个现代词汇，而多是以与之同义或近义的词汇出现，如治、统、辖、总、纪、驭、领、监、理、御、制、掌、执、摄、宰等单音词，以及治术、治理、治道等词组。

例如，《西游记》中孙悟空上天庭做了个叫"弼马温"[1]的官，作者吴承恩用了一个"避马瘟"的谐音，意喻要养好马，得"避开马的瘟疫"。书里说，这个官职是御马监的正堂管事，这里的"御""监"和"管"三个字都有领导和管理的含义。

（二）人类的社会分工

有社会群体必然就会产生社会分工。人类个体因为自身能力和所拥有资源的不同，会导致其在群体中的地位和作用也会有所不同，于是在人类历史上很自然地发生了阶级和社会分工，并由此正式形成了管理者和被管理者。早在 2500 多年前，中国的古圣先贤就已经非常明确地提出了关于脑力劳动和体力劳动的社会分工的思想。

【1】中国传统民俗中，猴能驱邪纳福，居家亦常有猴骑马图案，意喻"马上封侯"。《西游记》中玉帝封孙悟空为御马监正堂管事"弼马温"，虽为戏谑"避马瘟"，亦有现实依据。《本草纲目》载："养马者厩中畜之（猕猴），能辟马病"，说明民间有畜猴于马厩以避马瘟的习惯。

子曰："君子谋道不谋食。耕也，馁在其中矣；学也，禄在其中矣。君子忧道不忧贫。"

——《论语·卫灵公》

孔子用"谋道"与"谋食"来区分脑力劳动和体力劳动，他说：君子所谋求的是大道的确立与践行，而不是个人的生计。耕田种地，难免会有饥饿；而治学求道，却可以得到俸禄。君子担心的是大道不能确立或践行，不担心自己贫穷。孔子认为耕田种地等生产劳动是一般平民百姓的工作，而君子和读书人只要专心研习治国之"道"，便不用担心受贫。因此，孔子在这里所说的"君子"便指的是领导者和管理者。

【1】樊迟，名须，字子迟，春秋末鲁国人（一说齐国人），孔子七十二贤弟子之一，继承孔子衣钵兴办私学，其重农重稼思想在历史上具有进步意义。

樊迟[1]请学稼，子曰："吾不如老农。"请学为圃，曰："吾不如老圃。"樊迟出，子曰："小人哉樊须也！上好礼，则民莫敢不敬；上好义，则民莫敢不服；上好信，则民莫敢不用情。夫如是，则四方之民襁负其子而至矣，焉用稼？"

——《论语·子路》

弟子樊迟向孔子请教学习种庄稼、栽果种菜，结果被孔子拒绝。樊迟走后，孔子说："樊迟真是一个小人啊（各位注意，这里的"小人"可不是俗语中骂人的"小人"，而是指境界水平需要提高的人）。身居上位的领导者如果爱好礼义，那么老百姓就没有谁敢不恭敬；领导者如果爱好正义，老百姓就没有谁敢不信服；领导者如果爱好信用，老百姓就没有谁敢不讲实话和真话。如果这样，四面八方的百姓就会背着小孩前来投奔你，哪里还用得着领导者自己种地呢？"

这就是《论语》中著名的"樊迟问稼"的故事。时至今日，总是有一些"学则不固"（学问不到家）的家伙拿这一段来诋毁孔子，说圣人看不起从事底层工作的人们。这个看法恕我直言，颇为浅薄，是对孔子思想的极大误解。

如果我们深入分析，就会认识到这个故事其实是表达了孔子的社会分工思想以及圣人对领导者品质和素养的要求。孔子认为身居上位的领导者就应该专注于"道"，做好领导者的本职工作，是不需要学习种田、栽树之类具体的技术性工作的。领导者好礼、好义、好信，大家明确责任、各尽其责，就会形成"四方之民襁负其子而至"的和谐社会。可见，除了提出社会分工的思想，孔子更加关注的是领导者自身的品质和素养。

"至圣"孔子之后的一百多年，被誉为"亚圣"的孟子进一步发展这种社会分工的思想并将其理论化，他用"劳心"和"劳力"两个浅显的词汇明确区分了管理者和被管理者。

> 孟子曰："有大人之事，有小人之事。且一人之身，而百工之所为备，如必自为而后用之，是率天下而路也。故曰，或劳心，或劳力；劳心者治人，劳力者治于人；治于人者食人，治人者食于人。天下之通义也。"
>
> ——《孟子·滕文公上》

孟子的意思是：社会的分工有君王治理国家之事，有百姓从事生产劳作之事。对于每一个人来说，需要百工制作的生活必需品；如果要求每一个人都自己来制作这些必需品，则会导致天下人疲于奔命。因此，人类有脑力劳动和体力劳动之分，脑力劳动者管理他人，体力劳动者被人管理；被管理者供养他人，管理者靠他人供养。这是天下所通行的原则。

这段精辟的论述被认为是中国古圣先贤对于社会分工的最早的理论认识和阐述，孟子由此也可以被认为是中国历史上第一个全面系统阐述社会分工的思想家。他指出"无君子莫治野人，无野人莫养君子"，意思是说，没有君子就无人统治野人，没有野人就无人供养君子。其中的"君子"指官吏，即劳心者、治人者，可以理解为领导者或管理者；"野人"指从事农业生产的人，即劳力者，治于人者，可以理解为被领导者或被管理者。因此孟子认为，天下人有劳心和劳力之分，劳心者统治和管理劳力者，劳力者被劳心者统治和管理。孟子的这些阐述指出劳心者与劳力者是社会最基本的分工，分工的基本内容是统治者与被统治者之间的差别。这与两千年后卡尔·马克思的《资本论》有异曲同工之处，后者指出，劳力者依靠劳心者占有的生产资料而劳作，劳心者依靠劳力者生产的食物而生存。

比孟子稍早，古希腊三哲之一的柏拉图在其著作《理想国》中也提出了社会分工思想，他们可以被认为是人类社会分工思想的最早提出者[1]。在此之后，各种社会分工的思想和理论在西方被陆续提出。恩格斯在《家庭、私有制和国家的起源》一书中提出了原始社会后期的三次社会大分工，即游牧部落从其余的野蛮人群中分离出来、手工业和农业的分离、商人阶级的出现。恩格斯认为在人类的第一次社会大分工中就产生了不同的阶级，形成了主人和奴隶、剥削者和被剥削者，而这种社会大分工也必然会分化出最初的管理者和被管理者。

因此，由人类群体性特征所引致的社会分工，必然会导致领导者和管理者的出现。而作为拥有数千年光辉灿烂历史的中华民族，其领导和管理的实践活动也因此存在并延续了数千年之久，并且一直传承不断的中华文明也必然会孕育出丰富精彩的领导思想和管理智慧。

（三）君子之道费而隐，百姓日用而不知

中国文化自古以来并没有明确提出领导力的相关理论和体系，但围绕着圣王之治、君子之道的领导和管理思想却是极为丰富又极为精妙隐晦的。这与中国文化更加偏向和推崇"形而上者谓之道"的哲学表达与钩沉有很大关系。

> 形而上者谓之道，形而下者谓之器。
>
> ——《周易·系辞上》

大道无形无象，故称形而上；器用之物有形，是为形而下。

"形而上者"是无形的道体层面，属于意识形态范畴，是一种用思维去认知世间万物的方式，也就是本源性的思考，在中国称为"道"，

而在西方称为"哲学"。正是因为形而上，所以老子说：

> 道可道，非常道。
>
> ——《道德经》第一章

形而上的道是很难用语言去描述清楚的，老子认为，可以被描述清楚的大道，就不是恒常的大道了。

"形而下者"是万事万物各自表层的相，通常是指具体的、可以看得见摸得着的、实物性质的事物，即中国传统文化中所谓的"器"。

从学术研究方法层面来讲，"形而上"也可理解为"自上而下"，通常是指从抽象到具体，甚至是从抽象到更抽象，是以思辨方式为主的研究思路；同样，"形而下"也可理解为"自下而上"，通常是指由具体事实到抽象提炼，是以实证主义分析为主的研究思路。

东西方文化背景下对于领导和管理的研究理路不同：西方管理学偏向于对领导和管理的技能、技术的研究，即偏向于"术"的层面，这是形而下的"器"；而中国文化的相关表达偏向于形而上的"道"，孔子甚至直接要求领导者追求大道，不要成为某种仅有特定用途的器物。

> 子曰："君子不器。"
>
> ——《论语·为政》

君子就是领导者。孔子说"君子不器"，是提倡领导者要心怀天下，不能拘泥于器物之用，即不能仅限于某一方面的功用。器者，形也。有形即有度，有度必满盈。故君子之思不器，君子之行不器，君子之量不器。

然而我们必须要认识到，虽然中国文化提倡"形而上者"的"道"，孔子也直接倡导"君子不器"，但并不代表中国文化就完全摈弃"术"的运用。《周易·系辞》又说道："化而裁之谓之变，推而行之谓之通，举而错之天下之民谓之事业。"这是说领导者需要将形而上的大道"化而裁之"，加以变通，形成"术"来推行，以领导和管理"天下之民"。

事实上，千百年来中国人民在实践应用中总结提炼出很多领导和管理之"术"，诸如识人用人之术、统御平衡之术、纵横捭阖之术等，可谓"极高明而道中庸"。其中"术"的总结提炼尤以《鬼谷子》一书为甚，而《三国演义》《水浒传》《西游记》等大众熟悉的古典小说名著中，除了弘扬中国人的道义精神，也有诸多领导和管理的计谋之术的应用。即使在正统的经典中也是如此，《论语》中也记载了儒家学派创始人孔子的领导和管理之术，例如针对领导者如何辨识人才，孔子主张：

> 子曰："视其所以，观其所由，察其所安，人焉廋（sōu，本义隈曲处，隐藏）哉？人焉廋哉？"
>
> ——《论语·为政》

怎样考察一个人的品行、能力和才干？孔子说了三个技术性步骤，一要"视其所以"，看他的动机、目的；二要"观其所由"，看他的来源，整个行动的经过；三要"察其所安"，再看看他平常做人安于什么。孔子认为只要关注这三点，人们就没有什么可以隐藏的了，叫作"人焉廋哉？人焉廋哉？"这个"廋"字就是藏匿的意思。

因此，中国文化并非一味地倡导"形而上"，其中也蕴含着极为丰富的领导和管理技术。只是我们统而论之，认为"形而上"的大道比"形而下"的技术更加重要，更应该受到领导者的重视，而所有的领导和管理之"术"，都需要在领导力之"道"的统御之下。这也是本书所要提出的"中国式领导力"的一大特点，总结为"道术结合、以道御术"八个字。

那么中国文化中的领导力之"道"为何如此难以把握呢？

> 君子之道费而隐。
>
> 君子之道，造端乎夫妇，及其至也，察乎天地。
>
> ——《礼记·中庸》

《中庸》认为，君子之道既广大无边，又精妙精微之至。君子之道是如此广大又是如此精妙，其始于普通男女的日常运用，但君子之道的最高深境界能够与整个天地相通相感应。中国文化的君子之道（领导力之道）广大而精微，所以普罗大众虽然日常能够应用一二，却难以整体把握。

> 仁者见之谓之仁，知者见之谓之知，百姓日用而不知。故君子之道鲜矣！

> ——《周易·系辞上》

《周易》这段话的意思是说，有仁德的人见此性此道，即认为是仁；聪明智慧的人体察此性此道，就认为是智。百姓日常受用，遵循此道此性而各遂其生，自己却不知晓。所以君子之道能涵盖万有，为万物之根，但是真正知道的人却很少啊！

正是因为"君子之道费而隐"，所以一直以来，中华文化中所蕴含的极为丰富的领导思想和管理智慧，并没有被人们所清晰地认知，学术界更没有旗帜鲜明地提出过"中国式领导力"的概念。然而，即使这些思想和智慧并没有被冠以"领导"和"管理"之名，数千年来"百姓日用而不知"，中国人一直在日常的生产和生活中自觉或不自觉地加以应用着。

（四）中国古代商业领域对领导和管理的应用

现代人耳熟能详的西方领导力或管理理论多产生并应用于商业领域，为什么中国的商业贸易领域没有出现本土的领导力理论呢？这个问题需要我们分析数千年来中国本土的文化和社会传统。

其实中国人从事商业活动的历史久远，甚至可以追溯到上古时代。在上古时代的夏朝时期，以如今河南商丘一带为中心的殷商大地，水源充沛，草木茂盛，处中原腹地，气候宜人，非常适合人类繁衍生息。聚居在此的商部族人民勤劳、勇敢、智慧，不仅创造了灿烂的殷商文化，还开创了中华大地上最早的商业活动。

> 殷人之王，立皂牢，服牛马，以为民利，而天下化之。

> ——《管子·轻重戊》

《管子》中记载这一段正是中国商业文明的起始，说的是殷商部落的第七任首领王亥，带领部族修立栅圈，驯养牛马，为百姓兴利，进而使商部落逐渐强大。传说王亥首先发明了驯牛的方法，野牛劲大性烈，很难驯服，王亥通过实践研究，发现牛鼻子的神经最为敏感，只要控制住鼻子就能够控制牛，于是他采用刺鼻穿绳的方法驯服了牛，并进一步发明了牛车、马车等生产工具，这就是"服牛驯马"的故事。王亥带领商部落服牛驯马、发展生产，促使农业迅速发展，劳动产品出现了剩余，于是又率领族人用牛车拉着货物到其他部落以物易物，这就是中国最早的商业活动。据史料记载，王亥后来在经商过程中被一个叫绵臣的有易族部落首领所杀害，王亥之子甲微起兵灭有易，诛绵臣，报了杀父之仇。再之后商部落逐渐发展壮大，推翻了暴虐的夏桀，建立强大的殷商王朝。

王亥带领殷商部落开创了中国商业贸易的先河，久而久之其他部族的人开始称他们为"商人"，把用于交换的物品称为"商品"，把他们从事的职业称为"商业"，而王亥则被中国人尊为"华商始祖"，商丘也被认为是中国商人、商品和商业的"三商"之源。所以，我建议从商的朋友们有机会到河南商丘走一走看一看，获取中国商业源头的能量和智慧。

从王亥服牛驯马到如今已有三千多年，其间中国人的商业贸易活动逐渐发展兴盛，杰出的商业人物比比皆是，如儒商鼻祖子贡、陶朱公范蠡、活财神沈万三、红顶商人胡雪岩等，著名的商帮、商号也层出不穷，如徽商、晋商、陕商、粤商等。

中国的商业贸易拥有如此悠久的历史，并且曾经一度如此地兴旺繁盛，可是，为什么没有出现中国本土的商业领导力理论呢？

这或许有经济、政治、文化、传统等多方面的原因，但其中非常重要的一条，就是中国自古以来有"重农抑商"的传统。"重农抑商"是中国历代封建王朝最基本的经济指导思想和政策，主张重视农业、以农为本，限制工商业的发展。"重农抑商""农本商末"的政策深刻影响了中国的历史、文化和社会的发展走向，最为显而易见的现象就是商人在中国数千年来都上不了台面。

汉朝时规定商人必须入市籍，且不允许穿丝绸衣服，不允许入仕为官；晋朝时规定商人必须穿一黑一白两只鞋，头戴的帽子上要写清楚自己贩卖的商品的名称，其实是对商人身份的一种侮辱。唐朝和明朝时允许农民可以穿好的衣服，但仍然不允许商人穿丝绸衣服，并规定不许穿红色、紫色的衣服。明清两代时期的徽商、晋商，即使辉煌鼎盛、富可敌国，其社会地位依旧排在"士农工商"的最末端。商人地位之卑下由此可见一斑。

所以古时徽州人家虽有很多经商致富，却极为重视后代的教育，比如会悬挂诸如"几百年人家无非行善，第一等好事只是读书"的对联，以勉励家族后代潜心求学、步入仕途，而非如父辈一般走街串巷、经商营生。

2022年期间我拍短视频讲了一段"无尖不商"的正解。世人皆以为是"无奸不商"，似乎商人就是奸诈的，殊不知此"尖"非彼"奸"也。古代的米商做生意，将升斗装满米之后，还要再多舀上一些，让升斗里的米垒出个尖儿，给顾客多一点"添头"。所以"无尖不商"其实是赞美经商人士诚实守信、让利客户。原本多好的一个成语，到了现代却被误传为"无奸诈，不经商"了，这实在是对商人身份和品质的污蔑。这段视频发出以后我接到了众多私营企业老板的反馈，甚至有上市公司老板来电对我表示感谢，非常激动，说是为他们商人正名了。由此可见，即便是在当今时代，很多商业人士靠经商致富后，仍会对自己的商人身份很不自信，这种情况是由中国社会固有的传统认识所导致的。

正是因为中国自古以来商人身份卑下，所以商业领域鲜有成体系的管理思想和理论被正式提出并被广泛接受和传播。中国文化中的领导思想和管理智慧几乎都出现在仕途政治和社会治理领域，古圣先贤经世致用的思想也更多地体现在帝王将相、士大夫阶层的治国理政之道中。

例如大家耳熟能详的"半部论语治天下"的故事，最早出自南宋中后期的一部笔记。相传宋朝开国宰相赵普号称《论语》二十篇，吾以一半佐太祖定天下"。这一说法虽不一定可靠，但从一个侧面反映出早年读书不多的赵普为相之后通过勤读经典提高了治国才能。自古以来，中国人普遍认同"万般皆下品，唯有读书高"，读书的目的是"学而优则仕"，最终的指向非常清晰，就是走入仕途，在庙堂之上为君分忧，处江湖之远也要"忧其君"。在这样一种集体认知的潜移默化的影响下，中国人历来看轻商业贸易，即便从商者本人也不自信，引车卖浆之徒总是对带有"官家"印记的一切事物十分敬畏。

虽然中国自古以来治理的道和术多集中于治国理政的社会政治领域，但不能否认的是，领导和管理的智慧是相通的。中国古圣先贤的思想并不会因为其主要针对政治和社会治理领域，就不会对现代的商业组织管理产生价值。相反，随着现代社会商业文明在全球的兴起，中国人"士农工商"的传统等级观发生了巨大的改变。尤其是改革开放以来，中国大力发展市场经济，商业贸易领域的发展一日千里。随着经济的腾飞和商业的繁荣，西方领导思想与管理技术涌入善于学习和包容开放的中华大地。经过数十年"西学东渐"，我们向西方学习和借鉴了大量的成功经验之后，如今开始大力倡导"文化自信"，反观自身文化的智慧和力量。在领导力和管理学领域，中华文明无疑在数千年的历史长河中积累了极为丰富的领导思想和管理智慧。这些被中国人世代传承和发扬的智慧的结晶，现在已经逐渐在现代社会中闪耀出璀璨夺目的光芒，熠熠生辉！

二、中国式领导力溯源

我们已经知道，中国人的领导和管理的实践活动贯穿于中华民族的悠久历史，中国人在实践活动中所孕育出的领导思想和管理智慧或曰"治理之道"，可谓源远流长、博大精深。而这种"中国式"的领导思想和管理智慧之所以拥有无穷的力量，乃是因为其赖以生发的根基和土壤是如此的深厚。

中华民族有约 170 万年的古人类活动史、一万年的文化史、五千多年的文明史，中国人的商业贸易活动自上古时代的夏朝以来也有三千多年的历史。中华文明在绵延发展和壮大的过程中，兼容并蓄、海纳百川、革故鼎新、创新成长，这正是"中国式"的领导思想和管理智慧能够不断发展的根本原因所在。

（一）这是一棵无与伦比的参天古树

2023 年 6 月 2 日，习近平总书记在文化传承发展座谈会上强调指出："如果没有中华五千年文明，哪里有什么中国特色？如果不是中国特色，哪有我们今天这么成功的中国特色社会主义道路？只有立足波澜壮阔的中华五千多年文明史，才能真正理解中国道路的历史必然、文化内涵与独特优势。"因此要提出并构建所谓的"中国式领导力"，不能脱离中华民族五千年的文明史，不能脱离中华民族古往今来本土的文化情境。

然而要用一个简短的章节梳理中华 5 000 多年的文明史，何其难哉！又是何其地不自量力啊！以至于这一节的内容在本书上册几近完稿之时，我还是不知该从何入手，又该如何展开。2023 年八九月间，我受邀在复旦大学开设了三场名为"中国式领导力：修己安人、内圣外王之道"的讲座，同时又在数家国企和外资企业开设了同名讲座或培训课程，听众的热情反应给了我莫大的信心，大家都表示热切地期待书籍的出版。而讲座过程中颇受欢迎的一张图，恰恰是我一直在犹豫是否要放在书中的"5 000 多年中华文明之树"。在向众多前辈和老师请教之后，我数易其稿，诚惶诚恐地将其呈现在此处。

虽然这种表现方式可能较为片面或狭窄，甚至有相熟的西方经济学和管理学的老师对图中的某些部分不太认同，尤其是在一张图中根本无法全面表达中华文化的博大精深，但是我想，既然它在讲座中这么受欢迎，也许对于身在企事业单位中承担领导和管理工作岗位的实践工作者来说，不失为一种对中华文明清晰的认识和良好的总结。

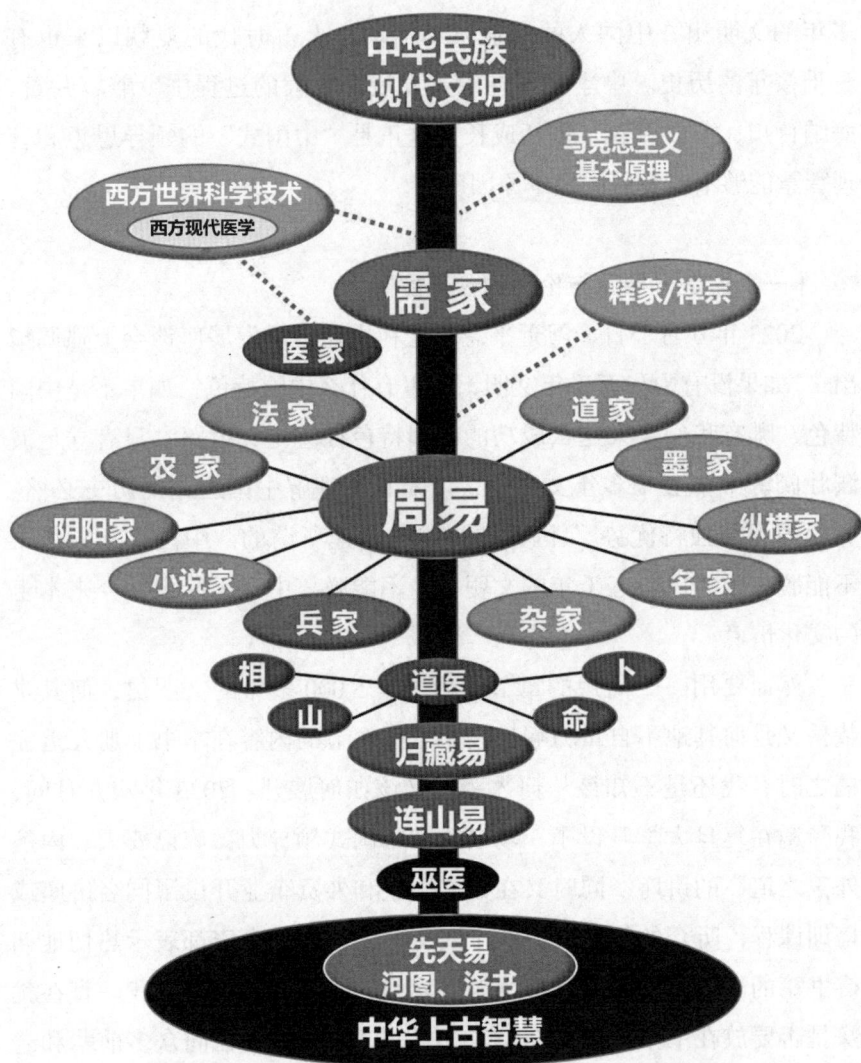

中华民族
现代文明

马克思主义
基本原理

西方世界科学技术
西方现代医学

儒 家

释家/禅宗

医家

法家

道家

农家

墨家

阴阳家

周易

纵横家

小说家

名家

兵家

杂家

相

道医

卜

山

命

归藏易

连山易

巫医

先天易
河图、洛书
中华上古智慧

◎ 图1 5000多年中华文明之树

注：此图最初的来源已不可考，在多种不同的资料中可看到这一图形的不同版本，
但最多只展现到"九流十家"为止。本书援引之，并根据我们的理解将其加以丰
富和改进，直到生发出"中华民族现代文明"的最顶端。谨向此图的最初绘制者
致敬！

下面就让我们来看一下这一棵无与伦比的 5 000 多年中华文明之树。

古老而灿烂的中华文明，其生发和壮大并非一朝一夕之功，所以用"5 000 多年的参天古树"这一意象来表现中华文明的生根蓬勃发展直到枝繁叶茂、硕果累累的整体脉络，其实是颇为形象的。而在这张图中，有如下几个关键点特别需要指出，这恰恰也是中华文明的重要特点。

第一，这一参天大树其树龄逾五千年，意喻中华文明传承 5 000 多年一直延续不断。这是我们中华民族子孙尤其值得自豪和骄傲的一点。在这个星球上已经没有哪个民族、没有哪种文明的后人能够像我们中华儿女一样，可以与数千年前的祖先进行跨越时空的对话。当我们翻开《易经》《论语》《大学》《中庸》《孟子》《道德经》《孙子兵法》等经典时，依然可以汲取先人的智慧和能量，甚至可以真切地感受到他们的音容笑貌。这种由中华文明所生发出的旷古烁今的力量正是我们中国人在当今时代拥有文化自信的根本原因所在！

第二，这一参天大树的主干上有一个清晰的核心，那就是《易经》。从中华上古智慧的不断积累，到"河出图、洛出书"的中华文明肇始，孕育出上古时代伏羲氏的"先天易"，终于生发了有着"三易"之称的夏代《连山易》、商代《归藏易》和周代《周易》，这是在中华文明初始的萌发阶段，我们的先人对于天地万象周流变化的理解和阐述。据传后来《周易》经过儒家学派创始人孔子及其弟子，以及后世儒门弟子的不断接续阐述，作成解释《周易》经文的《易传》十篇，终于使易书跳出了卜筮命理之学的窠臼，而成为中华文化经典。现在我们所谓的《易经》正是《周易》经文和《易传》十篇传文的合称。《易传》是如此重要，以至于被后人赞颂为"十翼"，意喻给《周易》插上了十个翅膀，从此腾飞，并最终成为"群经之首、大道之源"。其后中国文化的"九流十家"，以及不在此列的兵家和医家等，皆与《易经》有着千丝万缕的关系和渊源。

第三，这一参天大树的成长不仅依赖于自身的力量和其所根植的土壤，也嫁接和接纳来自其他文明的一切优秀成果。这一点充分体现了中华文明强大的包容性，其海纳百川的特点让这一文明的体量千百年来不断地壮大起来，其兼容并蓄的能力让这一文明的适用性不断地扩展开来，其与时俱进的优势让这一文明在不同的时代都能够焕发出绚烂的光彩。其一，自汉唐时期印度的佛教文明传入中土，很快被嫁接和融入了中华文明的大家庭，并生发出独具中国特色的禅宗文化，形成了"儒、释、道三教合一"的中华文化奇景。其二，近代以来马克思主义思想随着中国革命的时代大潮被引入中国，经由毛泽东等老一代革命先辈将其中国化，已逐渐成为中华文明不可分割的一部分。正如习近平总书记所指出的，"在五千多年中华文明深厚基础上开辟和发展中国特色社会主义，把马克思主义基本原理同中国具体实际、同中华优秀传统文化相结合是必由之路"。其三，改革开放以来，伴随着中国经济的腾飞和又一次"西学东渐"潮流的兴起，中国人本着"拿来主义"的精神，大量学习和借鉴西方发达国家的现代科学技术，古老的中华文明承受着巨大的冲击，但也因此而飞速地变化和成长，甚至本书所要提出和构建的"中国式领导力"这一概念，也是希望能够借鉴西方管理学的相关思想，力求中西合璧、古为今用。其四，伴随着人类的发展成长，关乎人类生存和健康的医学必然也会不断地发展变化。中国人在与自然和疾病相抗争的过程中，从上古蒙昧时期的"巫医""道医"逐渐发展出独具中国特色的"中医"。而近现代时期，西方发达国家的现代医学技术被大量地借鉴和引入中国，中医与西医的融合发展也成为东西方文明交流互鉴、共同成长的重要课题。

文化和文明关乎国本和国运。中国文化源远流长，中华文明博大精深。只有全面深入地了解中华文明的历史，才能更有效地推动中华优秀传统文化创造性转化和创新性发展，从而更有力地推进建设中华民族现代文明。因此我们认为，在这一棵无与伦比的"五千多年参天古树"的最顶端，终将会结出"中华民族现代文明"的硕果！

（二）《易经》的成书：人更三圣，世历三古

正是因为根植于五千多年的中华文明史，所以中国本土的领导思

想和管理智慧是极为丰富多彩的，中华古籍中对于领导思想和管理智慧的论述也是灿若星辰。先秦诸子百家，特别是具有代表性的儒、道、法、墨、兵等学术流派，无不包含着精妙绝伦的领导思想和管理智慧，而各家各派的渊源皆可追溯至被誉为"群经之首、大道之源"的《易经》。

因此，要想深刻把握中国本土的领导思想和管理智慧，就必须要沿着《易经》的脉络深入学习和了解。

《易经》成书的确切年代已不可考，东汉著名史学家、文学家班固在《汉书·艺文志》中提出："人更三圣，世历三古"，《易经》始成书。

"人更三圣"是指三位圣人对《易经》的贡献：伏羲画八卦，周文王演为六十四卦并作卦爻辞，孔子作传解经；"世历三古"是指《易经》成书经历了上古、中古和近古三个时期，上古是传说中的三皇五帝时代，中古是夏、商、西周时代，近古是春秋战国时代。

《易经》最初包含夏代的《连山易》、商代的《归藏易》和周代的《周易》三部易书，遗憾的是，《连山易》和《归藏易》两部因为成书年代太过久远已经失传，现存于世的只有《周易》。我们现在所称的《易经》通常包含经文和传文两个部分，经文指《周易》，传文指对其进行注解的《易传》十篇文章。

相传在上古时期，"河出图，洛出书"，华夏的人文始祖伏羲氏据此作先天易（先天八卦），炎帝神农氏创造《连山易》（连山八卦），黄帝轩辕氏作《归藏易》（归藏八卦）。到中古的商、周时期，周文王姬昌被商纣王囚禁于羑里（今河南汤阴北，此乃圣人开悟之地，非同小可！我还没有去看过，心心念念也），他在被囚禁的忧患之际悉心钻研，作成《周易》，将《易》之八卦演绎成六十四卦和三百八十四爻，并作卦辞和爻辞（亦有"文王作卦辞，周公作爻辞"之说），这就是司马迁在《史记》中记载的"文王演易"的故事：

> 西伯（周文王）拘而演周易，益《易》之八卦为六十四卦。
>
> ——《史记·周本纪》

到了近古时代，据传孔子和其弟子，以及后世的儒家学派不断总结完善，共同完成了对《周易》的注解，作成《易传》七种，共计十篇文章，分别是：《彖传上、下》《象传上、下》《文言传》《系辞传上、下》《说卦传》《序卦传》《杂卦传》。这十篇注解的传文使《周易》摆脱了仅作为卜筮占卦之书的地位，而升华成为中华文化经典和思想瑰宝，犹如给《周易》插上了腾飞之翼，因此被称为"十翼"。

虽然《连山易》和《归藏易》两部易书已经失传，其原文不得而见，但有一个人可能看过，这就是周文王。周文王便在前两部易书的基础之上将其发展成《周易》；而到了春秋战国时代，孔子及其后学作《易传》十篇，将《周易》发展成中华文化经典。因此，从上古时期的伏羲、神农、轩辕，到中古时期的周文王、周武王、周公，再到近古时期的孔子及其弟子和后世的儒家学派，《易经》是一直被中华的古圣先贤不断延续传承并发展完善的。可以说，《易经》历经上古、中古和近古时代数千年的发展，集合了以伏羲、周文王和孔子为代表的中华古圣先贤的集体智慧。

（三）《易经》的地位：群经之首，大道之源

那么这部集合了中华古圣先贤绝顶智慧的《易经》到底是一本什么书呢？

《易经》是一部卜筮之书，上测天地、下测人事；《易经》是一部医学之书，阴阳五行、医易同源；《易经》是一部哲学之书，易道阴阳、对立统一。

> 《易》之为书也，广大悉备。有天道焉，有人道焉，有地道焉。
>
> ——《周易·系辞上》

《易经》的致广大而尽精微世人皆知，所以《周易·系辞上》中说："《周易》这本书啊，它的内容所涉及的范围广泛博大，天文、地理、社会人事，万事万物的道理，都包括在它的范围之内了。"

《易》道广大，无所不包，旁及天文、地理、乐律、兵法、韵学、算术，以逮方外之炉火，皆可援《易》以为说。

——《四库全书总目提要》

《四库全书总目提要》也评价说，《易经》之道广大无边，无所不包，涉及天文、地理、音乐、军事、文学词韵、算术、医学，甚至方外道家炼丹之术等，皆可与易道相通。归根到底，《易经》是一部百科全书。

因此，《易经》是一门博大精深的学问，其大无外，其小无内，无所不包，不能将其简单地看作卜筮、哲学、科学或文化类书籍。后来历史来到了距今 2 500 年左右的轴心时代，东西方世界同时迎来了人类文明的重大突破和发展，中华大地涌现出以孔子、老子为代表的一批伟大的精神导师，开创并引领了中华文明百花齐放、百家争鸣的大发展时代。虽然诸子百家的学说和主张各有不同，有些甚至针锋相对，但各家各派基本都认同其思想可以追溯到《易经》，如果细究其学说观点，皆可以从《易经》中找到渊源。

因此，图 1 对中国传统文化发展成长的脉络做了一个颇为形象的总结，能够清晰地看到《易经》作为"群经之首，大道之源"的原因所在。在这一棵"中华文明之树"中，中间的主干部分就是《易经》的发展脉络：河图洛书→先天易→连山易→归藏易→周易→诸子百家，中间穿插着巫医、道医等中国古医学思想，以及与医学相伴生的"山、医、相、命、卜"玄学五术和卜筮命理之学。

所谓诸子百家，据班固《汉书·艺文志》记载，数得上名字的有189 家，共计 4 324 篇著作。其后《隋书·经籍志》《四库全书总目提要》等书则记载"诸子百家"实有上千家，但流传较广、影响较大、最为著名的不过几十家而已，统而论之约有十家最终发展成学术流派。这就是"九流十家"。

所谓"九流"是指先秦至汉初的九大学术流派，汉代刘向、刘歆编撰的《七略·诸子略》将其归纳为：儒家者流、道家者流、阴阳家者流、法家者流、名家者流、墨家者流、纵横家者流、杂家者流、农家者流，共计九家。此外，小说家因以记录民间街谈巷语为主，虽自成一家，却没有独立系统的学术思想，其本质就是"稗官野史"，因此被视为不入流，故有"九流十家"之说。

值得注意的是，兵家和医家并未被纳入"九流十家"之列，这可能是与九流十家之说形成的时代背景，以及司马谈或刘向、刘歆等学者的个人经历和喜好有很大关系。例如，司马谈是司马迁的父亲，生活在汉文帝和汉武帝初期。汉初统治者推崇黄老学说，与民养息，对外与匈奴和亲，对内则轻徭薄赋。在这种历史背景下，黄老学说盛行，兵家势渐衰微，无用武之地。因此司马谈作《论六家要旨》，将当时流行的儒、道、墨、法、名、阴阳六家的研究整理成书，而未收录兵家，也就情有可原了。后来刘向、刘歆作《七略·诸子略》，补充了纵横、杂、农、小说四家，成为十家，依然未列入兵家和医家，也是有其时代背景和个人学术志趣的原因。

九流十家也好，未被收录的兵家和医家也好，如图1所示，这些在中国文化历史上熠熠生辉的学术派别，无不与被誉为"群经之首，大道之源"的《易经》产生联系。

儒家经典中处处可见易之思想和智慧。孔子晚年删述六经，《周易》首当其冲，自此以后，《周易》也成为一本儒家学派的经典典籍。据司马迁《史记》记载：

> 孔子晚而喜易，序彖、系、象、说卦、文言。读易，韦编三绝。
>
> ——《史记·孔子世家》

孔子晚年特别喜欢《周易》，把记载《周易》的竹简翻来覆去地看，以致串连竹简的牛皮绳都断了很多次。孔子对易之钟爱可见一斑，这也是成语"韦编三绝"的来源。之后孔子与其弟子潜心作传文解读《周易》，又经过后世儒家学派的不断补充完善，作成《易传》十篇。

其他道家、法家、阴阳家等都和儒家一样，其基本观点皆可追溯到《易经》，在此不一一赘述。尤其值得注意的是，《易经》和医家的关系，可以说从河图、洛书开始就如影随形，正所谓医易不分。《周易》出现之后，医家有了自己的五行八卦和阴阳体系，加入天干地支的框架后，中医理论终于闭环成熟。兵家更是通篇可见《易经》的思维和术语，如《孙子兵法》中的"将五能"之智、信、仁、勇、严，"兵五情"之道、天、地、将、法。即使是起源自古印度的佛教学派（创始人是释迦牟尼），作为舶来文化传入中土之后，逐渐融入中华文明大家庭，从而形成了中国化的佛教宗派——禅宗，禅宗其中易经思想比比皆是，易经之理处处可见。

由上可见，《易经》可以被认为是中国传统文化的总纲领。其书涵盖万有、纲纪群伦，是中华文明的源头；其义广大精微、包罗万象，亦是后来诸子百家共同的经典。

儒家之仁义、释家之空无、道家之无为、墨家之兼爱非攻、兵家之不战而屈人之兵、阴阳家之阴阳五行数术等，其精神内核可以说都是趋于一致的，那就是都追求和谐共生。儒家强调个人和社会的和谐、道家强调天地人的和谐、墨家强调人人平等、释家强调众生和谐、医家强调阴阳平衡，各家各派的诸多观点究其本质、追根溯源，无不因《易经》而生，莫不从《易经》而来。

（四）中国本土领导力思想和智慧的源头

上文对《易经》的简单介绍，让我们得以瞬间就穿越了数千年的时光，可想而知中华文化的源远流长、博大精深。而单从《易经》来看，其中所蕴含的智慧如果能够被认识并运用到现代社会的领导和管理活动中，必将发挥难以预估的力量。本书第二章将着重梳理《易经》以及诸子百家（主要是儒家、道家、法家、墨家、兵家等）的核心领导思想和管理智慧，而这些领导思想和管理智慧的精华内容将是本书所要构建的"中国式领导力"概念范畴的主要来源。

本节以"垂裳而治"为例来领略《易经》的智慧，以及"中国式领导力"的丰富与精彩。

黄帝、尧、舜，垂衣裳而天下治，盖取诸乾坤。

——《周易·系辞下》

《周易·系辞下》中的这句话所描述的是上古时代的三位帝王管理国家的情景，叫作"垂衣裳而天下治"，这一描述极为传神，垂下衣裳端坐在那里就实现了天下大治，这不就是道家学派所推崇的"无为而治"吗？然而作为领导者的帝王何以能够垂裳端坐、无为而治呢？其关键就在于后面这一句，叫作"盖取诸乾坤"，意思是说，想要达到无为而治这种极为高明的领导和管理境界，领导者需要取法天地乾坤之道。

乾知大始，坤作成物。乾以易知，坤以简能。

——《周易·系辞上》

这句话的意思是：天道主管一切生机原始的契机，地道发挥作用而使万物生成。天道凭借变化来主管一切，地道凭借简易而成就事物。

如果领导者能够"取诸乾坤"之道，那么黄帝、尧、舜三位远古圣王所垂下的"衣裳"就不能仅仅作为"器物"来认识，更应该被当作一种"象"来理解。因此，"垂衣裳"的领导思想就有了"简易、变易、不易"的《易经》三易之深刻的精神意涵。

其一就是"简易"。

"易简之善配至德"（《周易·系辞上》），乾坤的易简乃是一种至高的德性。虽然简易，却致广大而尽精微，囊括万有，"易简而天下之理得矣"（《周易·系辞上》）。垂衣裳取法乾坤，正具有一种易简的精神，包含"无为"之义，意味着不妄为、不造作的领导和管理方式。朱熹在《周易本义》中注释垂衣裳时说："乾、坤变化而无为。"王充在《论衡》中亦认为："垂衣裳者，垂拱无为也。"所谓垂衣裳，即倡导作为领导者的圣王、君主应如天地一般承载、保护、生养百姓和万物。这就是"垂裳而治"所蕴含的"简易"精神。

24

其二是"变易"。

衣裳在远古时期作为器物是界定文明和野蛮的符号，是区分不同等级和身份人物的象征，是礼乐区分万物而构建起的共同秩序的物化表现。三位远古圣王正是顺应变化，"黄帝、尧、舜氏作，通其变，使民不倦，神而化之，使民宜之。易穷则变，变则通，通则久"（《周易·系辞下》），制定了以"衣"与"裳"为主要代表的礼仪制度而垂范天下精英与民众，由此治理好家国社会。这里体现的是领导者与时偕行的变易精神，在"变易"中垂范和维持秩序，从而让变易与之共存，让秩序呈现活力。这就是"垂裳而治"所蕴含的"变易"精神。

其三是"不易"。

不易在这里可以理解为领导者对平衡、稳定和秩序的恒久不变的追求。世界纷繁复杂，万事变化，万物周流。领导者何以在其中寻求平衡、稳定和秩序？"天尊地卑，乾坤定矣，卑高以陈，贵贱位矣。"（《周易·系辞上》）三位远古圣王通过垂衣裳来分辨上下贵贱的尊卑秩序，效法乾坤以示万民，进而使天下臣民达到各安其分、各尽其职的秩序井然的平衡稳定状态。这就是"垂裳而治"所蕴含的"不易"精神。

我们已经了解了《易经》倡导作为领导者的圣王需要"取诸乾坤"，从而实现"垂裳而治"，那么我们该如何学习和应用乾坤之道呢？

本书所构建并提出的"中国式领导力"的概念和整体模型即是从《易经》之乾坤之道所引申而出。乾坤之道其大无外、其小无内，涵盖万有、无所不在，领导者可从学习和认识《易经》的乾卦和坤卦的卦辞、爻辞以及传文开始，逐渐认识和把握这玄妙的乾坤之道。比如，我们大家耳熟能详的，也是众多领导者喜欢在办公室里悬挂的字幅牌匾上常见的内容：

　　天行健，君子以自强不息；地势坤，君子以厚德载物。

——《周易·象传》

乾坤之道就是天地之道，领导者需要效法天地乾坤，所以这里的君子也可以被理解为现代社会中各类组织的领导者和管理者。由天地乾坤所引申和延展的君子之道，就是领导之道，经过中华民族无数先民数千年的传承发展，内涵极为丰富，智慧难以估量。本节我们仅是从《易经》的一句话已经可以窥见一斑，却仅为万一而已。

《易经》不仅是中国文化的源头活水，也为世界上其他国家的学术发展提供了启示。

近年来，在欧美等西方国家掀起"中国文化热"，许多西方的学者争相学习和借鉴中国文化。其实这种"中国文化热"由来已久，现代西方管理学和心理学领域有很多享有世界声誉的著名学者都曾从《易经》等中华经典中获得重要启示。

比如《第五项修炼》的作者美国管理学大师彼得·圣吉，他被誉为"学习型组织之父"，是极富创新精神的世界级管理学和领导学思想大师之一，被《商业周刊》评为世界十大最具影响力的管理学人物之一。但很多人其实并不知道，彼得·圣吉曾在中国跟随南怀瑾老师学习中国文化多年，因此他的著作中常有很多中华文化智慧的闪现。还有心理学精神分析学派的大师级人物卡尔·荣格，他的思想和观点深受中国文化的影响，尤其对《易经》倍加推崇，他认为"很可能再没有别的著作，能够像《易经》那样体现中国文化的生动气韵和风采了"。

像彼得·圣吉和卡尔·荣格这样深受中国文化影响的西方著名学者其实并不在少数。既然国外学者都在从《易经》中获得智慧，我们中国人更没有理由忽视这"大道之源"的《易经》对于领导和管理的重要性了。

三、当代人对中国式领导和管理智慧的探索

历史悠久的中国文化，其表达形式偏向于形而上的哲学，并且商业文明数千年来并没有在中华大地上占据主流地位，导致无论在学术研究领域，还是在管理实战领域，中国文化中丰富的领导思想和管理

智慧长久以来都没有能够被清晰地认知和提炼。

这就如同一颗璀璨夺目的宝石，一直以来都被埋没在历史的长河中，深埋砂砾无人问；又好像天生丽质的绝代芳华，颇受中华文化的滋养，但却养在深闺人未识。

而当岁月来到了数千年后的现代社会，中国文化中所蕴含的领导思想和管理智慧也渐渐揭开了其神秘的面纱。下面就让我们来看看当代人对中华传统领导智慧的探索过程。

（一）学术研究领域的探索

自从 20 世纪 70 年代末改革开放以来，中国的经济和社会发展获得了令世人瞩目的辉煌成就。在这一时期，随着市场经济的狂飙发展，商业贸易活动在中国这块土地上发展得如火如荼。正是在这一背景下，来自西方的领导和管理理论伴随着商业文明，被大量地引入国内。20世纪八九十年代开始，中国人几乎是完全的拿来主义，如饥似渴地学习和应用西方的管理知识，各地的大专院校也争先恐后地成立自己管理学院或商学院，并借鉴和学习西方的管理人才教育和培养模式，陆续开设了 MBA、EMBA，甚至是 DBA 等工商管理专业教育项目。在这一时期，针对商业管理的研究基本都是借鉴和沿用了西方的研究范式和学术逻辑。

到了世纪之交的 2000 年前后，特别是 2001 年中国加入 WTO 世界贸易组织，以及 2008 年成功举办北京奥运会，中国的经济实力和国际影响力获得更进一步地提升，中国人也逐渐变得自信起来。正是从这一时期开始，中国本土的诸多学术研究者尝试总结和提炼中国人自己的领导智慧和管理思想，并试图将之与西方领导和管理理论进行比较和融合。

在这一时期，中国的学术研究领域的学者们以及管理咨询培训领域的从业者们对中国文化中领导和管理思想的提炼做出了众多颇有价值的贡献，他们的研究总结下来主要有以下几个方向。

其一，从中华古籍中撷取零散的领导和管理智慧，并将之嫁接和运用在领导和管理实战领域。比如，从《易经》《道德经》《论语》《大学》《中庸》《孙子兵法》《传习录》等中华古籍中提炼管理思想，进而学习老子、孔子、庄子、孟子、王阳明等众多中国古圣先贤的管理和领导智慧。

其二，从中国经典的文学作品中提炼领导和管理智慧，并应用于现代的商业管理活动。这当中尤以中国古典四大名著《水浒传》《三国演义》《西游记》《红楼梦》为甚，这些经典名著首当其冲成为被反复研究和借鉴的对象。

其三，研究中国著名政治人物的领导和管理技巧。在中国数千年的政治发展史中，英雄豪杰人才辈出，风流人物灿若星河，所以在当今社会也出现了大量针对政治人物管理和领导智慧的研究。我们会看到有很多向秦皇汉武、唐宗宋祖等古代帝王学习管理智慧的研究，而针对曾国藩、毛泽东等近现代著名政治人物的研究也有很多。

其四，向中国当代成功的企业和企业家学习领导和管理。改革开放40多年来，中国的商业文明进入了前所未有的鼎盛时期，在这一时期涌现出了一批具有传奇色彩的企业家和企业高层管理人士。他们的创业经历和管理方式无论成功或失败，都成为我们学习领导和管理的鲜活的案例。从第一代企业家海尔张瑞敏、华为任正非、联想柳传志、巨人史玉柱等，到移动互联网时代的阿里巴巴马云、腾讯马化腾、百度李彦宏等，再到大数据新能源时代的拼多多、宁德时代、理想汽车等，再加上诸如宁高宁等其他国有企业的知名领导人，这些不断出现的领导者和明星企业，纵然很多都在学习和应用西方管理学的理论和技巧，但因为是中国人，其领导和管理行为也必然带有中国本土化的特色和中国本土智慧，呈现出中西合璧的现象。因此，这些领导者和著名企业，也很自然地成为当代人研究、学习和借鉴中国特色的领导和管理智慧的对象。

其五，日本的企业家对中国传统管理思想进行了提炼和应用。虽然我不怎么喜欢日本，但不能否认，日本的企业家在应用中华文化形成自己的管理思想和企业文化方面，是有不少值得借鉴和学习的地方。

例如被称为"日本近代实业界之父"的涩泽荣一，拥有"日本企业之父""日本金融之王""日本近代经济的领路人""日本资本主义之父"等一系列称号，而他对外一直声称自己是用中国的儒家思想来进行企业管理，甚至还有一本著作名为《论语与算盘》，将《论语》作为其第一经营哲学。近年来备受中国企业界推崇的还有日本企业家稻盛和夫，其领导和管理的核心价值理念叫作"敬天爱人"，究其根源，也是中国传统文化。

以上所总结的五点是近几十年来学术界和企业咨询培训领域对中国本土的领导思想和管理智慧进行提炼和总结的主要方向。不可否认，这几个方向的努力都对中国式的领导和管理智慧的发展起到了重要的推动作用，使其逐渐被世人所认知并重视。然而这五个方向也有其缺陷和问题，那就是所提炼出的中国本土领导和管理智慧过于零散和琐碎，不成体系，且多数研究或流于对权谋的痴迷，或陷于对技巧的使用。总之，或多或少缺乏体系化的、站在更高视角的总结和提炼。

（二）管理实战领域的探索

据我多年来在企业管理实战领域的观察，中国文化中丰富的领导思想和管理智慧已经越来越受到当今各类社会组织的领导者和管理者的重视。不仅中国本土的领导者和管理者，很多在中国的外资企业的领导者和管理者，也在管理实战中主动融入中国文化元素。我约有 15 年时间作为职业经理人在多家世界 500 强的央企和外资企业全职工作，此后多年又作为咨询师和培训师服务过上百家国内外的各类企事业单位，所以我对来自中外的形形色色的领导者都有较为细致的近距离观察，有如下几点发现令人印象深刻。

第一，每一家成功的外资企业都有自身的一套来自其国外总部的领导力体系，而这一体系来到中国，几乎都被中国的本土管理团队自觉不自觉地创造性吸收、创新性转化，从而注入了中国元素，有一些甚至被赋予了中国内核。而这一过程就是国际化与本土化的有效融合，或曰西方领导力体系的中国化。

第二，自改革开放以来，中国的企业管理者都在努力学习西方的管理学技能和领导力理论，但他们中的成功者、佼佼者，在实际运用的过程中绝不会生搬硬套，因为他们明白自己的管理工作不能跳脱所处的本土具体环境，他们面临的是中国的团队、中国的员工、中国的市场和中国的文化土壤。所以在实际管理过程中，中国文化和中国智慧俯拾皆是。

第三，来到中国的外国企业管理者很多都表现出对中国文化的浓厚兴趣，并在他们的管理工作实践中逐渐融入些许中国智慧。这一现象在2000年新世纪之后越发明显，尤其是近十年来。我在外资企业工作有几个有趣的现象可以说明：一是十年前中国雇员都会起一个英文名，由此常常导致一家外资企业里名叫Jack、Rose、Tom、Jerry的有一大堆，君不见阿里巴巴的老板也叫Jack。但这一现象在近十年来发生了逆转，如今身在中国的老外们纷纷开始给自己起中文名。有一次我在一家中国香港上市的外资企业做战略顾问工作，其CEO是一位来自欧洲的优雅女士，初次见面时她给我递来了名片，竟然用纯正的普通话跟我说："您好孔老师，我姓吴，口天吴。很高兴认识您！"当时令我相当震惊，这位CEO不仅可以说汉语，甚至还依据其英文名的谐音给自己起了一个相当纯正的中文名。二是近年来来自西方的管理者们几乎都开始张口说中国话，十年前中国雇员以能够流利地讲英文为荣，而现在老外们以他们能讲几句汉语为骄傲。三是很多外国管理者听说我是孔子后裔，立即表现出非常欣喜和崇敬的表情，有些甚至能够当场用英文讲几句孔子在《论语》中的名言。所有这一切，让我作为炎黄子孙，深深地为中国文化的影响力而感到自豪！

当然，以上是我个人在职业生涯中的切身体会和观察，难免片面和主观。但是我们不能否认的是，中国本土的领导者和管理者在他们的实战管理工作过程中，除了有意识地学习和应用西方现代管理学的相关理论和技巧之外，一定不会完全脱离其本土的历史文化环境，一定都会自觉或不自觉地运用中国本土的领导思想和管理智慧。诸如中国文化所倡导的天下为公、和谐共生、为政以德、革故鼎新、任人唯贤、天人合一、自强不息、厚德载物、德主刑辅、以德为先、义利并举、以义为先等价值观，深刻地影响着中国本土的领导者和管理者的实际工作。

正如前文所述，中国文化历来偏向于"形而上者谓之道"的哲学表达，并且"君子之道费而隐"，所以在现实世界中，往往"百姓日用而不知"，而在领导和管理实战领域，也可能管理者"日用而不知"。

综上所述，当代中国人除了学习和借鉴现代西方管理理论和方法之外，无论在学术研究领域，还是在管理实战领域，对中国本土领导和管理智慧的探索也是由来已久。在学术研究领域、管理咨询培训领域，中国式的领导和管理成为少部分学者的研究对象，并涌现了不少研究成果，但这些研究多缺乏体系化的、站在更高视角的总结和提炼。在管理实战领域，中国本土的领导者和管理者或多或少会应用中国式的领导和管理智慧，但可能陷于权术和技巧的窠臼，并且多"日用而不知"。

一直以来，提出比较系统化的中国式领导和管理体系的研究并不多见，致力于在这一研究领域潜心耕耘的学者也是屈指可数的。目前来看，比较有影响力的研究成果和有代表性的研究者有如下几位前辈老师：美国夏威夷大学成中英先生的"中国管理模式的C理论"、中国台湾地区曾仕强先生的"中国式管理智慧"、广州中山大学黎红雷先生的"儒家管理哲学"等。除此之外，无论是在学术研究领域，还是在管理实战领域，还未有人旗帜鲜明地提出过"中国式领导力"的概念。

章后记：中国式领导力呼之欲出！

人类的群体性特征和社会分工现象决定了领导和管理实践活动的存在。因此，虽然中国古籍中并未明确出现"领导"和"管理"这样的现代词汇，但中国人的领导和管理的实践活动必然贯穿于中国历史长河，存在数千年之久，古老而灿烂的中国文化中必然蕴含着极为丰富的领导思想和管理智慧。

中国文化自古以来更加偏向和推崇"形而上者谓之道"的哲学表达与钩沉，因此一直以来并没有明确地提出中国本土的领导力理论或管理体系。虽然中国文化中围绕着圣王之治、君子之道的领导和管理思想极为丰富，并且这些思想和智慧千百年来一直被中国人在日常生活中所实践和应用着，但它们极为精妙隐晦，正所谓"君子之道费而隐""百姓日用而不知"。

近现代以来，随着西学东渐潮流的兴起，中国人在大量借鉴和学习西方的领导和管理理论的同时，也开始在学术研究领域和管理实战领域注重挖掘和探索中国本土的领导思想和管理智慧。因此，东西方结合的中国式领导力是必然存在的，并且这种中国式领导力深受传承数千年没有中断的中国文化的深厚滋养，从"群经之首、大道之源"的《易经》，至后来儒家、道家、法家、墨家、兵家等诸子百家思想，都蕴含着丰富的领导思想和管理智慧。

因此，我们可以断言：

中国本土领导思想和管理智慧的存在，是必然无疑的！并且这些领导思想和管理智慧充盈在丰富的中华古籍经典中，历久弥新。

中国人开展自己的领导和管理的实践活动已数千年之久，也是必然无疑的！并且这些领导和管理的实践活动贯穿在中华民族数千年的历史长河中，被中国人民潜移默化地应用和实践着。

古今融通、中西结合的中国式领导力的存在，还是必然无疑的！这种中国式领导力深受传承数千年没有中断的中华优秀传统文化的滋养，浓缩了无数中华先民的实践智慧和理论思考，并充分结合西方现代管理学的思想和方法。

本书即是在这样的认识下，正式提出并力图构建"中国式领导力"的概念和整体框架。

第二章

古代中国的治理之道

【本章导读】

所谓"稽古振今",古代中国的治理之道,管理者怎可不知?
刘邦和项羽又用的什么道?

中国古人在实践中积累了很多领导思想和管理智慧,古籍
中的相关论述也极为丰富,早在先秦时期就已经形成了四种典
型的治理之道:三皇时代无为而治的皇道、五帝时代德教之治
的帝道、三王时期仁政之治的王道以及春秋战国法治刑杀之治
的霸道。这四种典型的治理之道皆是在德治和法治(刑治)的
两条理路上寻求平衡,而中国式领导力更加偏向于德治与法治
相结合的王道之治,或是所谓的"霸王道杂之"的阴阳平衡。
作为当今时代的领导者和管理者,我们应注重古为今用、变古
适今,从古代中国的治理之道中领悟领导和管理智慧。

　　中国式的领导思想和管理智慧可以追根溯源自"群经之首、大道之源"的《易经》，后世儒、道、法、墨、兵等诸子百家各门各派都有各自的侧重点及鲜明的观点，这些观点对于本书构建"中国式领导力"这一全新概念非常重要，因此我们将分主要的学术派别在后续的章节中详细展开论述。本章我们重点介绍先秦时期古代中国的治理之道。

　　汉语的成语中有"称王称霸"一词，比喻那些飞扬跋扈、横行霸道之徒，或狂妄地以首脑自居而欺压他人的行为，通常用作贬义。但其实"王"与"霸"也代表古代中国典型的两种领导和管理之道，即王道和霸道，两者有着显著的差异。除此之外，还有上古时代的皇帝和帝道，合在一起就组成了先秦时期古代中国四种典型的治理之道。

一、让秦国得以强大又迅速灭亡的治理之道

　　公元前362年，战国时期的秦国，一位年轻有为的国君正式登基，他就是21岁的秦孝公。此前的秦国因为几代君位不稳，政局动荡，国力大为削弱。年轻的秦孝公大胆任用商鞅施行变法，从而夯实了大秦帝国的基石，为其后代秦始皇的统一大业奠定了坚实的基础。秦孝公在登基的同一年就颁布了著名的"求贤令"，卫国人商鞅得知后前来投奔，秦孝公与之数次交谈，并最终委以重任，确定以霸道的治理之道使秦国在短时间内富国强兵。

　　据《史记·商君列传》记载，商鞅第一次见秦孝公，用帝道之术游说，孝公听了直打瞌睡，还怪罪引荐商鞅的宠臣景监，说商鞅是个狂妄之徒，不可任用；第二次会见，商鞅用王道之术游说，孝公还是没有接受；第三次会见，商鞅用霸道之术游说，终于获得孝公的肯定，商鞅此时已全然领会孝公的理想。最后一次会见，商鞅畅谈霸道之治

和富国强兵之策，孝公听得十分入迷，膝盖都不知不觉地向商鞅挪动（古人是屈膝跪坐，此处孝公应是挪动膝盖靠近商鞅），二人畅谈数日毫无倦意。

上面这个故事其实就是商鞅在应聘找工作。我总结一下有如下三点值得当代的职业经理人借鉴和学习：一是找工作要尽量争取直接和最大的老板谈，省去中间环节；二是要有个恰当的举荐人，商鞅如果不是找到秦孝公的宠臣景监，估计没有三次被大老板面试的机会；三是要揣摩老板的心思和意图，所谈内容要投其所好。

还有《三国演义》中刘备三顾茅庐的故事，建议大家也好好琢磨一下。世人皆以为那是刘备求贤若渴请诸葛亮出山，殊不知这个故事也是 27 岁（三九年纪）的诸葛亮在应聘面试找工作的神仙操作。从这一角度出发，我简单总结一下几个细节：第一是"良禽择木而栖"，要选好目标对象，诸葛亮找工作其实早就看上了刘备的独角兽创业公司，不仅想要进来搞点股份，还要当个二把手合伙人；第二是要在江湖中积累自己的声名，成为某一专业领域中叫得响亮的顶尖人物，诸葛亮营销自己就颇为成功，还有个极为响亮的外号叫作"卧龙"，有《易经》"潜龙勿用"之意，其潜台词是，要是我卧龙出山那就会"飞龙在天"了（《易经》乾卦中出现了六条龙，叫作"时乘六龙以御天"，"潜龙"就是其中的第一条龙，这是蕴含天机的绝顶大智慧，本书下册将斗胆泄露一点点）；第三是要让高人朋友成为自己的引荐人，最先向刘备举荐诸葛亮的是刘备极为看重的高人徐庶，因此刘备还未见到孔明就已经对其极为仰慕了；第四是要站在老板的角度，为公司的未来发展进行谋划，换句话讲，叫作为老板设置愿景，给老板画大饼，告诉他应该要怎么做。如果一个应聘者有这个高度，试想哪个老板不是眼前一亮呢？诸葛亮相当于掏出一张早就画好的"三国鼎立"的长期规划图，然后猛地一抖挂起来，眼带神光地跟老板刘备说，您听我的这么干就会占有 33.3% 的市场份额！其实三顾茅庐这个故事，里面还有很多技术性操作值得大家琢磨，比如面试地点的选择，不在刘备的公司，而是在应聘者诸葛亮的家里；再比如前两次诸葛亮偏偏躲着都不让见，别让老板觉得你召之即来挥之即去，要保有身段等。

按我自己打工做职业经理人15年的经验，各位如果把上面说的两个故事琢磨透了，并且自己也确实本领在身、学有专长、主动积极、刻苦努力，那么百万年薪根本不在话下。当然这些操作只是在"术"的层面，真正要应聘成功并有良好的职业生涯发展，"打铁必须自身硬"，自己首先要具备优秀的能力和素质的。

所以民间有人总结一个人在职场要想获得成功，得要有四个基本条件：

第一是你自己得行；

第二是得有人说你行；

第三是说你行的人得行；

第四是你身体得行！

话糙理不糙，民间智慧值得我们好好领悟和琢磨。

近期我受邀作为专家讲师到上海市人力资源和社会保障局、上海市就业促进中心做了一场名为"师说职场"的直播活动，单讲从中国文化经典中学习职场智慧，与大家一起探讨职场话题、把脉职场人生。作为中国人是如此幸运，因为我们有如此灿烂辉煌的历史和文化，可以让我们现代人从中汲取无穷的智慧和力量。

让我们把话题收回来，商鞅获得了秦孝公的认可，没多久就被委以重任，开启了中国历史上著名的"商鞅变法"。景监后来问商鞅为什么大王在见他三次以后态度转变如此之大，商鞅回答说：

> 吾说君以帝王之道比三代，而君曰："久远，吾不能待。且贤君者，各及其身显名天下，安能邑邑待数十百年以成帝王乎？"故吾以强国之术说君，君大说之耳。然亦难以比德于殷、周矣。
>
> ——《史记·商君列传》

商鞅说：我劝大王采用帝道和王道治国，建立夏、商、周那样的盛世，可是大王说，时间太长了，我不能等，何况贤明的国君，谁不希望自己在位的时候名扬天下，怎么能叫我闷闷不乐地等数十上百年才成就帝王大业呢？所以，我用富国强兵的办法劝说他，他才特别高兴。然而，这样做的话也就不能与殷、周的德行之治相媲美了。

后面的故事我们都知道，商鞅变法使秦国走上了富国强兵之路，为秦始皇后来统一六国奠定了坚实的基础。

然而商鞅其实在最初见到秦孝公时就已经预见到霸道之治最终无法与殷商王朝和周王朝相媲美，霸道之治即使能够成就统一大业，可能也不长久。而事实也正是如此，大秦王朝采用极致的"霸道"刑杀之治，结果到了秦二世就灭国了。

读史使人明智，以史为鉴可以知兴替。大秦王朝的兴盛和灭亡可谓"成也霸道，败也霸道"，由此我们知道，采用专一不变的霸道刑杀之治可以一时强国，但可能不能长久治国，即所谓的"霸道不可久"。

而事实上在中国数千年的历史长河中，曾涌现出无数或成功或失败的帝王将相，他们都在自己所处的时代各领风骚，然而我们粗略地分析其领导和管理的实践活动，往往都是对皇道、帝道、王道和霸道这四种典型的治理之道兼容并蓄、合而用之，只是他们会根据所处时代和社会的现实状况，以及个人性格和喜好的不同而有所偏重。

汉家自有制度，本以霸王道杂之。

——《资治通鉴·汉纪十九》

《汉书》和《资治通鉴》都记载了汉宣帝教导自己的太子所说的这句话，意思是：我大汉王朝自有制度以来，本来就是王道与霸道两者兼而用之的。这句话正体现了中国历史上的帝王将相治国理政的领导和管理方式都是复杂的。

在现实生活中的领导和管理的实践活动往往也是如此，如果一个管理者仅仅强调强权的力量，而缺乏对下属人性的基本关照，那么这个管理者将被视为以权压人、不近人情，进而难以笼络人心；如果一个组织仅仅依靠制度和规则进行管理，而缺乏对团队文化氛围的培养和打造，那么这个组织大概率会是墨守成规、死气沉沉，而缺乏创新创造的主动和热情。这正是所谓霸道的治理之道可能出现的问题。当然，我们也需要看到，霸道之治也有其值得借鉴的地方，大秦王朝就是依靠霸道之治走向了辉煌和强大，并最终统一六合。俗语云"没有规矩，不成方圆"，霸道之治正因为其强调规则和制度的力量，因而看似简单粗暴，却能够在短时间内取得立竿见影的实际效果。

正因为霸道之治的优缺点清晰可辨，在现实的领导和管理实践应用中，我们需要用其所长而避其所短，将其与更加重视领导者自身修养、团队的文化氛围营造的王道之治，即上文所谓的"霸王道杂之"，甚至是与皇道和帝道之治相结合。

上文我们通过大秦王朝兴衰史，大致了解了让其兴盛强大却又最终导致其顷刻灭亡的"霸道"之治，这是一种典型的古代中国的治理之道。除此之外，还有皇道、帝道和王道之治。王道和霸道更加贴近于现实，作为在实践中一直被传承至今的古代中国经典的治理之道，其中所蕴含的智慧和力量是无穷的，为我们现代组织的领导和管理提供了极好的借鉴。因此，对于古代中国的治理之道，我们现代社会的领导者一定要加以了解和学习。

二、古籍经典对于治理之道的论述

中国古人很早就十分重视对治理之道的总结和分析，我们先来看看古籍中的几个代表性论述，由这些论述我们可以窥见各种治理之道的大致内涵。

我们先来看春秋时期法家学派的著名人物管仲的说法。

> 明一者皇，察道者帝，通德者王，谋得兵胜者霸。故夫兵，虽非备道至德也，然而所以辅王成霸。
>
> ——《管子·兵法第十七》

管仲在其讲兵法的这一章中，开篇就提出了"皇、帝、王、霸"的四种治理之道。他说，能领悟万物本质、掌握彰明大道的人可以成就皇道之治，能明察治世之道的人可以成就帝道之治，懂得施行德政的人可以成就王道之治，懂得深谋远虑以取得战争胜利的人可以成就霸道之治。所以，兵法和战争虽然不是什么完备高尚的道德，但可以辅助王道之治或成就霸道之治。

管仲是春秋时期著名的思想家、政治家和军事家，他辅佐齐桓公成就春秋第一霸主的故事非常值得现代的领导们学习和借鉴。虽然现在大家都认为管仲是春秋时期法家学派的代表人物之一，但管仲却在其著作中认为，相比于皇道、帝道和王道，其实霸道是最后万不得已的选择。因此在发动战争之前，要非常谨慎。

> 举兵之日而境内贫，战不必胜，胜则多死，得地而国败。此四者，用兵之祸者也。四祸其国而无不危矣。
>
> ——《管子·兵法第十七》

管仲提出有四种战争是不能打的，称之为"四祸"：其一是发动战争时国内很贫穷，其二是没有必胜的把握，其三是打了胜仗却死亡甚多，其四是得了土地而伤了国家元气。在这四种情况下用兵将会给国家导致祸害，国家没有不危亡的。

无独有偶，在管仲之后100多年，"兵家至圣"孙武在其传世著作《孙子兵法》的开篇也表达了相似的思想，他说："兵者，国之大事，死生之地，存亡之道，不可不察也。"（《孙子兵法·计篇》）孙子认为战争用兵是国家大事，关乎一个国家的生死存亡，所以，在发动战争之前要慎之又慎。由此可见，法家学派的管仲和兵家学派的孙武都认为战争是最后才能选择的手段，不可轻易用之，而征服对手最好的方式不是战争，而是不战而胜，即"不战而屈人之兵，善之善者也"（《孙子兵法·谋攻篇》）。

虽然在《管子》和《孙子兵法》中提出了很多具体的用兵之道，例如管仲提出的"参其国而伍其鄙"以及"三官五教九章"等，孙武提出的兵家"五事七计"等，但两位不同学派的大家人物都认为战争是国之大事，不能轻易发动战争。

事实上，相较于霸道之治，管仲在其思想上更加推崇的是皇道、帝道和王道之治。虽然作为春秋时期法家的代表人物，管仲在实践中运用的也是霸道之治，辅佐齐桓公施行内政外交的重大改革，并最终成就霸业，但在其著作《管子》一书中，却表现出诸多王道之治的思想。除了他主张不轻易发动战争，认为兵者"非备道至德也"之外，他还提出"仓廪实则知礼节，衣食足则知荣辱"，认为道德教化要以物质生活为基础。此外，他还强调"四维不张，国乃灭亡"，所谓"四维"，即是礼、义、廉、耻，认为国家的治理必须要重视道德教化的作用。

因此，孔子对管仲倍加推崇，《论语》中记载了孔子多次夸赞管仲的言论，尤其是夸赞他的仁德，"桓公九合诸侯，不以兵车，管仲之力也。如其仁，如其仁"（《论语·宪问》）。

从管仲的著作中，我们大致了解了皇道、帝道、王道和霸道这四种古代中国治理之道的含义，下面我们再来看看其他古籍中的论述。

> 五帝先道而后德，故德莫盛焉；三王先教而后杀，故事莫功焉；五伯（霸）先事而后兵，故兵莫强焉。当今之世，巧谋并行，诈术递用，攻战不休，亡国辱主愈众，所事者末也。
>
> ——《吕氏春秋·季春纪·先己》

《吕氏春秋》中说：五帝先施行道法再实行德政，所以德政没有不兴盛的；三王先施行教化再实行刑罚，所以事业没有不成功的；五霸先施行礼教再兴兵开战，所以军队没有不强大的。而当今世界，智巧与阴谋并行，欺诈层出不穷，攻伐战争不停，亡国和辱主的事情越来越多，这是因为他们不致力于治国的根本，而只注重细枝末节。

《吕氏春秋》这段文字借古论今，先论述了帝道、王道和霸道这三种治理之道的不同功用，然后又反观了"当今之世"的情况，认为充斥着巧谋、诈术、攻战、亡国辱主的种种行径，因此根本谈不上是治国之道。

夫上古称三皇五帝，而次有三王五伯，此天下君之冠首也。三皇以道治，而五帝用德化，三王由仁义，五伯（霸）以权智。其说之曰：无制令刑罚谓之皇；有制令而无刑罚谓之帝；赏善诛恶，诸侯朝事谓之王；兴兵众，约盟誓，以信义矫世谓之伯（霸）。

——《新论·王霸》

《新论》是东汉哲学家桓谭唯一传世著作，这段话的意思是：上古时有三皇五帝，而后又有三王五霸，这些都是天下君王的代表。三皇以道治世，五帝以德化物，三王施行仁义，五霸凭借的是权术智巧。不施用刑罚，没有任何法令制度而使国家大治的称为皇；有法令制度，但不施用刑罚而使国家治理的称为帝；赏善杀恶，让天下诸侯都归顺臣服的称为王；倚仗武力，与诸侯签订盟誓，假借信义矫治天下的称为霸。

桓谭简明扼要地论述和比较了上古帝王治国理政的四种理念：以"道"为主的皇道、以"德"为主的帝道、以"仁义"为主的王道和以"法"为主的霸道。由此我们可以看出古代中国这四种典型的治理之道的大致区别。

北宋邵雍也将古代社会的王朝更替划分为四个阶段：皇、帝、王、伯（霸），认为世运转变，治理之道正是在四个阶段循环往复，并概括了四个阶段的治道模式：三皇时代以道治国，五帝时代以德治国，三王时代以功治国，五伯（霸）时代以力（法）治国。

由上述这些古籍经典的论述，我们可以归纳出先秦时期古代中国四种主要的治理之道，这就是皇道、帝道、王道和霸道。现代社会有些学者在这四种典型的治理之道之外，又增加了一个强道，其意为霸道的极致状态。因"强道"与"强盗"同音不同字，易使人混淆，所以在本书中我们还是依据古籍的论述，用"霸道"这一说法统括之。

图 2 直观地展示古代中国四种典型治理之道的主要区别。

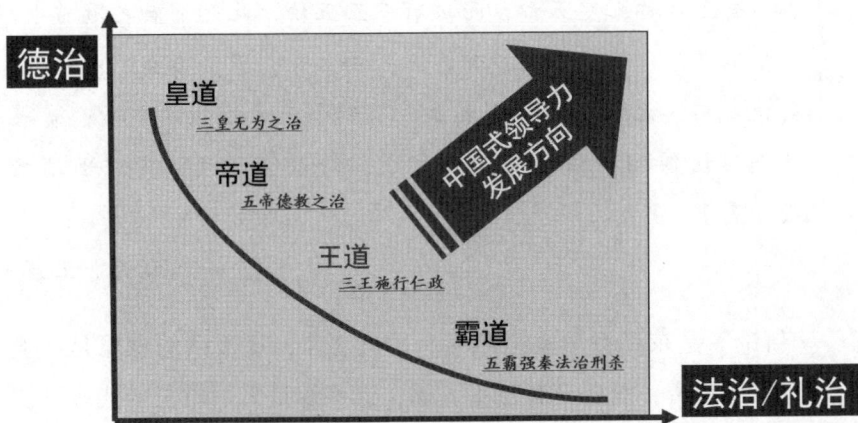

◎ 图 2　古代中国的治理之道

　　本书所提出的"中国式领导力"这一概念，其发展方向正是德治与法治（或礼治）兼顾的王道仁政之治，这是人类社会不断向前发展的必然选择。"王道"这一提法源自儒家的经典典籍《尚书》。

> 无偏无陂，遵王之义。无有作好，遵王之道。无有作恶，遵王之路。无偏无党，王道荡荡。无党无偏，王道平平。无反无侧，王道正直。会其有极，归其有极。
>
> ——《尚书·洪范》

　　这是殷商王朝的仁者箕子在回答周武王如何治理天下时所说的一段话，他说：为政者要处事公正，没有偏私偏颇，遵循先王的正义而行；没有乱为私好或谬赏恶人，遵循先王正道而行；没有乱为私恶或滥罚善人，遵循先王之正路而行。没有徇私枉法或结党营私，王者之道就会宽广顺畅；没有阿党与偏私，王者之道就会井然有序；没有处事反复无常，王者之道就会正直而通畅。君王聚合民众有其准则，民众归顺君王也有其准则。

　　因此，"王道"最初的含义是特指夏、商、周三代贤明的帝王所施行的仁政之治，尤其是三代的首位君王大禹、商汤和周文王（姬昌），后人也将周朝第二位帝王周武王（姬发）纳入其中。所以，"王道"指

42

的就是三代圣王所创立并施行的大中至正、无偏无私、天下归仁的治国理政之道。

那么，为何"中国式领导力"不采用更加偏向于德治的皇道和帝道之治，或者是更加具有实际功用效果的霸道之治呢？这就需要我们具体分析这四种典型治理之道的内涵，以及它们各自适用的具体环境。

三、古代中国四种典型的治理之道

（一）皇道：三皇时代的无为而治

中华文明绵延发展了数千年，有"自从盘古开天地，三皇五帝到如今"之说，盘古是更为远古时代的神话传说，三皇时代是自盘古之后最早的中华文明史。传说中三皇无为而治的治世之道被古人称为皇道之治，那是个令人向往的淳朴美好的时代。让我们首先来了解"皇"字的基本含义，"皇道"无为之治也就基本清晰了。

"皇"字始见于商代的甲骨文，其古字形一般认为是火炬的光焰向上升腾的样子，后起字才是"煌"。古先民崇拜火，故"皇"含有高贵、庄严、伟大之意。在古籍中，"皇"字也可专指天神或先人，或特指远古的帝王，如三皇时代的说法。

《管子》有"明一者皇"的说法，"一"可以理解为"大道"，"明一者皇"就是说抱持彰明大道、照亮混沌未明、掌握万物本质规律的人可称为"皇"。《尚书·虞书》中有言"帝德广运，乃圣乃神，乃武乃文。皇天眷命，奄有四海为天下君"，这一段是盛赞大尧的德性和能力，其意为：尧帝的道德修养广大而崇高，像上帝神明一样圣德贤达，文才与武略兼备一身。因此尧帝是受到皇天的眷顾垂青，上天让尧帝统御四海，成为天下共主。这里首次出现了"皇天"的说法，其后又有"皇天后土"之说，是对天地的尊称。

因此，"皇"的基本含义就是天和天道。只有遵循天道规律治理天下的君王才能称为"皇"。那么天道规律是什么呢？

子曰："天何言哉？四时行焉，百物生焉，天何言哉？"

——《论语·阳货》

孔子说，天从来不会说话，不发表意见，所谓天道不言，四季循环，万物相生。君主必须要遵循天道规律，就是像天一般具备极高的德性，施行像天道一般的无为而治、不言之教，这样的君主说出的话百姓都不会违背，如同皇天一般，所以称为"皇"。

《白虎通义》中有一段文字可以较好地解释"皇"的含义：

皇，君也，美也，大也。天之总，美大称也，时质，故总之也。号之为皇者，煌煌人莫违也。烦一夫、扰一士以劳天下不为皇也，不扰匹夫匹妇故为皇。

——《白虎通义》

这段的译文是：皇就是君主，就是美和大，天是这一切的总称。凡是被称为皇的人，光芒万丈，施行无为而治，行不言之教，以大道化育万物，天下百姓都不会违背他。若以人为的手段治理天下，干涉到了任何一个百姓的生活，都不能称其为皇。

在我们了解了"皇"字的含义后，皇道无为之治的含义也就自然显现了。在上古时期的三皇时代，百姓纯真无邪，没有私欲，与自然相合为一。那时的人类处于蒙昧时期，对自然世界没有多少认知，如同刚出生的婴儿一般淳朴，没有受到后天的污染。然后神灵降生于世，成为人间的皇，他们如同皇天一般，光芒万丈，照亮了混沌未明的人类世界，给人类带来了文明与智慧。他们行不言之教，无为而治，使天下行于大道，带领着人类走过漫长的历史时期，步入文明的时代。

那么，中华文明史中著名的三皇时代确切地说是什么时代？三皇又是哪三个皇呢？

司马迁在《史记·秦始皇本纪》中引用李斯（这个李斯很有才，

但也真的坏，我们将在下文"法家学派的领导思想"章节中讲到他的故事）的话说："古有天皇，有地皇，有泰皇，泰皇最贵。"泰皇就是人皇，因为天皇、地皇皆为神祇传说人物，只有人皇才是现实社会的真实统治者，故称"泰皇最贵"。天皇、地皇、泰皇（人皇）合称三皇，而三皇具体是谁，存在多种不同的说法，现在一般按照《尚书大传》的记载，指燧人氏、伏羲氏和神农氏。

其一，天皇燧人氏。

燧人氏被奉为"天皇"，传说他发明了钻木取火，教部落民众吃熟食，从而结束了远古时代人类茹毛饮血的历史，使人类与禽兽的生活习性区别开来，开创了华夏文明的新纪元。华夏文明有文字记载的历史就是始于燧人氏，所以他是中华民族可以考证的第一位祖先。燧人氏生伏羲氏、女娲氏。

还有一点我想说的，燧人氏是生在商丘，葬在商丘，商丘因此也被誉为中国火文化的发祥地。还记得吗？我们在第一章中有提到过，河南商丘还是中国"商人""商品"和"商业"的"三商"之源，至圣先师孔子的祖上也来自商丘。所以这个地方很神奇，能量巨大，建议各位经商做生意的朋友有机会要到商丘去转一转，沾沾仙气。

其二，地皇伏羲氏。

《易经》中有一段文字很好地总结了伏羲氏一生的功业：

> 古者包牺氏之王天下也，仰则观象于天，俯则观法于地，观鸟兽之文，与地之宜。近取诸身，远取诸物，于是始作八卦，以通神明之德，以类万物之情。
>
> ——《周易·系辞下》

这段话中所说的"包牺氏"就是伏羲（没办法，古人的名啊、字啊、号啊都太多了）。传说伏羲氏是燧人氏之子。这段话是说：古时候包牺氏治理天下，上则观察天空日月星辰的种种现象，下则观察大地高下卑显的种种法则，又观察鸟兽羽毛的文采和山川水土的地利。近的就取象于自己身边，远的就取象于宇宙万物，于是创作出八卦，以融会贯通神明的德性，参赞天地的化育，比类万物的情状。

司马迁也在《史记·太史公自序》中说："伏羲至纯厚，作《易》八卦。"伏羲氏不仅创立先天八卦，而且教育部落民众做网渔猎，驯养野兽成为家畜，甚至还创造文字以取代"结绳记事"，等等。伏羲氏的这些伟大成就对中华民族的文明进步起到了不可估量的作用，所谓"一画开天，人文肇始"。因此，伏羲氏也被誉为中华民族的人文始祖。

其三，泰皇神农氏。

神农氏是传说中的农业和医药的发明者。他亲尝百草，创中医中药，为民治病，因此被现代的医馆、药行等视作守护神；他发明刀耕火种，教民农耕垦荒，种植粮食作物，还领导部落民众制造陶器和炊具，因此又被称为农业之神。

神农氏一般指炎帝[1]。传说炎帝神农氏部落后来和黄帝轩辕氏部落结盟，共同击败了蚩尤的部落，炎帝与黄帝后来被共同尊奉为中华民族的人文初祖，这也是我们自称炎黄子孙的原因。

自古以来成王败寇，炎帝和黄帝联合起来"逐鹿中原"，打败了蚩尤，然后找了两个最难看也最难听的字来命名被他们打败的对手。我原以为蚩尤一定是人如其名，长得獐头鼠目、猥琐难看，后来才知道蚩尤是中华传说中第一个制造金属兵器的人，被称为"主兵之神"，不仅高大帅气，还孔武有力。据说蚩尤部落被打败后，其遗民南迁，后来成为南方苗族的祖先，这一说法现在也难以考证其真伪。不过我们看看苗族人民，那真是男的帅气、女的靓丽，或许真有上古兵神的基因也未可知。此外，不知苗族语言是怎么称呼蚩尤的，下次遇到苗族帅哥美女一定要问问。

三皇时代其实是一个以燧人氏、伏羲氏、神农氏三个杰出的部落首领为代表的上古传说中的美好时代，泛指公元前3077年（即神农氏炎帝退位之年，存有争议）以前的原始社会时期，距离现在5 000多年，且时间跨度漫长。

因为年代太过久远，三皇时代皇道的无为而治或是出于中国人的

[1] 炎帝是中国上古时期姜姓部落的首领尊称，号神农氏，又号魁隗氏、连山氏、列山氏，别号朱襄。但这一说法尚有争议，亦有朱襄氏部落曾有三代首领尊号炎帝之说。

美好想象。但我们同样也可以想象到，在上古时代的原始社会中，人们跟随着部落首领，与自然环境作斗争，学习各种生存的技能，只求吃饱穿暖。因此那时的人们一定是心灵纯净、淳朴自然的，少有现代社会的尔虞我诈、人心叵测。也正因为如此，无须多少规则制度，更不用费尽心机，皇道的无为而治自然而然地得以施行。

"皇"的本意代表天，天道不言，而四季循环，万物并育不相悖。三皇施行无为而治，顺应天道，行不言之教，民合道而自得其乐，于是就有了传说中的天下大治。这正是后来道家学派所极尽推崇的无为而治的政治理想，当然道家学派的无为而治还有更为深邃的含义，具体参见第四章"道家学派'自然无为'的领导思想"。

三皇时代毕竟源于上古传说，年代太过久远，且没有更为详细的文字记载流传下来，所以皇道的无为而治到底如何，我们不得而知。后世文人有愤世嫉俗者，常常是古而非今、借古而讽今，于是皇道无为而治的三皇时代便常常被作为太平治世的典范，成为中国人无限向往的美好时代。当然，这种向往和膜拜，也表达了人民大众对领导者德行修养的美好期待。

（二）帝道：五帝时代的德教之治

五帝和三皇一样，众说不一，现在一般是指《大戴礼记》所提出的黄帝、颛顼、帝喾、尧、舜。五帝是远古时期极具影响力的部落或部落联盟的首领，其所处的时代是公元前 3077 年（炎帝退位之年）至约公元前 2070 年（大禹建立夏朝之年）[1]，大约 1 000 多年时间。不同于封建社会时期的帝王，他们是远古时代的部落首领，因此是属于被后世追尊的君主。春秋战国之前，天子称"王"，诸侯称"公"，仅有死后被当作神来崇拜的这五位被称作"帝"，于是，这些传说中的帝王的治国方式就被称为帝道，其核心则是师法造化，无为而治，与道家"黄老"学说近似。

从三皇时代到五帝时代，随着生产力的提高、社会文明的发展和物质的丰富，部落之间相互攻伐，思想道德开始沦丧，社会民众不再

【1】夏朝的开国君主大禹生卒年不详，其建立夏朝之年亦有争论，此处援引中华人民共和国国务院所发《中国历史纪年简表》一文，即大禹建立夏朝之年为公元前 2070 年。

单纯，人们的心灵被各种私欲污染，有些人甚至变得奸诈，开始相互戒备和争斗。于是五帝时期德教之治的帝道应运而生。

五帝洞悉天地万物，从中参悟大道，因而建立"德"，以德规范天下百姓的言行，引导百姓回归于道，以达到无为而治的最终目标。这就是老子所说的：失道而后德。

五帝时期帝道倡导用恩信之法，以德为尊，以诈为耻，德高者上，无德者下，使得诡诈之行难以立足。君有贤德，而民自化；民有贤德，而重礼节。以德高之人为官作吏，以德教民，民众亦感恩戴德，进而以德报之。人民相互谦让，先人后己；相互尊敬，端正己行；亲融和顺，民心纯朴。因此整个社会安定祥和。

这是多么令人向往的美好社会！

显然，帝道相较于皇道而言，作为领导者的君主，必须根据社会和时代的变化与要求，针对性地有所作为，而作为的核心就是围绕一个"德"字。因此，帝道又被称为德教之治。

首先是君主自己修身立德、以身作则才能够垂范天下；其次是任用贤德，以德高之人为官作吏，德高者上，无德者下，这样从核心的管理团队层面就杜绝诡诈，崇德爱民；第三是以德教民，引领整个社会良好的崇德风尚，使得诡诈之行难以立足。凡此种种，只有领导者方方面面都体现出崇德而抑诈，久而久之，民众才会敬仰而从之。

总之，无论三皇无为而治的皇道，还是五帝德教之治的帝道，两者都更加偏重德治，最终目的都是达到无为而治的天下大治。有一首被称为中国"古诗之始"的民谣《击壤歌》极为形象地描绘了尧帝时期天下大治的情景：

日出而作，日入而息。凿井而饮，耕田而食。帝力于我何有哉！

——先秦古诗《击壤歌》

传说这首歌谣的作者是帝尧时一位八十余岁的老人，他悠然自得地唱道：太阳出来就去干活，太阳落山就回家休息，凿井来取水解渴，耕种来获得食物。这样的生活自然和谐，平静恬淡，快乐自由。至于那遥远的帝王，他的权力对我来说又有什么影响呢？

"日出而作，日入而息"现在被用来形容简单质朴的生活。这首歌谣所描绘的就是在皇道和帝道的无为而治下，天下太平，百姓安乐，民风民德纯真自然，犹如世外桃源，好像帝王根本不存在一样。

道家学派的创始人老子对这样一种天下大治的情景赞颂不已，认为是最好的一种领导境界：

> 太上，不知有之；其次，亲而誉之；其次，畏之；其次，侮之。信不足焉，有不信焉。悠兮，其贵言。功成事遂，百姓皆谓："我自然"。

——《道德经》第十七章

老子的这一段话可以意译如下：最好的时代，百姓根本感觉不到统治者的存在；次一等的，百姓亲近并赞誉统治者；再次一等的，百姓畏惧统治者；更次一等的，百姓轻侮、蔑视统治者。统治者诚信不足，所以百姓不相信他。最好的统治者，应该是优哉游哉的，不轻易发号施令。老百姓事情都办好了，他们会说，我们本来就是这样子的！

在这一章中，老子极力赞颂的正是百姓"不知有之"的领导境界，最高明的统治者，优哉游哉，百姓甚至感觉不到他的存在，这种境界叫作"太上"，其实可以等同于皇道的无为而治。而无为而治后来成为道家学派所强烈追求的一种治理之道（道家无为而治的具体内涵请参见第四章"道家学派'自然无为'的领导思想"）。当然，老子在这里将无为而治与儒家主张实行的德治、法家主张实行的法治相对比，并将后两者等而下之。

儒家所主张的德治，接近于我们这里所说的帝道德教之治。实行德治的统治者，老百姓觉得统治者可以亲近和信任，因为会称赞他，但老子还是认为次于无为而治者。法家所主张的法治，接近于下文我们将要谈到的霸道刑杀之治。实行法治的统治者，用严刑峻法管理和镇压百姓，甚至实行残暴扰民的政策，这就是统治者诚信不足的表现，百姓自然会逃避他、畏惧他。我们认为，因为老子身处动荡不安、天下大乱的时代，因此主张回到上古时期小国寡民的淳朴自然状态，他认为最美好的时代莫过于统治者"贵言"，从不轻易发号施令，天下百姓和统治者相安无事，以至于百姓根本不知道统治者是谁。

当然，人类社会一定是不断向前发展的，不会再回到原始蒙昧的状态，因此，老子的这种美好的向往或许只能是乌托邦式的幻想。并且上文我们也提到，三皇时代的皇道无为而治其实只存在于上古时代的传说之中，年代太过久远，且没有更为详细的文字记载流传，所以皇道的无为而治到底如何，真的是那么美好吗？其实我们并不知晓。

因此，我们还是要现实一点，顺应时代的要求，来看看德治与法治兼备的王道是怎样的。

（三）王道：三王时期的仁政之治

三王是指夏、商、周三个朝代贤明的开国帝王，即大禹、商汤、周文王（姬昌）以及周朝第二位帝王周武王（姬发）的合称。五帝过后，大禹开创了夏朝，"家天下"的朝代制代替了禅让制，中华历史迈入了夏、商、周三代。同时，中华民族也由帝道之治步入王道之治，由三皇五帝时期进入三王五霸时代。

我们首先看看"王"的含义是什么。

> 王，天下所归往也。董仲舒曰："古之造文者，三画而连其中谓之王。三者，天、地、人也，而参通之者，王也。"孔子曰："一贯三为王。"
>
> ——《说文解字》

这段话的意思是说：王就是天下百姓归趋向往的对象。董仲舒说，古代创造文字，一竖贯穿三横构成王字，三横分别代表天、地、人三才之道，能贯通三才之道者称为"王"。董子之说引自《春秋繁露·王道通三篇》，其原文曰："古之造文者，三画而连其中，谓之王。三画者，天地与人也。而连其中者，通其道也。取天地与人之中，以为贯而参通之，非王者孰能当是？"孔子"一贯三为王"之说不知《说文解字》引自何处。

五帝时期，随着生产力的发展，人类隐隐偏离了大道，但还不算太远，所以五帝觉悟大道，发现了维系天地万物和谐平衡的机制，从而建立帝道的德教之治，以使天地万物回归正道与和谐。而到了夏、商、周的三王时代，社会风气逐渐败坏，顽劣之徒渐趋增多，人心变得更加复杂污浊，天下更加偏离大道。此时作为领导者的"王"便贯通天、地、人三才之道，制定礼乐制度以规范人类行为，教化天下，推行仁义，于是天下纷纷归服。在王道之治时期，人类无法再达到天道的最高标准，作为领导者的"王"便以道德为依据，以礼乐为手段，从外在约束来规范天下百姓的言行，以达到仁义的标准，使天下维持在相对和谐的状态，使人民万物归顺于他而不受到伤害。

王道的领导和管理方式，是以夏、商、西周三代为代表的治理之道，德智并用，行仁义之法，推崇礼乐制度，提倡教化和仁政，崇德尚贤，移风易俗，辅以刑罚，除暴安良，于是万民慕之而归，保合诸夏，协和万邦，以王天下。王道施行仁政之治是后世至圣孔子创立的儒家学派所提倡的治国之道，深刻影响了中国两千多年。

> 礼乐刑政，其极一也，所以同民心而出治道也。
> 礼节民心，乐和民声，政以行之，刑以防之。礼、乐、刑、政，四达而不悖，则王道备矣。
>
> ——《礼记·乐记第十九》

这是儒家经典《礼记》中的两段话。第一段的意思是：礼制、音乐、刑法、政令，这四者的最终目的是相同的，都是用来统一人们的思想意识，然后走上治国的正道。第二段的意思是：用礼来节制民众的心志，用乐来调和民众的情感，通过政令来使民众遵行礼乐，运用刑法来防止违反礼乐的行为。礼、乐、刑、政，四者互相通达而不违逆，这就是治理天下的王者之道。

《礼记》经孔子删订后成为儒家经典，这两段文字表明儒家学派明确地倡导王道的仁政之治，且认为王道之治是礼、乐、刑、政四个方面都并行不悖。由此我们也可以看出，儒家学派其实并非仅仅强调德治而摒弃法治（刑治），儒家摈弃法治（刑治）这一说法其实是世人对儒家思想的极大误解。事实上，儒家学派所倡导的王道仁政之治，自始至终都是抱持德法兼治、德治刑备的观点。关于这一点，我们也将在下一章"儒家学派'德治仁政'的领导思想"中着重论述。

上文我们曾提到，"王道"这一说法源自儒家经典《尚书》。该书对于"王道"之治最初的描述，几乎全部都是对为政者（即领导者）自身思想和行为的规范要求，即所谓的无偏无陂、无有作好、无有作恶、无偏无党、无党无偏、无反无侧等，若一个领导者能够达到这些标准，那么他就是儒家学派所赞誉的"仁者"。而对他人的要求则是"会其有极，归其有极"，即强调君王领导和管理民众都应该有其规范和准则。

由此我们了解到，王道之治其实包含了两个部分的内容：一是对为政者（领导者）自身内在的标准要求，二是对他人外部的领导和管理。也就是说，王道之治对领导者内在的基本素质以及外在的领导方式和领导能力都提出了要求。

而这两个方面的要求经由儒家学派至圣孔子和亚圣孟子的阐述，逐渐形成了修己安人、内圣外王的王道理念。这一治理之道又倡导兼顾德治与法治（刑治），主张德行兼备、德主刑辅、以德为先。因此，儒家学派的王道仁政正是承袭了夏、商、周三王时代的王道之治，并在其基础上逐步发展而来。而在本书中我们将要提出和构建的"中国式领导力：修己安人、内圣外王之道"这一全新的概念和模型，也正是在三王时代的王道之治，以及儒家学派的王道仁政的基础上发展而来。

（四）霸道：春秋战国的刑杀之治

自夏、商、西周三代以降，到了春秋战国时期，王道衰微，人心道德再度败坏，以至于沦落到孔子所说的"礼崩乐坏"的地步。这一时期天下诸侯纷纷称雄称霸，于是崇尚法治刑杀之道的霸道之治应运而生。霸，谐音"伯"，又称州伯、方伯，是诸侯之长的意思。其职，名为会诸侯、朝天子，实为尊天子以令诸侯。

春秋时期，天子衰而诸侯兴，周王室势力衰微，权威不再，已经无法有效控制天下诸侯。一些强大的诸侯国为了争夺天下，开启了激烈的争霸战争，相互之间合纵连横、东征西讨，前后共出现了春秋五霸，他们是这一时期最有势力的五个诸侯之长。春秋五霸到底是哪几位，有各种不同的说法，依据孔子修订的《春秋》所述，五霸是指齐桓公、晋文公、秦穆公、宋襄公、楚庄王。

霸道之治，是春秋五霸的治理之道。到了这一时期，治国方式已由三王时代行仁义教化来归顺人心的王道，转变为以武力强制手段使天下屈从的霸道。霸道之治近似于法家治国之道，春秋时期各诸侯国依法治国，以力服人，以利诱人，以法治、武力、刑杀、权势、胁迫等手段统治天下，目的是使民众畏服而顺之。

春秋之后到了战国时期，中原大地渐渐形成了战国七雄，争霸天下，依旧行霸道之治。原本远离中原、地处西北边陲地区的诸侯小国秦国重用商鞅，施行变法，行法家治国之道，富国强兵。商鞅变法的核心是耕与战，变法之后，秦人财富地位的传承不局限于血统出身，而主要与战功关联，敌军首级成了金钱和地位的等价物，秦人由此变得嗜血好战。因为战场杀敌等于发家致富、光宗耀祖，大秦"虎狼之师"由此养成。可见，秦国的霸道之治就是对内严刑峻法，对外军事扩张。到始皇帝时，秦国专任严酷的刑杀之道，成就法家之治的极致状态，终于一扫六合，统一天下，成就了中国历史上第一个统一的封建王朝，中国由此迎来了大一统的全新时代。

然而，统一之后延续霸道之治的秦王朝并没有像秦始皇所期望的那样，传承二世、三世直至千秋万代；相反，曾经天下无敌的秦王朝仅仅存在 14 年就土崩瓦解了。公元前 221 年秦统一中国，11 年后秦始皇驾崩，儿子胡亥即位，为秦二世。不到一年，陈胜、吴广起义大泽乡，天下响应，群雄并起，其中就有刘邦、项羽。公元前207年秦朝灭亡。

为什么霸道之治能帮助西北边陲的诸侯小国秦国发展壮大直至扫清天下，却不能够使强大的秦王朝一统万年？这是一个尤其值得深思的问题。

孟子详细地对比了"以德服人"的王道仁政之治和"以力服人"的霸道刑杀之治，指出两种治理之道的最大差异在于能否使人"心悦而诚服"。

> 孟子曰："以力假仁者霸，霸必有大国。以德行仁者王，王不待大：汤以七十里，文王以百里。以力服人者，非心服也，力不赡也。以德服人者，中心悦而诚服也，如七十子之服孔子也。"
>
> ——《孟子·公孙丑上》

孟子说：倚仗实力、假借仁义来征伐天下、称霸诸侯，这是霸道之治，称霸一定要凭借强大的国力；依靠道德来实行德治仁政，这是王道之治，可以使天下归心，这样做却不必凭借强大的国力。商汤仅用方圆七十里的土地，周文王也仅用方圆百里的土地，两者都实行了王道仁政，从而使人心归服。倚仗实力使人屈服的，人家不会心悦诚服，只是因为他本身的实力不够的缘故；依靠道德使人服从的，人家才会真正地心悦诚服，就好像七十多位弟子归服孔子一样。

从孟子这一段话中，我们不难发现"霸道不可久"的真正原因是失了人心。孟子指出，霸道之治的实质是建立在实力基础上的强权政治，是一种假借仁义道德，运用实力迫使他人屈从的一种政治手段。如果我们仔细分析古今中外的历史上所出现的霸主们，其实都是凭借暴力使他人屈服，并最终实现其自身的利益和目的。

"霸道"的刑杀之治并非只存在于中国历史，也并非只存在于古代世界。当今世界，美国就是活生生的现代版霸道之治的代表性政治实体。

自1776年正式建国到如今，美国两百多年的历史就是一部充斥着战争与暴力的扩张历史，其间竟然只有 16 年没有进行战争！从建国前后大肆屠杀印第安人，到后来入侵加拿大，发动美墨战争，策动美西战争，吞并夏威夷，二战以后，又挑起或发动朝鲜战争、越南战争、海湾战争、科索沃战争、阿富汗战争、伊拉克战争、利比亚战争、叙利亚战争，直到如今又在俄乌冲突中不断拱火、坐收渔利。

在联合国承认的 190 多个国家中，只有 3 个国家（分别是不丹、安道尔和列支敦士登）没与美国打过仗或受到其军事干预，而这 3 个国家之所以能够"幸免于难"，是因为美国没有在地图上发现它们！美国在其本土之外拥有约 800 多个军事基地，在全球 159 个国家驻扎了自己的军队，其军事触角可以说延伸到了世界的每一个角落。近年来，美国的年均军事预算超过 7 000 亿美元，占世界军费总支出的 40%，超过第 2 名到第 16 名国家的军费支出总和。此外，除了直接发动或参与战争，美国还以支持代理人战争、煽动他国内战、提供武器弹药、培训反政府武装等直接或间接方式频繁干涉他国内政，严重损害他国社会安定、民众安全和经济健康发展。

诚然，我们不能忘记美国在第二次世界大战时期对于全世界的贡献，而在战后全世界也需要作为世界第一大国的美国站出来共同维护国际秩序。但在之后相对和平的年代，美国依旧大肆行使穷兵黩武的军事霸权，种种行径在伦理道德层面是值得怀疑和商榷的。此外，美国还肆意挥舞起各种霸道制裁的大棒，例如运用其世界第一大国的政治霸权、巧取豪夺的经济霸权、垄断打压的科技霸权、无孔不入的文化霸权等等，粗暴侵犯其他国家的主权利益，肆意践踏他国百姓的安定生活。

因此，我们可以毫不夸张地说，美国就是当今世界的最大乱源！

然而对其自身倚仗实力恃强凌弱的种种霸道、霸权和霸凌的行径，美国竟然还能够堂而皇之、大言不惭地声称是在维护世界的公平正义，是将自由、民主和平等带给全世界。

美国的种种做法真真切切、活灵活现地展现了孟子所说的"以力假仁"，就是倚仗自身实力甚至是暴力使他人屈服，却偏又要假借仁义的名义。

除了在全世界横行霸道，对他国施行"霸道"强权之外，美国政府对其国内民众的治理也呈现出一定的"霸道"之治的面目。政治分化、种族歧视、枪支泛滥、经济危机、社会撕裂等美国国内的问题日益严重。而当一个国家的政权表现出来穷兵黩武的一贯行为之时，在其自身处于危机时刻时，这个国家可能会选择铤而走险，不顾一切地对外转移矛盾，即使发动战争造成生灵涂炭也在所不惜。对此我们要有清晰的认知。现如今，美国政府在俄乌冲突、巴以冲突中的表现和作为已经可见一斑。

这就是典型的霸道刑杀之治。

虽然美国的"霸道"之治能够获得一时的利益，被其欺凌的小国弱民暂时也只能够忍气吞声，但是正如孟子所言"以力服人者，非心服也"。因此，我们可以预见，美国以"霸道"强权挑战普遍真理，以一国私利践踏良知正义的种种行径必定不会长久。随着全世界人民越来越清晰地认知美帝国主义的真实嘴脸，以及东西方综合实力和在全世界影响力的此消彼长，美国的种种单边主义、唯我独尊、倒行逆施的霸权行径必定会引发国际社会和全世界人民更为强烈的批评和反对，美国的"霸道"强权之治也必定会走向失道寡助，直至没落。

四、楚汉争霸中刘邦和项羽的治理之道

项羽号称"西楚霸王"，那么作为领导者的项羽，其治理之道是"霸道"吗？其对手刘邦又是怎样的治理之道呢？

毫无疑问，刘邦和项羽作为领导者都是极具魅力的，这领导者的魅力来自个人的能力、气质、性格等方方面面，但首先来自他们的志存高远，并且这一点都是在他们年轻的时候就已经表现出来。

> 高祖常繇咸阳，纵观，观秦皇帝，喟然太息曰："嗟乎，大丈夫当如此也！"
>
> ——《史记·高祖本纪》

高祖刘邦年轻时曾经到咸阳去服徭役，有一次秦始皇出巡，允许人们随意观看，他看到了秦始皇，长叹一声说："唉，大丈夫就应该像这样！"

刘邦这一声长叹也令司马迁和我们读者感到惊叹。试想一下，秦始皇出巡是何等的威仪，一般平民百姓定然是被其威慑，但当时不名一文的刘邦却想着"我生为大丈夫，也应该要这样才对"。因此，这一声长叹可以说暗含着刘邦的眼界和格局，包藏着刘邦的野心和不甘。这对于我们当今时代的领导者来说也极具启示意义。试想，如果没有强烈的企图心，如何会有强大的行动力？如果没有宏大的愿景目标，如何能够引领团队不断前进？

与刘邦一样，年轻的项羽看到秦始皇，也同样有不一般的表现。

> 秦始皇帝游会稽，渡浙江，梁与籍俱观。籍曰："彼可取而代也。"梁掩其口，曰："毋妄言，族矣。"梁以此奇籍。
>
> ——《史记·项羽本纪》

秦始皇游览会稽郡渡浙江时，项梁和项籍（项羽，名籍，字羽）一块儿去观看。项籍说："那个人，我可以取代他。"项梁急忙捂住他的嘴，说："不要胡说，要满门抄斩的。"但项梁却因此而感到项籍很不一般。

同样表现出志存高远的，还有比刘邦和项羽更早一些起兵反秦的陈胜。

> 陈涉少时，尝与人佣耕，辍耕之垄上，怅恨久之，曰："苟富贵，无相忘。"佣者笑而应曰："若为佣耕，何富贵也？"陈涉太息曰："嗟乎！燕雀安知鸿鹄之志哉！"
>
> ——《史记·陈涉世家》

陈涉（陈胜，字涉）年轻时曾同别人一起被雇佣给人耕地。大家在田埂高地上休息时，陈胜叹息说："如果有谁富贵了，不要忘记大家呀！"一起耕作的同伴笑着回答说："你一个受雇耕作的人，哪来的富贵呢？"陈胜长叹一声说："唉，燕雀怎么能知道鸿鹄的志向呢！"

读者朋友们，其实无论是否是组织中的领导者或管理者，我们生而为人，都需要涵养自己更宏大的格局和目标，培养自己更宽阔的视野和胸怀。因为格局和目标宏大，就会拥有持续前进的动力，而不会为仨瓜俩枣的蝇头小利所诱惑；因为视野和胸怀宽阔，我们就能够海纳百川有容乃大，而不会为生活的鸡毛蒜皮所困扰。所以，现在我在很多场合作为一名传道授业解惑的老师，首先给大家讲的就是"立志"二字，特别是针对青少年儿童。各位读者如果您有孩子，请一定记得引导他们从小立志，圣人孔子"十五而有志于学"，青年学子毛泽东"问苍茫大地，谁主沉浮"，淮安少年周恩来"为中华之崛起而读书"。只要小朋友们立志成才、志存高远，就会明白读书上学的意义所在，而这一点恰恰是孩子们勤学上进、不断成长的关键密码。

当然，志向远大也需要我们脚踏实地，一步一个脚印地持续前进才能得以实现。老子说："合抱之木，生于毫末；九层之台，起于垒土；千里之行，始于足下。"（《道德经》第六十四章）项羽和刘邦能够称王称霸，刘邦最后甚至能够统一华夏建立强大的大汉王朝，肯定不只是因为志向远大。

据史书记载，项羽"长八尺余，力能扛鼎，才气过人"，真的是高大威猛、魅力四射的大帅哥，个人战斗力当世称雄。可就是这样一个英雄人物，为何最终败给了个人能力看似一般、长得也不咋的的刘邦呢？

这个问题就需要我们细致分析这两位作为领导者的治理之道了。首先我们来看几个细节，从细微处可见大真章，相信读者朋友们也会自有判断。

> 项王谓汉王曰："天下匈匈数岁者，徒以吾两人耳，愿与汉王挑战决雌雄，毋徒苦天下之民父子为也。"汉王笑谢曰："吾宁斗智，不能斗力。"
>
> ——《史记·项羽本纪》

楚汉相争难决胜负，项羽对刘邦说："几年来天下扰攘不安，就是因为我们两个人的缘故。现在我愿与你单挑，一决雌雄，不要使天下百姓受苦。"汉王刘邦笑着拒绝说："我宁愿斗智，不愿斗力。"

项羽这种天真的匹夫之勇在司马迁笔下处处可见。例如，项羽叫壮士去挑战汉军，汉军有个擅长骑马射箭的人叫楼烦，楚军派壮士挑战三次都被楼烦射死。项羽大怒，就亲自披甲持戟出战。楼烦想要射他，项羽怒目呵斥，楼烦被吓得跑回营垒，不敢再出来。汉王刘邦派人暗中打听，才知道出战的人原来是项羽本尊。看看这位领导，动不动就自己提枪上阵。

> 项王自度不得脱。谓其骑曰："吾起兵至今八岁矣，身七十余战，所当者破，所击者服，未尝败北，遂霸有天下。然今卒困于此，此天之亡我，非战之罪也。今日固决死，愿为诸君快战，必三胜之，为诸君溃围，斩将，刈旗，令诸君知天亡我，非战之罪也。"
>
> ——《史记·项羽本纪》

这是项羽的最后一战。项羽知道此次将要战败，对他身边的兵士说："我带兵起义至今已八年，亲自打了七十多仗，敌人都被打垮，无不降服，从来没有失败过，因而能够称霸天下。可是如今被困在这里，这是上天要灭亡我，而不是作战的过错。然而今天却要战死，我愿给诸位打个痛痛快快的仗，一定胜它三回，给诸位冲破重围，斩杀汉将，砍倒军旗，让诸位知道的确是上天要灭亡我，而不是我作战的过错。"项羽讲完这段话后，就带领骑兵高声呼喊冲杀汉军，包围的汉军像草木随风倒伏一样溃败，项羽自己一人就斩汉将、灭都尉，杀死百八十人。最后聚拢骑兵，己方仅损失两个人。项羽于是问他的骑兵们道："怎么样？"骑兵们都敬服地说："正像大王说的那样！"

这一段战场的描述，可谓把项羽的优缺点展露无遗。一方面霸王项羽个人能力天下无敌，冲杀敌阵如砍瓜切菜，另一方面直到他乌江自刎前的这最后一战，仍然不知自己到底哪里出了问题，又或是不愿承认自己的问题，竟然还把自己的失败归结为"天之亡我，非战之最"，实在是可悲可叹！

此外，霸王项羽那种"死要面子活受罪"的形象也跃然纸上，临死了还骄傲地问他身边的人说，你们都看见了吧？怎么样？我是不是冲杀敌阵如入无人之境？所以不是我霸王的错吧？不是我无能吧？是老天要亡我啊！

司马迁写到最后，真的是哀其不幸，怒其不开窍，实在忍不住要痛骂项羽了。他说：

> 自矜功伐，奋其私智而不师古。谓霸王之业，欲以力征经营天下。五年卒亡其国，身死东城，尚不觉寤而不自责，过矣。乃引"天亡我，非用兵之罪也"，岂不谬哉！
>
> ——《史记·项羽本纪》

司马迁最后评价说：他自夸战功，竭力施展个人的聪明，却不肯师法古人，认为霸王的功业，要靠武力征伐诸侯治理天下，结果五年之间终于丢了国家，身死东城，却仍不觉悟，也不自责，实在是大错特错。他竟然拿"上天要灭亡我，不是用兵的过错"这样的话来自我解脱，难道不荒谬吗？

是啊，多么荒谬的霸王！司马迁甚至骂他到死都不"觉寤（悟）"，用了这么一个看来颇为现代的词汇。各位不要笑，现实生活中如项羽这样荒谬而没有觉悟的领导者其实大有人在！他们逞强好胜、以力服人、以权压人，失败了又不能反省自身问题，而归咎于他人的过错甚至是运气不佳或老天不公，这样"死要面子活受罪""死鸭子嘴硬"的管理者是不是在您身边就有？

项羽还有另外一个巨大的弱点，而对手刘邦在这一点上可以说要比他高明一万倍！

"汉初三杰"之一的战神韩信，原来是在项羽麾下的，后来跳槽到刘邦集团，他对霸王项羽有一段极为精准的评价。

> 项王喑恶叱咤，千人皆废，然不能任属贤将，此特匹夫之勇

耳。项王见人恭敬慈爱，言语呕呕，人有疾病，涕泣分食饮，至使人有功当封爵者，印刓敝，忍不能予，此所谓妇人之仁也。

——《史记·淮阴侯列传》

韩信说，项王震怒咆哮时，吓得千百人不敢稍动，却不能放手任用有才能的将领，这只不过是匹夫之勇罢了。项王待人恭敬慈爱，言语温和，有生病的人，心疼得流泪，将自己的饮食分给他，但是等到有人立下战功，该加封晋爵时，他能把刻好的大印放在手里把玩，磨到失去棱角，却依然舍不得给人！这就是人们所说的妇人的仁慈啊！

"匹夫之勇""妇人之仁"，这就是项羽曾经的下属，后来成为战神的韩信对老领导的精准评价！

相反，我们来看刘邦的表现，老刘同学绝对是能屈能伸，对他来说，面子不值半毛钱，要啥面子啊？他要的是胜利，是天下！其他任何的一切都要统统为这一目标的实现而让路！

楚汉相持，汉军断绝了楚军粮食，项羽很忧虑。于是他想了个自以为绝妙的办法，把刘邦的老爹刘太公给抓了起来，然后在阵前煮了一大锅滚开的水，告诉汉王刘邦说："刘邦你小子还不快快投降，不然我就把你老爹给煮了！"哪承想刘邦脸皮比城墙还厚，人家根本不吃这一套。

汉王曰："吾与项羽俱北面受命怀王，曰'约为兄弟'，吾翁即若翁，必欲烹而翁，则幸分我一杯羹。"

——《史记·项羽本纪》

汉王刘邦说："我和你项羽都是北面称臣，受命于楚怀王，说是'结为兄弟'，所以我的老爹就是你的老爹，一定要烹杀你的老爹，那么请你记得分给我一杯肉羹！"

看这一段，刘邦同学嬉皮笑脸的样子好像就在我们面前。然后刘邦的格局和智慧恰恰又体现在这一情节中，历史的史实证明了刘邦这样说这样做，恰恰是保全了他老爹的性命。刘邦后来建立大汉，尊其父刘太公为太上皇，于是刘太公就成为中国历史上唯一未成为帝王，而被尊为太上皇的人。

当然，刘邦的优点还有很多，但其最大的优点正是其德刑兼备的用人之道。

> 夫运筹策帷帐之中，决胜于千里之外，吾不如子房。镇国家，抚百姓，给馈饷，不绝粮道，吾不如萧何。连百万之军，战必胜，攻必取，吾不如韩信。此三者，皆人杰也，吾能用之，此吾所以取天下也。项羽有一范增而不能用，此其所以为我擒也。
>
> ——《史记·高祖本纪》

这是刘邦的自我评价，他说自己之所以能够战胜项羽，乃是因为会用人，且会用天下"人杰"，都是比自己更杰出的人才。这一段相信读者朋友们耳熟能详，故不作白话文翻译。但请各位注意一点，刘邦这里所提到的"汉初三杰"，他们其实都是跳槽来到刘邦的团队。前文我们已经提到韩信原是项羽的下属，因不受重用而跳槽到刘邦集团。张良（字子房）是贵族身份，其祖父和父亲二人在战国时"五世相韩"，家财万贯，张良甚至曾雇佣力士在博浪沙刺杀秦始皇差点成功。后来张良自己起兵反秦，在遇到刘邦后发现刘邦的确有雄才大略且能纳谏如流，于是甘愿带领自己的创业团队加入刘邦集团。萧何之前则是大秦王朝的政府官员，担任沛县主吏掾，按照秦制，这个官职主管群吏进退，相当于现在的市委或县委组织部部长。而当时刘邦任泗水亭长，相当于现在的派出所所长，妥妥的是萧何的下级。因此，韩信、张良、萧何三人皆有大才，且应该都有较好的出路，但却心甘情愿地加入刘邦集团为其效力。

另一位与韩信齐名的战将淮南王英布，原来与韩信一样是项羽部下，后来也跳槽到刘邦集团。英布第一次见刘邦的情景恰能说明刘邦高明至极的驭人之道。

> 淮南王至，上方踞床洗，召布入见，布大怒，悔来，欲自杀。出就舍，帐御饮食从官如汉王居，布又大喜过望。
>
> ——《史记·黥布列传》

项羽派兵打败英布，英布逃到刘邦那里。英布到时，刘邦正坐在床上叉开腿在两个木桶里洗脚，就叫英布去见他。英布见状，怒火中烧，后悔前来投奔，想要自杀。然而当他退出来到刘邦为他准备的府邸，见到帐幔、用器、饮食、侍从官员与刘邦是相同的规格，也是那么豪华，英布又喜出望外。

读者朋友们，有刘邦这样不拘小节却慷慨爽快的老板，是不是人间幸事？我怀疑刘邦甚至让人也准备了两桶水等着英布回来，当英布看到这两桶热腾腾的洗脚水，能不感激涕零吗？

而项羽同学，拿个大印磨来磨去磨掉了棱角，都不舍得给部下，真是相形见绌，太搞笑了！

韩信对他第二任老板刘邦的评价也极为精到。

> 上问曰："如我能将几何？"信曰："陛下不过能将十万。"上曰："于君何如？"曰："臣多多而益善耳。"上笑曰："多多益善，何为为我禽？"信曰："陛下不能将兵，而善将将，此乃信之所以为陛下禽也。且陛下所谓天授，非人力也。"
>
> ——《史记·淮阴侯列传》

皇上（即刘邦）问韩信："像我的才能能统率多少兵马？"韩信说："陛下不过能统率十万。"皇上说："那你怎样呢？"韩信回答说："我是越多越好。"皇上笑着说："您越多越好，为什么还被我管辖？"韩信说："陛下不能带兵，却善于驾驭将领，这就是我被陛下辖制的原因。并且陛下的能力是天生的，不是人们努力后所能达到。"

韩信说老大您的能力是"天授"的，这个马屁拍得确实好，但是评价刘邦"不能将兵，而善将将"，这一点确实极为精准。

楚汉争霸的故事再说两千年也说不尽，此节内容也是不知不觉就占用了较大篇幅。我们单从上文罗列和评述的细节中已经可以看出刘邦和项羽作为领导者各自的优缺点，并能够大致总结出他们的治理之道。可以说霸王项羽个人能力突出，却争强好胜、逞匹夫之勇，最终以乌江自刎的悲剧收场，让人慨叹不已。他的种种作为说明他喜欢以力取胜，虽名为"霸王"，但其领导方式甚至连"霸道之治"都还算不上；而其对手刘邦最终胜出恰是因为其"霸王道杂之"的治理之道。

章后记：霸王道杂之的阴阳平衡

中华文明博大精深，其中所蕴含的智慧和力量毋庸置疑，并且五千多年以来中华文明一直没有间断地传承和发展，因而造就了我们中国人今天的气质、精神和性格。不忘本来才能开创未来，要学习和掌握优秀的领导和管理技能，不能不追溯我们的历史源流。本章便是回顾历史的过往，全面细致地总结了先秦时期古代中国的四种典型的治理之道。

第一，是三皇时代是以道化民的皇道之治，道法自然，行无为之治，天下由此大治，是中华文明肇始；第二，是五帝时代是以德教民的帝道之治，崇尚礼让，君主行德教之治，天下为公，是上古文明巅峰；第三，是三王时代是以功导民的王道之治，修己安人，家国天下，行仁义之治，教化天下，万民归心；第四，是五霸强秦是以力率民的霸道之治，借虚名以争实利，礼崩乐坏，专任刑杀，以力与法征服天下。

可以看到，从三皇时代以道治国，到五帝时代以德治国，再到三王时代以功治国，最后到五霸强秦时代以力治国，先秦时期古代中国"皇、帝、王、霸"治理之道的历史演化过程，明显地呈现出从德政、仁政向法治和刑杀的转变。一定程度上，这是社会发展变化的必然结果；另一方面，这也是为政者自身素质能力和境界层次所导致的治道选择。

而先秦时期治理之道的这一演变过程，深刻影响了中国此后两千多年的领导和管理之道。

　　皇道和帝道因为历史太过久远，或流于传说，因此后世历代君王的治理之道多是在王道和霸道之间变换，即所谓的"霸王道杂之"。但是，无论是主张人治、德治和礼治，还是实施法治和刑治，各种不同的政治治理理念无不是在德与刑（或法）的两种理路上寻求平衡，或德主刑辅，或刑主德辅，或先刑后德，或专任刑杀等。就如同中国传统哲学的阴阳理念，《周易·系辞上》所谓"一阴一阳之谓道"，阴阳两面相互交融、此消彼长、相生相克。所以，中国文化中的丰富的领导思想和管理智慧，有一个极其重要的核心点，就是在于德与刑两者之间的阴阳平衡，因为"孤阴不长，独阳不生"。

第三章

儒家学派的领导思想和管理智慧

【本章导读】

孔子是怎样的人？何谓"儒商"？

为什么说孔子拥有无与伦比的领导力？

儒家思想自古以来是中华优秀传统文化的主流，并且孕育了中国文化的商业伦理，成就了中华儒商群体。儒家学派核心的领导思想和管理智慧可以归纳为"德治仁政"，其中最具代表性的观点包括德主刑辅、仁者爱人、王道仁政、修己安人和中庸之道等。儒家学派创始人孔子本人的领导能力令人赞叹，孟子曾评价"以德服人者，中心悦而诚服也，如七十子之服孔子也"。正因为儒家思想在中国文化中不可替代的主流地位，以及对全体中国人乃至对全世界的深刻影响，我们当今时代的领导者和管理者更不能忽视其所蕴含的无穷的力量和智慧，而本书所提出的"中国式领导力"的概念和模型也主要是在儒家思想的基础上进行整体构建的。

1949 年，德国哲学家卡尔·雅斯贝尔斯（Karl Theodor Jaspers）提出了一个新名词叫作"轴心时代"[1]，指的是公元前 800 年至公元前 200 年这一时间段。他发现在这个神奇的"轴心时代"，东西方世界在没有互动交流的情况下，各自在北纬 30 度附近地区，迎来了人类文明的重大突破，涌现了一批影响人类文明发展走向的精神导师。西方有苏格拉底、柏拉图、亚里士多德和犹太先知们，东方的古印度有释迦牟尼，中国则出现了孔子、老子、孟子、庄子、荀子、墨子等一批思想巨人，他们共同塑造了此后 2 000 多年人类的心灵，实现了人类文明的突破和人性的整体飞跃。

【1】德国哲学家卡尔·雅斯贝尔斯在其1949 年出版的《历史的起源与目标》一书中提出了"轴心时代"的哲学命题。

中国此时正处于春秋战国时期（前 770 年—前 221 年），中华大地上涌现出的先哲们群星璀璨，在这一时期开创并引领了中华文明百花齐放、百家争鸣的大发展时代。虽然诸子百家的学说皆可追溯至群经之首的《易经》，但各家各派的领导和管理智慧却各有侧重，其学术主张也不尽相同。正是因为有这些彼此诘难、争奇斗艳的学术观点，中国式的领导和管理智慧才会如此丰富精彩。

近年来关于中国传统文化各个流派的领导和管理智慧的研究文章如汗牛充栋、浩如烟海。《诗经》有云："高山仰止，景行行止。"以我有限的知识水平以及有限的篇幅，是绝无可能完美展现诸子百家领导和管理思想的深邃和精彩的。因此，在后续几个章节中，我们仅对各家各派的领导思想进行概要的梳理和介绍，以帮助读者朋友们大致了解其整体面貌。

考虑到各家各派对"中国式领导力"的影响和借鉴意义的大小，我们选取中国传统文化中最具代表性的儒家、道家、法家、墨家和兵家五个学派作为介绍对象。而作为中华优秀传统文化的核心和主体内容，儒家学派的思想必定是重中之重，因此，首先我们来梳理一下儒家学派重要的领导思想和管理智慧。

一、中华民族的贵人：至圣先师孔子

要谈中国文化，必然要谈到儒家思想。要谈儒家思想，必然要谈到一个人。

这个人是儒家学派的创始人。

这个人活了73岁，却影响了中国人2 500多年！

这个人身高近两米，是彪形大汉，高大威猛、力大无穷，但人们却称颂他温、良、恭、俭、让。

这个人是武功高手，精通射箭骑马、驾驭战车，却谦让有礼、文质彬彬。

这个人精通剑术，应该是一流的剑客，曾带着弟子周游列国14年，仗剑走天涯。

这个人是音乐家，一生爱好弹琴唱歌，他曾听到一首好曲子，竟然三月不知肉味。

这个人曾被人围困，被人追杀，却依旧谈笑风生，弦歌不断，处之泰然。

这个人曾被人嘲笑累累如丧家之犬，却在死后成为中国的万古素王[1]。

这个人3岁丧父，家境贫寒，曾做着最底层的工作养家糊口。

这个人15岁立志为学，20多岁就毅然辞职下海创业，创办了中国最著名的私立大学。

这个人努力奋斗，名满天下，50岁后逆袭成为一个国家的最高司法长官。

这个人弟子三千，贤者七十二，是中国最著名的教育家，最著名的老师。

这个人，他的思想，他的言论，他的作为，影响了中国2 500多年，影响了每一个中国人。

【1】素，指空、虚之意，有名无实或有实无名。素王，指有帝王之德而无帝王之位者。庄子最早使用素王概念："以此（指道家的'虚静恬淡寂漠无为'）处上，帝王天子之德也；以此处下，玄圣、素王之道也。"（《庄子·天道》）董仲舒最先奉孔子为素王："孔子作《春秋》。先正王而系万事，见素王之文焉。"（《汉书·董仲舒传》）东汉王充亦有言："孔子不王，素王之业在《春秋》。"（《论衡·定贤》）此后，儒家学派以素王专指孔子。

这个人最终因其天命所归、斯文在兹而超凡入圣。

这个人，就是孔子。

孔子是圣人，是万世师表，是大成至圣先师！

孔子已成为中华文化道统的象征，是全体中国人道德和信仰的文化核心，是炎黄子孙共同的心灵密码。

孔子是"世界十大文化名人"之首，他的思想对整个世界都有着极为深远的影响！

孔子所创立的儒家学说是中华文化的主体内容，塑造了中国人的性格，凝聚了中国人的精神，丰富了中国人的心灵。他的思想及其言行在当今时代并未有丝毫褪色，反而越发地闪耀出璀璨的光芒。

一直以来，孔子的思想多被认为仅是形而上的中国哲学，而事实是"君子之道费而隐""百姓日用而不知"，中国人早就潜移默化地将孔子的思想和智慧化用于平常。

2 500 多年前的春秋时期，正是 5 000 多年中华文明史的中间点，至圣先师孔子对中华文化进行了系统地整理、继承和发展，他所创立的儒家学派和学说以及在此基础上逐渐发展起来的儒家思想，在历史的长河之中逐渐成为中国传统文化的主流，深刻地塑造了中国人的心灵，乃至对全世界都产生了深远的影响。

> 天不生仲尼，万古如长夜。
>
> ——《朱子语类》

> 孔子者，中国文化之中心，无孔子则无中国文化。自孔子以前数千年之文化，赖孔子而传；自孔子以后数千年之文化，赖孔子而开。
>
> ——《中国文化史》

这是两段流传甚广的对于孔子的评价，分别出自南宋时期的思想家朱熹和近现代历史学家柳诒徵。孔子及其所开创的儒家学派思想对于中国文化的贡献，乃至于对于中华民族的贡献，这两段话给予了极高却也极为恰当的评价。

当代文化学者、央视《百家讲坛》主讲人之一的鲍鹏山老师曾在一次演讲中说："孔子是整个中华民族的贵人！"这样饱含深情的评价也说明了孔子及其所开创的儒家学派思想对于每一个中国人的重要性。"轴心时代"命题的提出者，德国哲学家卡尔·雅斯贝尔斯称赞孔子是人类文明和思维范式的奠基者之一，与苏格拉底、佛陀和耶稣并称为人类的"四大圣哲"。

孔子生活在距离我们两千五百多年前的古代中国，然而孔子的思想和人格却早已超越了时空，成为中华文明数千年来的象征和符号，孔子本人也成为具有世界影响力的思想家之一！

因此，孔子是古代的，也是现代的；孔子是中国的，更是全世界的！

众所周知，孔子所创立的儒家学说以及后来不断丰富发展、逐渐形成的儒家文化思想兼容并蓄、海纳百川、与时俱进，千百年来不断吸收涵养其他文化，融汇了包括道家、法家等诸子百家以及外来的佛家文化的优秀思想，逐渐成为中华传统文化的主流。儒家文化思想博大精深、内涵丰富，其所包含的"天下为公、民为邦本、为政以德、革故鼎新、任人唯贤、天人合一、自强不息、厚德载物、讲信修睦、亲仁善邻等，是中国人民在长期生产生活中积累的宇宙观、天下观、社会观、道德观的重要体现"[1]，塑造了全体中国人的精神品格和心灵世界。

正因为孔子的儒家思想在中国传统文化中的主流地位，以及对全体中国人的深刻影响，本书所要提出的"中国式领导力"的概念和模型也是在其基础上进行整体构建的。

【1】习近平:《高举中国特色社会主义伟大旗帜 为全面建设社会主义现代化国家而团结奋斗——在中国共产党第二十次全国代表大会上的报告》，人民出版社2022年版，第18页。

二、中华儒商的鼻祖：孔门弟子子贡

本书的主题是领导力和管理，因此我们皆是从这一角度来深度挖掘中国文化中所蕴藏的思想和智慧。谈儒家的领导思想和管理智慧，首先我们要关注的就是孔子。孔子弟子三千，贤者七十二，其领导力可见一斑。对此，孔子之后百余年的孟子有过精彩的评价：

> 孟子曰："以力假仁者霸，霸必有大国。以德行仁者王，王不待大：汤以七十里，文王以百里。以力服人者，非心服也，力不赡也。以德服人者，中心悦而诚服也，如七十子之服孔子也。"
>
> ——《孟子·公孙丑》

这一段我们在上一章"古代中国的治理之道"中已经提到，其白话翻译请见前文。孟子在这一段详细地对比了"以德服人"的王道仁政之治和"以力服人"的霸道刑杀之治，指出两种治理之道的最大差异在于能否使人"心悦诚服"。孟子认为孔子就是"以德服人"的领导者典范，孔子凭借的不是强大的力量，而是"以德行仁"的王道之治，因此才被后世儒家尊称为"万古素王"。

2022年8月日本著名的实业家稻盛和夫逝世，因而在中国国内又掀起了一阵稻盛和夫热，那段时间有很多企业家或高管朋友跟我谈起这位管理大师。其实关于稻盛和夫，有两件事各位读者朋友一定要知道。

其一，稻盛和夫的企业经营管理理念可以说是源于我们中国的儒家思想。例如，他一直倡导的文化理念"敬天爱人""利他之心"，还有其总结的"经营哲学十二条"等，都显而易见地透出中国文化的思想和智慧。此外，日本的企业界和管理学界极为尊崇中国的一代圣者王阳明，对阳明心学推崇备至，稻盛和夫也是如此。各位读者，若您到过阳明先生的老家浙江余姚龙泉山，或是阳明先生"龙场悟道"的贵阳市修文县栖霞山，您可能会看到大批日本人虔诚地前来朝拜。

其二，很多企业家视稻盛和夫为偶像和榜样，殊不知他也有自己崇拜的偶像，这就是被尊称为"日本企业之父""日本金融之王""日本近代经济领路人"的涩泽荣一。从这几个称号就可以看出此人在日本广受尊重，其头像甚至被印在了一万元的日元纸币上（大概值500

元人民币）。涩泽荣一的另一个闻名之处，就是他将《论语》作为第一经营管理哲学，还写了一本书，叫作《论语与算盘》。他以自己的经验来说明《论语》与"算盘"可以并行不悖，并明确表示要把《论语》作为商业运营管理的经典，"依靠仁义道德来推进生产，确立义利合一的信念"。这本书既讲精打细算的赚钱之术，也讲中国儒家的忠恕之道。

读者朋友们，如果你们是各自单位里的领导者或管理者，是经营自己事业的企业家，想要培养自己高超的领导力和管理技能，首先要学习的就是至圣先师孔子，而学习的教材说起来也很简单，就是16 000字左右的《论语》，可能比各位在手机里翻阅的一篇公众号文章的字数还要少，但《论语》所蕴含的智慧和能量却广大无边，各位千万不要忽视。

除了至圣先师孔子，企业家朋友们还必须要学习和了解另一个人物，这就是中华儒商的鼻祖，也是孔子的弟子子贡。

子贡，姓端木名赐，字子贡，比孔子小31岁。子贡的才学和能力在孔门三千弟子中绝对出类拔萃，位列"孔门十哲"。

> 子曰："德行：颜渊、闵子骞、冉伯牛、仲弓；言语：宰我、子贡；政事：冉有、季路；文学：子游、子夏。"
>
> ——《论语·先进》

在这段话中，孔子将自己的教学内容分为四科，分别是德行科、言语科、政事科和文学科，并列出了各科的佼佼者，共计十名弟子，后人称为"孔门十哲"。各位如果去参观全国各地的孔庙或文庙，会发现这十个弟子都从祀孔子，他们是孔门弟子中的杰出代表，受到后世儒家学派的尊崇。子贡的口才极好，雄辩滔滔，因而被孔子列为言语科的优秀弟子。

孔门的言语科主要目的就是培养外交官。子贡后来分别担任鲁国和卫国之相，并以极善外交活动而著称，是非常杰出的政治家和外交家。子贡最为经典的外交之战是"存鲁乱齐"。

故子贡一出，存鲁，乱齐，破吴，强晋而霸越。子贡一使，使势相破，十年之中，五国各有变。

——《史记·仲尼弟子列传》

这个故事的剧情稍显复杂且非我们本书主题，故在此不做赘述，各位如果感兴趣可查阅相关材料。总之就是鲁国有了危险，孔子作为鲁国人自然不能无动于衷，于是派学生子贡出马予以拯救。而子贡在纷乱的春秋时代，凭借绝顶的外交和政治才华，用三寸不烂之舌向四国国君分析利害，说服他们采纳自己的主张。如此这般，子贡不费一兵一卒就改变了五个国家的政治局势，最终"保全了鲁国，扰乱了齐国，灭掉了吴国，强大了晋国，而使越国称霸"，这个操作甚至可以说是搅动了整个天下！子贡高超的谋略、强大的演说技能和外交才能也在这个故事中展现得淋漓尽致，令人惊叹！

此外，孔子在回答鲁国执政权臣季康子的提问时，说子路、子贡、冉求三人皆可从政，并说到三人各自的优点。

季康子问："仲由，可使从政也与？"子曰："由也果，于从政乎何有？"曰："赐也，可使从政也与？"曰："赐也达，于从政乎何有？"曰："求也，可使从政也与？"曰："求也艺，于从政乎何有？"

——《论语·雍也》

仲由就是子路，赐就是端木赐子贡，求就是冉求。孔子认为这三人从事政事管理是没有什么难处的，并且评价"由（子路）也果""赐（子贡）也达""求（冉求）也艺"。在这里对子贡的评价是极高的，所谓"达"可以理解为通达事理。试想如果一个从政的人不能够"通达事理"，那么他如何能够高屋建瓴、把握宏观？又如何能够体察民情、为民解忧？

由上可见，子贡不论是在实践中的业绩，还是在孔子的评价中，都是出类拔萃的。

由于春秋时代，《诗经》被用作外交辞令，所以孔子言语科为培养外交人才，是以《诗经》为教材的。

> 子贡曰："贫而无谄，富而无骄。何如？"子曰："可也。未若贫而乐，富而好礼者也。"子贡曰："诗云：如切如磋，如琢如磨。其斯之谓与？"子曰："赐也，始可与言诗已矣。告诸往而知来者。"
>
> ——《论语·学而》

子贡问老师孔子："贫穷而不谄媚，富有而不骄狂自大，（这种人）怎么样？"孔子说："这也算可以了，但是还不如虽贫穷却安乐于道，虽富有却谦虚好礼之人。"子贡说："《诗经》上说，打磨玉石等器物时，要耐心细致地切磋、琢磨，讲的就是这个意思吧？"孔子称赞说："赐（子贡）呀，我可以同你谈论《诗经》了，你已经能够举一反三，从我讲过的话中领会到还没有说到的意思。"

这段对话中，孔子看到弟子取得进步的欣喜之情跃然纸上，孔子认为已经可以和子贡共同谈论和探讨《诗经》了。对《诗经》的学习为子贡成为外交官奠定了坚实的基础。

当然孔子最重视的还是学生的德行。《论语》中记载了孔子曾经批评子贡：

> 子贡方人，子曰："赐也贤乎哉？夫我则不暇。"
>
> ——《论语·宪问》

子贡议论别人，孔子说："你端木赐就什么都好吗？我就没有这种闲暇时间（去议论别人）。"

这虽然是对子贡的批评，但让我们设身处地地想一想，老师比学生大 31 岁，这段话其实更蕴含着老师对学生的怜爱之情，就是一个饱经沧桑的长者对年轻学生行为的指正。

事实上，孔子和弟子子贡的感情非常深，《论语》中孔门弟子与孔子的问答之言，属子贡最多，例如，著名的"仁者不忧，知者不惑，勇者不惧""不怨天，不尤人，下学而上达""工欲善其事，必先利其器""温良恭俭让""己所不欲，勿施于人"，等等，都是在和子贡的对话中出现的。除了上文提到的对子贡的指正，孔子对子贡更多的是赞许之词，例如说子贡是"瑚琏"之器，这是古代祭祀时的一种尊贵器皿，比喻人特别有才能和德行，可以担当大任。

读者朋友们也许有些疑惑，这一节名为"中华儒商鼻祖"，为何我们说了这么多好像不相关的内容？

其实不仅不是不相关，而且是关系极大！

我是想说明，子贡能够成为"中华儒商鼻祖"的内在原因。

试想，子贡如果不是孔子的杰出弟子，如何能够开创"儒商"的事业？又如何能够被后世尊称为"中华儒商鼻祖"呢？

子贡具备了上文我们所分析的这些优点，再加上他的家庭祖上世代经商，家境富有，且自身又是经商的天才，因此造就了子贡经商致富，并且成为孔门弟子中的"首富"。

司马迁在《史记》中记载了17个著名的商人，子贡排名第二，仅次于陶朱公范蠡（范蠡功成身退、经商致富，又三次散尽家财的故事，是每一个商人企业家都应该要学习和了解的，古时商家常在店铺中悬挂"陶朱事业，端木生涯"八个大字，以示经商以范蠡和子贡为榜样）。司马迁高度评价子贡的经商才能，并且认为正是因为子贡，才使得孔子和儒家思想最终得以名扬天下。

> 子贡结驷连骑，束帛之币以聘享诸侯。所至，国君无不分庭与之抗礼。夫使孔子名布扬于天下者，子贡先后之也。此所谓得势而益彰者乎？
>
> ——《史记·货殖列传》

司马迁说："子贡乘坐四马并辔齐头牵引的车子，携带束帛厚礼去访问、馈赠各地诸侯。所到之处，诸侯国君没有不与他分庭抗礼的。孔子得以名扬天下，正是子贡活动的结果。这就是人们所说的得到势力之后声名也更加彰显吧？"

由此我们知道，子贡经商富有到能够和许多诸侯国的国君平起平坐，而孔子和儒家思想得以名扬天下，子贡发挥了极为重要的作用。

当然作为"中华儒商鼻祖"，子贡为后世所称颂的不仅仅是他对于儒家学派的贡献，更因为他是中国历史上第一个将儒家思想与经商之道完美结合的人，后来人们称这类商人为"儒商"。

作为"孔门十哲"之一，又是孔子的得意弟子，子贡对儒家思想的理解一定是足够深刻的，并且他也具备足够的能力将孔子的思想融会贯通，应用到经商的实践活动中。而事实上，子贡后来一直恪守老师的教诲，将仁义、诚信、尚和等儒家的核心思想完美地融合在其经商事业中。

后来人们用"端木遗风"一词称赞子贡的经商行为，因为子贡复姓端木。这个成语的中心意思就是司马迁所总结的"君子爱财，取之有道"的财富理念，以及子贡在经商过程中所展现出的"诚实守信""义以求利""不义而富且贵，于我如浮云"等儒家思想。子贡之所以后来与范蠡一样，成为中国历史上最早享有商业成功声誉的著名人物，正是因为他完美地融合了儒家思想理念与商业经营之道，为后来的人们提供了宝贵的启示，因而被尊称为"中华儒商鼻祖"。

当今时代，我们倡导"文化自信"，中国的企业界又掀起了培养中华"儒商"的热潮。重塑中国企业家和商人的人格风范不仅是建立中国式企业制度和中国式商业运营的迫切要求，也是复兴以儒家思想为主体的中华优秀传统文化的时代需要。而培养新时代的"儒商"群体，正是这一要求与需要的具体体现，也是中国企业家和经商人士应该要追求的人格理想。

不可否认，虽然"儒商"这一称号在当今的中国被广泛提到，各种关于"儒商"的研究成果、号称"儒商"的社会团体、冠以"儒商"名的学术会议和民间活动层出不穷，许多企业家也把"儒商"作为自己人生的目标追求和企业发展的愿景文化，并且常常自命为新时代的新型"儒商"，但是真正拥有"儒商"素质能力、达到"儒商"标准要求、具备"儒商"信仰追求的企业家或商业人士还是凤毛麟角。

何谓真正的"儒商"呢?

我们借用蒋庆老师在《儒商之辨证、内涵及展望——再论中国企业家人格风范的重塑》一文中的定义:所谓"儒商",就是指以中国儒家传统中的生命信仰、道德精神、价值取向、人格理想为自己人生追求、终极关怀与生命归依的,从事工商经贸企管等经营活动的企业家。

从这一定义我们可以看到,"儒商"必须具备双重的内涵,既是"儒"又是"商"。"儒"是中国古代儒家传统士君子的人格形态,"商"是现代社会新型的企业家身份,因此,"儒商"应具有"儒者+企业家"的人格风范,二者缺一不可。

美国夏威夷大学成中英教授 2023 年 9 月在提交给"尼山世界儒商文化论坛"的论文中论述了"儒商"的四个层次:

第一层次,是指从事商业和企业管理的活动者和管理者,有儒学的基本认识和情怀;

第二层次,要突出儒者风范,能运用儒家伦理来进行商业行动,争取合理的利益;

第三层次,抱持儒家价值观,以仁义礼智、忠恕诚信作为明确的商业发展目标;

第四层次,有一种开阔的天地情怀,从人的生命感悟到宇宙的生命,从自然生态感受到德性的成长,从而产生对自然和人类基本的责任感,并进行深刻的修持和实践。

中山大学黎红雷教授在传统儒商概念的基础上提出了"新儒商"概念,他指出:"新儒商"就是自觉地把中华优秀传统文化的精髓融入经营管理实践的现代企业和企业家,他们扬弃、继承、转化、发展传统的儒商文化,赋予其新的时代内涵和现代表达形式,使之与当代企业相适应、与现代社会相协调。黎红雷教授提出"新儒商"的企业治理智慧包括以下四个方面:第一,拟家庭化的企业组织智慧;第二,导之以德的企业管理智慧;第三,义以生利的企业经营智慧;第四,天地人和的企业信仰智慧。当代儒商文化紧紧围绕中华文明的核心精神,以"自强不息"精神激励企业家努力奋斗,以"厚德载物"精神提醒企业家宽厚包容，以"与时偕行"精神教导企业家不断创新，在赓续中华优秀传统文化的基础上，致力于建设中华民族现代文明。

在本书中，我们将要提出和构建的"中国式领导力"的全新概念，其核心内容和思想与上述"儒商"的概念是相一致的。"中国式领导力：修己安人、内圣外王之道"正是当今时代的儒商群体，以及秉持儒家思想传统的各行各业的管理者们所应该要培养和建立的核心素养和能力。

2023 年 11 月 21—22 日，我受邀参加了黎红雷教授发起的"第二届全国新儒商年会暨企业高质量发展论坛"，大会在广西桂林千家峒旅游胜地举办。第二天我被安排在一个硕大的山洞中做汇报演讲，主题是"新时代新儒商的中国式领导力：内圣外王之道"。千年古洞清冷幽深，现场音响和投影设备的效果也不尽如人意，但"中国式领导力"的演讲主题还是让现场的儒商企业家和研究者们以及我本人都充满能量。

三、儒家学派的"德治仁政"

儒家的领导思想和管理智慧的核心是"德治仁政"，本章我们选取其中最具代表性的几个观点加以总结提炼：德主刑辅、仁者爱人、王道仁政、修己安人、中庸之道。

（一）德主刑辅

为政以德、施行仁政，即"德治仁政"是儒家学派最为核心的领导思想和管理智慧，对中国数千年来的社会和政治治理影响巨大。儒家学派思想在"德治仁政"的基础上并不排斥法治（古代主要体现为刑治）的理念，而是主张德治与法治相结合，但以德为主、以刑为辅的治理理念，叫作"德主刑辅"。

德治是儒家思想所倡导的针对思想道德的礼乐教化，目的是达到让民众自觉自发地遵守社会秩序和行为道德规范，并最终实现家庭、社会、国家，乃至整个天下的长治久安。

> 子曰："为政以德，譬如北辰，居其所而众星共（拱）之。"
>
> ——《论语·为政》

孔子说："以道德原则治理国家，就像北极星一样处在一定的位置，而所有的星辰都会围绕着它。"这段话代表了孔子"为政以德"的德治思想，孔子认为统治者如果实行德治，群臣百姓就会自动围绕在周边。这是强调道德对政治生活的决定作用，主张以道德教化作为治理之道的核心原则。

> 惟乃丕显考文王，克明德慎罚。
>
> ——《尚书·康诰》

《尚书》就是上古时代的书，是中国最早的一部历史文献汇编，是孔子教学生的典籍之一，也是儒家经典之一。《尚书》中记载了周文王崇尚德教之治、慎用刑法的治理之道。孔子"为政以德"的德治思想，正是继承了周文王这种"明德慎罚"的政治思想。孔子认为德治可以引导社会产生良好的风气，规范人们的行为，道德教化可以达到令人心悦诚服的治理效果。

但是孔子大力倡导德治，并不代表其抵制或放弃法治（古代表现为刑治）的理念。

上一章我们也曾提到，先秦时期古代中国的皇道、帝道、王道和霸道四种不同的治理之道，及至后世历代君王的治理之道，无论是刑治、人治、法治，还是德治、礼治，无不是在"德"与"刑"的两种理路上寻求平衡。很多人想当然地将儒家和法家两相对立起来，认为儒家思想是主张德治而抵制刑治或法治，这其实是一个极大的错误理解。

事实上，刑治或法治并非法家学派所独有的思想，也是中国传统文化的主流思想儒家学派的基本理念。法家学派摈弃仁德之政而专任刑法，但儒家学派在力主道德教化之功的"德治"之道的同时，在入世应用中并没有否定和摈弃刑法的功用，因而主张以德治为主、法治（刑治）为辅。

> 子曰："道之以政，齐之以刑，民免而无耻；道之以德，齐之以礼，有耻且格。"
>
> ——《论语·为政》

> 子曰："礼乐不兴，则刑罚不中。刑罚不中，则民无所措手足。"
>
> ——《论语·子路》

孔子说："用政令来引导百姓，用刑法来整治百姓，百姓虽能免于犯罪，但无羞耻之心。用道德教导百姓，同时用礼教来统一他们的言行，百姓们就既懂得羞耻又能使人心归服。"

孔子说："礼乐制度不兴盛，法律和刑罚就不会适当；法律和刑罚不适当，民众就会无所适从，不知道怎么办。"

《论语》中所记载的孔子的这两段言论，明确表明他并非抵制或摈弃法治（刑治），相反地，孔子是完全赞同法治（刑治）的功用，认为其可以使民众知道如何规范行为以免于犯罪。但是孔子进一步认为，仅有法治（刑治）是不足够的，百姓不会产生羞耻之心，也不会对为政者心悦诚服。所以，在法治（刑治）匡正百姓行为之上，领导者更需要重视兴"礼乐"以及"道之以德，齐之以礼"，就是运用德治的方法，以道德引导、礼乐教化来帮助百姓建立基本的道德认知和素养，从而自觉自发地规范其思想和行为。

我们再来看孔子在现实世界中的具体行动：一是当政之初，孔子行君子之诛，杀了少正卯[1]；二是主政期间，孔子相鲁，随鲁国国君赴齐鲁"夹谷之会"，不畏强国，凛然大义；三是主政后期，孔子为维护君权、恢复礼制，力主"隳三都"。虽然第一件诛杀少正卯，其事是否真实存在，目前学界尚存疑，第三件"隳三都"最终也没有完全成功，但孔子当政也就是作为鲁国核心的执政领导人员，其行动明显是

[1] 据《史记·孔子世家》《孔子家语·始诛第二》《荀子·宥坐》等记载，孔丘任鲁国大司寇，代理宰相，上任后7日就把少正卯以"君子之诛"杀死在两观的东观之下。孔丘回答子贡等弟子的疑问时说：少正卯是"小人之桀雄"，兼有"心达而险、行辟而坚、言伪而辩、记丑而博、顺非而泽"五种恶劣品性，能惑众造反，不可不杀。

德治与法治兼备的。

所以，儒家学派创始人孔子从思想言论到施政行动都是主张德举刑备的，我们可以断定，儒家思想所支持的王道治理之术，其实是一种包含法治的德治和礼治之路。需要明确的一点是，儒家思想中的法治（刑治）并非法家纯粹的刑杀概念，而是一种受制于仁德礼义、以德为先的法治概念。

这就是儒家学派所主张中德主刑辅的领导思想。

（二）仁者爱人

"仁"这个字的本义是对人友善，经过孔子对其进行广义的阐释，赋予了"仁"道德修养的内涵，引申出仁爱、仁义、仁心、仁慈、仁德等概念，并由此成为儒家思想的核心主题之一。孔子创建了"仁学"的理念，并成为其后孟子明确提出"仁政"思想的源头和依据，而施行"仁政"最终成为儒家学派最为重要的治理理念之一。

在记录孔子及其弟子言行最为可靠的《论语》中，"仁"字出现的频率很高，多达 109 次。孔子把"仁"看作最高道德原则和人生理想，指出人道的基本内容就是"仁"，从而构建了仁学，而仁学的起点和核心是"爱人"。

> 樊迟问仁。子曰：爱人。
>
> ——《论语·子路》

> 仁者爱人，有礼者敬人。爱人者，人恒爱之；敬人者，人恒敬之。
>
> ——《孟子·离娄下》

孔子的弟子樊迟问老师什么是仁，孔子回答很简单，就是两个字"爱人"。

孟子也说："仁者爱护他人，有礼貌的人敬人。爱他人的人，他人也爱他；尊敬他人的人，他人也尊敬他。"

《论语》中记载了孔子在很多场合谈到"仁"的含义，但其最为基本的含义就是孔子在回答樊迟提问时所说的"爱人"。孟子进一步强化和拓展了孔子仁者爱人的理念，提出"爱人者，人恒爱之"，也就是仁者爱人的交互性。具体到领导和管理情境中，领导者爱护员工下属，为政者爱护民众，则员工下属或民众会以爱为报。因此，仁者爱人会产生管理者和被管理者之间的良性互动。

儒家所倡导的"仁者爱人"，其源流是西周时期的治政原则和指导思想，也可以说是孔子所推崇的西周时期的领导和管理思想，这就是以"亲亲尊尊"为基础，然后再到超越血亲而普遍地仁爱他人。

> 圣人南面而听天下，所且先者五，民不与焉。一曰治亲，二曰报功，三曰举贤，四曰使能，五曰存爱……圣人南面而治天下，必自人道始矣……亲亲也，尊尊也，长长也，男女有别，此其不可得与民变革者也。
>
> ——《礼记·大传》

《礼记·大传》中的这一段其实蕴含着上古时期非常高明深远的领导和管理智慧，为便于大家阅读，我隐去了其中晦涩的部分，仅保留与此节主题"仁者爱人"有关的部分。这段话的意思是：圣人执掌政权治理天下，必须首先注意五件事，而治理人民的事还不在其中。第一是治理好自己的家族，第二是报答有功的人，第三是选拔有德行的人，第四是任用才能出众的人，第五是访察并举用有仁爱之心的人……圣明的君王治理天下，一定要从人道伦常开始……同族相亲，尊崇祖先，敬奉长者，男女有别，这些是不能让人民随意更改的。

孔子继承了西周时期的这一治道思想，将"亲亲尊尊"进一步发展为"仁学"的核心理念"仁者爱人"。孔子所倡导的"仁"，首先表现为建立在血缘关系上的父母兄弟之爱，即孝与悌的"亲亲"，以及尊崇和敬奉上位者的"尊尊"。何为上位者？在家就是父母长辈，在单位就是上级领导。"亲亲尊尊"正是被中国人一直传承至今的最为基本的社会伦理纲常和道德情感行为。

这样讲似乎有点学术，各位可以想象一下，如果在一个家庭里，父母不亲爱子女，子女不尊敬父母，那么这个家庭一定是很糟糕的；如果在一个企业里，下属不把领导放在眼里，不把领导交代的工作当一回事，企业里最基本的规章制度都遭到蔑视和践踏，那么这个企业也是好不到哪里去的。

> 有子曰："君子务本。本立而道生。孝弟（悌）也者，其为仁之本与！"
>
> ——《论语·学而》

有子是孔子的弟子，孔门七十二贤之一，他说："君子专心致力于根本，根本树立了，道就会产生。孝顺父母，敬爱兄长，这就是仁的根本吧！"孔子及其弟子认为孝敬父母、尊顺兄长、友爱兄弟，这些亲亲和孝悌的道德规范是"仁"之根本。因此，孔子所阐释的"仁"的全部道德理想和道德实践就获得了一个稳固的、属于人的自然本性的基础，"仁"由此成为做人的根本所在。《中庸》记载，孔子说"仁"就是做人最根本的道理，孟子也表达出相同的观点。

> 孔子曰："仁者，人也，亲亲为大。"
>
> ——《中庸》第二十章

> 孟子曰："仁也者，人也。"
>
> ——《孟子·尽心下》

孔子还说"亲亲为大"，说明仁爱是有差等次序的，从直系亲属到旁系亲属，再到九族之外没有血缘关系的其他人。"仁者爱人"是逐次递减的，仁爱并非无差别的人类之爱，这一点与墨家学派的"兼爱"是明显不同的。

> 孟子曰："君子之于物也，爱之而弗仁；于民也，仁之而弗亲。亲亲而仁民，仁民而爱物。"
>
> ——《孟子·尽心上》

孟子说："君子爱惜万物，但谈不上仁爱；仁爱百姓，但谈不上亲爱。亲爱亲人而仁爱百姓，仁爱百姓而爱惜万物。"儒家学派所倡导的仁爱，其深度从亲到民再到物是层层递减的。因此儒家坚决反对墨家的兼爱，孟子甚至认为墨家讲兼爱是"无父"，即否认宗法制度，对此，孟子直接说"无父无君，是禽兽也"（《孟子·滕文公下》）。

孔子所谓的"仁者爱人"除了包含建立在血缘关系基础上的"爱亲"或"亲亲"的道德观念和内涵，还进一步延展，包含着"爱他人"或"泛爱众"的道德观念和内涵。孔子对普罗大众尤其是社会底层人士有一种深切的同情和关爱。《论语》中记载孔子问人不问马的故事，生动地说明了孔子"仁者爱人"广泛的适用范围。

> 厩焚，子退朝，曰："伤人乎？"不问马。
>
> ——《论语·乡党》

家里的马厩失火了，孔子下班回家听说后马上问"伤到人了吗"，而后才问到马的伤亡情况[1]要知道在春秋时期，一匹马要比养马的马夫等下人贵重许多，那时整个国家的居民分为十等，"天有十日，人有十等，下所以事上，上所以共神也。王臣公，公臣大夫，大夫臣士，士臣皂，皂臣舆，舆臣隶，隶臣僚，僚臣仆，仆臣台。马有圉，牛有牧，以待百事"（《左传·昭公》）。马夫、牛牧被排在十等之外，处于社会的最底层。孔子问人不问马的故事恰恰体现了他"仁者爱人"的道德修养和仁爱思想。

因此，儒家学派所倡导的"仁"除了"亲亲为大"，更发挥了现实的社会意义，这就是推己及人、泛爱他人。

> 子贡曰："如有博施于民而能济众，何如？可谓仁乎？"子曰："何事于仁，必也圣乎，尧、舜其犹病诸！夫仁者，己欲立而立人，己欲达而达人。能近取譬，可谓仁之方也已。"
>
> ——《论语·雍也》

子贡问："如果有人广施恩惠，拯救众民，怎么样？可以说是仁人吗？"孔子说："何止是仁人，那是圣人了！尧舜恐怕都难以做到。那仁人，要成就自己，还要成就他人；自己要显达，还要使别人显达。能设身处地，推己及人，这是仁人信奉的道理啊。"孔子在这里明确表达了"博施""济众"是"仁之方"，具有极高的道德价值。而博施济众的方法就是成就自己的同时尽力成就他人。只有凡事做到推己及人，才是抓住了"爱人"的根本，才能称得上是一个"仁者"。

由此，"仁"便成为一个人自我修养和人格完善的必不可少的部分。《论语》中大量论述"仁"的行为特征，以及相对应的"不仁"的行为特征，其意义就在于此。例如，"巧言令色，鲜矣仁"；"唯仁者能好人，能恶人"；"不仁者，不可以久处约，不可以长处乐。仁者，安仁。知者，利仁"；等等。

孔子赋予了"仁"更为广泛和深刻的道德内涵，认为"仁者爱人"需要为更广泛的民众谋取利益，这是实现"仁"的重要标志，也是"仁"的重要内容。从倡导"有教无类"到"德治仁政"，从"亲亲为大"到"博爱大众"，儒家学派创始人孔子的一言一行，无不体现了他推己及人、博施济众的仁爱思想。

（三）王道仁政

儒家学派"仁者爱人"的思想在领导和管理领域，就是以"仁"为核心的人本主义管理理念，体现了领导者和管理者对人的同情和关爱。所以，儒家学派的"仁义"思想可以说是中国管理史上人性化管理的源头。儒家的人性化管理思想可以简要概括为通过礼治、德治等手段构建和谐社会。孔子也非常明确地表达作为领导的王者必须具备"仁"的品质。

> 子曰："民之于仁也，甚于水火。水火，吾见蹈而死者矣，未见蹈仁而死者也。"
>
> ——《论语·卫灵公》

孔子说："民众对于仁的需求和期待，胜过对于水火的需求和期待。我见过因涉水蹈火而死的人，却从没有见过因践行仁而死的人。"孔子认为领导者仁爱民众符合民众的需求和期待，所以孔子所谓的"爱人"，尤其是要爱护身处社会底层的平民百姓，因为这一阶层的民众对"仁"的需求最大、期待最高。联系到上文孔子说"夫仁者，己欲立而立人，己欲达而达人"，真正能够称得上是仁者的人，必须要推己及人、成人达己，也就是说，成就自己的同时也要成就他人。从这一点来看，身处管理岗位的领导者只有心怀仁义、具备仁德和施行仁政，才能够称得上孔子所定义的"仁者"。

孔子"仁学"的这一系列为人和为政的思想，到了孟子就被直接表述为"仁政"的治理之道。

> 万乘之国，行仁政，民之悦之，如解倒悬也。
>
> ——《孟子·公孙丑》

孟子说："拥有万辆兵车的大国施行仁政，百姓对此感到喜悦，就像在倒悬着时被解救下来一样。"孟子认为万乘之国的王者如果能够施行仁政，则会受到万民的真心拥戴。由此，"仁者爱人"的思想发展为对领导者基本素质和领导方式的要求，成为"仁政"的领导和管理思想。孟子还进一步说"王如施仁政于民，省刑罚，薄税敛，深耕厚耨"，领导者如果能够照此施行仁政，其效果就是"仁者无敌"（《孟子·梁惠王》），意思是说施行仁政的领导者将会受到万民的拥戴，因而是无敌于天下的。

孔子和孟子所处的春秋战国既是中华文明百花齐放、百家争鸣的非凡时代，又是一个天下大乱的时代，诸侯争霸、战争频繁、社会动荡、礼崩乐坏。在这样一个混乱的年代，以孔孟为代表的儒家学派提出为政者要施行仁政，劝诫为政者爱民惠民，殊为难得。

> 子谓子产："有君子之道四焉：其行己也恭，其事上也敬，其养民也惠，其使民也义。"
>
> ——《论语·公冶长》

孔子评论子产说："他有四个方面符合君子的标准：他待人处世很谦恭，侍奉国君很负责认真，养护百姓有恩惠，役使百姓合乎情理。"

"养民也惠"就是为政者养育民众、爱护民众、关心和改善民众的生活；"使民也义"就是为政者要恪守正义、维护道义，驱使民众要有礼有节，避免劳民伤财。可以说孔子倡导的"君子之道"，特别是其中的"养民也惠"和"使民也义"，与前文所提到的孔子倡导"博施于民而能济众"是相一致的，都生动地体现了孔子期望为政者施行仁政的思想。

"仁政"是儒家思想中处于核心地位的领导和管理智慧，我们需要了解这一思想的来龙去脉。经过上述分析后我们知道，"仁政"思想起源于周朝的"亲亲尊尊"，儒家学派的创始人孔子继承了这一政治治理的传统，开创了"仁学"并详细阐释了君子（领导者）何以行"仁"。《论语》中记载的孔子的很多行动和言论也都表明其本人一直是遵从并践履"仁学"的思想理念。及至近两百年后，孟子在孔子"仁学"的基础上，明确提出了领导者要施行"仁政"这一概念，从而确立了儒家学派核心的领导和管理思想。

所以说，从周文王"明德慎罚"的德治理念，到孔子赞誉尧舜的爱民思想而创立"仁学"理念，再到孟子提出王者要施行"仁政"，可以说是一脉相承的。

孟子还详细地对比了"以德服人"的王道管理和"以力服人"的霸道管理，指出两种治理之道的最大差异在于能否使人"心悦而诚服"。

可以看到，孟子所提出的"仁政"，与夏、商、周三代的"王道"之治，两者的思想内涵是相一致的，所以孟子提出"以德行仁者王"。前文也提到，儒家学派的德治和仁政的治理之道并非抵制和抛弃法治（刑治）的理念，而是主张德主刑辅、以德为先。因此，我们把儒家思想行仁义之政，德法兼施，但以仁德为先的治理之道也称为"王道仁政"。

（四）修己安人

上文我们总结了儒家学派的三种领导和管理思想——德主刑辅、仁者爱人和王道仁政，深究其具体实施的行动，我们会发现，一方面纵然是领导者向外对他人施加影响和治理，另一方面则是向内对领导者自身提出道德品质的要求。正是因为首先考虑的是领导者的德和仁，所以儒家学派所蕴含的领导和管理思想就天然地拥有了一种反求诸己的内求力量，它所倡导的正是一个领导者必须首先自身要具备仁义之心，德行端正，然后才能够引领和教化他人。

> 季康子问政于孔子。孔子对曰："政者，正也。子帅以正，孰敢不正？"
>
> ——《论语·颜渊》

> 子曰："其身正，不令而行；其身不正，虽令不从。"
>
> ——《论语·子路》

季康子向孔子询问如何管理国家政事，孔子回答："政的意思就是端正，为政者贵在保持和恪守正直正义，如果你行为端正做出表率，又有谁敢不正呢？"

孔子说："领导者自我品行端正，即使不发布命令，百姓也会去实行；若自身品行不端正，即使发布命令，百姓也不会服从。"

以上这两段集中体现了孔子倡导领导者首先需要身正、心正，修身立德。这是对领导者基本素养的规范，体现了儒家思想对于领导者的核心要求。领导者自身品行端正，可以对下属的行为起到匡正作用，即"孰敢不正"；进而帮助领导者逐渐达到无为而治的高度，即"不令而行"。领导者自身端正，不仅能起到对团队的示范和引领作用，还能够增强和扩大领导者的吸引力和影响力，从而凝聚团队人心，即达到"譬如北辰，居其所而众星共（拱）之"（《论语·为政》）的领导效果。

> 子路问君子，子曰："修己以敬。"曰："如斯而已乎？"曰：

"修己以安人。"曰："如斯而已乎？"曰："修己以安百姓。修己以安百姓，尧、舜其犹病诸？"

——《论语·宪问》

子路问什么叫君子，孔子说："修养自己，保持严肃恭敬的态度。"子路又问："这样就够了吗？"孔子说："修养自己，使周围的人们安乐。"子路再问："这样就够了吗？"孔子说："修养自己，使所有百姓都安乐。修养自己使所有百姓都安乐，尧舜还怕难以做到呢？"

在这一段中，孔子更进一步地对君子，也就是对领导者提出更高的要求。领导者修养自己，然后要影响和惠及他人。依据个人能力和影响力的大小，孔子依次给出了领导者的影响范围，从"修己以敬"到"修己以安人"，最后到"修己以安百姓"。在这一进阶过程中，修养自己一直是前提条件，意为领导者修养自己是其立身处世和管理他人的前提与关键所在。

这一领导和管理思想，被儒家学派进一步发展，到了儒家经典《大学》中被表述为"明明德""亲民""止于至善"的三纲领和"格物""致知""诚意""正心""修身""齐家""治国""平天下"的八条目。《大学》中的三纲领八条目为领导者提供了修己安人的基本原则和具体清晰的进阶提升之路。其中，三纲领中的"明明德"就是要求领导者首先自己要修行，使本自具足[1]的"光明的德性"得以显现。因此在"八条目"中，《大学》明确其中的"修身"是对上至天子、下至普通百姓的所有人的根本要求：

自天子以至于庶人，壹是皆以修身为本。

——《大学》

所谓《大学》，乃是"大人之学"也。这本书在中国古代基本是给帝王将相、士大夫阶层看的。在当今时代，领导者即为大人，因此我们也可以将其理解为"领导者之学"。《大学》中对于领导者的要求，后来被归纳总结为儒家思想著名的"内圣外王"治理之道。

【1】本自具足：佛家用语，出自六祖慧能"何期自性，本自具足"（《六祖坛经·行由》），原意是指自己已经具备圆满的结果，通俗一点就是说自己内在什么都不缺，所以不必过多计较得失。

以上的分析正是说明了以儒家思想为主体的中华优秀传统中的治理之道为何通常被称为"内圣外王"之道。所谓"内圣"，即领导者自身修己以敬、修身立德，不断提升自己，以接近或达到圣贤的境界水平；所谓"外王"，即是对外施行王道仁政，儒法并举、德主刑辅，以求达到安人、安百姓，最后止于至善。

（五）中庸之道

世人皆谓"中庸之道"，我却更愿意称之为"中庸大道"。一方面，是因为中庸之"大"，非同小可，中庸之道，通天达地，至大无外，至小无内，所以曰"大"；另一方面，中庸是每一个"大人"也就是领导者都需要领悟和修行的领导力之道，故曰"大道"，取大人之道的意思。

天命之谓性，率性之谓道，修道之谓教。

君子戒慎乎其所不睹，恐惧乎其所不闻。

喜怒哀乐之未发，谓之中；发而皆中节，谓之和。中也者，天下之大本也；和也者，天下之达道也。致中和，天地位焉，万物育焉。

中庸之道的智慧有多大，其大无外；中庸之道的智慧有多小，其小无内，所以中庸之道时时处处，无所不在啊。

我们极力建议读者朋友们尤其是现代管理者一定要读《论语》《大学》《中庸》这三本经典；《易经》比较难懂，可以放一放，等到自己水平境界提高了，再读不迟。

现代社会各类书籍浩如烟海，所以看书一定要有选择，而有一个永远正确的选择，就是精读经典书籍。这些经典书籍是经过几百年甚至数千年的洗礼和广大人民群众的检验，最终获得一致认可的，其中的智慧必然是被证明了的。孔子说：

> 君子有三畏，一畏天命，二畏大人，三畏圣人之言。小人不知天命而不畏也，狎大人，侮圣人之言。

——《论语·季氏》

君子有三种敬畏，一是敬畏天命信仰，二是敬畏大人即敬畏领导和规则，三是敬畏圣人说的话，而《论语》《大学》《中庸》就是圣人之言。

有很多我的学员告诉我，《论语》还比较好懂，《大学》也可以理解，但《中庸》有点晦涩不好理解。我的劝告是，所谓"君子之道费而隐，百姓日用而不知"，其实《中庸》里的智慧中国人无时无刻不在应用，只是我们不知道而已。

下面我概述一下《中庸》这本书到底在讲什么。

《中庸》就是阐述中庸之道的书。它的内容可以概括为以仁为指导、以诚为基础、以中庸为方法的人生哲学，旨在追求人类社会协调和谐的正常发展。中庸之道在儒家学说中，既是哲学意义上的认识论和方法论，又是道德伦理上的行为准则。所谓中，就是适度、正确、合宜，含有真理之意，体现了处理事物的正确性；所谓庸，就是平凡、普遍，含有运用之意，体现了适用于一切事物的普遍性。所以，中和庸的结合，乃是理论上的基本原则和实践中的具体运用两者之间的辩证统一。故所谓中庸，就是正确而普遍适用的真理。

在认识论上。中庸之道表现为"叩其两端取其中"的全面调查研究的方法。既反对主观而片面的武断，也反对人云亦云地随声附和，而是提倡一种力求与客观实际相符合的实事求是的认识方法。

在方法论上，中庸之道的基本法则是坚持"中"，避免"过"和"不及"，所以孔子所说的"过犹不及"已经成为中国人常用的一个成语。"过"和"不及"同为"中"的对立面。所以，中庸之道的实质，不是在"不及"和"过"两端之间机械地对半折中。作为方法论的中庸之道可以包括如下四项内容。

第一，在调节同一事物内在的两极之间的关系时，中庸之道体现在相反相成的关系中，要求达到既"中"且"正"的中正思想，而绝不是折中主义。

第二，在协调不同事物之间的关系上，中庸之道体现在"致中和"与"和而不同"的中和思想，而绝不是调和主义。

第三，在历史发展观上，中庸之道体现为因时制宜、与时俱进的"时中"思想，既非随波逐流地赶时髦，也不是顽固的保守主义。

第四，在对待事物变化规律的常与变的关系上，中庸之道体现为原则性与灵活性高度统一的"执中达全"的思想，既反对没有灵活性地死守教条，也反对没有原则地见风使舵和任意妄为。

所以正由于中庸之道包含了"时中"和"执中达全"的权变内容，故其并非死的教条，而是活的灵魂，其功用在于推动事物协调和谐的正常发展。

另外从哲学的高度，中庸探讨了仁、礼与中庸之道的关系。仁可以认为是整个儒学的宗旨，就是以人为本的哲学，礼是为了实现仁的宗旨而设的具体的条文，而中庸则是贯穿于仁和礼两者之间的方法论。

整部《中庸》这本书后半部分都在论述一个字，就是诚。

由仁和礼以及中庸构成的整体框架，其实是建立在"诚"这个基础之上的。诚作为哲学概念，是真实；作为道德概念，是诚实。所以《中庸》讲：

> 诚者，天之道也；诚之者，人之道也。
>
> ——《中庸》第二十章

《中庸》讲，天道是最诚的最真实的，人道的诚就需要不断地修炼提高以达到这一境界。同时，《中庸》提出：

> 至诚如神。
>
> ——《中庸》第二十四章

意思就是诚达到了最高的境界，就无所不能而接近了神。

所以诚是实现仁的最根本的素质。

一个人内心若诚，则会体现在对人对事的尽心尽力，就是忠。

一个人外在若诚，则会取信于人，表现为信。

忠和信也都是儒学重要的基本德目（德行的要项），两者虽然有内在和外显的不同，但是其本源都出于一个诚字。所以《中庸》讲至诚如神！

没有诚，一切德目都无从谈起；只有具备了诚，才能建立其他德目的坚实基础。

但是诚也必须要与中庸这一方法和准则相适应。不诚固然与中庸相违背，但是无原则片面地追求诚，也会因为"失中"而有害于仁。

所以如果诚走到了极端，恰恰是违背了中庸和诚的宗旨。

比如说有一个人叫作微生高，孔子就曾批评他做人做事太刻意，他的故事现在是一个成语叫作"尾生抱柱"。这个成语很有趣，既可做褒义词，形容坚守信约，忠贞不渝；也可做贬义词，形容极端的、失真的和不接地气的"教条主义"。究竟是褒是贬，读者朋友们可以自己感受一下。《庄子》和《史记》都记载了这个故事：

> 尾生与女子期于梁下，女子不来，水至不去，抱梁柱而死。
>
> ——《庄子·盗跖》

这里的"尾生"就是微生高，庄子说微生高和一个女子相约在桥下见面，女子没有来，微生高就一直等，然后河水暴涨，他还不愿意走，抱着柱子死守，最后淹死了。所以你看，极端守信是可怕的一件事情。我看这个故事时在想，幸好这位女子没有来，要是最终嫁给了这么愚直的微生高，那才叫一个惨字。又想这个女子或者本来就冰雪聪明，人家早就看出不能和这个微生高走到一起。

> 子曰："孰谓微生高直？或乞醯焉，乞诸其邻而与之。"
>
> ——《论语·公冶长》

孔子也在《论语》中批评微生高做人的伪饰，他说："谁说微生高这个人直爽？有人向他求点醋，他自己没有，却向自己邻居那里讨点来给人家。"

据说微生高是鲁国有名的正直之士，而孔子恰恰认为微生高这种行为是不正直、不直爽的表现，批评微生高做人讨巧、虚伪和做作。

而微生高向邻居借醋与人，直至后来抱柱而死，他自己一定觉得，你看，我的行为表现是如此的"诚"，给到他人的感觉就一定是"信"了。但是这种极端、拘泥、死板、僵化的做法，恰恰与诚是不相符的，是违背了中庸之道的。

所以只有在诚的基础上，准确把握中庸的方法和准则，最终才有可能从事修己以安人、修己以安百姓、修己以安天下的伟大事业，最终实现仁的最高境界。到此我们可以归纳一下，《中庸》这本书其实是阐述"中庸"和"诚"的哲学，它所倡导的真理穿越数千年，对我们现代人来说，依旧是无价之宝。

章后记：君子儒和小人儒

当今世人论儒家有些错误需要我们格外注意辨别：一是误以为儒家都是手无缚鸡之力、懦弱迂腐的儒生，二是武断地把儒家等同于落后复古的封建礼教。

我本人在与当今的企业家群体进行交流的时候，竟然也发现不少人对儒家思想有这些极大的误解。出现这些错误理解的原因在于当今时代的教育体制和媒体宣传都没有将儒家思想的精髓向大众交代清楚。当然，批评儒家为"封建礼教"的说法，有其产生的历史特殊原因。因为儒家思想在中国的历史进程和文化发展中太过夺目，树大招风，且在数千年的历史中，儒家思想经常被封建社会的众多统治者扭曲利用，作为维护统治、禁锢思想的工具，进而导致自20世纪新文化运动开始，儒家思想与封建礼教几乎画上了等号，而这一错误认识甚至一直延续至今。

每当中国社会发生巨大的变革和动荡，儒家思想常常被作为替罪羊，首当其冲地成为攻击的目标。众所周知，20世纪所发生的巨大的社会变革对中国数千年来的思想文化传承造成了剧烈的冲击，至圣孔子被污蔑为"孔老二"，儒家思想被看作"吃人的礼教"，"砸烂孔家店""打倒孔老二"等激进的口号和运动一度成为社会思潮。

儒家思想作为原生的文明形态和文化思想，已经在中国这个古老的国度被压抑和扭曲了太久。为此，在倡导文化自信的当今时代，我们急切地需要还儒家思想以本来面目！我们要让中国人乃至全世界认识到儒家思想的精髓，那就是儒家思想从来都是积极进取、刚健有为、道义担当、兼容并蓄和与时俱进的。

《周易·象传》中"天行健，君子以自强不息；地势坤，君子以厚德载物"这段文字可以形象地诠释儒家思想的精神和气质。

这段文字的意思是：天的运行刚强劲健，相应于此，君子应该学习天道的刚健有为、进取进步、刚毅坚卓、发奋图强、永不停息；大地的形势厚实和顺，君子应该学习大地的醇厚美德、谦卑处下、容载万物。

儒家思想本来的精神和气质就是如天道般自强不息、刚健有为、积极进取，如地道般厚德载物、无言谦卑、兼容并蓄。

亚圣孟子有一段话也可以极为传神地表达儒家思想的精神和气质：

> 富贵不能淫，贫贱不能移，威武不能屈。此之谓大丈夫。
>
> ——《孟子·滕文公下》

孟子所说的"大丈夫"就是"君子"，就是"大人"，就是我们当今社会各行各业的领导者。那么怎样做才能叫作真正的"大丈夫"呢？孟子说：富贵时能自我节制而不挥霍；贫贱时不改变自己的意志信念；强权下不屈服，不转变自己的态度。这样的人才可以称得上是大丈夫。

君不见，在中国数千年的历史长河中，涌现过多少这种顶天立地的大丈夫！因为儒家思想对于中国文化毋庸置疑的重要性，因此孟子这段文字甚至可以看作对"中国式"精神和气质的精准描述，而本书之所以构建并倡导"中国式领导力"，正是希望领导者和管理者能够具备儒家这种"中国式"的精神与气质。

除此之外，我们学习儒家、应用儒家，还要注意一个极为重要的问题，那就是对儒家思想理念真正的认同并践行，而非戴上儒家的假面自欺欺人、骗人骗己。这种假儒学的现象，孔子在 2 500 多年前就已经注意到，并提醒过自己的弟子。

> 子谓子夏曰：女（汝）为君子儒，无为小人儒。
>
> ——《论语·雍也》

孔子对学生子夏说：你要做君子般的儒者，不要做小人式的儒者。

孔子在这里所说的"君子儒"是真儒学，而相对应的"小人儒"是假儒学。真儒学是指真正相信并实行儒家的伦理道德思想；假儒学又可叫假道学，则是借儒学之名以炫耀自身、沽名钓誉、谋取私利。

读者朋友们，如果您感觉在生活中不大容易区分"君子儒"和"小人儒"，建议可以好好体会一下孔子在《论语》中所说的"君子"与"小人"的种种区别：

> 君子喻于义，小人喻于利。
>
> 君子周而不比，小人比而不周。
>
> 君子坦荡荡，小人长戚戚。
>
> 君子成人之美，不成人之恶。小人反是。
>
> 君子求诸己，小人求诸人。
>
> 君子上达，小人下达。
>
> 君子不可小知而可大受也，小人不可大受而可小知也。
>
> 君子有三畏：畏天命，畏大人，畏圣人之言。小人不知天命而不畏也，狎大人，侮圣人之言。
>
> ……
>
> ——《论语》

此外，汉语中有个成语叫作"道貌岸然"，还有民间骂人的俗语叫作"满口仁义道德，一肚子男盗女娼"，等等，这些都可以算是对"小人儒"这种假儒学、假道学之丑恶嘴脸的形象表达。我想正是因为儒家思想拥有被世人普遍认同的影响力，所以才会出现假冒儒家的面目以攫取名利的种种现象。

本章我们在有限的篇幅中就儒家学派中核心的领导思想和管理智

慧做一个简单介绍，但是仅从我们遴选出的为政以德、仁者爱人、王道仁政、修己安人以及中庸之道这几个代表性的观点中，相信各位读者已经能够感受到儒家思想无穷的智慧和力量。除此之外，儒家思想中还包含无穷的宝藏可供我们现代人借鉴、学习和应用，诸如民为邦本、持中贵和、天人合一、任人唯贤、讲信修睦等理念，在现代社会各类组织的领导和管理活动中，都极具现实价值。

尤其需要指出的是，儒家学派修己以敬、修己安人、修己以安百姓以及大学之道、内圣外王等观点，正是本书构建"中国式领导力"的核心思想和基本框架的主要来源，我们在后文将予以更为详细的阐述。

第四章

道家学派的领导思想和管理智慧

【本章导读】

老子和孔子见过面？他们谈了什么大问题？

为什么说老子的职业很重要？

中国本土文明中，与儒家学派齐名的道家学派亦深受中国人的喜爱和推崇。道家思想中所蕴含的治世谋略、处世策略和人生智慧等，千百年来深刻影响了全体中国人。道家学派思想的成熟以老子《道德经》的问世为标志，道家"自然无为"的境界和追求带给中国人数千年的向往。然而要深刻理解道家思想，除了精研《道德经》，也需要关注老子本人。老子与孔子两位中华文化巨星的碰面，注定是一场伟大的传奇，不仅使道家和儒家产生了最初的交集，也解释了中国文化中最为重要的两个学派之间的融通之处。

一、司马迁也摸不着头脑的老子

或许因为道家充满神秘的"仙气"，司马迁对老子这样的大仙就摸不着头脑了，因此他在《史记》中对老子的记载颇为模糊。

首先，司马迁搞不清楚老子是谁。

他一会说是老子"姓李氏，名耳，字聃"，一会说老子是楚人"老莱子"，一会又说老子可能是"周太史儋"。司马迁写来写去无法确证，感叹说"世莫知其然否"，最后只好给了一个"模糊"的准确答案，"老子，隐君子也"。要知道司马迁可是西汉的大学者，讲究严谨准确的考证，而让他最为纠结的一个研究对象，纵观《史记》，好像只有老子一人。

其次，司马迁搞不清楚老子活了多大年纪。

他只能记载自己的道听途说，"盖老子百有六十余岁，或言二百余岁"，说是"大概160多岁，又有人说200多岁"。真有这样长寿的人吗？我反正目前见到年龄最大的是我的奶奶，老人家是重阳节的生日，今年99岁仍然精神矍铄，我每次回去她都亲自给我做有各种配料的香喷喷的糯米饭吃。但司马氏说老子活了200多岁着实有点惊世骇俗，甚至是有点怪力乱神的味道。当今时代的地球上似乎还没有见到200岁的人，司马迁那个时代应该也没有见到，所以他用"盖""或言"这样的词汇来表示这个答案并非确证。

最后，老子最终去了哪里？司马迁也不知道。

他说"老子乃著书上下篇，言道德之意五千余言而去，莫知其所终"。传说老子"见周之衰，乃遂去"，他骑着青牛晃晃悠悠、怡然自得地自东向西来到函谷关。关令尹喜很聪明，远远看见"紫气东来"，就猜想可能有真人要从他这里过关，于是留心候着，果然就等到了白须白眉、鹤发童颜的神人老子。尹喜无意间为中国文化做了一件绝顶的大好事，他对老子说"先生您既然将要归隐，就勉强给我留下些文字吧"。于是老子待了三个月，"著书上下篇，言道德之意五千余言"，留下《道德经》81 章共 5 000 多字，然后撂下笔，骑上青牛就走了，去了哪里？司马迁不知道，只好说"莫知其所终"。

现在河南鹿邑县有个老君台，据说就是老子升仙的地方。后来我了解到，全国各地很多地方号称是老子升仙地，还有一个是在离函谷关 800 多千米的甘肃临洮。十几年前，我到甘肃临洮参加同学兼兄长王元强大哥在家乡的盛大婚礼，他把我们这些上海过来的兄弟们安排在临洮的岳麓山（这个并非湖南的岳麓山，同名而已）山脚下的宾馆。结果第二天凌晨三点我就被山上神奇的声音吵醒，开始我以为是山上的猿猴在吼叫，后来问宾馆工作人员，原来是当地的居民上山锻炼身体，练习道家长啸功[1]。那个声音怎么形容呢？此起彼伏、声震山林。我估计金庸先生要是来这里听到长啸功，大概率会继《鹿鼎记》封笔之后再激情万丈地写一篇。只是我很疑惑当地不练功的老百姓怎么睡觉呢？吵都吵死了。我想可能是因为这里的人们都坚信老子在此升仙，所以大家都以为自己身负仙气吧。元强小时候就坚信自己能像太上老君一样腾云驾雾，从七八米高的树上蹦了下来竟安然无恙。

老子是谁？活了多大？最终去了哪里？这三个问题感觉像是哲学的终极提问，跟经典的"保安三问"类似。小区的保安一般都会问访客三个终极问题：你是谁？你来干什么？你到哪里去？既然司马迁都搞不清楚，我们也就随他去吧，总之，老子对于中国人来讲，就是神仙，就是太上老君。

但是"老子的职业是什么"这个问题却极为重要，因为这一问题解答了老子为什么能够如此高明。

> 老子者，楚苦县厉乡曲仁里人也。姓李氏，名耳，字聃，周守藏室之史也。

> ——《史记·老子韩非列传》

【1】长啸：大声呼叫发出高而长的声音，如"抬望眼，仰天长啸，壮怀激烈"（岳飞《满江红》词），亦指中国古老的一种道家养生功法"长啸功"，帮助习练者呼出体内浊气，抒发壮烈情怀，涵养浩然之气，达到强身健体的效果。

这段话讲到老子的老家，都具体到哪个县哪个乡哪个村了，却还是有麻烦，现在安徽涡阳和河南鹿邑两地都声称自己是老子故里，争论不休，未有定论。这也难怪，因为老子实在太过有名，能成为老子的家乡人是无上光荣的。

司马迁在这段话中说老子是李耳，并明确记载了他的职业，担任"周守藏室之史"。"史"就是史官，"周守藏室"就是周王朝的国家图书馆或档案馆之类的机构。所以老子所担任的岗位相当于周王朝的国家图书馆馆长。由老子的这一工作岗位，我们可以有两点推论：第一，老子之所以能够出任周王室的守藏史，说明他的知识学问在当时已经颇受认可、声名远播；第二，老子在这一岗位上得以近水楼台阅读大量国家图书馆收藏的上古典籍，于是更加精进，其深邃思想和智慧的形成也是得益于此。

古时候的人能够识文断字已经是极为少见的了，更何况老子长年累月领着工资还能够在国家图书馆里泡着，这一点甚至比我们大多数现代人幸福得多。小时候我家在安徽省合肥市的钢铁公司，各位可想而知，在20世纪八九十年代的厂矿学校，书籍极少，印象中学校就没有图书馆，因此对我们来说，哪怕是小人书都是极为珍贵的。后来一个见识远甚于我的好同学邓勇带我到工人阅览室，此后才得以看到不少报刊，窥见一些外面的世界，也慢慢真正理解了费翔唱的那句"外面的世界很精彩"。如今我们获取知识的渠道不知要胜过当年多少倍，但大多数人都去看那家叫某音的著名公司平台上的视频了。看短视频也不是说不好，但能否生发思考和智慧那就另当别论、全凭个人了。

话说某音这家公司总部搬来我家附近，我打算趁现在房市低迷，想办法搞套小房子再高价租给他们员工，据说他们工资很高。这一想法不知老子会怎么看，他老人家大隐隐于守藏室，我们就小隐隐于市井吧。我劝各位还是别总想着去山林隐居喂蚊子，时不时地去小住个把星期甚至一两个月，放松身体，调理心绪，这都没问题。但是待在山林里时间太久，可能会停滞思维消磨心志，且难免有逃避现实之嫌。据我的观察，在现实生活中有不少高人朋友隐于市井却怡然自得岁月静好，上海的陈大师、南京的才子小罗、合肥的同学老牛和大侠等，皆是如此。这几位都是我身边的朋友，其实我常讲每个人身边都可能有智慧超绝之士，只是我们可能没有发现和认知到而已，所谓"十步之内，必有高人"。我说这一段，终南山上的隐士们肯定不会同意，咱见仁见智、求同存异吧，或许就是我的境界还是不够，那就让我们一起继续深入学习老子。

二、两位中华文化巨星的会面

两位巨星就是孔子和老子。这两位巨星咖位之大，再怎么形容都不为过。

为什么要讲他们的会面呢？因为这涉及儒家和道家这两个中华本土文明的某些思想为何会相互融合的大问题。

老子的智慧和博学引来了众多求学问道者，其中最为著名的就是孔子"问礼于老子"。两个巨人的会面应该怎样去形容呢？我想大概就像夜空中两颗最为巨大和闪亮的星星的相遇，迸发的火花和光芒照耀穿透了数千年的时光。

孔子时年34岁，专程前往洛阳拜访老子，此时年轻的孔子已经天下闻名，在三十而立和四十不惑之间，锐意进取，踌躇满志。而老子比孔子年长大约20岁，思想已经极为精熟，世事沧桑，尽在胸中。这样的两位巨星的对话，无疑对我们极具价值。

> 老子曰："子所言者，其人骨皆已朽矣，独其言在耳。且君子得其时则驾，不得其时则蓬累而行。吾闻之，良贾深藏若虚，君子盛德，容貌若愚。去子之骄气与多欲，态色与淫志，是皆无益于子之身。吾所以告子，若是而已。"
>
> ——《史记·老子韩非列传》

老子对孔子说："你所说的礼，倡导它的人骨头都已经腐烂了，只有他的言论还在。况且君子时运来了就驾着车出去做官，生不逢时就像蓬草一样随风飘转。我听说，善于经商的人深藏财货，而外表看似空无所有；具备高尚品德和修养的君子，容貌却看起来很愚钝。因此，你要去掉骄傲之气和过多的欲望，去掉做作的情态神色和过大的志向，这些对于你自身都是没有好处的。我能告诉你的，就这些罢了。"

世人皆说老子在此处批评孔子毫不留情，我谓此处乃是老子的谆谆教导，爱才之心，跃然纸上！

试想，能够如此一针见血和深邃地点拨，若非年轻的孔子以其才智打动了老子，老子又何尝需要如此呢？就如同现实生活中，有些话若非知己我们是不能说也没必要说的。依据道家学派"藏"与"守"的观念，若非特殊情况，老子是断不会如此说话的。然而，老人家却对年轻的孔子说了这番话，这是为什么呢？

《庄子》中的记载或许能够给我们答案，老子感叹道："吾闻南方有鸟，其名为凤……凤鸟之文，戴圣婴仁，右智左贤。"（《庄子·逸篇》）老子夸赞孔子具有凤凰的美德，能招揽智贤之人在自己的左右，相当于一并夸赞了孔子的弟子。我想一方面，老子一定是看到了孔子身上的光，这光芒显示孔子将承继和开创中华文化道统，所以老子对这样一个承担着天命的年轻人寄予了满满的期望；另一方面，老子也看出了年轻的孔子踌躇满志、锐意进取，甚至是血气方刚、年轻气盛，所以老子一定是出于爱护甚至是保护，因而对孔子出言加以匡正和扶持，因为有才之人，必遭人妒。

老子对孔子的教导，可以总结为三个方面：一是在修身学问上，老子告诫孔子，不要抱残守缺、在前人的只言片语中故步自封，不能一味地守旧复古，也要有开拓创新；二是在进身事业上，老子建议孔子要乘势而行，戒逆势而动，如果时运好又得遇明君，就出来成就一番事业，如果时运不济，就要"蓬累而行"，意思是随遇而安，不可强求；三是在保身做人上，要戒骄戒躁，戒贪戒欲，否则"无益于子之身"。

我想现代社会各行各业的领导者们更需要好好学习老子的这段话。君不见如今多少取得骄人业绩的领导者们，或是修身不足，或是不知进退，甚至贪得无厌，最终落得身败名裂、家破人亡。若您认为好像不见得如此，请看看这些年来反腐倡廉、打虎拍蝇的成果吧。据我自己多年来的观察，凡是不注重品行修养、修身进德的人士，不论是在哪个行业，长久来看都会"塌房"。

当然，这个话题稍远了一些，让我们再回到老子和孔子。

我们可以想象一下，34岁的孔子学有所成，已经在故乡鲁国初露峥嵘。此时的孔子一定是意气风发、踌躇满志，一定是志向远大、斗志昂扬。

而年长他20多岁的老子，正像是世所罕见的绝世高人，沉默寡言，洞悉一切，智慧远见，深不可测。

老子见了孔子，放下了矜持和沉默，以拳拳之心，谆谆教导。我们后人真要感谢司马迁，他用如椽之笔记录了这场震动寰宇的会面！

两位巨星在一起谈了多久我们不得而知，但终究到了要分别的时候，老子又对孔子临别赠言。司马迁所记录下来的寥寥数语，穿透2 000多年的时光，对我们现代人也如醍醐灌顶：

> 聪明深察而近于死者，好议人者也；博辩广大危其身者，发人之恶者也。为人子者毋以有己，为人臣者毋以有己。
>
> ——《史记·孔子世家》

老子送别孔子时说："聪明深察的人常受到死亡的威胁，因为他喜欢议论别人；博学善辩、识见广大的人常遭困厄危及自身，因为他好揭发别人罪恶。做子女的要忘掉自己而心想父母，做臣下的要忘掉自己而心存君主。"

句句发人深省，字字当头棒喝！

"聪明深察""博辩广大"者何人也？正是年轻的孔子；"好议人者""发人之恶者"何人也？也正可能是年轻的孔子。三国魏的文学家李康写了一篇《运命论》，文中说："木秀于林，风必摧之；堆出于岸，流必湍之；行高于人，众必非之。"老子作为前辈火眼金睛、明察秋毫，初次见面就看出孔子"木秀于林、堆出于岸、行高于人",于是他告诫年轻气盛的孔子,要小心谨慎啊,因为这样可能"近于死""危其身"。因为你聪明深察、智慧机敏就容易看到他人的缺点,因为你博辩广大、能言善辩就容易揭露他人的短处,此时如果不懂得隐藏,不懂得沉默,不懂得藏拙,而直白地议论他人缺点、揭露别人隐私,就必定会遭人嫉恨、到处树敌,长此以往,就必然会危及自身了。

这就是现实生活中,很多聪明的人反被聪明所误,以至于反噬其身的原因。

老子进一步给到具体行动的指点,叫作"为人子者毋以有己,为人臣者毋以有己",这是告诫孔子要抛弃小我、忘掉自己。一个子女如果太坚持自我,在家就会和父母发生冲突,这种表现就是不孝;一个下属如果太目中无人,在单位就会招领导和同事嫌恶,这种表现就是不忠。因此,一个人如果不能够放下小我,容纳他人,在家不听从父母的教诲,在单位不尊重领导的安排,其外在表现可能就是不忠不孝。

两位巨星的会面不仅在宏观上完成了中华文明史上最重要的儒家与道家的传承与融合,也在微观上对孔子的性情和行动给予了具体的指导。鲍鹏山老师在央视百家讲坛上评论两位巨星的这次会面,他说老子其实是在告诫孔子,"人生不仅要懂得进,还要懂得退;不仅要直行,还要懂得迂回;不仅要有智慧,还要有愚拙;不仅要坚持,还要学会放弃;不仅要坚定,有时还要灵活",这段评论同样充满了道家学派的智慧和精神。

那么孔子听了老子的话之后作何反应呢?

> 孔子去,谓弟子曰:"鸟,吾知其能飞;鱼,吾知其能游;兽,吾知其能走。走者可以为罔,游者可以为纶,飞者可以为矰。至于龙,吾不能知其乘风云而上天。吾今日见老子,其犹龙邪!"
>
> ——《史记·老子韩非列传》

孔子离去以后对弟子们说:"鸟,我知道它能飞;鱼,我知道它能游；兽，我知道它能跑。会跑的兽可织网去捕获它，会游的鱼可制丝线去钓它，会飞的鸟可以用箭去射它。至于龙，我就不知道它能驾着风而飞腾升天。我今天见到的老子，大概就像龙一样吧！"

孔子对老子的评价既自信又谦逊。他说不论是天上飞的，还是地上跑的，抑或是水里游的，我都有办法搞得定，这话是多么自信。当然，孔子的这种自信并非无凭无据，因为他早已成就斐然、声名远播了。

我们知道，孔子19岁结婚20岁生子，鲁国的国君鲁昭公听说孔子生了个儿子，派人送来了一条大鲤鱼作为贺礼，于是孔子给儿子取名孔鲤。为什么鲁国最大的老板都会给孔子送来贺礼？这是因为年轻的孔子通过艰苦卓绝的努力，用他的学识和眼界获得了鲁国国民甚至国君的尊敬。虽然迫于生计，孔子到鲁国的大贵族季氏家族打工，"尝为季氏史，料量平；尝为司职吏，而畜蕃息"（《史记·孔子世家》），但即使是在这样平凡的岗位上，孔子也做得非常好，"会计当，牛羊茁壮长"（《孟子·万章下》）。孔子学有所成后，开坛设讲，广收门徒，创办私学，终于闻名于诸侯。鲁国另一大贵族孟孙氏的掌门人孟僖子的一段话可以佐证：

> 孔丘，圣人之后……今孔丘年少好礼，其达者欤？吾即没，若必师之。
>
> ——《史记·孔子世家》

孟僖子在临终时嘱咐两个儿子，一定要拜孔子为师，他说："孔丘这个人，是圣人的后裔（按：圣人指商汤，孔子的祖上宋国始祖微子为商纣王的庶兄，是商朝开国君主商汤的后裔）……如今孔丘年纪轻轻就博学好礼，这岂不就是所谓的显达的人吗？我死之后，你们一定要去从他求学。"

由此可见，30多岁的孔子已经因为他的博学好礼而闻名于世了。因此，我们完全能够想象到，年轻气盛的孔子说出如此自信的话是太过正常的一种表现。然而，孔子见到老子之后，却称赞他是"不能知其乘风云而上天"的龙，可见这一场会面对孔子的震撼是巨大的，对孔子思想的影响也是极为深远的。而正是因为这场会面对孔子的震撼巨大、影响深远，所以对中华文化的影响也极为深远。

　　自此以后孔子眼界大开，学问更上层楼，并且他的思想中逐渐有了道家的些许意蕴和痕迹。于是儒家学派和道家学派，这两种中华本土文明，在初创之时就有了相互交融的迹象。这迹象在孔子后来的言行中表露无遗。比如：

　　　　子曰："天下有道则见，无道则隐。"

　　　　　　　　　　　　　　　　　　　——《论语·泰伯》

　　孔子说："天下有道就出来做官；天下无道就隐居不出。"天下有道，领导有方，我就出来干活成就一番事业；天下无道，我就隐居起来，将智慧和才能加以隐藏。这其实与老子所告诫孔子的话，"得其时则驾，不得其时则蓬累而行"，含义完全一样。类似的表达还有：

　　　　子曰："邦有道，则仕；邦无道，则可卷而怀之。"

　　　　　　　　　　　　　　　　　　　——《论语·卫灵公》

　　　　子曰："邦有道，危言危行；邦无道，危行言孙。"

　　　　　　　　　　　　　　　　　　　——《论语·宪问》

　　孔子说："国家有道，就出来做官；国家无道，就把自己的才能隐藏起来。"

　　孔子说："国家有道，要正言正行；国家无道，行动还要正直，但说话要随和谨慎。"

　　显然，孔子的言论中已充满了弹性和柔和的智慧，他教导弟子积极进取，更要懂得退让；选择坚定坚持，更要学会灵活变通。孔子甚至表达出道家所推崇的归隐山林、和光同尘的精神。

　　　　用之则行，舍之则藏，惟我与尔有是夫！

　　　　　　　　　　　　　　　　　　　——《论语·述而》

107

子曰："道不行，乘桴浮于海。"

——《论语·公冶长》

如果有人能够欣赏我们的才华，我们就出仕成就一番事业；如果不被人赏识，我们就将才华潜藏起来。

如果我推行的大道不能够获得施行，那么我就乘竹筏到海上，寻找我们的世外桃源。

这两段话是如此的淡然洒脱、意境悠远。能用则用，不能用也没关系，我把智慧藏起来，把才华藏起来，把理想藏起来，把志向藏起来。韬光养晦，和光同尘，这正是老子道家的智慧。

好了，至此我们已经用了不小的篇幅来讲老子和孔子这两位巨星的碰面，正因为这是火星撞地球一般的大事件，所以多着些笔墨。

更重要的一点是，如同孔子学习和借鉴老子的思想一样，儒家思想正是兼容并蓄了包括道家、法家等诸子百家以及后来的佛家等学派的优秀思想，经过千百年来的发展，最终成为中华文化的主流。

三、道家学派的"自然无为"

道家学派中的领导和管理智慧，其实在上文讲述两位巨人碰面的故事中也已经有了些许的体现。道家最为著名的领导和管理智慧可以总结为"自然无为"四个字，具体包括无为而治、上善若水、守中抱一、道法自然。道家学派的经典也有很多，以下主要依据《道德经》来阐述道家的领导和管理思想。

（一）无为而治

老子认为领导者按照"无为"的原则去做事，尊重规律，顺应自然，那么天下就没有不能治理的情况。《道德经》第三章中就明确提出了"无为而治"的理念。

不尚贤，使民不争；不贵难得之货，使民不为盗；不见可欲，使民心不乱。是以圣人之治，虚其心，实其腹，弱其志，强其骨，常使民无知无欲。使夫知者不敢为也。为无为，则无不治。

——《道德经》第三章

这一章的意思是：不崇尚贤才异能，人们就不会炫技逞能，争名逐利；不看重稀贵之物，人们就不会去做盗贼；不显露足以引起贪欲的物事，人们的心思不会被扰乱。因此，圣人治理天下的原则是，排除充斥于人民心中的各种成见，满足人民的温饱需求，软化人民的犟执趋求，提高人民的自立自足能力，经常使人民不执成见、不生贪欲，使智慧聪明的人不敢为所欲为，圣人依照无为的原则办事，则没有什么不能治理的。

可以看到，这一章里老子主张"不尚贤""不贵货""使民无知无欲"，要人们回到一种没有任何矛盾和欲望的世界，这一理想显然与现实世界是有极大差距的。其实，老子的这些主张与其所处的时代背景有很大关系。春秋战国时期，天下大乱，各诸侯国之间征战不休，群雄争霸，民心紊乱，盗贼四起，中原大地动荡不安。在这样一个时代中，老子倡导回到上古时期人民无知无欲的自然状态，其本意是希望减轻或避免社会矛盾。

其一，"无为"的本义是不妄为、不乱为。

老子或许因为对现实世界失望无比，因而提出了小国寡民、无为而治的构想。然而我们知道，人类社会的物质文明和精神文明必定是要向前不断发展提高的，所以不能狭隘地理解老子"无为而治"的思想。如果认为"无为"就是毫无作为、随波逐流、消极等待，那是极为肤浅的认识，更是小看了老子的大智慧。

老子所谓的"无为"并非不为，而是不妄为、不乱为的意思，他进一步在《道德经》中描绘了这种不妄为、不乱为的"无为而治"可能产生的领导效果：

我无为，而民自化；我好静，而民自正；我无事，而民自富；我无欲，而民自朴。

——《道德经》第五十七章

我不妄为，人民就自然会自我化育；我好静不扰，人民就自然会端正行为；我不妄加干预，人民就自然会劳动致富；我无欲无求没有私心，人民就自然会保持淳朴。

老子这里所说的"无为"正是要求领导者不妄为、不乱为，"好静"是要求领导者不折腾、不骚扰，"无事"要求领导者放弃苛政、与民养息，"无欲"是要求领导者抵制贪欲、放弃私心。

既然老子让领导者"无为"并非完全不作为，那么如何"为"才是正确而适当的呢？

其二，领导者的作为要顺应趋势、尊重规律。

老子倡导"无为"是让领导们不要乱作为，而要顺应时代趋势、尊重客观的自然规律，按照《道德经》的语言来说，就是顺应"道"的规律。

道常无为而无不为。侯王若能守之，万物将自化。

——《道德经》第三十七章

道是顺应自然而无所作为，却又没有什么事情不是它所作为的。侯王一类的领导者如果能按照道的原则为政治民，万事万物就会自我化育而得以充分发展。

这里，老子所说的"无为而无不为"可以理解为领导者只要不妄为，不乱作为，就没有什么事情是做不成的。"无为"是领导者立身处世的态度和领导方法，"无不为"则是领导者"无为"（不妄为）所产生的领导效果。这与上文所引《道德经》第三章所说的"为无为，则无不治"是相同的意思，"无不治"是领导者"无为"的领导结果。

孙中山先生 1916 年在浙江海宁观看钱塘江大潮之后，写下了名言："世界潮流，浩浩荡荡，顺之则昌，逆之则亡"。此处的"顺之"可以理解为老子所说的"无为"，而"逆之"就是妄为和乱作为，其结果是显而易见的，一则为昌盛，一则为灭亡。任何时代皆有其潮流趋势，万事万物也皆有其自身规律，领导者就是要把握趋势、因应规律、顺应时代的潮流，而不是逆势而动。看似无为，实则有为，自然能够"顺之则昌"。所以，老子并不是反对人们积极进取，而是要人们"为而不恃""为而不争"，鼓励人们用正确的方法有所作为。

老子提出的"无为而治"的理念，千百年来成为现实世界中的领导者们所追求和向往的最高境界。"无为而治"就是要求领导者无为、无欲、无私，不妄动、不苛求、不浮躁、不勉强，顺其自然，则天下大治。这一领导和管理思想延伸到现代组织的领导和管理行为，就是要求领导者在自身修养上戒骄戒躁、谦和开阔、谦虚低调、海纳百川；在识人用人上要宏观把控、用人不疑、善于放权；在决策管理中要把握大势、顺应规律，有所为亦有所不为。

（二）上善若水

水的品格在《道德经》中被老子用来形容最重要的"道"，而老子从水之德中所提炼的品格也成为千百年来无数中国人的追求，其中所蕴含的智慧更值得我们领导者和管理者们学习和借鉴。

> 上善若水，水善利万物而不争。处众人之所恶，故几于道。居善地，心善渊，与善仁，言善信，正善治，事善能，动善时。夫唯不争，故无尤。
>
> ——《道德经》第八章

最善的人好像水一样，水善于滋润万物而不与万物相争。停留在众人都不喜欢的地方，所以最接近"道"。最善的人，居处最善于选择地方，心胸善于保持沉静而深不可测，待人善于真诚、友爱和无私，说话善于恪守信用，为政善于精简处理，能把国家治理好，处事善于发挥所长，行动善于把握时机。最善的人所作所为正因为有不争的美德，所以没有过失和烦恼。

老子这段论述"水之德"的经典语录，给领导者的启示至少有以下四点。

其一，利他思维。

"水善利万物"，万事万物都从水那里得到利益。花草树木因为水而生发成长，飞禽走兽离开水则不能生存，生命最初也是诞生在水中，人体的70%都是水。现代科学研究认为，人类不吃饭大概能够存活20多天，有些甚至能够坚持到30至50天，而不喝水却只能存活5天左右。因此，水是生命之源、万物之母！这就是水的"利他"之德。

领导和管理行为若能够立足于"利他"，就会让领导者像水一样成为他人的必需品，就会无往而不胜，所以，"利他"的长期结果就是"利己"。现代企业的经营管理也是如此，上一章中我们所提到的"无尖不商"而非"无奸不商"，其本意是倡导经商人士要让利于客户，这样生意才能够长长久久。

因此，如果企业的经营能够像水一样"善利万物"，运用"利他思维"给团队自身带来成长，给客户和合作伙伴带来利益，给社会和公众创造价值，甚至给人类带来贡献，那么这个企业一定会基业长青、立于不败。也因此有人说：世界上最伟大的商业模式就是利他。

相反，现实中我们也经常看到一些人，身处领导岗位却心胸狭窄、自私自利，其结果往往都是一致的，轻则不能服众、难有更大发展，重则众叛亲离、一败涂地。也有一些企业在经营中鼠目寸光、唯利是图，最终落得个市场萎缩，甚至经营者身陷囹圄的下场，前些年的三聚氰胺毒奶粉事件即是如此。

其二，不争而争。

水善利万物，却不争不抢，"夫唯不争，故无尤"，正因为"不争"的特性，所以没有忧心之处；更因为"不争"的境界，所以能够立于不败之地。老子在《道德经》中又以江海为例说明"不争"的效用：

以其不争，故天下莫能与之争。

——《道德经》第六十六章

正是因为不与人争，所以天下没有谁能与之相争。

中国式领导力：修己安人、内圣外王之道

112

道家的思想如果被狭隘地理解，很多观点则会被定性为消极，甚至是阴谋论。比如这里说的"不争"，很多人以为老子主张人们回避竞争、不求上进，这个理解是非常错误的。

一方面，老子所谓的"不争"是主张以更博大的胸怀加以接纳。"河海不择细流，故能就其深"，就如同江海一样，流入的小河溪流不管好与坏、浑与浊，全然接纳，就是不在细枝末节上争执不下、浪费精神，而是把握主线、抓大放小。试想一个领导者总是在鸡毛蒜皮、鸡零狗碎的事情上搞得鸡飞狗跳，最终的事业也只能是鸡飞蛋打一场空。

另一方面，老子倡导"不争"是要人们"无为而为，不争而争"，就是不能违逆天道趋势而强力为之和一味争之。首先，是非之地不可留、是非之人不可交，不争而退是上上之策；其次，应顺应趋势把握大方向，试想如果企业经营所选的赛道市场广阔、蛋糕巨大，大家也就相安无事了。

"不争"在《道德经》中共出现了 8 次，足见老子对其重视程度。"不争"就是退让，所谓"退一步海阔天空"；"不争"就是"不自见""不自是""不自伐""不自矜"，不与人争先，不与人争上，更不与人争利。只有善用不争的水之美德，领导者才能够"无尤"（没有过失），才会不积怨咎，不受责难，甚至因为"不争"而保全性命。

范蠡协助越王勾践打败了吴王夫差，按常理说，此时应该坐等论功行赏，坐享荣华富贵了，然而，智慧的老范同志跟他的朋友另一个大臣文种说："大王长颈鸟喙，只可共患难，不可同富贵。"我很长时间无法理解范蠡怎么能以貌取人，说人家"长颈鸟喙"就不能处朋友，后来我想通了，老范一定是从与勾践长期的相处中得出这一结论的，与"长颈鸟喙"未必相关。于是范蠡不争不抢，传说他携美女西施退隐江湖，经商成为全国首富，成就了"陶朱公"的千古美誉。我建议所有经商的朋友都应该了解一下范蠡的故事，或是到无锡太湖边老范携西施归隐经商的地方感受一下，学习老范的经商之道，也沾沾老范的仙气。相反，文种要争荣华富贵，最后反而被勾践赐死，临终时，文种一定后悔没听老范的忠告："飞鸟尽，良弓藏；狡兔死，走狗烹。"这就是成语"鸟尽弓藏、兔死狗烹"的出处[1]。

所以，"不争"可能正是"争"的手段和方法，更是"争"的大道所在，因此叫作"不争而争"。老子在最后非常明确地点明，不争恰恰是天道，是天地自然运行的一种规律。

> 天之道，不争而善胜。
>
> ——《道德经》第七十三章

现代社会瞬息万变、竞争激烈，在这样一个物欲横流、争名夺利的时代，领导者更应该要深刻理解和认识老子所提倡的"不争"，这是一种高风亮节的品德，是一种进退自如的行动，更是一种不争而争的智慧。领导者若能够接近或达到"不争而争"的境界和层次，则"天下莫能与之争"！

其三，谦卑处下。

老子认为水是最接近于"道"的存在，"处众人之所恶，故几于道"。水甘愿居于他人所嫌弃的位置，因而体现了"道"的精神与品格。甘居人下、甘当绿叶、处下自谦，水的这一精神与上文的"不争而争"恰是一脉相承。

试想，如果一个领导总是高高在上，不能够身先士卒，不考虑他人需求和关切，遇事总是拈轻怕重、争名夺利、占尽便宜，天长日久这样的领导是绝对难以服众的。

> 江海所以能为百谷王者，以其善下之，故能为百谷王。是以圣人欲上民，必以言下之；欲先民，必以身后之。是以圣人处上而民不重，处前而民不害。是以天下乐推而不厌。
>
> ——《道德经》第六十六章

老子在这一段用江海为例，说明领导者拥有谦恭处下的品德会产生什么样的领导效果。他说：江海之所以能够汇聚百川河流，是因为它善于处在低下的地方，所以能够成为百川之王。因此圣人要想做好

【1】司马迁在《史记》中讲了两个"鸟尽弓藏、兔死狗烹"的故事，一是范蠡和文种，一是韩信。两个故事都挺惨的。

领导，必须用言辞对人们表示谦卑，把自己的利益放在他人之后。所以有道的圣人虽然身居上位，但人们并不感到负担沉重；虽然身居人前，但人们并不感到受害。天下的人都乐意拥戴这样的领导者，而不是厌弃。

古往今来，低调谦和的领导者往往更深得人心。领导者要像水一样，放低自己的位置，展现一种谦下的品格、一种包容的情怀和一种亲善的态度，这是一个领导者的内在涵养和精神品质。领导者唯有如此，才能够得到众人长久的拥戴和崇敬。

读者朋友们，老子所说的"水之德"看似浅显易懂，但是在现实世界中，违逆"上善若水"的"水之德"的领导者大有人在。比如上面讲到"谦卑处下"，以我在央企和外企15年的有限经验，高高在上、欺上凌下、色厉内荏、品质低下的领导者屡见不鲜。可以想象，如果一个领导在他的领导面前把自己不当人，在下属面前把下属不当人，这样的人怎能受到下属团队的真心爱戴？而如果放宽到3至5年的一个长度来看，这样的领导通常都是不长久的，眼看他起高楼，眼看他宴宾客，眼看他楼塌了！

其四，柔弱胜刚强。

水的另一个极为重要的德性就是柔弱，自小我们就知道"绳锯木断""水滴石穿"等成语。以水滴之柔弱却能战胜顽石之刚强，现在城市里的小朋友都住在高楼大厦，难有这样的体验，我们小时候可以看到家家户户屋檐上的滴水，日积月累会在水泥地面上滴出一个个小坑。老子在两千多年前就发现了水的柔弱之力量。

> 天下莫柔弱于水，而攻坚强者莫之能胜，以其无以易之。柔之胜刚，弱之胜强，天下莫不知，莫能行。
>
> ——《道德经》第七十八章

天下再没有什么东西比水更柔弱了，而攻击坚强之物却没有什么东西可以胜过水，也没有什么能够替代水。柔能胜刚，弱能胜强，这是天下皆知的道理，却没有人能够做得到。

115

老子认为，柔能克刚似乎是天下人皆知的真理，却很少有人能够在行动中做得到。从这里就能联系到王阳明"知行合一"心学理论的重要性了，按王阳明的说法，知道这个道理却不能够做到，终究还不是"知"。这就是我们现代人所说的，"知道了那么多道理，却依旧过不好这一生"的主要原因了。

> 人之生也柔弱，其死也坚强。草木之生也柔脆，其死也枯槁。故坚强者死之徒，柔弱者生之徒。是以兵强则不胜，木强则兵，强大处下，柔弱处上。

> ——《道德经》第七十六章

这段话是说：人活着的时候，身体是柔软的，死了以后就变得僵硬了。草木生长的时候也是柔软脆弱的，而死了之后就变得干硬枯槁了。因此，坚强的东西属于死亡的一类，柔软的东西属于有生命的一类。所以，用兵逞强就会失败，树木强大就会被伐被烧，强大处于下位，柔弱居于上位。

老子在这一段话中进一步教导我们，"柔弱"正是有生命力的表现，是真正有力量的象征。且不说活人、死人，就看小孩子，身体都是柔软的，而随着年龄的增长，筋骨也逐渐变硬。中医也有这样的讲法，叫作"筋长一寸，寿增十年"，就是随着年龄的增长，要特别注意拉伸全身的筋脉，筋脉畅通柔软，代表有生命力，能够延年益寿。因此，我在讲课中经常建议大家，不要仅仅在健身房里撸铁练块，或是整天只知跑马拉松，新闻中一身肌肉却跑步猝死的人并不少见。各位工作繁忙、压力山大，锻炼身体的目标应该是涵养人之三宝"精、气、神"，所以配合有氧运动、拉伸筋脉、调和气息非常重要。

这里插一段，关于企业家和职业经理人锻炼身体、保有良好的物理状态，我有一定的发言权，撸铁、游泳、跑步、打拳我都体验过。各位读者游泳的经历可能大部分人没有我丰富，我曾经游过长江、淮河、巢湖，有时能漂在海中三四个小时思考人生。我甚至和我的同学老哈同志在四月初乍暖还寒的时候从断桥残雪跳进西湖游到雷峰塔。

当然，这里提醒大家不要效仿，野外游泳到中流击水，若没有专业防护是很危险的，所谓"淹死的都是会水的"，绝非虚言。我是想表达，锻炼身体一定要练出乐趣，比如跑步要能跑出快感才是最佳，并且跑步也要专业人士指导，姿势不专业容易伤脚踝、伤膝盖。后来我基本放弃了占用时间较多的跑步和游泳，开始练习各种传统功法和拳术，太极拳、少林拳、各种派别的八段锦等，感觉最适合的一套是"易筋经韦驮十二式"，我是跟随太湖大学堂（南怀瑾老师所创办）拳师王洪欣老师学习，这套拳法重点就在于打通经脉、调理气息，居家出差随时随地可以练。一套拳下来短则20分钟，长则40分钟，身上微微出汗，神清气爽，眼神放光，饭量大增，还不长胖。这是我个人经过实践之后认为最适合自己目前身心状态的锻炼方法。

领导者锻炼自身"精、气、神"三宝的方法众多，但因个人禀赋条件不同，一定要找到适合自身情况的方法；即便同一个人，也需要根据自身所处的不同年龄阶段、不同身体状况做适当的调整。锻炼的目标就是达到身体状态的"刚柔相济"，相较于"刚"（肌肉、骨骼），筋脉的柔软、气息的绵柔、心态的柔和等则更加重要。

总之，老子用水的至柔来说明柔弱胜刚强的道理，在我们生活中、工作中乃至整个人生中，这一道理都极具价值，对领导和管理活动更是具有非凡的指导作用。领导者刚毅坚强固然是一种好的品质，但也要在某些时候某些情境中学习水的品格，保持柔软、融通变化、忍让迂回、谦卑低下等，领导和管理活动会因柔弱而得以流畅，充满活力和生机，这种柔弱的力量是生动的，是活泼的，是具备强大生命力的。

> 天下之至柔，驰骋天下之至坚。无有入无间，吾是以知无为之有益。
>
> ——《道德经》第四十三章

天下最柔弱的东西，可以驱使天下最坚硬的东西。无有之形可以进入无隙之中，我因此认识到无为的益处。

老子在这一段中不仅说明了柔弱的强大力量，更是将水的"至柔"之德与"无为"联系了起来。由此我们不难发现，道家的智慧是一通百通的。

许多年以前，我在复旦大学管理学院聆听一位老教授的讲座，那场主题就是"道家的智慧"，现场坐得满满当当，可见大家对道家智慧的推崇。我印象最为深刻的不是老人家讲了多少道理，而是他带着弥勒佛一般的笑容慢悠悠地走上台，小声谦虚地说了一句，"哎哟，来了这么多人啊！"那种淡定、那种自然、那种乐观、那种柔弱的力量，瞬间充盈在整个会场。

道家学派"上善若水"的思想其实包含极为深邃的智慧，除了上文我们所分析的"利他思维""不争而争""谦卑处下"和"柔弱胜刚强"之外，还有很多值得领导者和管理者注意的地方，例如水的沉静、水的迂回、水的忍让、水的融通，还有水化成云雾、雨水、冰雹的万端变化等，这些都是领导者需要学习的"水之德"。记得在初中时，我曾颇为懵懂地写过一篇关于水的作文，被当时我的班主任后来任校长的叶维取老师大加赞赏，并在班上亲自朗读。而那篇作文中，我只是就《西游记》中孙悟空"腾云驾雾，遨游四海"的描写展开对水的想象，如果那时我读过《道德经》，应该会表达出更深刻的思想。所以，读者朋友们，若家有少年，建议尽早带着孩子们共读中华文化经典！

华人功夫明星李小龙（Bruce Lee）有一段极为著名的接受采访的视频，在这段采访中，李小龙用颇富哲理的语言建议人们学习水的品格，并直接说"Be water"（仿如水一样）。

> Empty your mind. Be formless, shapeless like water. Now you put water into a cup, it becomes the cup. You put water into a bottle, it becomes the bottle. You put water in a teapot, it becomes the teapot. Now water can flow or it can crash. Be water my friend.

清空你的思想，变得无形，像水一样。你把水倒进杯子，它就变成杯子；你把水倒进瓶子，它就成瓶子；你把水倒进茶壶，它就变成茶壶。水可以缓缓流动，也可以剧烈冲撞。变得像水一样吧，我的朋友。

——李小龙

（三）守中抱一

前文我们多次提到，儒家思想和道家思想有很多相互交融的地方，这也是本章开始我们为什么要花比较大的篇幅讲孔子和老子会面的原因。道家"无为而无不为""上善若水"的思想在儒家学派中也有不少类似的表达。而这里我们要讲的"守中抱一"更是与儒家"中庸之道"的思想有异曲同工之妙。

"守中抱一"出自《道德经》，这里包含了两个概念，分别是"守中"和"抱一"。

多言数穷，不如守中。

——《道德经》第五章

这句话的字面意思是：多说话容易让自己陷入困境，不如保持虚静沉默，把话留在心中。

为什么不能多说话呢？这里讲的"多言"是指急切地表达情绪，或是想要说服他人。所以老子的本意应该是指在某些情形下要少说话，因为多说无益，甚至多说多错，而非是要我们在所有情形下都不说话。例如，开会时该你发言你却不说。

"多言数穷"的另一个解释是要我们说话不能太满、太绝对、太极端，要留有余地，留有缓和与变动的空间。凡事如果走极端，其结果往往会"穷"，穷就是没有出路的意思。

因此，无论哪种理解，老子其实是要我们说话做事都要"适中"，而不要偏向极端。若该发言时你却机械地想着老子说的"多言数穷"，沉默不语、一言不发，这是走向了另外一个极端，恰恰是违背了老子

"守中"的理念。

"中"这个字的意思在中国古代哲学指不偏不倚、中中正正、恰到好处，这个概念也是儒家经典《中庸》的核心思想之一。正好我们在上一章"儒家学派'德治仁政'的领导思想"中限于篇幅的原因没有透彻地讲解"中庸之道"，这里可以和道家的"守中抱一"一并阐述。

> 喜怒哀乐之未发，谓之中；发而皆中节，谓之和。中也者，天下之大本也；和也者，天下之达道也。
>
> ——《中庸》第一章

喜怒哀乐的情感没有发生，这种状态可以称为"中"；喜怒哀乐的感情发生了，但都能适中且有节度，这种状态可以称为"和"。"中"是天下最为根本的道理，"和"是天下共同遵循的法度。

由这句话我们可以看到，《中庸》并非完全拒绝喜怒哀乐等人类正常的情感表达，而是倡导适度而节制地表达。我们纵然赞赏一个领导者"喜怒哀乐，不形于色"，但若完全没有正常的情感表达，那么这个领导未免会让人诟病其不近人情、冷漠甚至冷血。

> 致中和，天地位焉，万物育焉。
>
> ——《中庸》第一章

《中庸》进一步说明了达到"中和"的这一境界会产生怎样的效果，这就是"天地会各安其位，万物会自发自动生长繁育"。

如果一个领导者不说、不问、不管，是否就是"中和"呢？答案显然不是。所以要到达团队各个岗位自动自发、每个成员都尽心尽力，乃至于达到《中庸》所说的"天地位焉，万物育焉"的境界水平，领导者是要"无为而无不为"的。前文我们提到道家提倡的"无为"是不妄为、不乱作为的意思，是要顺应客观趋势、尊重客观规律的有所作为，与这里的"中和"概念都是一脉相承的。所以《中庸》进一步给出了要怎样去做才能达到"中和"。

博学之，审问之，慎思之，明辨之，笃行之。

　　　　　　　　　　　　　　　　——《中庸》第二十章

　　是不是看着很熟悉？很多学校的校训中都有类似的表达。比如复旦大学的校训"博学而笃志，切问而近思"，来源于《论语·子张》。所以《中庸》中的这句话可以说是《论语》原话的翻版。

　　这句话的意思是：要广博地学习，要仔细地询问，要慎重地思考，要明白地辨别，要切实地力行。

　　我在写这一段文字时也是颇为汗颜。老子教导我们不要多说，不要乱说，要"守中"，《中庸》教导我们"喜怒哀乐"的情绪情感要"发而皆中节"，我知道这么多道理，可是有时候却跟我的爱人无端生气，到了办公室仔细一回想，根本就是一些鸡毛蒜皮的小事，却因为你一言我一语而发展成不该有的争论。这就是"多言"导致"数穷"。事后一细想，其实就应该"慎思之"。最后，我免不了回家少说话、多做事，端茶送水、揉肩捏背，心里默念老子的"上善若水"，不断提醒自己要处卑下、处柔弱、处忍让、处流动、处迂回、处融通。做到这些，才能算我"笃行之"吧。若我的贤妻未来看到这一段，希望她能付之一笑，我将为她高歌一曲《月亮惹的祸》。

　　各位读者朋友，看到这一段，请掩卷闭目想一想，今天有没有"发而皆中节"？我们一起共勉。

　　"抱一"的概念与下文要讲的"道法自然"的思想也是一致的。所以，其实老子在《道德经》中的 5 000 多字，其中的思想都是相互关联的，都能够串成一条线、织成一张网，而道家的这张网，又和儒家有着千丝万缕的关系和连接。

曲则全，枉则直；洼则盈，敝则新；少则得，多则惑。是以圣人抱一为天下式。

　　　　　　　　　　　　　　　　——《道德经》第二十二章

　　委曲的便会保全，屈枉的便会直伸；低洼的便会充盈，陈旧的便会更新；少取的便会获得，贪多的便会迷惑。所以圣人坚守这一大道原则作为天下事理的范式。

这段话原文读起来酣畅淋漓、一气呵成，更是道出了人生的至高智慧和处世艺术。

这里的"一"其实就是《道德经》通篇所讲的"道"，真正有大智慧的人懂得天地大道，也就是规律和真理，懂得并抱守了这个"道"，人们就不会一味盲目地去追求"全""直""盈""新""得""多"，而是懂得了"曲""枉""洼""敝""少"的价值和智慧。所以，领导者应该要始终坚守这个被称为"一"的"道"，并以此来应对天下变化的万事万物。

"一"其实在《道德经》里反复出现：

> 昔之得一者：天得一以清，地得一以宁，神得一以灵，谷得一以盈，万物得一以生，侯王得一以为天下正。
>
> ——《道德经》第三十九章

以往曾得到了"道"的：天得道则清明，地得道则宁静，神（人）得道则英灵，河谷得道则充盈，万物得道则生长，侯王得道则成为天下的首领。

这段话是老子在强调万物得道会产生的效果。

> 道生一，一生二，二生三，三生万物。
>
> ——《道德经》第四十二章

万事万物的一切都来源于最初的"一"，也就是最初的"道"。这与《易经》对天地万物的描述是一致的，"易有太极，是生两仪，两仪生四象，四象生八卦"（《周易·系辞上》）。阴阳两仪是事物矛盾的两个方面，万事万物都存在矛盾，既对立又统一，并且可以相互转化，正如老子所说的"曲则全，枉则直；洼则盈，敝则新……"，这个道理于我们现代人做人做事都是极具价值的。

那么，老子说的"守中抱一"的"一"，或者说《道德经》通篇所讲的"道"到底是什么呢？它又有什么特点呢？

（四）道法自然

《道德经》5 000多字，通篇都在讲"道"，那么"道"到底是什么呢？老子这位老人家很顽皮，他在开篇就先定了个调，他说：

> 道可道，非常道。
>
> ——《道德经》第一章

这句话千百年来被人们津津乐道，各种理解也是层出不穷，而获得人们普遍认同的是其字面的含义，非常有趣。老子说："道这个东西啊，如果能讲清楚的话，就不是恒常的大道了。"我感觉老子大概是为了卖个关子，开篇就告诉我们《道德经》这本书可不是一般人所能理解的，我留下这5 000多字，如果你看不懂，那可与我无关，实在是"道"太难懂也太难讲清楚了。老子好像又是在说，我给你领进门，修行到何种境界，就看您自己的道行深浅咯。

当然老子在这5 000字当中真的无处不在讲"道"，我们上文所总结的四点道家学派的领导和管理智慧也是无不围绕着"道"。我们首先来看老子所做的一个比喻，这个形象的比喻被后世身居上位的领导者们奉为圭臬：

> 治大国如烹小鲜。
>
> ——《道德经》第五十九章

治理大国就好像烹调小鱼一样。

这句话自古以来被中国人反复琢磨和理解，老子所谓烹小鲜的治国之道，到底是何种手段？如果我们要把小鱼烹调出一道好菜，到底要注意哪些呢？首先，油、盐、酱、醋等调料要恰到好处，不能多也不能少，更不能缺位；其次，要精心烹制，掌握火候，不可粗心大意；最后，"小鲜"的最大特点在一个"小"字，因此烹制时不可随意多加搅动，否则小鱼易被搅烂，这样就不好吃，更不好看了。我犹记得小时候父亲炖泥鳅豆腐，我总是跑去看锅里，父亲叮嘱我千万不要翻动它。

无论何种解释，老子其实都是在说领导者的"无为而无不为"。烹小鲜不可扰，治大国不可烦。扰则鱼溃，烦则民劳。老子是提醒领导者施行管理时要恰到好处，无过无不及，治理大国更不宜翻来覆去，扰民折腾。

"无为而治"的治理思想来源于老子对春秋时期天下大乱的现实思考，也来自上古流传的典籍中所描绘的炎黄二帝、尧舜禹汤等历代圣王的治理之道。前文我们提到《易经》中的"垂裳而治"，其实就是描述上古时代圣王的"无为而治"。想要达到这种极为高明的领导和管理境界，领导者需要"取诸乾坤"，即取法天地乾坤之道。老子也深刻认识到这一点，于是他说：

> 人法地，地法天，天法道，道法自然。
>
> ——《道德经》第二十五章

"人以地为法则，地以天为法则，天以道为法则，道则以自然为法则。"

我们上面所讲的正是从"无为而治"到"道法自然"的逻辑线路。所谓自然就是天地万物，自然之道就是天地乾坤之道。

人为什么要效法天地之道呢？因为大地是沉静无为的，万物生发、成长于地，天空是宏阔广大的，天地更是无私无欲的，所谓"天无私覆，地无私载，日月无私照"，天地所展现出来的特点恰恰是领导者需要学习和效法的。老子的这一思想与《易经》的"取诸乾坤"的思想一脉相承，道法自然也就是要求领导者效法天地乾坤之道。

那么如何效法天地之道呢？老子其实教导了我们很多，比如上面说的"上善若水""抱一守中"，又比如下面这一段：

> 天长地久。天地所以能长久者，以其不自生，故能长生。
> 是以圣人后其身而身先；外其身而身存。非以其无私邪，故能

成其私。

——《道德经》第七章

天地永远存在。天地之所以能够长久，是因为天地不为自己而生存，所以才永远存在。有道的君子遇事谦退无争，这样反而能在众人之中领先；将自己置之度外，这样反而能保全自身。这不正是因为他无私，反而能成就自身吗。

就是说天地生养了万事万物，我们人类所能感知到的一切，无不是在天地之间生发、繁衍、演化以至于消亡的。天地生养了一切，却完全没有一点是为自己考虑，这就是天地"不自生"的品格。而君子（领导者）应该效法天地之道。这就是"大道无私"。

老子在之后又进一步阐释这个"道"：

有物混成，先天地生。寂兮寥兮，独立而不改，周行而不殆，可以为天下母。吾不知其名，字之曰道。强为之名，曰大。大曰逝，逝曰远，远曰反。

——《道德经》第二十五章

有一个浑然而成的东西，在天地还没有形成之前就已经存在了。它既没声音，也没有形体，但却超越于万物之上而永久不变，无时无地不在运行而永不停止。它创造天地万物，可以作为天下一切的根源。我不知道它的名字，把它叫作"道"。如果勉强地描述它的形状，可以说它广大无边，广大无边就运行不息，运行不息就无远不到，无远不到就归本还原，然后它又返回到寂寥虚无。

老子所著《道德经》，字字皆智慧，句句皆箴言，本小节是为了方便读者理解，故将重点的段落提炼出来。其实在第十七章中，老子就已经对不同层次的领导者给予了排序等级，并对每一个等级的领导效果给予了评价：

太上，不知有之；其次，亲而誉之；其次，畏之；其次，侮之。信不足焉，有不信焉。悠兮其贵言，功成事遂，百姓皆谓我自然。

——《道德经》第十七章

最好的领导者，老百姓觉察不到他的存在；次一等的领导者，人们亲近他，称赞他；再次一等的领导者，人们害怕他；最次一等的，人们轻侮他。领导者如果诚信不足，人们就不会信任他。最好的领导者表面上看似悠闲但慎于出言，很少发号施令，等到大功告成、诸事顺利，百姓都认为，我们本来就是这样的。

可见，道家学派的创始人老子最为推崇的是被誉为"太上"的无为而治、道法自然的领导者。

还记得我们提到的那首中国古诗之始的民谣《击壤歌》吗？"日出而作，日入而息。凿井而饮，耕田而食。帝力于我何有哉！"这位哼唱民谣的八十多岁的老者说"帝力于我何有哉"，这正是尧帝道法自然、无为而治，以至"百姓皆谓我自然"的天下大治。

章后记：道家与道教之辨别，入世与出世之结合

本章内容的撰写在不知不觉中已大大超过了原先计划的篇幅，后来修改时不得不删去了一些内容。或许是因为道家的思想理念和境界追求都太令人向往，因此情不自禁地想要说很多。现在复盘一下，在写儒家和道家的领导思想这两章时，或许我自己潜意识里也希望能够"道法自然"，一切任其自然发生。

也正是因为本书的篇幅在逐步扩大，我计划将本书分为上、下两册出版，这一建议首先是家乡的孔氏宗亲孔亚平先生所提，在此一并致谢。

让思想自由流淌，让文字自然呈现。

一切都是最好的安排！

这句话是不是有点道家清静无为或者佛家看破红尘的味道？这句话同样也是现代西方心理学诸多流派所倡导的理念，意在接纳过往、

接纳自己、关照当下，而不心生妄念，戒除佛家所说的"贪、嗔、痴、慢、疑"五毒之心。[1]

但是这句话也常常被人们拿来当作不作为、乱作为的理由，当作逃避现实世界的借口，甚至因此把"躺平""摆烂"的人生当作一种智慧而加以膜拜和吹捧。殊不知，这样的认识和这样的做法会带来极大的负面影响。试问，个人生命的意义如何能够在日复一日的懈怠消磨中体现？整个社会的价值如何能够在集体的消极怠工中产生？

道家思想与儒家思想都是中国原生的文明形态。我们学习道家和学习儒家也是一样的，一定要能够领悟和把握到其中积极进取、刚健有为的力量和智慧。正如我们在本章中谈到的道家的领导思想和管理智慧：

所谓"无为"，并非没有作为，而是不妄为、不乱为、不浮躁，是把握大势、顺应规律的"有所为"和"有所不为"；

所谓"上善若水"，并非只有谦卑处下，还有"柔弱胜刚强"的刚健力量；

所谓"道法自然"，也并非字面意思所表达的顺其自然，而是要把握和因应天道规律，顺势而为。

所以，在本章总结中我们提出学习道家思想，有两个需要极为重视的点：

第一，一定要注意辨别道家和道教，二者是不一样的；

第二，一定要注意辨别假托道家之名的遁世修行。

（一）道家与道教

道家是学术派别，道教是宗教派别，二者不可混为一谈，这是两个不同的概念，它们既有联系也有区别。道家是本章中我们一直讲的一种哲学流派，创始人是老子。老子博古通今，知礼乐之源，明道德之要，形成了道家思想，创立了道家学派，所著《道德经》五千言更是成为道家学派的经典和道家哲学思想的重要来源，对中国人的精神和思想影响至深。在老子的时代还没有"道家"之名，后来西汉时期

【1】五毒，佛学也称之为"五毒心"，指五种有害的情绪：贪、嗔、痴、慢、疑。佛学认为五毒的存在会遮蔽本心本觉，妨害明心见性。贪，就是贪欲和执着；嗔，就是冲动生气，脾气暴躁；痴，就是愚痴，不明事理和是非不分；慢，就是傲慢和自以为是；疑，就是毫无道理和根据地怀疑和否定一切。

司马迁的父亲司马谈在其著作中第一次命名了"道家"：

> 道家使人精神专一，动合无形，赡足万物。其为术也，因阴阳之大顺，采儒墨之善，撮名法之要，与时迁移，应物变化，立俗施事，无所不宜，指约而易操，事少而功多。

——《论六家要旨》

这段话对"道家"这一思想学派做了一个描述：道家学说能使人精神专一，行动合乎无形之道，使万物生机盎然。道家之术是依据阴阳家的四时运行顺序之说，博采儒、墨两家之长，撷取名、法两家之要，与时俱进，顺应事物变化，树立良好风俗，应用于人事，无不适宜，意旨简约而容易掌握，事少而功效多。

道教则是诞生于东汉末年的一种宗教，其创始人是张道陵，因其最初创立的五斗米道又称天师道，故又称张天师。"道教"的意思可以理解为"道"的教化或说教，或者说就是信奉"道"，通过精神和形体的修炼而"成仙得道"的宗教。作为一种宗教实体，道教不仅有经典教义、神仙信仰和仪式活动，而且还有其宗教传承、教团组织、科戒制度、宗教活动场所等。道家学派的思想可以认为是"道教"的上游，道家和道教的根本信仰都是"道"，道教更是以老子《道德经》为经典，敬奉老子为"太上老君"，因此二者有着不可分割的关系。

所以道家与道教虽然有联系，但并不是一回事，掐指算命、炼丹修道，追求长生不老、得道成仙，类似这样的操作属于作为宗教派别的道教，而非是作为学术派别的道家思想。

（二）警惕假托道家的所谓"遁世修行"

中国文化千百年来兼容并蓄、海纳百川，逐渐形成了"儒、释、道三教合一"的文化盛况。所谓"三教合一"中的"释家"就是释迦牟尼所创立的佛教，这是源自古印度的舶来品。佛教东传之后来到中国开花结果，形成了中国本土的佛学宗派"禅宗"，进而融入了中华文明大家庭。佛学思想与中华大地土生土长的原生文明儒家思想和道家思想一起，深刻影响了中国人的日常生活和中国人的心灵。"三教合一"的主题太过宏大，此外本书限于篇幅和作者的关注领域，基本没有引入和展开讨论佛学思想，因此，此节我们仅从儒家和道家这两个原生文明相结合的角度，略谈一下两者对于中国人思想和行为的影响。

众所周知，儒家思想是偏向于入世修炼的，主张自强不息、刚健有为、积极进取、建功立业，强调个体对社会的责任与贡献；道家思想是偏向于出世修行的，主张超脱尘世的烦恼和束缚，顺其自然、道法自然，强调对自我、对世俗和对宇宙的超越。儒家鼓励我们奋进入世，努力提高，积极向上，更好地适应社会和生活，做出一番自己的贡献；道家给予我们出世的智慧，邦有道则仕，无道则隐，让我们得以淡泊名利，超凡脱俗，是心灵的另一个栖身之所。

这两种思想文化深入中国人的心灵和骨髓，并在中国人的思想和行为上形成了逻辑自洽和天然的融合。君不见，绝大部分中国人自古以来都是遵循儒家的入世进取精神，勤劳勇敢、努力拼搏、认真生活，而当遭遇挫折磨难甚至失败之时，又能够从道家思想中找到心灵的慰藉和超脱。

民间俗语有言："佛为心、道为骨、儒为表"，其实不无道理。佛为心，近似通俗意义上的菩萨心肠；道为骨，是要有道家的傲骨和超越世俗的眼界；儒为表，则是在思想和行动上要有儒家自强不息、积极进取的精神。

所以，受到 5 000 年中华文明的浸润和滋养，大部分中国人身上都明显地体现出"儒道合流"的迹象。就连圣人孔子的思想中也出现了些许道家的意味和痕迹，各位可以再翻阅一下本章第二节"两位巨星孔子与老子的会面"，就会对这一问题有更为深入的认识和了解，儒家与道家的相互影响、渗透和结合，其实在两个学术派别的创始人身上就已经开始了。

因此，我们主张儒家的入世和道家的出世相结合，从而让我们得以顺应时势，心灵自由。此外，在这一过程中我们还要注意辨别某些假托道家的"遁世修行"。

现代社会信息爆炸，人心也难以像古人那般淳朴简单。有人打了个比方，说现代人在两三天时间里接触到的信息可能比古人两三年接触到的总和还要多。是啊，古时候人们称赞诸葛亮蛰居茅庐能知天下大事，而现在我们每个人端坐家中就可以知道千里之外的风吹草动了。

那么在如此繁杂的现实世界中，人类如何求得一份心灵的宁静呢？

这个时候有不少人学习道家或佛家走到了某种极端，选择了遁世修行。他们过度信奉"得失天注定，心宽人自安"；他们甚至认为不行动、不负责、不作为是一种"道法自然"的智慧；他们选择隐匿避世、得过且过，却美其名曰是"隐士"的境界；他们把拒绝现实、逃避责任当作追求"身、心、灵"的自由和充盈。

各位读者请仔细梳理一下您身边认识的人，是不是也会发现这样一些貌似怡然自得、实则"摆烂""躺平"的人？这些人大多都是假托道家或者佛家之名的遁世修行者，他们是真的在修行吗？可能更多的是自以为是的假修行。

真正的修行者是要能够在思想和行动上运用儒家思想积极地入世修行，又能够在艰难困苦之时运用道家的精神让心灵出世而超然物外。阳明先生曾明确地教导弟子修炼提高要"在事上磨"。

> 人须在事上磨炼做工夫，乃有益。若只好静，遇事便乱，终无长进。
>
> ——《传习录·陈元川录》

人必须在事功上磨炼下功夫，这样才会最终有益处。如果只喜欢宁静安逸的境界，而没有经过各种复杂环境的磨炼，遇事就会忙乱，终究不会有长进。

所谓"修行"，乃是"修"与"行"的统一，是认知与实践的有效结合。阳明所谓"在事上磨"，就是磨炼自己的心智，磨炼自己的品性，磨炼自己的能力，磨炼自己的智慧。

"我们懂得了世间很多道理，为何依然过不好这一生？"因为道理是需要在现实中去践行的，没有实际行动的道理只会是水中花、镜中月，空中楼阁而已。

各位读者朋友们，所谓"世外高人"或许真的在某处深山老林，但您找到他着实很不容易，搞不好找到了却发现是个沽名钓誉之徒。而在现实世界里，"高人"无处不在！若您自己品性高洁、目标清晰、志向高远，并为此一直在积极努力地生活、勤勤恳恳地工作，那么您其实就是在磨炼"高人"的心智和能力；若您还能经常从日常的琐碎中跳脱出来，感受到"读书万卷，神交古人"（左宗棠语）的境界，那您就拥有了修行者的品性，并生发出绝高的智慧。如此这般，您比那些遁世的所谓修行者要高明很多，您自己就是可以"大隐隐于市，小隐隐于山林"的高人。

儒家思想和道家思想都太过博大精深，就像深不见底、浩瀚无垠的大海一样，我们这些后进后学就像在沙滩上玩耍的孩子，仅仅是幸运地捡到几颗被海浪冲上沙滩的贝壳，就足以让我们叹为观止。本书主要讲"中国式领导力"这一主题，且其中很多的观点和思想都是来源自儒家和道家，因此，我这个在沙滩上玩耍的孩子就斗胆把我所看到的最美好的贝壳展示给各位读者。下面要介绍的法家、墨家和兵家三个学派，作为中国本土的思想是极为深邃的，并且也是本书主题"中国式领导力"的智慧源泉。

第五章

法家学派的领导思想和管理智慧

【本章导读】

盖世奇才韩非子为何屈死于狱中也未受秦王重用？

法家与儒家是天然对立的吗？

法家学派的众多代表人物或多或少都与儒家学派有渊源，儒家学派创始人孔子本人的思想言论和施政行动中也有诸多法家的意味，而孔子的弟子子夏以及后来的大儒荀子都是值得注意的关键人物。究其本质，儒家思想所倡导的王道治理之术是一种包含法治的德治和礼治之路，只是儒家的法治（刑治）并非法家纯粹的刑杀概念，而是一种受制于仁德礼义、以德为先的法治概念。因此法家和儒家并非天然对立，实则相辅相成。

法家学派最核心的思想可以概括为"以法治国"，法家正是在这一核心概念的基础上提出了一整套的理论体系。

早期法家大致可分三派：其一是以慎到为代表人物的重"势"派，强调处势用法，认为权力与威势最为重要；其二是以申不害为代表人物的重"术"派，强调吏治为要，认为控制臣下的权术最为重要；其三是以商鞅为代表人物的重"法"派，强调以法为核，认为法律与规章制度是法治的重点。

到了战国末期，出现了被后人尊奉为法家集大成者的韩非子。他主张法、术、势三者相结合，作为加强中央集权的工具，从而系统地发展了法家的法治思想，为结束诸侯割据、建立统一的中央集权的秦朝提供了理论依据；之后汉朝继承了秦朝的集权体制以及法律体制，这就是我国古代封建社会的政治与法制主体。

法家学派从人的趋利避害的本性这一基础出发，强调君主在掌握权力的基础上，应该建立完备的法律，奖赏有功、惩罚有过、重赏厚罚，从而推动百姓积极参加耕战，最终达到富国强兵的目的。综合来说，法家的领导和管理思想可概括为五个方面：以法为本、一断于法、法由一统、法与时转和以法为教。

一、韩非子和李斯，同窗情背后的阴谋！

韩非子的人生结局颇为凄惨，总结下来就是四个字：天妒英才。

树有根，水有源，在展开论述法家领导和管理思想之前，我们有必要说一下韩非子的故事。一方面，韩非子是法家学派的集大成者，智慧非凡，法家的重要思想基本都可以追溯到韩非子；另一方面，韩非子是师从儒家，由他的故事我们也可看出儒家与法家的些许渊源。

然而讲韩非的故事，必然就要提到他的老师荀子。

韩非和李斯年轻时一起师从儒家学派的代表人物荀子，学习儒家的"帝王之术"。但韩非的思想却与荀子的观念有所不同，他没有承袭儒家思想，而是"喜刑名法术之学""归本于黄老"，沿着自己的思想道路继承和发展了法家思想，成为战国末年法家学派的集大成者。

近代国学大家陈寅恪先生有一个名句，叫作"独立之精神，自由之思想"，一度成为清华大学的校训。试想，韩非子若没有"独立之精神，自由之思想"，何以能够由儒家而法家？并且在还是用竹简的战国年代，就有《孤愤》《五蠹》等雄文共五十五篇凡十余万言流传下来，构成了一个完整的理论体系，把法家学派的思想提高到了历史最高峰，并影响了中国两千年来治国理政的思想。

复旦大学哲学学院王德峰老师曾说过一个故事，多年前北京一个小学语文老师出考卷，有一道填空题是这样的，"冰融化了，是 ＿＿＿"，几乎所有的小朋友都填"水"，只有一个孩子突发奇想，填了"春天"。多美好的一个回答，结果却被老师打 ×，因为标准答案是水。这件事情后来传出去引起巨大的争论，人们普遍认为，这位老师若是教物理化学也就罢了，但作为一个语文老师，这样的评判标准泯灭了一个孩子充满诗意的想象，甚至可能扼杀一个未来的文学家。

从这一角度我私下揣测，荀子不仅自身是大家，还是一位尊重学生思想自由的好老师。

讲韩非，还得提他的同学李斯。这家伙虽然水平也很高，成就也很大，但也是真坏，居然因为嫉妒心害死了韩非。

他俩的故事被司马迁在《史记》中记载了下来。说是秦王嬴政看到了韩非所作的两篇雄文《孤愤》和《五蠹》，大为惊叹，称若能见到这样的人一起聊聊，将死无遗憾。李斯迫不及待要讨好老板，就告诉嬴政，这个人是我的同学，他在韩国。秦王于是就攻打韩国。如果说秦王为了要得到韩非子而发动战争，确实略显偏颇，更恰当的原因在于秦国本意就是要扫灭六国、成就霸业。这边韩王呢，原本就看不上韩非，于是顺水推舟派韩非出使秦国议和。秦王很高兴，满怀期待地跟韩非聊，可惜韩非子"为人口吃，不能道说，而善著书"，于是秦王就冷落了韩非。各位，要成为领导者，演说能力有多么重要啊！而韩非不仅不善于演说，还是个结巴。虽然韩非不受秦王重视，李斯还是感受到莫大的威胁，毕竟他知道韩非的水平远在自己之上。于是他就跟姚贾一起狼狈为奸，在秦王那里说韩非的坏话，建议如果不重用韩非的话，最好将他杀掉，否则可能"遗患也"，免得未来韩非用其才智阻挠大秦统一六国。秦王于是下令把韩非关起来，之后李斯居然派人给韩非送去毒药让他自杀。后来秦王后悔要放了韩非，但斯人已逝。

这就是韩非子的故事，让人扼腕！我写这一段的时候是一个人在办公室，时近黄昏，外面细雨绵绵，体感偏凉，心中亦感叹韩非子天纵之才，却遭人妒。

我将司马迁记载韩非子的文字节选录在此处，以飨诸位感兴趣的读者，不喜读古文的朋友可直接跳过。

> 韩非者，韩之诸公子也。喜刑名法术之学，而其归本于黄老。非为人口吃，不能道说，而善著书。与李斯俱事荀卿，斯自以为不如非。
>
> 非见韩之削弱，数以书谏韩王，韩王不能用。于是韩非疾治国不务修明其法制，执势以御其臣下，富国强兵而以求人任贤，反举浮淫之蠹而加之于功实之上。悲廉直不容于邪枉之臣，观往者得失之变，故作《孤愤》《五蠹》《内外储》《说林》《说难》十余万言。
>
> 然韩非知说之难，为《说难》书甚具，终死于秦，不能自脱。
>
> 《说难》曰：凡说之难，在知所说之心，可以吾说当之。语及其所匿之事，如是者身危。贵人有过端，而说者明言善议以推其恶者，则身危。周泽未渥也而语极知说行而有功则德亡，说不行而有败则见疑如是者身危。夫贵人得计而欲自以为功，说者与知焉，则身危。顺事陈意，则曰怯懦而不尽；虑事广肆，则曰草野而倨侮。此说之难，不可不知也。
>
> ……

135

　　宋有富人，天雨墙坏。其子曰"不筑且有盗"，其邻人之父亦云，暮而果大亡其财，其家甚知其子而疑邻人之父。昔者郑武公欲伐胡，乃以其子妻之。因问群臣曰："吾欲用兵，谁可伐者？"关其思曰："胡可伐。"乃戮关其思，曰："胡，兄弟之国也，子言伐之，何也？"胡君闻之，以郑为亲己而不备郑。郑人袭胡，取之。此二说者，其知皆当矣，然而甚者为戮，薄者见疑。非知之难也，处知则难矣。

　　……

　　人或传其书至秦。秦王见《孤愤》《五蠹》之书，曰："嗟乎，寡人得见此人与之游，死不恨矣！"李斯曰："此韩非之所著书也。"秦因急攻韩。韩王始不用非，及急，乃遣非使秦。秦王悦之，未信用。李斯、姚贾害之，毁之曰："非终为韩不为秦，今王久留而归之，此自遗患也，不如以过法诛之。"秦王以为然，下吏治非。李斯使人遗非药，使自杀。韩非欲自陈，不得见。秦王后悔之，使人赦之，非已死矣。

——《史记·老子韩非列传》

　　最后提一下李斯，其能力和功业都是当时首屈一指的，这是公认的，然而他最终聪明反被聪明误，机关算尽反误了性命。秦始皇死后，他与宦官赵高一同密谋矫诏，迫扶苏自杀，立胡亥为帝，这就是秦二世。结果一年不到，李斯又与赵高反目，被其诬为谋反，具五刑，腰斩咸阳市，夷三族。啥叫"具五刑"呢？就是黥（在脸上刺字）、劓（割掉鼻子）、斩左右趾（砍掉左右脚）、笞杀之（用藤条或荆条活活打死）、枭其首（斩首并把首级挂起来示众）、菹其骨肉于市（在大庭广众之下剁成肉酱），其诽谤詈诅者又先断其舌（对于有诽谤谩骂行为者，还要先割断舌头）。着实惨啊，所谓的"五刑"还不止五种刑罚，"五"在这里是完备的意思。

　　各位请看，这就是运用极致的霸道立国和治国的大秦王朝，其法令制度多么可怕，已经细致到如何分步骤精确地行刑杀人。

那么这样的执政者能长治久安吗？我们只能说，大秦王朝"成也霸道，败也霸道"。

李斯死后不到两年，有两个人先后杀进了咸阳城，他们是刘邦和项羽。秦遂亡。

二、法家和儒家真的是天然对立吗？大谬也！

法家讲究严刑峻法，儒家讲究仁义治国，两门学说仿佛天然对立，但真实情况并非如此。产生儒法对立这一大谬观点的原因，乃是后世对儒家的认识不够全面。其实孔子之后著名的儒家弟子如子夏、荀子等的思想都有法家倾向，法家学派的一些重量级人物也与儒家有着千丝万缕的关系。

上一节已经提到，韩非子和李斯，一个是法家思想的集大成者，一个在实践中运用法家思想助力大秦王朝统一天下，这两位法家代表人物，都师从儒家学派的大师级人物荀子。其实更早一些的战国初期，孔子晚年的一个著名弟子，位列"孔门七十二贤"和"孔门十哲"的子夏，也教出了两个著名的弟子，一个是法家的李悝，一个是兵家的吴起。而战国中期出现的商鞅，在变法时大量参考李悝变法的内容，所以有人认为商鞅可以算作李悝的弟子，那么他从这个角度看也可以算是儒家学派子夏的徒孙。

由此我们看到，法家学派与儒家学派有着很深的渊源。法家学派虽然也是源远流长，但在法家思想大行其道的战国时期，著名的法家人物基本都与儒家学派有着千丝万缕的关系，因为儒家思想中本就蕴含着法家重要思想理念的萌芽。本节我们仅对孔子、子夏和荀子的若干思想以及作为做一下简单分析，对这一问题就能有所把握。

（一）宽猛相济、春秋大义的孔子

在前文中，我们已经论述了儒家学派其实是有其刚猛的一面。《左传》中明确记载孔子本人提倡"宽猛相济"。

　　仲尼曰："善哉！政宽则民慢，慢则纠之以猛；猛则民残，残则施之以宽。宽以济猛，猛以济宽，政是以和。"

　　　　　　　　　　　　　　　　　　——《左传·昭公二十年》

　　孔子说："好啊！施政宽和，百姓就怠慢，百姓怠慢就用严厉的猛政来加以纠正；施政严厉，百姓就会受到摧残，百姓受到摧残就施以温和的宽政。用宽政来弥补猛政的缺失，用猛政来弥补宽政的缺失，政事因此而和谐。"

　　孔子在这里所说的"猛政"，近似于前文我们所讲到的霸道刑杀之治，后被法家学派继承，并发展出运用严刑峻法实施管理的重刑主义理论；而"宽政"则近似于皇道的无为而治或帝道的德教之治。孔子强调为政者要"宽猛相济"，就是根据现实状况灵活调整领导和管理风格，从而达到"政是以和"的目标。

　　《左传》中有一篇文章叫《子产论政宽猛》，讲的是郑国的政治家、思想家子产在临死之前以水火为喻，告诫继任者太叔治国理政要宽猛相济。我把子产告诫继任领导的这段话摘录在这里，各位读者可以好好体会一下这段话中所蕴含的智识令人钦佩，水火之喻也是颇为精妙。

　　唯有德者能以宽服民，其次莫如猛。夫火烈，民望而畏之，故鲜死焉。水懦弱，民狎而玩之，则多死焉，故宽难。

　　　　　　　　　　　　　　　　　　——《左传·昭公二十年》

　　子产对太叔说："只有有德的人才能用宽大的治理方法使百姓服从，其次就不如用严厉的治理方法。猛政犹如烈火，因为猛烈，所以百姓看到了会害怕，因此很少有人死于火；宽政犹如弱水，因为柔弱，所以百姓会轻慢而忽视它，因此很多人就死在水里，所以施行宽政并不容易。"

　　这里除了讲到要"宽猛相济"之外，还有一点特别值得注意，就是子产提到当领导者德行还不足以"服民"之时，需要用"猛政"加以配合。因此，真正要能够使"宽政"行得通，领导者需要佐之以

"猛政"，更需要领导者自身不断提高德行以服民。这一思想被汉代大儒家董仲舒明确表述为"德主刑辅"。

由此我们可以看到，儒家学派力主道德教化之功的"德治"之道的同时，在入世应用中其实并没有否定和摈弃刑法的功效，而是主张以德治为主、法治（刑治）为辅的治理方法。

孔子不仅在其言论和思想中主张"宽猛相济"，在其现实世界的行动中也是如此。在前文第三章第三部分论述儒家学派"德主刑辅"的领导思想的内容中，我们曾提到孔子诛杀少正卯、齐鲁"夹谷之会"和"隳三都"的三个施政行动，这些行动都明确体现了孔子德举刑备的主张。因此我们可以断定，孔子所倡导的是一种包含法治的德治和礼治之路。

此外，我们都知道，孔子有一本非常重要的著作《春秋》，这本书的出现让很多乱臣贼子坐立不安。亚圣孟子有一段对《春秋》的著名评价：

> 世衰道微，邪说暴行有作，臣弑其君者有之，子弑其父者有之。孔子惧，作《春秋》。《春秋》，天子之事也。是故孔子曰："知我者其惟《春秋》乎！罪我者其惟《春秋》乎！"
>
> 昔者禹抑洪水而天下平，周公兼夷狄，驱猛兽，而百姓宁，孔子成《春秋》而乱臣贼子惧。
>
> ——《孟子·滕文公下》

太平盛世和仁义之道逐渐衰微，荒谬的学说、残暴的行为大行其道。有臣子杀了君主的，有儿子杀了父亲的。孔子担心王道湮灭，于是创作《春秋》一书。创作《春秋》这样的史书，本是天子的职责（孔子不得已而做了）。所以孔子说："了解我的，恐怕只是通过《春秋》吧！怪罪我的，恐怕也只是通过《春秋》吧！"

古时候大禹治理了洪水，天下才得到太平；周公兼并了夷狄，赶跑了猛兽，百姓才得到安宁；孔子编订了《春秋》，叛臣和逆子便有所畏惧。

孟子在这两段中对孔子编订鲁国史官所记的鲁史《春秋》给予了

高度评价，将之与大禹治水和周公平定中原的伟大功绩相媲美，"孔子成《春秋》而乱臣贼子惧"也成为千古名言。在孔子编订的《春秋》中虽然是记述史实，但在寓理于事的过程中用曲笔体现出褒善贬恶的政治理性，字里行间隐晦地表达了自己对社会现实问题的见解。这便是被后世传颂千年的"春秋大义"，而《春秋》寓褒贬于曲折的文笔之中、借"历史经验"警戒后人的创作手法，也被称为"春秋笔法"。"春秋大义"和"春秋笔法"强烈震慑了乱臣贼子。法家学派的主要思想也受到《春秋》的深刻影响，清朝史学家章学诚曾经评价："申（申不害）、韩刑名，旨归赏罚，《春秋》教也。"

我们了解了孔子本人思想和行动中的法家意味之后，就可以理解为什么儒门子夏和荀子会教出一众著名的法家人物了。首先我们来看一下孔子颇为喜爱的弟子子夏。

（二）与时俱进、经世致用的子夏

子夏（姒姓，卜氏，名商，字子夏）小孔子44岁，以"文学"著称。孔子去世时，子夏才28岁，在孔门弟子中算是晚辈，但其才干在孔子生前就已受到重视，孔子曾称赞子夏"起予者商也，始可与言诗已矣"（《论语·八佾》），认为年轻的子夏甚至启发了他，这是极高的一个评价。

然而子夏除了学习的悟性极高，更表现出与孔门其他弟子不同的志趣和思想。

> 子夏曰："博学而笃志，切问而近思，仁在其中矣。"
>
> ——《论语·子张》

子夏说："博览群书广泛学习，而且能坚守自己的志向，恳切地发问求教，多考虑当前的事，仁德就在其中了。"

这句话集中体现了子夏务实的思想特点，不仅要"笃志"，还提倡关切当下现实的问题，认为只要两者兼顾，仁德即在掌握之中。如今"博学而笃志，切问而近思"这句话也成为我的母校复旦大学的校训。

> 子夏曰："君子有三变：望之俨然，即之也温，听其言也厉。"
>
> ——《论语·子张》

子夏说："一个君子可以给人三种变化的形象：远看时庄重可畏，接近时温和可亲，与他对话时又感到严厉不苟。"

《论语》中子夏的这段话没有上下文，我们不知他是形容孔子，还是描述他心中的君子形象，总之由这段话我们可以看出子夏心目中的君子是知变通、懂谋略、善权术的，这似乎与传统儒学所倡导的"文质彬彬""君子坦荡荡"的君子形象有所不同。

> 子夏曰："贤贤易色；事父母，能竭其力；事君，能致其身；与朋友交，言而有信。虽曰未学，吾必谓之学也。"
>
> ——《论语·学而》

> 子夏曰："大德不逾闲，小德出入可也。"
>
> ——《论语·子张》

这也是子夏的两段言论。第一段中"贤贤易色"历代有多种不同的注释，但这段话总体来讲表现了子夏对于"学"的认识，以及对于"君子"的认识不同于他的老师孔子。子夏认为，尊贤，孝亲，事君，交友，都在所学范围之内；学，就是学做人的本领，学生活的本领。孔子对于"学"和"君子"有着近乎完美的标准，而子夏略有修正，更加贴近于现实需求。所以子夏说："大德不亏，小德可以有点出入，只要不太过分，也无大碍。"子夏类似的这些思想已隐隐包含了法家察势和用权的精神。

子夏的这些思想特点当然难逃他的老师孔子的眼睛。

> 子谓子夏曰："女（汝）为君子儒，毋为小人儒。"
>
> ——《论语·雍也》

孔子具有非凡的洞察力，他告诫年轻的子夏说："你要做个君子式的儒者，不要做小人式的儒者。"

　　子夏为莒父宰，问政。子曰："无欲速，无见小利。欲速则不达，见小利则大事不成。"

　　　　　　　　　　　　　　　　　　　　——《论语·子路》

　　当子夏出仕担任莒父宰后向老师请教如何管理政事时，孔子又告诫他："办事不要一味追求速度，不要贪图小利。想要快速地成功，反而达不到目的，贪图小利就成就不了大事业。"

　　孔子对子夏的这些教诲，乃是因材施教，他看到了年轻的子夏急功近利，谋划不能久远，因此提醒他要少安勿躁、脚踏实地、高瞻远瞩，不被眼前小利所迷惑。

　　正是因为有了孔子的提点，天资聪颖的子夏得以拓宽了眼界胸襟，提升了人生高度，也因此成就了他的未来。当然子夏也充分发挥了自身思想的创造性，他并没有像颜回、曾参那样恪守孔子的思想，而是更加关注现实需求，与时俱进，发展并呈现出一种似乎偏离正统儒家思想的理论观点。而子夏的这一务实的思想特点，也让其成就了不一样的巨大影响力。

　　孔子去世后，子夏离开鲁国去了魏国，被魏文侯礼聘为师，讲学于魏国西河（今天的殷墟安阳），形成了名噪一时的西河学派，其门徒前后有三百多人，人才辈出。他向弟子传授六经，对《春秋》的讲授尤为注重，这恰恰又体现了子夏本人经世致用、变古适今的思想。据传《春秋公羊传》的作者公羊高、《春秋谷梁传》的作者谷梁赤都是子夏的弟子，墨家学派墨子的首席大弟子禽滑釐，在转投墨子之前，也是从学于子夏，可谓是正宗的儒门弟子出身。子夏的弟子还有一批战国时著名的政治家、军事家，如法家的李悝、兵家的吴起等。

　　因此，子夏所开创的西河学派既传授儒家经典，也开创或启发了后世的法家思想。经过以上分析，我们可以说，子夏是春秋战国时期孔门中由儒学礼治思想延伸过渡到法家政术思想的一位重要的枢纽人物，名震当时，学泽后世，既是孔子经世思想的嫡传弟子，又可称为法家思想的启蒙先驱之一。

（三）首倡性恶、隆礼重法的荀子

据传子夏的生卒年是公元前 507 年至前 400 年，活了 107 岁，在古代这样的高寿着实令人震惊。孔子活了 73 岁，孟子活了 84 岁，这也是俗语所称"七十三，八十四，阎王不请自己去"的来源，意为连至圣孔子和亚圣孟子都过不去的年龄坎，对普通百姓而言更是难以迈过去。所以学习儒家思想，能够长寿啊，孟子说"吾善养吾浩然之气"，不是虚言。

我们言归正传，子夏去世后 60 多年，另一个大儒降生了，这就是荀子。

首先，我们梳理一下荀子与子夏的渊源。

从荀子传世的著述来看，其核心的思想是儒家，与子夏之儒有着密切的内在关联。据《史记·孟子荀卿列传》记载，"荀卿，赵人"。司马迁只说荀子是赵国人，这引得两千年后各地争抢名人故里的称号，总之，荀子的家乡可能是山西安泽、山西绛县，或者河北邯郸，这几个地方与古时候的西河地区毗邻或是相距不远。史料记载荀子早年一直在家乡附近活动，50 岁之后才游学于齐国（荀子游学时间点或有争议），所以荀子思想的形成深受子夏西河学派思想的影响是有迹可循的。除了子夏之外，最有可能对荀子产生重大影响的是子夏的弟子李悝。李悝的主要理论贡献是在经济思想和法制思想两方面，前者是子夏思想的重点，后者是荀子思想的重点。因此，在子夏与荀子两人的思想之间，李悝很可能起到了承上启下的重要作用。

其次，我们来看荀子的主要思想中与后来法家学派思想的一些关联。

其一，性恶论。

荀子对各家都有所批评，唯独推崇孔子的儒家思想，认为是最好的治国理念，他着重继承了孔子的"外王之学"。同时荀子提出了诸多倾向于法家的思想观点，比如大家耳熟能详的"性恶论"，与孟子"性善论"截然相反。

> 人之性恶，其善者伪也。
>
> ——《荀子·性恶》

荀子认为，人的本性都是邪恶的，他们那些善良的行为是人为的。

荀子所说的"性"是指与生俱来、自然而成的"自然之性"或生理本能。"伪"不是"真伪"的"伪"，而是"人为"之义。孟子认为，人皆可以为尧舜是因为人性本善；荀子则认为，"尧舜之与桀跖，其性一也，君子之与小人，其性一也"，人天生性恶，后天的贤愚不肖的差别是学习之后带来的人为的改变。

> 凡性者，天之就也，不可学，不可事。礼义者，圣人之所常生也，人之所学而能、所事而成者也。不可学、不可事谓之性；可学、可事者谓之伪。
>
> ——《荀子·性恶》

这段话的意思是：本性，是天生的，是学习不来的，也不是后天人为的。礼义，是圣人制定的，通过学习人们就能得到，经过努力就能做到。不可能通过学习获得，也不可能经过后天人为的努力实现的，就是本性；可以通过学习获得，可以经过后天人为的努力实现的，就是人为。

荀子认为，人与生俱来的"自然之性"是性恶，但通过学习师法圣人之礼仪可以人为地改变行为。

> 故必将有师法之化，礼义之道，然后出于辞让，合于文理，而归于治。
>
> ——《荀子·性恶》

这段话的意思是：所以一定要有师长和法度的教化、礼义的引导，然后人们才会从推辞谦让出发，遵守礼法，而最终趋向于安定太平。

所以，荀子并不是提出"性恶论"就结束了，他还给出了针对人性本恶的具体解决方案，这就是学习师法礼义之道。

荀子著名的"性恶论"是其本人政治思想的基石，也是后来法家学派思想的理论基础。

其二，隆礼重法。

> 君人者，隆礼尊贤而王，重法爱民而霸，好利多诈而危。
>
> ——《荀子·大略》

荀子认为，作为人君，推崇礼义、尊重贤人就可以称王，重视法度、爱护人民就可以称霸，而只注重利益、多行欺诈就很危险。

这段话集中体现了荀子"隆礼重法"的观点。其中包含两个方面，其一是"礼法并举、王霸统一"，其二是"礼高于法，礼为法本"。

> 治之经，礼与刑，君子以修百姓宁。明德慎罚，国家既治四海平。
>
> ——《荀子·成相》

礼义与刑罚是治理国家的两大基本原则，君子以此修养自律和治理国家，百姓就得到安宁。彰扬美德，慎用刑罚，国家就得到治理而四海升平。

荀子认为"礼以定伦"，法能"定分"，二者相互为用，只是法的主要特点表现为通过赏罚来维护等级秩序。

> 威有三：有道德之威者，有暴察之威者，有狂妄之威者。此三威者，不可不孰察也。……道德之威成乎安强，暴察之威成乎危弱，狂妄之威成乎灭亡也。
>
> ——《荀子·强国》

"领导者的威势有三种：有合乎道德的威势，有暴戾严察的威势，有狂妄放肆的威势。这三种威势，不能不认真仔细详察……合乎道德的威势导致国家安定强大，暴戾严察的威势导致国家危险衰弱，狂妄放肆的威势导致国家灭亡。"

荀子这里所说的"道德之威"就是"礼治"，"暴察之威"就是

"法治"，而"狂妄之威"就是霸道刑杀之治的极端状态。荀子认为只讲法治，不讲礼治，百姓只是畏惧刑罚，一有机会仍会作乱。因此法治至其极也不过为"霸"，而不能成"王"。如果以礼义为本，则法治就可以更好地发挥作用。

> 故礼及身而行修，义及国而政明，能以礼挟而贵名白，天下愿，令行禁止，王者之事毕矣。

> ——《荀子·致士》

这段话的意思是：所以礼义贯彻到自身，品行就美好；道义贯彻到国家，政治就清明；能够把礼义贯彻到所有方面，那么高贵的名声就会显著，天下的人就会仰慕，发布了命令就能实行，颁布了禁约就能制止，这样称王天下的大业也就完成了。

因此，礼义是立法的精神，如果人们爱好礼义，其行为就会自然合法，甚至不用刑罚，百姓也能自然为善。所以，荀子认为礼高于法，礼为法之大本。

这就是荀子"隆礼尊贤而王，重法爱民而霸"的重要思想。"隆礼"坚持了儒家王道的根本性，"重法"则是肯定了法家霸道的有效性。荀子认为，礼与法虽然可以相互补充，却不能平起平坐。礼既是个人行为的最高标准，也是治理国家的根本点和最高准则；而法却要根据礼的精神来制定，只有这样，才能保证大方向不会出现偏差。

荀子的这种礼法兼施、王霸统一的思想，是对礼法、王霸之争的总结，开创了汉代儒法合流、霸王道杂之的先河。

荀子与他的前辈子夏一样，正是因为其观点不同于正统儒家学派，其弟子门生中出现了李斯、韩非子等著名的法家代表人物。

荀子在本质上认可正统儒家的礼治和王道仁政的思想，但在实现方式上却采用了与子夏相类似的更为贴近实际的方法，这反而启发了后世的法家学派。荀子在其著作中肯定了具有现实效用的霸道，也对霸道提出了修正和制约。他还主张发展经济，注重民生，认为国力的全面提升是实行霸道的基础。虽然荀子思想具有明显的法家倾向，论述了法家的霸道之治，但他仍然认为儒家的王道仁政具有更强大持久的力量，因此荀子的思想从根本上来说还是儒家思想。

三、法家学派的"以法治国"

我们了解了法家学派核心人物的故事，以及法家与儒家的渊源之后，便可以进一步了解法家学派的领导思想和管理智慧。法家学派的核心观点就是大家耳熟能详的"以法治国"，综合来说，法家"以法治国"的领导和管理思想可概括为五个方面：以法为本、一断于法、法由一统、法与时转和以法为教。

（一）以法为本

法家学派的核心关键字就是这个"法"字。

如果你现在到司法机关，或者到各种政法院校，甚至到因包公而闻名的开封府等，都会发现一种神兽的雕像或画像，这就是"廌"（zhì），又称獬豸（xiè zhì）、任法兽、直辨兽。这是中国古代传说中的一种神兽，额头上有一角，能辨别是非曲直、忠奸善恶，是公平正义的象征。根据许慎的《说文解字》，"法"原本的古体字写作"灋"，偏旁为三点水，从水，取"平之如水"的意思；字中有"廌去"，意思是由廌这种神兽来辨别曲直。传说要是有人争斗吵架不知谁对谁错，廌来了就用它的独角顶触不直者。这就是"法"这个字的来源，取平直之意。

> 法者，宪令著于官府，刑罚必于民心，赏存乎慎法，而罚加乎奸令者也。
>
> ——《韩非子·定法》

韩非子认为：所谓法，就是由官府明文公布法令，赏罚制度在民众心里扎根，对于谨慎守法的人给予奖赏，而对于触犯法令的人进行惩罚。

也就是说，法是由官府颁布的具备赏罚功能，并用于治理百姓的明文规定。之前我们已经说过，中国的领导和管理智慧数千年来多用于治国理政和社会治理领域，而这些智慧可以应用于当今时代的各类组织，因此法家学派所谓的"法"，在现代各类组织中就是各项管理条例、规章制度等明文规定。这些明文规定正如韩非子所言，其制定者是决策层，其作用是规范团队行为。

那么，为什么需要"法"呢？

其根本原因在于法家学派坚信"人性本恶"。我们都知道，儒家学派孟子提出著名的"性善论"，认为"人之初，性本善"，而同是儒家学派的著名人物荀子却提出了针锋相对的"性恶论"，这个观点与法家的思想趋于一致。法家学派认为人类天生贪婪、自私、残忍，而唯有借助法律的威慑和惩罚才能制约人性的丑恶。其基本观点有以下两个。

其一，人无常情。

> 治民无常，唯法为治。法与时转则治，治与世宜则有功。
>
> ——《韩非子·心度》

在韩非子看来，民众的性情行为具有无常的不稳定性，所以只有用法律这一客观的标准来加以规范才能达到治理的目的。法度要顺应时代的变化而做适当调整，社会才能治理得好；社会治理要与社会实际相适应，这样才能取得成效。

在这里韩非子一是认为人无常情，二是认为世无常情，因此唯有施行根据实际情况不断调整的法律法规才能做到有效的社会治理。可见韩非子的法家思想甚至有了与时俱进、自我更新的特点。

其二，人性自私。

> 夫立法令者，以废私也。法令行而私道废矣。私者，所以乱法也。
>
> ——《韩非子·诡使》

148

上面这一段文字中，韩非子明确表示设立法律法规的目的，就是"废私"（此处的"私"，无论是"私利"还是"私行"，其来源都是人性的自私自利）。只有法律获得施行，人们的私利私行才会被废止。人性之私，是扰乱法令的根源。

法家学派正是因为对人性的悲观失望，故而提倡以强制的法令对整个社会国家采取强制的控制和管理，唯有这样才能达到社会治理的目的。而这一观点是整个法家学派的核心思想。

> 法者，王之本也；刑者，爱之自也。
>
> ——《韩非子·心度》

> 以道为常，以法为本。本治者名尊，本乱者名绝。
>
> ——《韩非子·饰邪》

法令是君主称王天下的根本，刑罚是爱护民众的起始。

把道作为常规，把法作为根本。法制严明，则领导者的名位就尊贵；法制混乱，则领导者的名位就丧失。

韩非子在这两段文字中明确提出了法家学派最重要的思想之一——"以法为本"。"以法为本"的观点是整个法家学派的统一思想，例如商鞅提出"法者，国之权衡也"（《商君书·修权》），认为"法令法制是治理国家的权衡标准"；管子提出"法者，所以兴功惧暴也。律者，所以定分止争也"（《管子·七主七臣》），意思是"法"可以鼓励立功、震慑暴行，"律"可以确立名分、制止纷争。这一句也可以认为是"法律"这一词汇的最初来源。所以，法家认为制定法律是为了明确社会各个等级的权利、义务、职责和名分，从而让大家据此标准各安其分，达到制止纷争、社会治理的目的。

具体到现代组织的领导和管理，"以法为本"就是要建立起组织管理的基本原则与规章制度，明确职责、权利和相应的名分，用基本的规则制度领导和管理，使组织协调统一。值得注意的是，儒家学派的孟子也表达了同样的观点：

离娄之明，公输子[1]之巧，不以规矩，不能成方圆。

——《孟子·离娄上》

孟子说："离娄眼神好，公输班技巧高，但如果不使用圆规曲尺，也不能画出方圆。"

如今，"没有规矩，不成方圆"已经成为老百姓的一句俗语；现代人普遍认同的观点叫作"国有国法，家有家规"，一个家庭、一个完善组织乃至一个国家，都要有自己的法制标准和规矩，这也是"以法为本"的生动体现。

（二）一断于法

"一断于法"就是在社会治理中，事事皆由法令决断。这一观点体现了法家学派所提倡的不分贵贱、人人平等的基本法治精神。法家学派的诸多代表人物都在其著作中表达了同样的这一观点。

民一于君，事断于法，是国之大道也。

——《慎子·逸文》

有生法，有守法，有法于法。夫生法者，君也；守法者，臣也；法于法者，民也。君臣上下贵贱皆从法，此谓为大治。

——《管子·任法》

刑无等级，自卿相将军以至大夫庶人，有不从王令、犯国禁、乱上制者，罪死不赦。

——《商君书·赏刑》

慎到认为：百姓百官要听从君主的政令，凡事都应该决断于法治政令，依法行事，这是治理国家的大道。

管仲认为：有创制法度的人，有执行法度的人，也有遵照法度行事的人。创制法度的，是君王；执行法度的，是大臣官吏；遵照法度行事的，是民众。君臣、上下、贵贱都依从法，这就叫作社会的大治。

【1】离娄，相传是黄帝时期目力极强的人。公输子，名班，鲁国人，故亦称鲁班，春秋末年的著名巧匠。

商鞅认为：刑罚没有等级之分，从卿相、将军、一直到大夫和平民百姓，有不听从君主命令、违反国家法令、破坏君主制定的法律的，处以死罪，一律平等，不能赦免。

慎到、管仲和商鞅都是法家学派代表人物，这三段话集中体现了法律面前人人平等的法家思想，主张法无贵贱，法外无恩，以法作为治国的唯一工具和标准。司马迁在《史记》的末卷对法家学派的这一观点做了总结。

> 法家不别亲疏，不殊贵贱，一断于法。
>
> ——《史记·太史公自序》

法家"一断于法"的思想打破了"礼不下庶人，刑不上大夫"的传统观念。这一思想也延续到现代社会的法制，只不过古时候立法和执法，其实质仍是君主的独断专行。

> 君人者，舍法而以身治，则诛赏予夺，从君心出矣。然则受赏者虽当，望多无穷；受罚者虽当，望轻无已。君舍法以心裁轻重，则同功殊赏，同罪殊罚矣，怨之所由生也。
>
> ——《慎子·君人》

君主治理国家，如果舍弃法制而实行人治，那么诛杀、奖赏、任用、罢免都会由君主个人的喜怒爱好来决定。这样奖赏即使恰当，但受到奖赏的人的欲望是没有穷尽的；惩罚即使也得当，但受惩罚的人都无休止地期望减轻罪行。君主如果舍弃法制而以私人的意愿来裁定赏罚的轻重，那么就会造成相同的功劳受到不同的奖赏，相同的罪过受到不同的惩罚，这样怨恨就由此产生了。慎到这段话极富逻辑，分析了用人治（身治）代替法治可能产生的严重后果。

法家学派推崇法治高于人治，慎到在这一段话中对其原因做了透彻的分析。法家学派认为人治的最大缺陷是没有一定的标准，一切皆由领导者随心而定，由此会产生怨恨，这样就不利于长久的稳定了。

相反，如果领导者摒弃个人好恶，"一断于法"，以法为准，大小事宜，依法而治，而不是随心而治，就可以"怨不生而上下和"（《慎子·君人》）。在现代组织的领导和管理上，为规避人治主观的裁量与偏见，统一标准，避免偏颇失真，领导者也应该要注重考虑以法为准，建立客观、量化的标准化流程、规范化制度以及统一评价机制等。

（三）法由一统

法家学派强调法令制度等管理条例由官府统一制定，主张政出一门，这就是法家学派"法由一统"的思想。

> 海内为郡县，法令由一统。
>
> ——《史记·秦始皇本纪》

司马迁记载了大秦王朝丞相王绾、御史大夫冯劫、廷尉李斯等人总结秦朝治国理政的精髓：四海之内都成为郡县，而大政方针、法令制度由中央政府统一制定并颁布执行。

我们知道，秦王嬴政统治下的秦国是典型的法家强国，一扫六合后又以法家治国。设立郡县制和运用法家思想治国理政的实践，是大一统的秦王朝留给中国人极为重要的制度遗产，为后世数千年的中国提供了借鉴。

秦王朝最为重要的管理人员基本是法家学派出身，起码思想上接近于法家，尤其是开国功臣李斯。李斯跟随荀子学习研究如何治理国家的学问，即所谓的"帝王之术"，学成之后出山到秦国辅佐了秦王嬴政，就是后来的秦始皇。

由此我们也可以看出，先秦诸子百家都是有相互渗透和兼容的部分，就如同上文我们提到的孔子和老子，他们两位巨人的碰面很自然地引致了儒家和道家两大学派有相似的地方。

司马迁借由李斯等人之口提出了"法由一统"，其包括两层含义：一是指国家立法权掌握在君主手里，其他人不得篡夺；二是法度统一，全国各地的民众适用同样的法律。

值得一提的是，"法由一统"的观点与孔子的主张也是一致的。

> 子曰："天下有道，则礼乐征伐自天子出；天下无道，则礼乐征伐自诸侯出。"

> ——《论语·季氏》

孔子说："天下政治清明，制礼作乐以及出兵征伐的命令都由天子下达；天下政治昏乱，制礼作乐以及出兵征伐的命令都由诸侯下达。"

孔子在这一段中明确地主张一个国家的大政方针（包括礼乐制度和出兵征伐之决策）都必须由国君制定并下达，这就是法家所说的"法由一统"。他进一步指出如果管理突破了"一统"之制，则会导致惨痛结果。

> 自诸侯出，盖十世希不失矣；自大夫出，五世希不失矣；陪臣执国命，三世希不失矣。

> ——《论语·季氏》

孔子认为：如果由诸侯执掌国家大事，大概十世之内很少有不丧失政权的；如果由大夫决定国家大事，五代之内很少有不丧失政权的；如果由大夫的家臣把持国家政权，传到三代很少有不丢掉政权的。

当然，孔子这一段是在诟病鲁国的现状，鲁国大政被季氏把控专权，而季氏又被一个叫阳虎的家臣所掌控，那么必然的结果就是人心和社会秩序一路衰败，社会危机四伏。

孔子的这段话又进一步说明了儒家思想和法家思想有相通之处。

法家学派"法由一统"的思想带给我们现代组织管理的启示也是极为重要的。再小的团队都需要管理制度，企业构建组织架构、订立标准化流程、制订规章制度和行为规范时，应该统一规划、严格职属，不能政出多门。这样才能保证规范化运营的全面性、严谨性、统一性和实时性，才能将规范化管理的效用发挥到最大。

（四）法与时转

世人多以为法家学派秉持定法、一成不变，比较刻板、呆板，甚至是不近人情。或许法家倡导以法为本、一断于法，确有其不近人情之处，不像儒家那般仁爱和温情，但法家并非刻板和一成不变的，相反，法家学派倡导法度要应时而变、法与时转，正如前文引用的《韩非子》所言，"故治民无常，唯治为法。法与时转则治，治与世宜则有功"。

韩非子这段话明确指出法无定法，法令制度需要与时俱进，从而适应社会发展和进步的需要。他进一步指出如果法令制度不做调整变化，可能产生不良后果。

> 时移而治不易者乱，能治众而禁不变者削。故圣人之治民也，法与时移而禁与能变。
>
> ——《韩非子·心度》

时代发展了而治理方式却一成不变，社会必然危乱；智能普遍提高，而禁令规定却一成不变，国家必被削弱。因此，圣人治理社会、管理民众，法制要与历史同步发展，禁令要和智能水平同步变更。

法令制度只有变革，只有跟随时代和社会的变化而变化，才能取得长治久安的治理效果。但是变更法令制度，特别是大到一个国家的变法，又何其难也！中国40多年来的改革开放就是一次极为成功的变革变法，其中所遇到的艰难险阻也将被历史所铭刻。而2 000多年前著名的商鞅变法，使得边陲小国秦国得以迅速发展壮大。当然商鞅变法的故事似乎有点偏离我们这里所说的"法与时转"的法家管理思想，但商鞅作为法家学派的代表人物之一，正是这一法家管理思想的首倡者。

【1】这段文字见唐代《群书治要》。《群书治要》共引用《商君书》之《六法》《修权》《定分》三篇文章，而今本《商君书》中不载《六法》之文，故《六法》乃《商君书》之佚文。

> 先王当时而立法，度务而制事。法宜其时则治，事适其务故有功。然则，法有时而治，事有当而功……故圣人之治国也，不法古，不循今，当时而立功，在难而能免。
>
> ——唐《群书治要》所载《商君书·六法》佚文[1]

商鞅这段话的意思是：先代英明的君王顺应时势来制定法规，审度国家的要务来安排工作。法规适宜时势则国家安定，工作符合国家要务就会有功绩。因此，法规有与之适应的时势才能产生治理作用；工作安排符合当务之急才会产生良好成效……所以圣人治理国家，不效法过往的成规，不谨守当代的经验，而是顺应时势建立功业，这样处于困境也能避免灾难。

商鞅进一步以古论今，说三王五霸正是因为适时变更礼法，所以能够称王称霸。

> 三代不同礼而王，五霸不同法而霸。
>
> ——《商君书·更法》

所以，法家学派倡导立法治世要审时度势，反对保守复古，主张锐意改革。商鞅正是通过顺应时代要求的变法措施，使秦国在短时间内富国强兵，为之后秦王嬴政一扫六合、统一中原奠定了坚实的基础。

对于当今社会各类组织的管理活动，"法与时转"的思想也具有无穷价值。一个组织的规章制度也需要与时俱进，组织架构、职能分工、工作流程、行为规范等，都需要动态管理、实时更新，尤其因为市场瞬息万变，所以市场与销售的决策与动作更应该应时而变。

"法与时转"这个道理讲起来简单，但现实世界中抱守陈规旧例的领导者不在少数，毕竟萧规曹随相对简单，不用费脑子。更有甚者，有些人明知有新规实施，却故意避而不谈，还是用所谓的惯例来为难他人。我就曾遇到过这样的恶心事。20多年前我刚大学毕业身无分文，老父亲因骑车不慎摔倒骨折，需要置换股骨头，医院当时要收取德国进口人工股骨头原价格50%的费用，说是医保不承担，当我提出疑问时，那位副院长兼骨科主任跟我说，他们建院以来就是这么规定的。为使手术顺利进行，我当时没有过多争论，而是东拼西凑先缴付了这一天价费用（在此要特别感谢和感恩在人生艰难时刻倾囊相助的师长和亲朋好友）。然而我用脚指头都能想到，医疗制度年年喊改革，怎么会沿用数十年前的规定呢？于是在互联网还很不发达的那个年代，我在一个网吧用一个小时就搜到了物价局20世纪90年代的一个补充规定，老父亲这种级别的置换手术，个人只需要承担医疗器械总费用的 1%！各位看我的文字大概能感觉到洒家的性格和脾气，因此您也大概能想象到那位副院长兼骨科主任后来灰头土脸的样子。欲知此事后来我是如何安排的，那真是一个妙字，感兴趣的读者可以联系我，咱聊聊。

法家学派"法与时转"的观点与儒家学派"君子时中"的观点其实有异曲同工之处，儒家的这个思想来源于中庸之道。

> 仲尼曰："君子中庸，小人反中庸，君子之中庸也，君子而时中。"
>
> ——《中庸》第二章

仲尼是孔子的字，孔子说："君子遵行中庸，小人违背中庸。君子之所以中庸，是因为他们不偏不倚，因时而动。"

《中庸》这段话说明以孔子为首的儒家学派提倡领导者（君子）的管理动作要合乎时宜、与时俱进、随时变通，这一点与法家"法与时转"的观点是一致的。因此，法家和儒家在此处有相通之处，都认为领导者需要敏锐地感知时代的变化，取势、明道、优术，这样才能做到《易经》艮卦所说的："时止则止，时行则行。动静不失其时，其道光明"，时势需要停止的时候就停止，时势需要前进的时候就前进，动和静都不失时机，这样君子之道就会一片光明灿烂。

（五）以法为教

"以法为教"强调立法之后法令制度要明白易懂、公开透明，并引导天下百姓皆能认知并遵从行事，这是法家学派立法之后推行法治的重要手段。

> 明主之国，无书简之文，以法为教；无先王之语，以吏为师。
>
> ——《韩非子·五蠹》

韩非子说：圣明君主的国家，没有经书典籍的繁文缛节，而是用法令制度教导万民；不盲从先王的训示遗语，而是把执法的官吏当作老师。

韩非子这段话明确提出以法令制度代替繁文缛节，并且要以执法的官吏作为老师，从而把法令制度传递教导给百姓。

> 故圣人为法，必使之明白易知，名正，愚知遍能知之。
>
> ——《商君书·定分》

商鞅也提出，圣人制定法令一定使它明白易懂，这样不论愚人还是智者，都能懂得。

> 故圣人立天下而无刑死者，非不刑杀也，行法令，明白易知，为置法官吏为之师，以道之知，万民皆知所避就，避祸就福，而皆以自治也。故明主因治而终治之，故天下大治也。
>
> ——《商君书·定分》

商鞅说：圣人掌握政权，天下没有受刑被杀的人，并不是他不用刑，不杀人，而是圣人推行的法令更明白易懂，又设置法官、法吏，作为百姓的老师，教他们懂得法令。因此万民都知道应躲避什么、亲近什么。怎样避开祸患，接近幸福，这样就都能自己管好自己了。圣明的君主凭借百姓的自治来完成国家的治理，所以就实现了天下大治。

商鞅在这里进一步指出："以法为教"最终能够帮助实现"天下大治"。所以法家学派"以法为教"包含了两层含义，一是法令制度要明白易懂，这样便于执行；二是要以吏为师，传递宣导到平民百姓。现代社会的各类组织进行规范化管理时必然会制定相关的管理制度，那么行文就要简洁易懂，信息就要公开透明，宣导就要自上而下、透彻明白。

在法令制度的制定和宣导上，按上文"以法为教"的标准来看，以毛主席为首的老一辈无产阶级革命家已经达到了炉火纯青的境界。我举一个简单的例子——"三大纪律八项注意"：

三大纪律：一切行动听指挥、不拿群众一针一线、一切缴获要归公。

八项注意：说话和气、买卖公平、借东西要还、损坏东西要赔、不打人骂人、不损坏庄稼、不调戏妇女、不虐待俘虏。

这一军队建设的制度看文字是多么明白易懂，而其最初版本，根据形势和部队的实践经验，还有"洗澡要避女人，不搜俘虏的腰包"等表达。我们不得不赞叹毛主席这样的制度建设是多么地接地气。

值得一提的是，儒家学派的创始人孔子也有"以法为教"的思想。孔子在《论语·尧曰》这一章中提出了领导者治理的"五美四恶"，即五种美德和四种恶政。"五美"就是"君子惠而不费，劳而不怨，欲而不贪，泰而不骄，威而不猛"；"四恶"就是以下所引文字：

子曰："不教而杀谓之虐，不戒视成谓之暴，慢令致期谓之贼，犹之与人也，出纳之吝，谓之有司。"

——《论语·尧曰》

"四恶"翻译成白话就是：不经教化便加以杀戮叫作虐；不加告诫便要求成功叫作暴；不加监督而突然限期叫作贼，同样是给人财物，却出手吝啬，舍不得痛痛快快给人，这就是守库小吏的作风，叫作小气。

现代领导者在管理中要避免以上四种情况，孔子在这里对领导者的要求与"以法为教"的思想是相通的，并且他还指出不这样做的领导者是"虐""暴""贼"和"有司"，孔子在这里可真是骂得痛快。

章后记：没有规矩，不成方圆；
光有规矩，反噬其身

著名互联网企业阿里巴巴集团创始时只有六七个人，大家都很辛苦，但一直以来都还没有赚钱。有一天团队忙活了一整天，售卖从义乌批发来的小商品（可见万事开头难，下海创业的初始更是难上加难），大家感觉今天一定是挣钱的。结果第二天一盘账，还是亏本！于是复盘追查到底是哪里做得不对。这一查不要紧，竟然发现公司做会计的一个小姑娘每天往家里拿几百块。

自此以后他们得出一个结论：再小的公司，再小的组织，哪怕只有三五个人，都需要制定规则，都需要规章制度，都需要管理和控制！

第三章曾引述过孔子的一句话："礼乐不兴，则刑罚不中；刑罚不中，则民无所措手足。"（《论语·子路》）孔子认为，礼乐制度不能振兴，刑罚的执行就不会得当；而刑罚执行不得当，百姓就会不知如何是好。

由此可见，当一个公司或一个组织没有规矩，没有规章制度，大家上上下下就会"无所措手足"，不知道该怎么办。这个时候就会冒出来稀奇古怪的一些现象，例如那个小会计。但孔子在刑罚制度之上，又提出了礼乐制度更加重要。礼乐制度重在事前的引领和规范，刑罚制度重在事后的惩戒和管理。

没有规矩，不成方圆，我相信所有的领导者和管理者应该都会认同。然而我们更需要注意的是另外一个极端，就是一个公司或一个组织仅仅有从管理和控制角度出发的冷冰冰的、生硬的规章制度，甚至是严苛的管理条例，而缺乏从人性角度出发的对员工的"以德服人"，这是管理上缺失了柔软和温情的一面。

采用极端的法制之治，管理者可能反噬其身、反受其害。中国第一个大一统的王朝秦王朝就是活生生的案例，因为施行极端的霸道刑杀之治，导致官逼民反，最终偌大的王朝仅仅存在 14 年就土崩瓦解了。

还有一个典型的案例是为秦国奠定强大基石的法家学派代表人物商鞅。前文我们已经说过，商鞅三次觐见，最终用霸道的富国强兵之术打动秦孝公，然后获得支持开始实施著名的商鞅变法。然而，商君之法是如此的严苛，以致商鞅最终身死他乡，并且全家被杀。这个故事真切地体现了什么叫作自作自受、作茧自缚。这又是怎么回事呢？

商鞅出任秦相十年，施行严刑峻法，虽然短期内实现了富国强兵的目标，但也搞得秦国国内人人自危，就连很多皇亲国戚都怨恨他。此时，有一个叫赵良的智者劝诫商鞅隐退，司马迁记载了赵良长篇劝退商鞅的话，其中引述了《诗经》和《尚书》的话：

> 《诗》曰："得人者兴，失人者崩。"
>
> 《书》曰："恃德者昌，恃力者亡。"
>
> ——《史记·商君列传》

联系到我们在第二章谈到的"古代中国的治理之道"，赵良所引述的话恰恰是劝诫商鞅改变霸道的刑杀之治，而施行皇道或帝道的德治之政。

可惜商鞅那个时候志得意满，根本听不进赵良的劝告。

后来仅仅五个月之后，重用商鞅的秦孝公死了。之前一直隐忍的公子虔等一班人告发商鞅要造反，派人去逮捕他。商鞅逃跑到边境关口，想要住旅店。旅店的主人并不知道他就是商君，说："按照商君之法，住店的人没有官方的介绍信，店家就要连带获罪，所以我不敢让您入住。"商鞅此时一定想起了赵良的话，但也只能叹息说："唉！我竟然被自己制定的法律给害死了！"后来，商鞅离开秦国潜逃到魏国，魏国人怨恨他曾经欺骗公子昂而打败魏军，拒绝收留他。他又打算到别的国家，但魏国人说："商鞅是秦国的逃犯，秦国现在太强大了，逃犯跑到魏国来，我们不送还恐怕会惹祸上身。"于是把商鞅送回秦国。再次回到秦国后，商鞅潜逃到他的封地，带领他的部属向北攻击郑国，想要谋求生路。此时秦国出兵攻打商鞅，把他杀死在郑国黾池这个地方，秦惠王甚至把死去的商鞅再次五马分尸以示众，并且诛灭了商君全家。

听起来是多么悲惨的故事，法家学派的代表人物商鞅将他一生的精力和才华都贡献给了秦国，帮助秦国富国强兵，为后来秦王朝扫清六合、统一华夏奠定了坚实的基础。就是这样一个对秦国做出巨大贡献的人物，结局却如此之惨，我们真不能不感叹封建王朝的残忍少恩。然而究其根本，商鞅确实咎由自取，他获得秦孝公的支持施行变法，采用极端的霸道刑杀之治。在取得巨大的管理成效之后，又不能听从赵良的劝诫，适时地改弦易张，终致四面树敌，死无葬身之地。可悲可叹！

对此，司马迁评论说，自己曾经读过商君的著作，其内容和他本人的作为是相类似的。他还评价了商鞅的为人：

> 太史公曰："商君，其天资刻薄人也。"
>
> ——《史记·商君列传》

那么，商鞅的故事给到我们怎样的启发呢？我想，一是运用霸道的法家之治一定要注意整体环境的适用性，适时地调整为王道的德治仁政，须知德治与法治两相结合且德主刑辅才是领导力的最高境界；二是千万不要做商鞅那样的"刻薄人"啊！

第六章

墨家学派和兵家学派的
领导思想和管理智慧

【本章导读】

为什么墨家是一个神秘的特工组织？

为什么2 000多年前的《孙子兵法》是现代社会领导者的必读书目？

历史上的墨家学派一度备受推崇，战国时期虽百家争鸣，却也有"非儒即墨"的说法。墨家学派除了曾经是一个神秘的特工组织之外，其兼爱交利、尚贤尚同、天志非命、非乐节用等领导思想和管理智慧需要我们特别注意。此外，未被列入"九流十家"的兵家学派，其战略思想对于现代社会各类组织的发展与管理，有着非同一般的指导意义。"兵学圣典"《孙子兵法》在我国古代军事史乃至世界军事史上都具有重要的地位，更被广泛借鉴和应用于政治、经济、商业、体育等各种领域。

春秋战国时期，诸侯争霸、天下大乱，孔子称之为"礼崩乐坏"的时代，平民百姓生在那个时代无疑是悲惨的。然而也正是在这一时代，中华文明迎来了大发展，百花齐放、百家争鸣、群星璀璨，涌现出一批对中华文明影响至深的圣贤人物，并且他们还引领了那个时代著名的学术和思想流派。其中主要的几个流派除了上文所述的儒家、道家和法家之外，还有墨家、纵横家、阴阳家、名家等。此外，谈到中国本土的领导思想和管理智慧，我们需要关注的还有因种种原因没有被列入"九流十家"的兵家（未被列入的具体原因请见第一章）。

本章我们主要来认识和了解一下墨家和兵家，并简明扼要地梳理一下这两个学派的领导思想和管理智慧。

一、令人神往的墨家学派

墨家学派的故事真是十分吸引人。墨家学派在先秦的"九流十家"中也是极为特别的存在，因为它不仅是一个学术流派，拥有自己鲜明的学术思想，还是一个令人向往的神秘组织，在民间甚至流传着许多关于这个组织的传奇故事。

（一）墨家是一个神秘的特工组织

墨家学派作为一个特工组织，其信徒被称为墨者，个个身怀绝技、行侠仗义，一诺千金，重义轻利，让身处现代社会的我们颇为神往。墨家曾经辉煌一时，影响巨大，与儒家并称为两大"显学"，战国时期虽百家争鸣，却有"非儒即墨"的说法。但是自西汉"罢黜百家、独尊儒术"之后，墨家逐渐消亡了。那么后世就没有墨家了吗？

赵客缦胡缨，吴钩霜雪明。

银鞍照白马，飒沓如流星。

十步杀一人，千里不留行。

事了拂衣去，深藏身与名。

闲过信陵饮，脱剑膝前横。

将炙啖朱亥，持觞劝侯嬴。

三杯吐然诺，五岳倒为轻。

眼花耳热后，意气素霓生。

救赵挥金槌，邯郸先震惊。

千秋二壮士，烜赫大梁城。

纵死侠骨香，不惭世上英。

谁能书阁下，白首太玄经。

——《侠客行》

诗仙李白《侠客行》所描绘的深远意境总让我想起墨家。

墨家学派就曾经是这么一群人，他们的理想是救天下于水火，解万民于倒悬。他们为报知遇之恩，愿意舍生忘死、毫无保留。李白《侠客行》所写的朱亥和侯嬴两位壮士，正是这类人。

其实李白自己又何尝不是这样呢？

我有一次在复旦大学给来自四川绵阳某政府机关的领导干部讲课，绵阳下辖江油市，正是李白的出生地（一说出生于西域碎叶，今吉尔吉斯斯坦托克马克市）。课上我看大家无论男女，个个都好似李白一般豪迈奔放、飘逸若仙，课后也有学员跟我探讨中华传统拳术功法，真不愧是蜀地关陇文化所熏陶出来的啊！

李白少年时代在家乡颇受当地文化影响，除勤学苦读诸子杂说（"观百家"）外，他"十五好剑术"（《与韩荆州书》），"高冠佩雄剑"（《忆襄阳旧游赠马少府巨》）。25岁时李白出蜀离开家乡，"仗剑去国，辞亲远游"（《上安州裴长史书》），可见他一生剑不离身。此外，青年时代的李白曾"托身白刃里，杀人红尘中"（《赠从兄襄阳少府皓》），

"少任侠，手刃数人"（《李翰林集序》）。看样子青年李白曾杀过人这是确定无疑的了。唐代游侠之风盛行，特别是蜀地关陇一带"融胡汉为一体，文武不殊途"（《唐代政治史述论稿》），更是促成了当地"好剑术、尚任侠"的社会风气，正是这样的社会文化背景孕育和培养了"文武不殊途"的谪仙人李白。而李白在这首《侠客行》中所歌颂的疾恶如仇、舍生忘死、一诺千金的侠肝义胆，与距李白大约1 200年的墨家学派墨者的大侠风范又是何等相似！

> 子墨子言曰："仁人之所以为事者，必兴天下之利，除去天下之害。"
>
> ——《墨子·兼爱》

墨子说："仁人处理事务的原则，一定是为天下兴利，为天下除害，以此原则来处理事务。"

墨家学派的创始人墨子（名翟），在其创派思想中就明确了墨家的理想，也是墨家的行事原则，即所谓"兴天下之利，除天下之害"。而这一理想和原则对于墨家有多重要呢？亚圣孟子评价说，"墨子兼爱，摩顶放踵，利天下为之"（《孟子·尽心上》），意思是墨子主张兼爱天下，如果有利于天下，就算是磨秃头顶、走坏脚跟，墨子也愿意去做。

墨家组织的领袖被称为钜子，又称巨子，拥有组织的最高权力，可遵照墨家之法处置犯了过错的墨者。

《吕氏春秋》中记载了战国时期墨家钜子腹䵍（tūn）大义灭亲的故事。腹䵍居住在秦国，其子杀人，秦惠王对腹䵍说："先生岁数大了，并且只有这一个儿子，我已经下令不处死他了。这件事先生就听我的吧。"腹䵍说："墨家的规矩是'杀人者死，伤人者刑'，只有这样才能禁绝杀人伤人的事情发生，这是天下的大义。君王即使下令不杀他，我不能不施行墨家之法。"腹䵍没有答应秦惠王，杀掉了自己的儿子。对此《吕氏春秋》评论说："子，人之所私也，忍所私以行大义，钜子可谓公矣。"意思是说，子女是人们所偏爱的，忍心割舍自己所偏爱的子女而推行大义，腹䵍作为墨家的领袖，可称得上大公无私了。

这一故事说明墨家学派作为一个组织，其纪律极为严明，甚至可以说是严酷。墨家学派的管理实践有一个突出的特点，就是集权控制。学派的弟子即墨者，全部接受钜子的领导。学派的成员到各国为官必须推行墨家主张，所得俸禄也需要向团体奉献。墨家学派的创始人墨子有没有当过钜子，已经无法考证，但在先秦典籍《吕氏春秋》中明确记载了三位墨家矩子：孟胜、田襄子、腹䵍。

因为墨家思想独有的政治属性，所以在西汉时期"罢黜百家、独尊儒术"的大背景下，墨家不断遭到打压，逐渐失去了存身的现实基础，其思想也逐渐灭绝。直到一百多年前的清末民初，学者们才从故纸堆中重新挖出墨家，并发现其进步性。近年来经过一些新墨者的努力，墨家学说中一些有益的观点开始进入人们的视野。

只是我们不知道现在的新墨家是不是也会有其领袖"钜子"？或者墨者从未消亡，只是"深藏身与名"。我相信，墨家的某些精神从未消亡，已融入中国人的性格和心灵。

（二）墨家学派的十点核心思想

墨家学派有三个特点：第一，其思想有很多与儒家针锋相对；第二，不同于诸子百家其他学派仅有学术思想，墨家还是一个制度严密的组织；第三，墨家学派的成员多是当时社会的手工业者或新生的个体农民。

特别是第三点，墨家学派有很多技艺精湛的工匠，学派创始人墨子本身就是匠人出身，是一位杰出的科学家，在力学、几何、代数、光学等方面，都有重大贡献，诸子百家其他学派难望其项背。所以如果墨家学派在历史的长河中没有消亡，而是逐步发展壮大，那么中国人在科学研究上的成就或能媲美于西方。

上文我们已经了解了墨家的组织，下面我们来梳理一下其学术观点。墨家学派遵天事鬼，主张以天为法，提出"壹同天下之义"（统一天下的意见）的秩序观，倡导"兼相爱，交相利"，追求普天之下的人类大同，主张消除等级差别等等。其学派的核心思想可以简要概括为十点：兼爱、非攻、尚贤、尚同、天志、明鬼、非命、非乐、节用、节葬。我们将对这十大核心思想逐一做介绍，其中对于现代领导和管理具备借鉴意义的几条将多着笔墨。

下文中的引文皆是出自墨家学派经典《墨子》。《墨子》一书大部分是墨家弟子在学派创始人墨翟去世后，根据墨子生平事迹的史料和其语录汇编而成，少部分是墨子自著。

其一，兼爱。

兼爱是指不分等级，不分远近，不分亲疏，推己及人，完全博爱。

墨子认为，当时社会之所以如此混乱，就是因为人们不能兼爱。因为自私造成了人与人之间的冲突，天下祸害皆起于人们之间"交相别"，也就是有亲疏远近，彼此利益有别，由此产生"交相恶"。

因此墨子主张"视人之国，若其国；视人之家，若其家；视人之身，若其身"，使所有人利益兼而为一，这样才能"交相利"，这样的爱就是"兼爱"，即无差别、无亲疏地爱所有人。这就是墨子所提出的"兼相爱，交相利"，认为只要做到这一点便能达到社会治理的安定。

其二，非攻。

非攻就是反对战争。墨家学派爱惜百姓、热爱和平，从"爱利百姓"的高度出发，认为好战者为不义，因此极力反对攻伐之战，维护人间和平，并且为了制止战争，墨家可以摩顶放踵，置生死于度外。

其三，尚贤。

尚贤是指尊重人才，且不分贵贱，唯才是举。"官无常贵，而民无终贱，有能则举之，无能则下之"，这就是我们现代人所说的"能者上，庸者下，平者让"。

墨子重视身具才能的贤良之士，认为他们是"国家之珍，社稷之佐"，并认为尚贤是国家为百姓兴利和领导政事的根本，"尚贤者，天、鬼、百姓之利而政事之本也"；尚贤也是上古英明的帝王所共同坚持的管理之道，"然则此尚贤者也，与尧舜禹汤文武之道同矣"。

"尚贤"可以认为是墨家学派用人思想或人事管理的核心。墨子认为，选贤任能是治理的关键所在，"国有贤良之士众，则国家之治厚，贤良之士寡，则国家之治薄，故大人之务，将在于众贤而已"。在人才任用方面，墨家提出"以德就列，以官服事，以劳殿赏，量功而分禄"，按人才的品德安排职位，按职级委任相应的职务，按功劳评定奖赏、分发俸禄；"可使治国者使治国，可使长官者使长官，可使治邑者使治邑"，有能力治国、做官、治县的，分别让他们治国、做官、治县，这就是量才用人。

其四，尚同。

"尚同"包含两层含义。

第一是指组织内部要上下一心。"苟百姓为人，是一人一义，十人十义，百人百义，千人千义。逮至人之众，不可胜计也；则其所谓义者，亦不可胜计。"墨家认为如果百姓各为其主，一人一个想法，十人有十个想法，百人有百个想法……那么思想就不能统一，而人的行为受思想意识支配，思想不统一，行动就会不一致，因此墨家主张"壹同天下之义"。

第二是指思想行动要绝对服从上级。"尚同"即"上同"，即所有人应该遵守上位者所制定的标准，与上位者的思想保持一致。万民"尚同乎乡长"，乡长"尚同乎国君"，国君则"尚同乎天子"，天子则"总天下之义尚同于天"。这样就能把天下人的思想统一起来，实行自上而下的控制与有效管理。因此，墨家主张从组织系统的领导关系到思想意识，都要绝对地统一于上级、服从上级。尚同思想在管理上体现为高度的集权主义，组织系统的上下级关系要贯彻最高层的意志，建立起自上而下的绝对领导与有效的逐级管理。

这样的思想和原则，我们从墨家学派自身的组织管理中也可以明确地看出来。墨家学派要求墨者绝对服从领袖钜子的领导，"上之所是，必皆是之；所非，必皆非之"。上级认为对的，就要赞同，认为不对的，就要反对，在思想和行动上都不能有任何怀疑。

墨家"尚同"的领导和管理思想与下文我们将要讲的兵家学派"上下同欲者胜"这一思想有相通之处，在现代军队管理实践中，"尚同”思想的应用较为普遍。军队是高度集中统一的武装集团，因此各级组织和全体军人必须做到下级服从上级，一切行动听指挥。改革开放以来，我国有许多退伍军人下海经商创办企业，并将军队的这一管理思想带到企业管理中，在一定条件下也起到了良好的效果。

其五，天志。

天志是指明确天具有意志，天下之明法皆来源于天，正确的行为将得到天的赏赐，错误的行为将得到天的惩罚。“天志”的思想也为国君“尚同乎天子”，天子“总天下之义尚同于天”提供了合法的依据。

其六，明鬼。

明鬼是指辨明鬼神的存在。鬼神能扬善除恶，墨家借鬼神以警示后人。墨家所谓的“天”与“鬼”其实起到的是大致相同的作用，但我们需要特别注意，墨家的“天”与“鬼”并不是倡导上天或鬼神决定一切的决定论、命定论，而是只起到对人的行为和思想作出裁判的作用。我想墨子搬出“天志”和“明鬼”，其主要是为了让人们不论在何种等级岗位，都要具备敬畏之心。

其七，非命。

墨家否定“天命论”，重视发挥人的主观能动性，使人奋发图强，通过努力奋斗掌握自己的命运。由上文对“天志”和“明鬼”的介绍，我们可看出其与“非命”并不矛盾冲突。

其八，非乐。

非乐是指力求摆脱等级格局下的礼乐束缚。

其九，节用。

节用是指要注意节约消费。墨子提出“去无用之费”，即戒除不必要的浪费；认为“用财不费，民得不劳，其兴利多矣”，即使用财物不浪费，民众可以不劳苦，兴起的利益就多了。因此统治者需要“凡足以奉给民用，则止；诸加费不加于民利者，圣王弗为”，一切花费以够用为基本原则，凡是不能增加国家百姓利益的花费都是有害的，都要停止和戒除，只有用于满足人民生活所必需的消费才是正当的。

其十，节葬。

节葬是指主张丧葬从简，不把社会财富和精力浪费在逝者身上。

（三）墨家学派的"兼爱交利"

上述十条是墨家学派的核心思想，在了解了其内涵之后，我们对其加以归纳总结，可以大致提炼出墨家学派的四点领导思想，而这四点对现代社会的领导和管理活动也是具备一定指导意义的。

其一，兼爱交利。

墨家学派倡导无差别、无亲疏地博爱所有人，且努力使所有人的利益兼而为一。我们当代人应该要批判地继承这一思想，领导者显然需要具备大爱之心，仁民爱物，通过自己的领导活动惠及更多的社会大众，但从领导和管理活动的有效性来看，"兼爱交利"的观点似乎太过于理想化了。现代社会的商业世界有一个提法，叫作"商场如战场"，这一比喻有其道理但也不够完全准确。战场须定输赢，而商场则可追求双赢，甚至是股东、员工、合作伙伴和客户等各方面的多赢，但如果想要达到墨家所追求的利益均等，显然是不现实的。此外，我们还要了解，过于理想化、脱离现实世界真实需求也是墨家学派最终湮灭在历史长河中的原因之一。

其二，尚贤尚同。

"尚贤"代表了墨家学派对人才的使用思想，也可认为就是墨家的人力资源战略思想。由此可以看出墨家主张选用人才要任人唯贤、唯才是举，这些人力资源管理的思想在现代社会被广为认同和运用。"尚同"一方面是指思想的统一，"壹同天下之义"，另一方面是指所有人应该遵守上位者所制定的标准，与上位者的思想保持一致，即"上同"。思想统一、文化统一是一个组织行动一致的基础，而与领导者的思想保持一致也确保了组织行动的有效性。但若一个领导者在其思想行为和价值观上存在缺陷，那么"尚同"就有可能造成严重的后果，第二次世界大战时期各个法西斯国家的结局就是活生生的现实案例。因此，"尚同"这一点其实对身居上位的领导者个人的素质能力、境界水平和价值理念都提出了更高的要求。

其三，天志明鬼和非命。

"天志明鬼"的思想是警醒身居上位的领导者要常怀敬畏之心，有所为有所不为，不能胡作非为、胆大妄为。敬畏心也是儒家学派所倡导的，孔子曰："君子有三畏，一畏天命，二畏大人，三畏圣人之言。"孔子在这一段话中明确地点出君子（可等同于领导者）必须要敬畏的对象，而第一条敬畏天命与墨家学派的"天志明鬼"意涵接近。

从"非命"思想又可以看出墨家强烈的入世属性，这一思想强调了人的主观能动性，为个人在现实世界中的努力奋斗、自强不息找到理论依据。现代社会中有不少"摆烂""躺平"的现象，并且有些人还心安理得地说"人间不值得"。这些说法或想法若只是开个玩笑倒也无伤大雅，但如果成为人生信条，那就真是肤浅之至了。建议有这些思想的朋友真要好好学习墨家学派"非命"的思想，这一思想与儒家学派"自强不息""厚德载物"的思想是一致的。

所以"天志明鬼"要我们心怀敬畏，"非命"要我们敢于与命运抗争而奋发图强，墨子的这两个思想放在一起真是绝妙！既要我们上达，又要我们下达。

敬畏心对于每一位身居上位的领导者来说都是至关重要的。当一个领导者缺乏敬畏心，就会狂妄自大，长此以往，恐怕要栽跟头，严重的甚至危及身家性命。现实世界，光怪陆离，君不见有多少深具才情的领导者因为缺乏了敬畏心而身败名裂。对于一个组织来说，领导者缺乏敬畏心将会导致团队缺乏民主，出现人才流失，进而阻碍组织的健康发展，甚至会朝向不理智的方向前进。

我就举一个我的老乡史玉柱先生的案例，史总的故事恰好完全地体现了墨家"天志明鬼"和"非命"的思想。各位一定都知道20世纪90年代，史总雄心勃勃，要在珠海盖全国最高的摩天大楼巨人大厦的故事。年轻气盛的史总拍拍他那绝顶聪明的脑袋，就将巨人大厦的规划从38层加高到70层，结果巨人集团资金链断裂，最终不见"巨人大厦"，史总却变成了"中国首负"。当然，人生还未终场，史总后来北上突围、咬紧牙关、卧薪尝胆、悬梁刺股、破釜沉舟、默默奋斗，坚决与命运抗争不低头（是不是很有点墨家"非命"的味道）。多年以后，终于东山再起，史总还清了原本按法律法规来说都不需要他再清偿的债务。这是真汉子啊！

此处我们还要提到一点，领导者具备敬畏心也是本书所构建的"中国式领导力"的核心思想之一，在后文中我们还将有专门的论述。我们可以看到，诸子百家各门各派其实都或多或少地提到敬畏心，古今中外的思想在这一点上也是基本趋于一致的。

其四，非乐节用。

墨家"非乐"和"节用"的主张都是为了提倡勤俭节约，而反对铺张浪费和烦冗的礼节束缚，其实"节葬"在其本质上也相似。毫无疑问，墨子是一个对普罗大众怀有怜悯和同情的、心有大爱的圣者，因此他提出了"兼爱"，我想他一定是在动荡不安的现实世界中，发现统治阶层极端奢侈浪费，极端讲排场，造成了大量人力、物力和财力的耗费，又对劳动人民残酷压榨，不仅加重人民的负担，更造成了社会的不稳定，于是他提出"非乐""节用"和"节葬"等主张，并极力反对战争（"非攻"）。

作为现代社会的领导者，墨家的"非乐节用"的观点在某些情境中也是具有指导意义的。一个组织的领导和管理应该要废除不必要的流程和制度，使管理趋于扁平化、简单化，这样就能够提高领导和管理的效率，这可以认为是墨家"非乐"思想的体现；而反对铺张浪费，倡导勤俭节约的"节用"，同样是一个领导者应该在组织中引导和建立的文化精神。

墨家"非乐节用"的领导和管理思想，在当代社会的典型案例有很多。例如中共中央政治局在 2012 年审议通过《关于改进工作作风、密切联系群众的八项规定》，简称《八项规定》，这一管理制度的出台为全党全社会迎来了一场激浊扬清的风气巨变。《八项规定》从调查研究、会议活动、文件简报、出访活动、警卫工作、新闻报道、文稿发表、勤俭节约 8 个方面对党员干部的工作作风提出了具体要求，这些要求与墨家"非乐节用"的思想是一致的。

由上面的分析，我们就可以想象，墨家学派的思想在中国民间能够得以广为流传，为社会底层人民所向往和认同，是情有可原的，因为墨家从来都是站在普罗大众的一端来思考和解决社会的现实问题。虽然因为种种原因，墨家学派后来在历史的长河中逐渐消亡，但是雁过留声，墨家对中国文化的影响、对中国人思想和行为的影响都是巨大的。

二、不可不察的兵家学派

"兵学圣典"《孙子兵法》开篇就提出，"兵者，国之大事，死生之地，存亡之道，不可不察也"（《孙子兵法·计篇》），中国自古以来更有"国之大事，在祀与戎"（《左传·成公》）的说法。因此，历朝历代、古今中外的统治者对于战争都是极为重视的。虽然我们当代中国人有幸处在一个太平盛世，但当今世界并不平静。在这样一个历史时间点，中国人更要警惕，不能耽于享乐。孟子早在 2 000 多年前就已经深刻地指出"生于忧患，死于安乐"（《孟子·告子下》）。居安思危、未雨绸缪，才是我们在和平年代应对国内外各种挑战的正确选择。因此，中国自古以来著名的兵家学派的思想与智慧，在当今时代更应该得到重视和挖掘。

兵家学派的研究对象虽然主要是战争，且并未被列入"九流十家"，但兵家的思想和智慧对于我们现代社会各行各业的领导者和管理者都是极具借鉴意义的。尤其是兵家学派自古以来就能跳出战争的窠臼，从更高的维度来分析战争，其中所蕴含的智慧在各种不同的领域都是适用的。现代管理学所谓的"战略"一词，其最早的来源就是战争，而中国古代兵家的战略思维亦能够很好地应用于当今的管理学领域，民间甚至有"商场如战场"的这一说法。

因此，我们本书的读者绝对不要忽视对兵家学派的研究和学习。

本节我们就用简短的篇幅来认识一下兵家，并提炼兵家学派的领导思想和管理智慧。

（一）认识一下中国的兵家学派

现在我们所说的兵家一般专指先秦、汉初研究军事理论，从事军事活动的学术派别。这一时期虽然距今已有2 000多年，但兵家学派那时的理论和思想就已经十分丰富精彩，形成了一个学派体系，并对其后2 000多年中国历史上的兵事战争起到了不可估量的指导作用。据《汉书·艺文志》记载，兵家又可分为兵形势家、兵权谋家、兵阴阳家和兵技巧家四类。该学派的代表人物以春秋时的孙武为首。在中国数千年的历史长河中，涌现出了众多璀璨的兵家人物，范蠡、孙膑、吴起、尉缭、白起、刘邦、项羽、张良、韩信、曹操、周瑜、诸葛亮、李靖、戚继光、卫青、霍去病、郭子仪、岳飞等，他们创造了中国战争史上诸多经典战役，如牧野之战、阴晋之战、围魏救赵、长平之战、巨鹿之战、垓下之战、赤壁之战等。

《孙子兵法》是中国现存最早、最完整、最系统也可以说是拥有最高深智慧的兵学著作，北宋神宗时列为《武经七书》之首，被誉为"兵学圣典"。所谓《武经七书》，是北宋年间官方颁布发行的七部兵家经典著作的汇编丛书，包括《孙子兵法》《吴子兵法》《六韬》《司马法》《三略》《尉缭子》《李卫公问对》。这七本兵书是中国古代兵家学派的精华，是中国军事理论殿堂里的瑰宝，不仅是中华民族的精神财富，也是世界人民共同的精神财富；奠定了中国古代军事学的基础，对中国和世界发展近代、现代军事科学起了积极的作用。因此，《武经七书》也可以说是北宋朝廷在世界军事理论建设上的一个贡献。

各位读者朋友或许不用指导军事战争，故无须研读这些兵书，但大名鼎鼎的《孙子兵法》请千万不要忽略，因为这部"兵学圣典"所蕴含的智慧和力量难以估量。此外，《孙子兵法》不仅兵学思想高深智慧，也是一部雅致优美的文学著作。全书六千字左右，分为计篇、作战篇、谋攻篇、形篇、势篇、虚实篇、军争篇、九变篇、行军篇、地形篇、九地篇、火攻篇、用间篇，共计十三篇，每篇皆以"孙子曰"开头，按专题论说，有中心，有层次，逻辑严谨，语言生动简练，善用排比铺陈，气势宏大。现代汉语中有很多精妙的词汇来源于《孙子兵法》，如攻其无备，出其不意、无懈可击、知己知彼、百战不殆、风雨同舟、料敌制胜、以逸待劳、兵无常势、避实就虚、兵不厌诈、君命有所不受等。刘勰赞称"孙武兵经，辞如珠玉"（《文心雕龙·程器》），例如描写军队的行动，"其疾如风，其徐如林，侵掠如火，不动如山，难知如阴，动如雷震"（《孙子兵法·军争篇》），文笔贴切形象，且音韵铿锵，气势非凡。

如今，《孙子兵法》诞生已有2 500多年的历史，比西方克劳塞维茨著名的《战争论》早了2 300多年。《孙子兵法》是中国军事文化遗产中的璀璨瑰宝，是中国优秀文化传统的重要组成部分，是中国古代最伟大的军事理论著作，也是中国在世界范围内影响最大、最为广泛的古代经典之一。《孙子兵法》何时走出国门已无法考证，但很早就风靡世界并备受推崇是确定无疑的。据说法兰西第一帝国的缔造者拿破仑也读过《孙子兵法》。这本书被翻译成英、日、俄、德、法、捷、朝等20多种语言文字，在全世界的发行量难以估计，是公认的"世界古代第一部兵书"。孙子也因为这一部千古流传的"兵学圣典"而被古今中外的军事家一致尊崇为"兵家至圣"。

《孙子兵法》不仅是军事领域的经典，而且被广泛借鉴和应用于政治、经济、商业、体育等各种领域。《孙子兵法》的思想有高度、有深度、有格局，是大战略和大智慧，已经成为当今世界商界杰出人物必备的实战手册。

（二）孙武和孙膑：两位兵家圣者

兵家学派第一个需要了解的就是孙武，他被后世尊称为孙子，又称"兵圣""兵家至圣""百世兵家之师""东方兵学的鼻祖"等。孙武生活在春秋时期，是著名的军事家。他和另一个传奇人物伍子胥是至交好友，经伍子胥"七荐孙子"，又以所著兵法13篇献给吴王阖闾，吴王看过之后甚为赞叹，于是用孙武为吴国将军。

这个吴王阖闾也是搞笑，为了检验孙武的军事才能，竟然用180名宫中美女让孙武操演阵法。孙武毕竟是大神，一顿操作猛如虎，把一众胭脂红粉变成了训练有素的兵士。我估计司马迁对孙武的这个操作也是惊呆了，所以在《史记·孙子吴起列传》中把这个故事记载得极为详细。孙武首先让宫女们列作两队，让阖闾的两个宠姬做小队长，然后讲清楚队列规则。你应该能够想象是什么状况，刚开始孙武三令五申，宫女却哄笑乱作一团。孙武说，"约束不明，申令不熟，将之罪也；既已明而不如法者，吏士之罪也"，于是当即要斩了两个小队长。吴王在台上观之大骇，赶忙派人来求情，说没了这俩美女我吃饭都不香了。哪知孙武说"将在军，君命有所不受"（《史记·孙子吴起列传》），愣是斩了吴王的两个宠姬。这下好了，宫女都吓坏了，然后队列严肃齐整规规矩矩。孙武派人请吴王下来观看，吴王正伤心悔恨呢，哪有什么心情，只好说"罢了罢了不来看了，孙将军请先回馆休息吧"。

司马迁在《史记·孙子吴起列传》中写的是"将在军，君命有所不受"，而孙武在其传世著作《孙子兵法》中说的是"将在外，君命有所不受"（《孙子兵法·九变篇》），一字之差，似有区别，我们应予注意。

这就是著名的"吴宫教战"的故事。

看这段笑得人肚子疼，我估计司马迁肯定也是边笑边写。不过细想一下，这个吴王阖闾也真是个人物，度量大如海。他没有怪罪孙武杀了他的两个宠姬，依旧重用孙武为将军。后来孙武和伍子胥合作辅佐吴王阖闾以及其后的吴王夫差，成就了吴国一代霸主的地位。

后来因为伍子胥被杀，孙武心灰意冷，在50多岁时飘然而退，隐居乡间，潜心修订其兵法。之后大家所熟悉的越王勾践"卧薪尝胆"打败吴王夫差的故事，其实都是发生在孙武隐退之后。要是孙武出山，勾践大概率赢不了，毕竟越国的一众人马都曾经是孙武的手下败将。

对于孙子的历史功绩，司马迁在《史记·孙子吴起列传》记载道：

"西破强楚,入郢,北威齐、晋,显名诸侯,孙子与有力焉。"孙武不仅战功卓著,而且有博大精深的军事理论。我想孙武当初献给吴王的13篇应该就是我们现在所看到的《孙子兵法》的最初版本,因此孙武其实在30多岁就已经写出了这本震烁千古的兵家圣典,真是大神啊!

百年之后出现了另一个杰出的军事家孙膑,按司马迁的说法是孙武的后裔。孙膑早年与庞涓是同学,这个庞涓太坏了,他出任魏将后,居然因为嫉妒孙膑之才而将其骗至魏,并施以膑刑和黥刑,就是挖了人家膝盖骨,并在脸上刺字。

加上这个故事,我已经在本书中写了两个同学间因为嫉妒而谋害他人的故事,另一个就是前面法家学派中的李斯和韩非子。真是嫉妒心害死人啊!

正因为被施以膑刑,所以才有了"孙膑"这个流芳千古的名字。孙膑后来忍辱负重活了下来,又获得齐国使者帮助潜逃入齐,然后就发生了我们都知道的"田忌赛马"的故事。孙膑作为田忌门客,助其赛马获胜,终被推荐给了齐威王。后来以军师身份,让人推着小车载着行军作战(不知后来诸葛亮也让兵士推着小车是不是有效仿孙膑之意),在其后的十多年间,用精妙绝伦的用兵之法,如著名的声东击西、围魏救赵等,两败庞涓所率领的魏国军队。终于在马陵之战让庞涓死于万箭穿心,报了当年被其谋害之仇,也助力齐国称霸一方。

孙膑一生的励志故事跌宕起伏,着实看得让人心潮澎湃,有同窗情深,有嫉贤妒能,有暗害忠良,有奸人得志,有智者隐忍,更有君子报仇、十年不晚和身残志坚、智谋超人!这么传奇的一个历史故事,值得制作一部史诗级的好电影。

孙膑著有《孙膑兵法》,又名《齐孙子》,原本位列《孙子兵法》之后,是中国古代极为重要的兵家著作,但可惜的是在唐代以前就已经失传了。1972年2月在山东临沂银雀山一号汉墓出土了《孙膑兵法》的竹简,但是因为年代久远,毁失严重,很多字迹也无法辨认。据《汉书·艺文志》记载,《孙膑兵法》全书89篇,图4卷,内容极为丰富，而我们现在能够看到的只是其中很小的一部分，实在遗憾。我们期待哪天能够出土《孙膑兵法》全本，让现代人能够一窥全貌。

在能够确定的《孙膑兵法》的内容中，孙膑提到最多的就是"道"字，他认为万物发展包括征伐战争都需要遵循天道、顺应天命。而"兵者，凶器也"（《道德经》），战争就是一种人类的杀戮武器，一旦发动，生灵涂炭，百姓遭殃。因此，孙膑认为统治者不到万不得已，不能进行战争，统治者要对战争怀有敬畏之心，发动战争要出师有名，只有正义的战争才会取得最终的胜利。

由此我们看到，孙膑的兵学思想与孙武一脉相承，既讲战争，又讲止争，而战争需要顺应天道信仰，这一点又与中国传统文化整体的价值理念是相一致的。

还有一点要提一下，孙膑、庞涓的老师叫鬼谷子，据说纵横家苏秦、张仪也是他的学生。其所著《鬼谷子》一书也非常值得一读。

（三）毛泽东和《孙子兵法》的故事[1]

1935年，毛泽东42岁。

这年1月，中国革命和中国共产党来到了生死攸关的转折点，红军长征来到了贵州遵义，在这里召开了改变中国命运的遵义会议。会议上，毛泽东的发言得到了大多数同志的拥护和赞同，只有28岁的博古和35岁的德国人李德很不服气，然而第五次反"围剿"以及自1934年10月撤出苏区后连月来的不断失败，已经让大家不愿意再相信博古和李德。

这时候居然有另外一个人跳了出来，这就是和王明、博古同为"二十八个半布尔什维克"[2]的29岁的凯丰，他讽刺毛泽东说："你也没有什么了不起，你那些东西，并不见得高明，无非是照着《孙子兵法》和《三国演义》去打仗的。"毛泽东虽然生气，但不慌不忙地运用强大的逻辑辩论反问凯丰："你既然说我是按照《孙子兵法》指挥作战的，你一定是熟读的了，那么请问《孙子兵法》一共有几篇？第一篇的题目是什么？"凯丰没有看过《孙子兵法》，自然答不上来，毛泽

【1】本节部分内容引自"毛泽东究竟何时读的《孙子兵法》"一文，见《党的文献》2006年第3期。

【2】中国共产党的历史上有一批人被俗称为"二十八个半布尔什维克"，这一说法是1929年夏在莫斯科召开的中山大学"十天大会"上诞生的。在那次会议上，有28个人投票赞成党支部局的意见，还有一个"摇摆不定的人"，忽而赞成，忽而不赞成，"二十八个半"便由此而来。这29个人是：王明、博古（秦邦宪）、张闻天（洛甫）、王稼祥、盛忠亮、沈泽民、陈昌浩、张琴秋、何子

（转下页）

东就说:"你也没有看过,那你怎么知道我是按照《孙子兵法》来指挥作战呢?"凯丰哑口无言。

众所周知,毛泽东熟悉中国历史,古文功底极为深厚,所以他应该早就知道《孙子兵法》。1913 年 10 月至 12 月间,在湖南省立第一师范学校读书的毛泽东所做的课堂笔记《讲堂录》中就记录了这样一段话:"百战百胜,非善之善者也;不战而屈人之兵,善之善者也。故善用兵者,无智名,无勇功。"他还注明出自《孙子兵法》的《谋攻篇》。实际上,这段话分别出自《谋攻》和《形》。由此可见,伟人早在青年时代就已经或多或少地了解《孙子兵法》的内容。但是直到长征胜利抵达陕北之前,毛泽东还没有系统完整地阅读过这部兵学圣典。

20 世纪 60 年代初期,毛泽东曾经三次直截了当地谈到他是在遵义会议之后才读《孙子兵法》的。第一次是他 1960 年 12 月 25 日在 67 岁寿辰同部分亲属和身边工作人员聚餐时的谈话,他说:"那时我没有事情做,走路坐在担架上,做什么?我看书!他抬他的担架,我看我的书。他们又批评我,说我凭着《三国演义》和《孙子兵法》指挥打仗。其实《孙子兵法》当时我并没有看过;《三国演义》我看过几遍,但指挥作战时,谁还记得什么《三国演义》,统统忘了。我就反问他们,你们既然说我是按照《孙子兵法》指挥作战的,想必你们一定是熟读的了,那么请问《孙子兵法》一共有几章?第一章开头讲的是什么?他们哑口无言。原来他们也根本没有看过!"其他两次分别是 1961 年 3 月 23 日在广州中央工作会议上的讲话和 1962 年 1 月 12 日在会见日本社会党顾问铃木茂三郎率领的访华代表团时的谈话。他都讲了大致相同的内容。

长征胜利抵达陕北后,出于指导中国革命战争的紧迫需要,加上遵义会议上凯丰一番话的刺激,毛泽东反而想要找来《孙子兵法》细细研读一番。当时,红军大力开展统战工作,和张学良的东北军、杨虎城的西北军关系缓和,我党我军有很多人往来于西安和陕北,可以比较便利地购买书籍和药品。1936 年 9 月 7 日,毛泽东写信给在西

(接上页)述、何克全(凯丰)、杨尚昆、夏曦、孟庆树(绪)、王保(宝)礼、王盛荣、王云程、朱阿根、朱自舜(子纯)、孙济民(际明)、杜作祥、宋潘(盘)民、陈原(源)道、李竹声、李元杰、汪盛荻、肖特甫、殷鉴、袁家镛、徐以(一)新。

安进行统战工作的刘鼎："前电请你买军事书，已经去买否？现红校需用甚急，请你快点写信，经南京、北平两处发行军事书的书店索得书目，择要买来，并把书目付来。"那个时候红军经费很困难，毛泽东明确要刘鼎他们购买军事书籍，体现出对理论学习和思想武装的高度重视。按照毛泽东的要求，刘鼎选买了一部分书送回陕北，但毛泽东看到后并不满意，于9月26日再次致电刘鼎，提出"不要买普通战术书，只要买战略学书、大兵团作战的战役学书，中国古时兵法书如《孙子（兵法）》等也买一点，张学良处如有借用一点。"这是毛泽东第一次指明要买《孙子兵法》。

毛泽东看了刘鼎买回的第二批书后仍然不满意，10月22日再次致电叶剑英、刘鼎说，"买来的军事书多不合用，多是战术技术的，我们要的是战役指挥与战略的，请按此标准选买若干"，并再次提出要他们买一部《孙子兵法》。当时研究战略、战役的军事书籍非常少，全国最大的军事专业出版社南京军用图书社发行的近900种军事图书中，涉及战略、战役的仅占7种，因此刘鼎多买了一些战术类图书回来并不为怪。而毛泽东极其重视战略问题研究，他曾说："搞经济工作也要先搞战略，我从来不研究兵器、战术、筑城四大教程之类的东西，那些让他们去搞，我只研究战略、战役。"《孙子兵法》中关于军事战略的内容，很明显符合毛泽东的阅读需要。

红军抵达陕北后，革命形势瞬息万变，毛泽东日理万机忙得不可开交，但他还是在一个半月的时间里三次写信致电在西安的同志要求买书，并且两次指名要买《孙子兵法》，这充分反映了伟人十分重视这本"兵学圣典"。

就这样，毛泽东终于在陕北读到了《孙子兵法》。

1936年3月，毛泽东开始着手撰写一部系统总结十年内战时期在军事斗争上经验教训的著作，这就是《中国革命战争的战略问题》（此篇文章建议各位领导者管理者都要读一读）。为了写好这一篇雄文，以指导中国的革命战争，伟人倾注了极大的精力。首先，他反复精读了马克思主义经典著作，特别是列宁的军事著作；其次，他仔细研读了从国民党统治区购买的包括《孙子兵法》在内的一批军事专业书籍。这段时间，伟人认真研读了德国克劳塞维茨著名的《战争论》、日本人的《步兵操典》，苏联人论战略、多兵种配合作战的书籍，并仔细研读了《孙子兵法》。此外，他还组织一些富有实际军事斗争经验的干部，联系中国革命实际来研究和讨论军事理论问题。

1936 年 12 月，把中国革命战争中积累起来的丰富经验上升为理论的著名的《中国革命战争的战略问题》终于完稿。在这篇文章中，毛泽东在三处直接引用《孙子兵法》：

> 中国古代大军事学家孙武子书上'知彼知己，百战不殆'这句话，是包括学习和使用两个阶段而说的，包括从认识客观实际中的发展规律，并按照这些规律去决定自己行动克服当前敌人而说的；我们不要看轻这句话。

> 孙子说的"避其锐气，击其惰归"，就是指的使敌疲劳沮丧，以求减杀其优势。

> 我们乘敌之隙的可能性，总是存在的。敌人会犯错误，正如我们自己有时也弄错，有时也授敌以可乘之隙一样。而且我们可以人为地造成敌军的过失，例如孙子所谓"示形"之类（示形于东而击于西，即所谓声东击西）。

（四）兵家学派的"胜者之道"

兵家学派核心的思想主要就体现在《孙子兵法》的六千字文本中，其中所蕴含的智慧不仅在军事领域发挥着重要的影响，也对政治、经济、商业、人事管理和市场策略等各个领域都有指导意义。下面我们总结提炼其核心的战略领导思想和管理智慧。

其一，上兵伐谋。

《孙子兵法》中对谋略或曰战略方面的问题着墨非常多，这也正是毛泽东重视该书的主要原因。孙子可以说是世界上第一个形成战略思想的伟大人物。

他强调战略上最佳目标是"不战而屈人之兵"。

> 是故百战百胜，非善之善也；不战而屈人之兵，善之善者也。

> ——《孙子兵法·谋攻》

孙子认为百战百胜算不上是最高明，不通过交战就降服敌人，才是最高明的。

> 故上兵伐谋，其次伐交，其次伐兵，其下攻城。攻城之法，为不得已。

> ——《孙子兵法·谋攻》

上等的军事行动是用谋略挫败敌方的战略意图或战争行为，其次是用外交战胜敌人，再次是用武力击败敌军，最下之策是攻打敌人的城池。攻城是不得已而为之，是最后没有办法的办法。

统帅在战略层次上的目标设定，决定了其后应该要做的事情。为了达到"不战而屈人之兵"，孙子提出了"上兵伐谋"，这是强调在战争开始之前要对事关全局的战略进行部署和谋划，并且要综合考虑多种因素，按照战争中各个方面、各个阶段的关系来决定军事力量的准备和运用。

这一思想对我们当代各个领域的领导和管理活动都有指导作用。领导者和管理者需要"谋定而后动，知止而有得"，即采用行动前应先做好周密的计划，有了明确的目标才能有所收获。对于一个企业来说，清晰明确的战略规划则是灵魂，是引领未来发展的根本，是至关重要的核心点。

其二，五事七计。

孙子提出了决定战争胜负的基本因素，这就是"五事七计"。

> 故经之以五事，校之以计，而索其情：一曰道，二曰天，三曰地，四曰将，五曰法。

> ——《孙子兵法·始计》

主孰有道？将孰有能？天地孰得？法令孰行？兵众孰强？士卒孰练？赏罚孰明？吾以此知胜负矣。

——《孙子兵法·始计》

孙子认为，通过敌我双方"五事七计"，也就是五个方面和七种情况的分析比较，得到详情，这样就能够预测战争的胜负。

"五事"就是"道、天、地、将、法"。"道"是指统帅与部属目标相同，意志统一，可以同生共死，而不惧怕危险；"天"是指昼夜、阴晴、寒暑、四季更替等自然变化；"地"是指地势的高低、路程的远近、地势的险要与平坦、战场的广阔与狭窄，是生地还是死地等地理条件；"将"是指将领是否足智多谋、赏罚有信、对部下真心关爱、勇敢果断、军纪严明等；"法"是指组织结构、责权划分、人员编制、管理制度、资源保障、物资调配等。孙子认为，将领必须要深刻了解这五个方面。

"七计"是指：哪一方的君主是有道明君，能得民心？哪一方的将领更有能力？哪一方更占有天时地利？哪一方的法规法令更能严格执行？哪一方资源更充足，装备更精良，兵员更广大？哪一方的士兵训练更加有素，更有战斗力？哪一方的赏罚更加公正严明？通过这七个方面的比较，就可以预测战争的胜负。

孙子认为，作为领导者的统帅，需要在发动战争之前对"五事七计"进行细致的调查摸排，才能对战场胜败做到心有把握。"兵者，诡道也"，所以一定要提前谋划计算，"多算胜，少算不胜，而况于无算乎？"

其三，知己知彼。

"上兵伐谋"不仅是谋划己方，也是对敌方情势状态的谋划；"五事七计"更是对敌我双方各自情况的调查摸排。只有这样才能真正掌握战争的主动。于是孙子提出了"知己知彼"的战略思想。

知彼知己，百战不殆；不知彼而知己，一胜一负；不知彼，不知己，每战必殆。

——《孙子兵法·始计》

谋略需要"知己知彼"，孙子强调只有通过各种方法获得敌方的信息，才能明白对方的意图从而采取有针对性的措施，达到保护自己、打击敌人的目的。

如今，知己知彼百战不殆已经成为汉语中的著名成语，妇孺皆知，无须赘述。

其四，胜者之道。

> 故知胜有五：知可以战与不可以战者胜；识众寡之用者胜；上下同欲者胜；以虞待不虞者胜；将能而君不御者胜。此五者，知胜之道也。
>
> ——《孙子兵法·谋攻》

孙子说，预测胜负有五条判断标准：准确判断仗能打或不能打者，能够获胜；知道根据敌我双方兵力的对比情况而采取相应对策者，能够获胜；全军上下意愿一致、同心协力者，能够获胜；以充分的准备来对付敌方毫无准备者，能够获胜；主将能力强大而君主领导不加干预者，能够获胜。这五点加在一起就是胜者之道了。

《孙子兵法》中所说的这五种夺取胜利的判断标准或曰前提条件，不仅适用于战争，也适用于任何团队组织的领导和管理。例如，对于一个企业组织来说，开辟新的赛道需要"知可以战与不可以战"，市场竞争活动需要"识众寡之用"，企业文化建设需要"上下同欲"，团队攻坚战需要"以虞待不虞"，管理层成员的遴选以及有效授权需要"将能而君不御"。这当中每一条对于我们现代社会的领导和管理活动都具有深远的指导意义。这是兵家学派著名的"胜者之道"的领导思想。

除了上述总结的几点战略思想之外，《孙子兵法》中其实还蕴藏着很多的领导和管理智慧，值得我们注意的还有以下这些思想：

"权变"的领导思想。"合乎利而动，不合乎利而止"，强调战略目标不可变，但实现战略目标的战术是多变的，围绕着核心战略目标，根据现实状况来决定动与止。

"守正出奇"的战术思想。"凡战者，以正合，以奇胜。故善出奇者，无穷如天地，不竭如江河"，强调战术运用的灵活性，运用出人意料的斗争谋略与方法取胜于敌。

"择人任势"的人才管理思想。"故善战者，求之于势，不责于人，故能择人而任势。""择人"就是善于量才用人，"任势"就是善于造势和利用形势。所谓"择人而任势"，就是要求统帅重视选用人才，利用形势，以夺取胜利。

"将之五德"素质要求的人才思想。如何"择人"？孙子提出了选拔将领的五个素质要求的标准，"将者，智、信、仁、勇、严也"。战争与现代社会的市场竞争一样，谁拥有人才，谁就会掌握主动权，谁就更能赢得胜利。

我们虽然身处和平年代，但以《孙子兵法》为代表的兵家学派，其在当今时代的借鉴价值不容忽视。《孙子兵法》缜密的军事思维、高深的哲学思想、高屋建瓴的战略思想以及深远的哲理韵味等，都能够让 2 500 年后的我们感叹不已、常读常新。《孙子兵法》的意义已经不仅仅是一部军事著作，它更体现了我们中华民族的智慧、思想和文化，是数千年中华文明的智慧结晶。

章后记：道术结合，《鬼谷子》之
纵横捭阖论辩术

本章主要探讨了墨家和兵家，提纲挈领地论述了两个学派的领导思想和管理智慧，并且是从"形而上"的层面上展开的。但我们也需要知道，墨家和兵家也有很多"形而下"的技术的提炼和应用。例如，我们总结了《孙子兵法》中所蕴含的高超的战略思想，但其对于如何打胜一场战争也有很多技术和方法的论述，如虚实、九变、行军、地形、九地、火攻、用间等章节。因此，正如前文所述，中国文化中虽然更多的是形而上的"道"的内容，但形而下的"术"也是极为丰富的，只不过中国人一贯认为"术"必须要在"道"的统御之下发挥

作用。

正是因为不能忽视中国文化中"术"的智慧，本章小结中，我们补充介绍一下纵横家学派的《鬼谷子》。

我在给企业家授课时曾提到遴选干部有三个通俗易懂的标准，叫作"三能干部"。

其一，坐下来能写。

领导干部必须要有良好的文字能力。撰写文字材料要能够做到思路清晰、语言流畅、观点新颖、表达规范、格式标准，如销售与市场领域的管理人员，要能够拟写漂亮的策划方案。

其二，站起来能说。

领导干部必须要有良好的语言表达能力。要具备良好的语言艺术，带领团队要能够运用出色的语言表达能力点燃团队且言之有物；与下属一对一沟通要能够快速建立信任、激励人心；与客户打交道要拥有出色的谈判与沟通技巧。

其三，走出去能干。

领导干部要有"能干事、会干事、干好事"的能力。要有强大的执行力，脚踏实地、认认真真、务实肯干；要善动脑筋、肯想办法，能够高标准、高质量地完成工作任务。

"三能干部"标准中的第二个"站起来能说"，其实就包含着沟通与演讲、销售与谈判的语言表达艺术，这是一种领导干部必须要学习、掌握并在工作中熟练运用的技术。各位试想一下，古今中外著名的领导人物如毛泽东、丘吉尔等，现代社会商界著名人物如任正非、俞敏洪等，哪一位不是语言的大师级人物？因此，我们领导者需要格外注意培养自己的语言表达能力。

而在中国传统文化的诸子百家中，有一个极为重视研究语言表达艺术的学派，这就是纵横家。纵横家学派创始人鬼谷子的经典著作《鬼谷子》值得我们现代社会的领导者和管理者学习。

鬼谷子，姓王，名诩（我估计很多王姓朋友不知道自己老王家还有这么厉害的一个人物），生卒年不详，道号鬼谷子，楚国人，战国时期的传奇人物，著名谋略家，兵法集大成者，诸子百家之纵横家学派的创始人。因为他隐居在云梦山（今河南鹤壁淇县云梦山）鬼谷，故自称鬼谷先生。鬼谷子很神秘，据传他有通天彻地之智慧，深谙自然之规律、天道之奥妙，被后世尊为"谋圣"。鬼谷子最为著名的学生有凭借三寸不烂之舌游说诸侯的纵横家苏秦、张仪，还有兵家学派孙膑、庞涓等。他的徒弟都这么有名，但鬼谷子却难觅行踪，千百年流传下来的都是神秘的传说，可见鬼谷子是真正的大隐之神。

鬼谷子的著作《鬼谷子》《本经阴符七术》被后世称为"智慧禁果，旷世奇书"，历代列为禁书，所以我们现在能够看到，实在是荣幸。因此，《鬼谷子》这部两千多年的纵横家谋略学巨著，是中国传统文化中的奇葩。当然不同的人从《鬼谷子》中领悟出的是不同的智慧谋略，但书中所隐含的演说技巧、销售与谈判技巧、人际沟通技巧等十分丰富精彩，领导干部一定不要忽略。我曾结合《鬼谷子》纵横捭阖论辩术设计研发了"管理人员 5C2S 魅力演讲技巧"课程，在众多企事业单位和世界 500 强的外资企业都颇受欢迎，未来我也有计划将此课程的内容付诸文字，以飨各位读者朋友。

《鬼谷子》内容丰富，包含诸如心理揣摩、演说技巧、政治谋略、军事外交等不同领域的内容，当今政界人士、企业界人士、商业经营者、管理人员、公关人士都可以在此书中获得智慧谋略的精华。

有人说《孙子兵法》侧重于战略之道，而《鬼谷子》则专精于谋略之术，二者相辅相成。其实，我们学习中国文化本身就需要注意其道之高深、术之精纯，将其作为我们取之不尽、用之不竭的资源，再结合西方管理学的各项领导和管理的技术、工具和方法，从而真正做到道术结合、以道御术。

第七章
中国式领导力的概念和整体模型

【本章导读】

领导者为什么要"修己安人"？

什么叫作领导者的"内圣外王之道"？

本章以儒家哲学核心的治理思想"内圣外王"之道的基本命题和框架构建了"中国式领导力：修己安人、内圣外王之道"的概念和整体模型。这一模型总结提炼了中华优秀传统文化中的领导思想和管理智慧，并融合当代西方管理学的领导力技术，将中国古代修身为政的最高标准"内圣外王"之道融入现代组织管理情境，力求古今融通、传承创新、中西合璧、道术结合。

我们已经知道，传承发展了5 000多年的中华文明蕴含了极为丰富的领导思想和管理智慧，以儒、道、法、墨、兵等为代表的诸子百家都有关于领导和管理的学术观点，只不过因为中国文化自古以来偏向于"形而上"的哲学表达，以及有"重农抑商"的政治传统，所以还未有人明确提出"中国式领导力"之类的概念。

改革开放以来，随着西学东渐的再一次兴起，中国人本着拿来主义的精神，大量学习和借鉴欧美的科学文化技术，这当中尤以西方管理学最为突出。勤劳智慧的中国人民在学习、借鉴和应用西方科学管理技术的同时，也在实践中不断总结和提炼中国文化中的领导和管理智慧。近年来，随着经济的腾飞、国力的增强，中国在世界范围内的影响力获得了大幅提升，中国文化也越来越受到全世界的重视和关注，东西方文化的交流互鉴在全世界也越来越深入。

基于以上背景并在前面各章内容的基础上，本章我们将正式提出"中国式领导力：修己安人、内圣外王之道"的概念和整体模型，并条分缕析，论述"中国式领导力"与中国文化和西方管理学的渊源及联系。

尝试构建"中国式领导力：修己安人、内圣外王之道"，本质是希望借鉴源自西方的"领导力"这一概念，运用西方管理学惯常的表达方式，总结和提炼中国文化中经典的领导思想和管理智慧，并与西方现代管理学融合，使之适用于各类现代组织的领导和管理实战领域。因此，"中国式领导力"将是一个古为今用、中西合璧、立足当下的现代领导力的概念和模型。

一、领导力的概念和层次

（一）领导力概念的四种面向

"中国式领导力"借鉴西方的"领导力"这一概念，并运用西方管理学惯常的表达方式，为此，我们首先来看看西方对于"领导力"是如何定义的。

在西方"领导"（lead）首先是一个动词，其本义是"站在别人前头，拉着手加以引导"，强调以领导者身份走在前头，带领他人秩序井然地前进。这一动词一开始被古代的欧洲人，例如盎撒人（Anglo-Saxon，日耳曼人的一支）、荷兰人与瑞典人所广泛运用。由动词"领导"（lead）很自然地延伸出名词"领导者"（leader），即是带领大家前进的人。后来在 20 世纪初，进一步延伸出了"领导力"（leadership）这一现代的概念。

领导力自从被正式提出以来，迅速成为西方管理学学术研究和管理实践领域非常热门的话题。

在实践工作领域，无论是商业组织、非营利组织，还是政府组织，领导力都成为组织管理体系中核心的组成部分之一，各类组织的人力资源和人才发展都把管理干部领导力的培养作为重点核心的工作内容之一。

在学术研究领域，关注领导力课题的西方学者越来越多，并且因为不同国家和地区拥有不同的文化和价值观，不同研究者又有不同的认知层次和研究视角，所以领导力的定义也不尽相同。这也是我们在本书正式提出不同于西方的领导力概念、基于中国文化适用于中国本土情境的"中国式领导力"的原因之一。

百年以来，西方学者对领导力的定义大致有四种面向：能力（影响力）、行为、过程和关系。

其一，领导力是一种能力。

大多数的研究者认同领导力是承担领导岗位的人所应该具备的一些特定的能力，并且这个能力主要就是影响力。在 20 世纪初领导力这一概念刚被提出来的时候，人们就认为领导力是"某一个人或一些群体中的个人在社会现象的控制过程中所展现出的过人能力"；被誉为"管理学之父"的彼得·德鲁克（Peter Drucker）也认为"领导力就是一个领导者把握组织的使命以及动员人们围绕这个使命奋斗的一种能力"。后来，领导者"动员"其他人的这种能力被确切地认为就是一个领导者的影响力。

领导力是一种能力，确切地说就是影响力。这一内涵让领导力具备了更为广泛的适用性。因为领导力就是向他人施展影响力，影响他人做他可能不会做的事情，因此任何人都可以使用领导力，只要你成功地影响了他人的行为，就是在使用领导力。从这一角度来看，领导力并非局限于居于领导岗位上的人才应该具备的能力，而是每一个人都应该要培养的能力。

所以，当一个人具有广泛的社会影响力，并运用自己的这种影响力对他人施加影响，激励他人自愿地做出某些被期望的行为，那么这个人就是在运用自己的领导力来达成目标。这样说似乎有点学术，我举一个简单的例子。比如早上我出门前，一岁半还不会说话的小女儿拉着我的衣服哇哇大哭（请注意她的目的是什么），于是我把她抱起来亲了几口，并拿了一块饼干给她吃。这一过程其实是小女儿对我施加了她的影响力，影响了我的行为，达成了她想要的目标，所以也可以被认为这是她的领导力的一种展现。

其二，领导力是一系列行为的组合。

这种观点认为一个人如果能够展现出一些特定的行为，那么他就可以被认为具备一定的领导力。起初人们认为领导力等同于一系列管理行为，就是计划、组织、协调、控制和指导这五项最基本的管理行为。我们知道这五项行为也被称为管理的五大职能，每一名管理学专业的学生在他们刚开始的专业学习阶段，都要熟悉这五大职能。领导力如果等同于管理行为，那么领导和管理将会混同起来。

但其实领导和管理作为两种不同的概念，其具体的行为动作应该有明确的区分。我们通常认为，"领导"行为是偏向于"软"的一面，与"管理"行为偏向于"硬"的一面有所不同；"领导"行为的对象偏向于人和组织的成长，而"管理"行为的对象则偏向于业务或事情的完成。因此，相较于管理的五大职能，领导力被认为是一个领导者所展现出的类似于引导、激励、参与、赞扬、批评、辅导其下属或追随者的一系列行为的组合。

后来西方的一些学者试图总结和提炼领导力应该包含哪些行为，认为一个人只要学习了解，并在工作和生活中实践这些行为，那么他就被认为具备了一定的领导力。被广泛认知的研究包括：领导力的三大基本技能、领导力的 22 项行为习惯（包括专注于人际沟通和专注于任务完成两个方面）、领导力的 21 个基本准则等。还有詹姆斯·库泽斯（James M. Kouzes）和巴里·波斯纳（Barry Z. Posner）在他们合著的《挑战领导力》总结出的领导力的五项最佳行为实践，包括以身作则、共启愿景、挑战现状、使众人行、激励人心，在国内外各大商学院是 MBA 学生、EMBA 学生重要的学习内容。

前文我们已经提到，中国文化偏向于"形而上"的哲学性表达，而西方文化偏向于"形而下"的技术性呈现。在领导力这一概念的研究上，我们可以清晰地看到，西方学术界总结和提炼了领导力所包含的具体能力和一系列行为，颇为细致。而这些内容都可以在现实世界中被具体运用和实践，我们也将在本书下半部"中国式领导力（实践应用篇）"中整合他们的研究成果，为我所用。

其三，领导力是一个过程。

这种观点认为领导力是人与人之间相互影响、相互依存、相互作用的一个过程，个人通过领导力的这个过程，影响一组人实现共同目标。有学者认为领导力是一个劝说过程，是一个个体（或领导小组）劝诱一个团队去实现领导者所设定的或领导者与其跟随者所共享的目标的过程。因此，一个领导者运用各种方法、手段和资源等，动员、引导或激励一个团队，并与之协作完成改变、达成目标，这一过程如果发生，那么这个领导者将被认为展现出了他的领导力。因此，领导力也可以被认为是领导者和下属通过各种方法和手段实施变革，从而实现组织目标的影响过程。詹姆斯·库泽斯和巴里·波斯纳还提出领导力本质上是一种影响他人的社会过程。

其四，领导力是一种关系。

这一观点认为领导力的研究应该着重放在关系上，并且指向领导者和合作者之间一种相互影响的合作关系。领导力是一种意图实现实质性变化以反映其相互目的的领导者与被领导者之间的影响关系。詹姆斯·库泽斯和巴里·波斯纳指出，领导力是一种特殊的人际影响力，也是领导者与被领导者之间的一种人际关系。

读者朋友们，请原谅我不厌其烦地罗列了这么多西方学术界的领导力大师们所给的定义，因为自从"领导力"这一概念被学术界提出来之后，有太多的研究者去关注和分析它。我简洁地用能力（影响力）、行为、过程和关系这四种面向来总结西方学者对领导力的定义，以帮助读者朋友们在总体上把握和了解。至于领导力的相关理论及其发展脉络，则是一个更为复杂的话题，我们在后续内容中将专门予以探讨和介绍。

您可能已经注意到了，那就是在以上四种面向的定义中我们频繁提到了美国的两位知名学者詹姆斯·库泽斯和巴里·波斯纳。这两位大师在其著作中通过深入的探讨，最终不得不承认领导力实在是一个甚为复杂的社会现象，于是他们又给出了一个不属于以上四种面向的定义："领导力是一种动员大家为了共同愿景而努力奋斗的艺术。"

在这个定义中，领导力成为一种艺术，这样的表达让领导力具备了一种只可意会、不可言传的魅力。

领导力如果被看作一种艺术，那么可能是一种领导者怎样做人的艺术。领导者做人的艺术主要体现在个体素质、能力和个性等方面，可能包括：领导者分析和解决问题的能力，领导者个人魅力，领导者的事业心、自信心、道德自律等。因此所谓的领导能力是领导者的个体素质、思维方式、实践经验以及领导方法等发挥的一种合力，这种合力通过影响其所领导的员工或合作的团队共同努力而达成目标、获得成功。

领导力是领导者怎样做事的艺术。西方的管理学界对于领导者如何做事的技巧进行了细致入微的研究，从管理动作的五大方面来看，计划、组织、协调、控制和指导，每一个方面对于领导者都极为重要，领导者只有全面认识、掌握并熟练运用这些做事的技能，才可能最终取得良好的领导绩效；情境领导力理论中所总结的四种不同的领导风格——授权式领导风格、参与式领导风格、推销式领导风格和告知式领导风格，被推荐运用在不同的领导情境中，也体现了领导者做事的艺术；还有"领导者的三大基本技能""卓越领导的五项最佳行为实践""领导者必备的 22 项技能习惯"等，这些内容都是西方学者多年来的研究成果，我们将在后文逐一介绍给读者。

换句话说，本书的标题"中国式领导力：修己安人、内圣外王之道"是一个基于中国本土文化、充分吸收西方管理学界优秀成果、东西方结合的综合领导力概念。

（二）领导力的三个层次

领导力是一种艺术，这个定义已经非常接近中国文化自古以来"形而上"的表达方式，而以上能力、行为、过程和关系四种面向的定义都是偏向于"形而下"的表达方式。因此，即使您没有阅读过这些西方领导力大师们的相关著作，也可以想象到他们对于领导力的阐释更多的是偏向于技术、流程、方法、工具等"器"的呈现。而"道"与"器"，或者说是"道"与"术"两种不同的方向其实没有对错之分，高明的领导者通常追求的都是道术结合、以道御术的领导境界，这也是我们即将提出的"中国式领导力"的突出特点和优势。

综合上文对西方领导力概念的梳理，并结合在管理实践领域的观察和思考，我们将领导力区分为三个层次，见图 3。

第一个层次，领导力是一系列领导行为和管理技术的组合，尤其是管理的五大基本职能：计划、组织、指挥、协调、控制[1]。一个具备良好领导力素养的领导者应该要掌握最为基本的管理技术，并在日常的管理工作中娴熟地运用，这也是其个人领导力存在的基本要求。

第二个层次，领导力就是领导者在一系列关系中所表现出的影响力。领导者能够运用自身各方面的素养，包括个性、能力、气质、技术、方法等各个方面的要素对他人产生一种综合的深刻的影响力，从而能够影响大家向着领导者所设定的共同目标和愿景努力奋斗。如今

【1】"管理的五大职能"由法国管理学家，被尊称为"管理理论之父"的亨利·法约尔（Henri Fayol，1841—1925）提出，他是古典管理理论的主要代表之一，这 5 项职能紧密联系，形成一个完整的管理过程，为管理理论研究提供了一个框架。

取势
做战略趋势管理!
Do great things great!
艺术
高层做势

明道
做正确的事!
Do right things right!
影响力
中层做实

优术
正确地做事!
Do things right!
日常**管理**能力
(计划、组织、协调、
控制、指导)
基层做事

子曰: 其身正, 不令而行; 其身不正, 虽令不从。

注: 此图最初的版本来源于现任联合利华(Unilever)中国区全域销售和数字化营销总经理方炜(Kevin Fang)先生。15年前的2008年,我有幸与方炜先生共同创建了联合利华(中国)的"领导力训练营"项目,这一项目后来被大家亲切地称为"党校",并一直延续到今天,成为联合利华培养领导干部的重要平台。当时方总运用其娴熟的领导力技巧,以及在公司内外部广泛而深刻的影响力,让包括我在内的每一位与之合作的同事都真切地感受到其个人身上所展现的领导力艺术。

◎ **图3 领导力的三个层次**

在西方管理学界,"领导力就是一种影响力"这一观点受到了广泛的认可。按照这一观点进行分析,领导者们就需要学习研究如何培养和打造自己的影响力,这涉及管理学、心理学、组织行为学、演讲与沟通等各个学科或技能的熟练掌握。西方学术界甚至出现了专门的"影响力技能"的研究和训练。

第三个层次,领导力上升成为一种艺术。你或许说不清领导力到底是什么,却能够真切地在一些领导者身上感受到这种艺术的无穷魅力。这种艺术或是领导者做事的艺术性,或是领导者做人的艺术性。但我们认为领导力应该是更加偏向于做人的艺术,因为事情终究还是需要人去设计规划并实施完成。因此,领导力归根到底是关于人的事情,领导者需要关注和培养自己做人的艺术,进而对他人产生影响力,对团队产生凝聚力和向心力。

我们认为在不同的层次,领导力的侧重点是有所不同的,我用"高层做势"的"取势","中层做实"的"明道",以及"基层做事"

的"优术"来表述领导力在每一个层次应该要关注的重点以及应该要呈现的状态。

当然，领导力的三个层次没有先后以及重要性的区别，它们对于领导和管理工作的有效性是同等重要的。也就是说，一名具备优秀领导力的领导者一定在每一个层次都表现良好，能够游刃有余地应对领导和管理过程中所遇到的人与事，并可以根据实际情况的需求进行三个层次的即时切换，从而达到最佳的领导结果和领导绩效。就如同我的领导兼老师方炜先生在工作中所展现出的具有丰富层次和内涵的领导力那样。

领导力三层次的这一提法并非来源于西方学者，而是我和方炜这两个土生土长、货真价实的中国人在外资企业管理的实际工作过程中，结合中国文化的领导智慧，以及西方的领导力理论，所创造的一个概念。取势、明道、优术的这一提法已经能够看到中国文化的基因。

（三）中国式领导力的基础：德才兼备

为了使其更加适用于中国本土情境，更加能够体现中国化的色彩，我在三个层次的下面加上了孔子关于领导者的一个极为重要的论述，相当于为领导力的三个层次找到了能够切实有效发挥不同作用的基础：

> 子曰："其身正，不令而行；其身不正，虽令不从。"
>
> ——《论语·子路》

孔子说："领导者自身品行端正了，即使不发布命令，大家也会去实行；若自身不端正，即使发布命令，大家也不会服从。"

也就是说，领导力必须建立在领导者自身身正、行正的基础之上。一个领导者如果道德品行不端正，却拥有娴熟的领导力技术，拥有强大的影响力，反而是一件可怕的事情，甚至比其他平庸但品质没有问题的领导者更为可怕。因为价值观偏差和品行不端正的领导者可能对组织产生巨大的破坏力。德行恰恰是我们中国人自古以来对于身居上位的领导者的最为基本的要求。

> 才者，德之资也；德者，才之帅也。

——司马光《资治通鉴·周纪》

司马光认为，一个人的才能是德行的凭借，而德行是才能的统帅。

中国人选拔人才崇尚德才兼备，德在前，而才在后，就是说首先要考察人才的品德和品行。司马光还按照德和才两个维度的不同构成将人才分成四类：

> 才德全尽谓之圣人，才德兼亡谓之愚人，德胜才谓之君子，才胜德谓之小人。

——司马光《资治通鉴·周纪》

请注意，这里的"小人"与孔子在《论语》中常说的"小人"并不相同，孔子常说的"小人"是指认识层次需要提高的普通人，并没有贬义，比如说"君子喻于义，小人喻于利""君子上达，小人下达"等，这与我们现代人说的"某某人是小人"这样的用法并不相同。

而司马光在这里所说的"小人"正与现代汉语的含义相同，即品质低劣的人，并且司马光更加精准地描述这种"小人"有一个特点，就是"才胜德"，就是有才无德。司马光更是在后文中明确指出："凡取人之术，苟不得圣人、君子而与之，与其得小人，不若得愚人。何则？君子挟才以为善，小人挟才以为恶。"意思是说，领导者用人之术，如果得不到"圣人"或"君子"，与其用有才无德的"小人"，还不如用才德兼无的"愚人"，为什么呢？因为愚人还比较容易管理，而小人却常常"挟才以为恶"。

习总书记也曾在讲话中引用中国民间俗语说明党员干部品德品行的重要性，他说："有德有才是正品，有德无才是次品，无德无才是废品，无德有才是毒品。"[1] 很显然，有才无德可能更加具有破坏性，是危险品。

"与其得小人，不若得愚人"，司马光这样的认识我相信一定是有其对实践的观察以及经验的总结。这个道理看似简单，但在现实生活

【1】习近平：《在全国党校工作会议上的讲话》，《求是》2016年9月。

中，很多领导者往往并没有充分认识或者警惕有才无德之小人或危险品的破坏力。有句民间俗语叫作"君子斗不过小人"，这也是中国人实践经验的经典总结。君子为何斗不过小人？因为小人胆大妄为，无所不用其极，而君子心有敬畏，有所为有所不为，因此君子运用不了小人的手段。换句比较粗俗的话来说，狗咬你了，你难道还要咬回去吗？此外，我们一定要认识到，"挟才以为恶者，恶亦无不至矣"，小人之恶可能没有边界，什么下三烂的手段都会用。因此，领导者做人做事，害人之心不可有，但防人之心不可无。

那么既然如此，作为君子的领导者，如何规避小人作乱呢？这个问题看似比较低级，却极为现实，是每一位领导者都需要去思考和面对的，本书也将在后面的章节专门予以讨论。

由此我们了解到，中国式领导力除了包含西方所重视的领导力的技术、流程、方法、工具等一些面向外部的要素之外，还有一个更加需要关注的面向，那就是向内的领导者自身的品德和修养，这是中国式领导力与西方领导力最大的不同点。

多年前的一个深夜，我接到一位老同学的电话，经过多年的打拼，他已经成为一名手握大权的领导。他的深夜来电不无苦恼，应该是失眠所致，絮叨了半天，跟我说了三个问题，第一个问题就是单位里有小人作怪，破坏了他的宏大计划；第二是自己身体开始出现问题，疲惫不堪，家里的孩子进入青春期也不好管理；第三是他去求了一个签，居然抽到了"否卦"。种种问题和局面皆为负面，问我如何去解。我给到了我的认识和判断，并且也深刻感受到一个中年男人面对"上有老、下有小，单位有人很难搞"的困难局面所要承受的巨大压力。结束电话后已接近凌晨时分，我已彻底失眠，想了想给老同学发去了24个字，算是把我给他的建议做了一个"形而上"的总结：

内圣外王之道，修身立德为本。时乘六龙御天，否极终究泰来！

这 24 个字中包含了几个极为重要的观点，都是本书"中国式领导力"所涵盖的内容，我们也将在本书后面的章节中一一展开论述。因为有了厚重博大的中国文化的支撑，其中所蕴含的智慧和力量也是无穷的，读者朋友们万不可轻视。

二、中国式领导力的概念和整体模型

从领导力概念的能力（影响力）、行为、过程和关系四个面向来看，西方更加关注的是领导力的外在因素，是领导者与其追随者之间的互动。西方领导力大师的观点告诉我们，领导力首先是一种能力，其核心要素是影响力；这种能力可以产生于组织的任何一个人，不仅仅是领导者，因此，每一个人不论其身处何种岗位，都需要发展自己的领导力；影响力是领导者个体的个性、气质、技能、认知水平和实践经验等全方位素养所决定的，并在引领、说服、动员、激励、号召他人实现共同目标的过程中展现出来，因此西方的领导力概念体现了领导者与他人之间相互作用的过程和关系。

中国文化情境更加偏向于关注领导者的内在修养，要求领导者德才兼备、内外兼修，而西方功利实证主义更加偏向于关注领导力如何获得外在的效用，这一点正是东西方文化在领导力的培养和发展上所展现的最大不同。本章我们将要正式提出的中国式领导力的概念，兼顾了西方领导力所关注的外在因素和中国文化情境所关注的内在因素，尤其是中华优秀传统文化所倡导的领导者内在的道德修养。

（一）"中国式领导力：修己安人、内圣外王之道"的概念

在领导力三层次的模型中，我们增加了领导力的内在因素，即领导者自身的道德修养。这一点增加的内容使领导力的概念更加适用于中国本土情境，也就是说，领导者除了要发展和提高西方领导力所注重的技能、影响力、流程、方法、工具和手段等外在因素，还需要关注提升自身的道德修养，这是契合中国文化情境需求的内在因素。

领导力这两个不同的方面，可以用以儒家思想为主体的中国传统文化中最为经典和精华的治理之道——"内圣外王"一语加以概括，或者说，"内圣外王"的治理之道可以被认为是中国人所理解的最为典型的领导力之道。而"修己安人"在整体理路上与"内圣外王"也是一致的。

一个领导者要想更好、更有效地影响他人，除了运用各种技能、影响力、流程、方法、工具和手段等对外施行中国人所谓的王道管理之外，领导者必须首先将目光投向内在、投向自身，只有领导者不断修身立德、修身养性，提高道德修养水平，以达到或不断接近"圣人"的境界层次，才能使其对外的王道管理更好地发生影响力。

由此，我们结合西方的领导力概念和古代中国的领导思想，给出符合现代组织管理要求、古今融通、中西结合的中国式领导力的全新概念。

> 中国式领导力是以中华优秀传统文化中核心的治理思想"内圣外王"之道为主体内容和框架，强调领导者"修己安人"，即内在道德修养（内圣之法）与外在治理能力（外王之道）两相结合、内外兼修、协调发展，并符合现代组织发展要求的领导和管理之道。

在这个定义中，中国式领导力是一种领导和管理之"道"。我们用"道"这个更加形而上的词汇来命名中国式领导力，更加接近于我们上面提到的"只可意会，不可言传"的"艺术"。事实上，中国式领导力追求的是"道术结合、以道御术"的更高的境界和层次。即中国式领导力深深根植于中国传统文化中的领导思想和管理智慧，更加偏向于对形而上的"道"的领悟和理解；同时中国式领导力并不排斥和摈弃"术"的应用，而是主张"术"在"道"的统御之下发挥作用。

中国式领导力包含了西方领导力前述四种面向的含义，因此我们可以这样说：

中国式领导力是运用中国传统治理思想的领导者提升自我道德修

200

养和影响他人行为的一种能力（影响力）；是领导者向内管理自我和向外领导他人的一系列行为；是运用中国传统治理思想的领导者提升自我道德修养和影响他人行为的一种过程；或是领导者与其自我，以及与其追随者之间的一种关系。

相较于西方领导力的概念，这当中的关键之处在于两点：其一，树有根，水有源，中国式领导力根植于中华优秀传统文化，运用中国传统治理的"内圣外王"之道作为其主要内容和框架；其二，中国式领导力强调领导者须内外兼修，或者说除了注重西方所关注的领导力行为、技巧、过程、方法、工具等外部因素之外，还注重领导者自身道德修养和自我管理等一些内部因素。

除此之外，中国式领导力很明显还具备如下一些特点。

其一，中国式领导力是融通古今的。

中国式领导力是在中国古代治理思想"内圣外王"之道的基础上发展而来的。"内圣外王"之道是以儒家思想为主体的中国传统文化中修身为政的最高理想，是中国传统文化中最为核心的治理思想，其本义是指君子不断修身立德，提高内在修养道德，以达到圣贤的境界层次，再施王道于外，为王者之政。本书借古语之"内圣外王"，论今日之中国式领导力，是对中国古代"内圣外王"之道的继承，并将其拓展到现代组织的领导和管理领域。

其二，中国式领导力是中西结合的。

中国式领导力是在西方领导力概念基础上的进一步丰富和升华。西方所论述的领导力基本是在能力（影响力）、行为、过程和关系四种面向上展开，多是指向领导者外部环境的功用，更加偏向于"术"的层面。而中国式领导力的"外王之道"将包含领导力之"术"的外部功用，除了中国文化中的领导和管理之术，中国式领导力还将借鉴和吸收西方所推崇的，并已经被实践证明具备良好效用的领导和管理技能、流程、方法、工具和手段等内容。

其三，中国式领导力是立足现实的。

中国式领导力是为了满足当下和未来的组织发展要求的领导和

管理之道。中国式领导力不是束之高阁、曲高和寡的哲学概念，我们将立足领导和管理工作的现实需要，希望这一概念所包含的内圣之法和外王之道，以及所倡导的理念能够帮助现实世界的领导者成长和完善，能够帮助解决现实世界正在发生的或可能发生的领导和管理难题。

其四，中国式领导力是面向世界的。

改革开放数十年来，随着经济的发展，中国的国力和全球影响力都获得了极大的提升，中国文化智慧也越来越受到全世界的关注和重视。因此，中国式领导力将不仅为中国本土情境中的领导者提供提升的理念和思路，也可以为全世界各行各业的领导者和管理者提供借鉴。

（二）"中国式领导力：修己安人、内圣外王之道"的模型

中国文化历来偏向于形而上的哲学性表达与钩沉，其思想与智慧往往是隐晦的，难以把握的；欧美西方的文化则更善于形而下的技术性总结与提炼，特别是管理学、心理学等实证主义科学。"中国式领导力"的概念虽然脱胎于中国传统文化的内圣外王之道，但我们希望她能够兼具东西方文化的优势特点。为此，这一全新的领导力概念除了将借鉴融合西方领导力已经在实践中被证明行之有效的相关技术、流程、方法和工具之外，我们还将运用西方科学主义的方法，为中国式领导力构建整体模型，以利于读者朋友们更为清晰地把握和在实践工作中运用这一全新的领导力概念。

如上文所述，我们借鉴运用了中国古代最为精妙的治理思想"内圣外王"之道来创建"中国式领导力"的概念，"内圣"和"外王"这两大不同方向的领导力量并非割裂开来或两相对立的，而是相辅相成、相得益彰，你中有我、我中有你，内外结合的一个整体。所以"内圣外王"的整体结构就如同《易经》中的阴阳学说，所谓"一阴一阳之谓道"，正是本书所构建的"内圣外王"领导力之道。

我们再结合儒家经典《大学》，为这一领导力体系设置了功夫次

第，让学习这一体系的领导者们有了进阶提升的具体方法和步骤，于是得到了"中国式领导力：修己安人、内圣外王之道"的模型，如图4所示：

◎ 图4 "中国式领导力：修己安人、内圣外王之道"模型

自2015年以来，我在各大高校和企事业单位讲授"中国式领导力"这一主题或类似主题的讲座和培训课程已不下百场。这张整体模型图是在不断地讲授、不断地与各行各业领导者沟通交流的过程中逐步打磨而成的，其所蕴含的能量是无穷的。我们认为，现实世界的领导者和管理者只要按照这张整体模型图所提供的路径不断精进、不断成长，其个人的领导力水平必然会稳步增长。

各位莫怪，酒香也怕巷子深，所以在论述这一模型图之前，请允许我先老王卖瓜、自卖自夸一下。如果您对这张图有任何的建议和思考，也希望不吝赐教，在此先行致谢。

本书后续的内容也将根据这张图的整体框架逐步展开论述，首先要厘清这张图中出现的一些概念。

三、修己安人、内圣外王：中国人的大人之学

中国式领导力运用了中国古代"内圣外王"的治理之道构建了整体模型，因此，我们有必要了解一下"内圣外王"这一概念的来源和发展情况。我之前到企事业单位开讲座或培训课程，有一些国有企业组织的领导委婉地向我表达，希望不要用"内圣外王"这么显眼的标题。对此我非常能够理解，因为中国人历来都是比较谦逊和低调的，而"内圣外王"这四个字却显得颇为霸气。其实，"内圣外王"能够非常恰当地代表中国传统文化"修己安人"的大人之学，也就是领导者之学。

（一）"内圣外王"概念的来源及含义

"内圣外王"虽然现在被用于归纳儒家思想，但这一提法并非儒家首创，而是最早出现在中国道家学派庄子的著作中。

> 圣有所生，王有所成，皆原于一（道）。

——《庄子·天下》

这段话可以如此翻译：涵育宇宙精神的圣人相继产生，体现人类智慧的贤王相继兴起，都是根源于那唯一的大道。

庄子在这里把"圣人"和"贤王"一类的领导者的出现，都归因于道。老子在《道德经》中的第一句话就说"道可道，非常道"，意思是"道如果能够解释清楚，就不是恒常的道了"，所以庄子在此处所说的"道"也是只可意会，不可言传。我们结合本书主题，权且将其认为就是"内圣外王"之道。

> 是故内圣外王之道，暗而不明，郁而不发，天下之人，各为其所欲焉，以自为方。

——《庄子·天下》

这段话的意思是：所以内圣外王之道，暗淡而不显现，抑郁而不发扬，天下之人都有自己的喜好和欲望，都偏执于自己的方术。

庄子在这段文字之前，首先贬斥了一个不被其认同的时代，“天下大乱，贤圣不明，道德不一”，在天下动乱的时代，圣人贤王等杰出的人物都不再显明于世，道德也无法得到统一。在这样一个不堪的时代，“内圣外王”之道就自然“暗而不明，郁而不发”了。

由此可知，庄子提出的“内圣外王”之道，其本意是希望作为领导者的圣王能够躬行此道，以利天下。所以，“内圣外王”其实就是对领导者的标准要求。

《庄子》一书现在共计33篇，65 000多字，是道家学派的经典，与《老子》《周易》合称道家“三玄”。庄子文笔浪漫，想象诡谲，构思奇妙，意出尘外，是先秦诸子文章的典范之作，书中的一些故事既好看又意义深刻隽永，如庄周梦蝶、鹏程万里、老汉粘蝉、望洋兴叹、庖丁解牛、邯郸学步、东施效颦、朝三暮四、呆若木鸡、相濡以沫等，都极为精彩。我有个世外高人的同学名叫陈庆松，本科南开，硕士复旦，双商超常，我们一起在复旦上学时他就特别能吹牛讲故事，奇门八卦、喷水算命，无所不通。后来我了解到，这家伙天赋异禀又好学不倦，幼儿园就忽悠老师和全班同学到厕所去看他说的“死人骨头”，小学就开始读老庄、看红楼了。我有时看着他噘着小嘴眯着眼睛腆着肚子讲故事，就想庄周应该也是这样潇洒雄辩、神采飞扬的吧，又想着我小时候连幼儿园都没上过，看样子只能自己加倍努力了。这是一个题外话，建议读者朋友们学习道家老庄，更要精读儒家孔孟，广泛涉猎中华文化经典。培养道家出世的境界，更要学习儒家入世的修行。

庄子在《天下》中进一步阐释了自己心目中的“内圣”和“外王”两方面的标准。首先我们来看庄子对于“内圣”的阐释：

> 不离于宗，谓之天人；不离于精，谓之神人；不离于真，谓之至人。以天为宗，以德为本，以道为门，兆于变化，谓之圣人；

以仁为恩，以义为理，以礼为行，以乐为和，熏然慈仁，谓之君子。

——《庄子·天下》

不脱离大道之本质的人，称为天人；不脱离大道之精微的人，称为神人；不脱离大道之本真的人，称为至人。以自然为主宰，以道德为根本，以大道为门径，能预测到变化征兆的人，称为圣人；以仁爱来施行恩惠，以正义来区分事理，以礼节来规范行为，以音乐来调和性情，内心充满温和仁爱的人，称为君子。

庄子在这里其实是把"内圣"作为自己心目中完美的人格理想。"天人""神人""至人"其实是三个可望而不可即的境界层次，而庄子对"圣人""君子"则增添了一些接近世俗的描述，让作为圣王的领导者有了"内圣"修炼的具体参照。

以法为分，以名为表，以参为验，以稽为决，其数一二三四是也，百官以此相齿；以事为常，以衣食为主，蕃息畜藏，老弱孤寡为意，皆有以养，民之理也。

——《庄子·天下》

以法度区分名号，以名号标注实际，以参照进行验证，以考察判断事物，如同一二三四的数字那样条理分明，百官据此来确定职位序列；以事务劳作为常务，以衣食为主要问题，专注繁衍生息和积蓄储存，关心照顾老弱孤寡，使他们都能够得到抚养，这就是民生的道理。这段话是庄子对"外王"的解释，当然他主要是从政治的角度来阐述，也可以理解为是作者的政治理想。

庄子师承于谁，已不可考，但其生在孔子之后的战国中期，必定是研读过儒家经典文献的，《庄子》一书中也有很多假借孔子的言论和故事。就他提出的"内圣外王"之说以及相关阐述来看，庄子的思想也为儒家思想提供了精神源流，这也解释了为何"内圣外王"之道后来能够成为儒家学派的代表性思想。

（二）"内圣外王"是中国古代哲学的核心价值理念

虽然"内圣外王"最早由道家的庄子所提出，但后来儒、道、释合流，人们开始用"内圣外王"来阐释儒学的主要思想。两千年来，"内圣外王"逐渐发展为儒家思想的基本命题和中国古代哲学的核心价值理念。从先秦的原始儒学，到两汉的政治儒学，再到宋明理学，直至近现代的新儒家，儒学思想的诠释在不断地变化和发展，但万变不离其宗，始终在"内圣外王"之道的模式里进行哲学的运思。所以，著名哲学家冯友兰先生在《中国哲学简史》中说："内圣外王"是源起道家，而成于儒家。

事实上，庄子所阐述的"内圣外王"之道与孔子"修己安人"之道，其在思想核心上是高度一致的。比如，孔子曾对子贡说"夫仁者，己欲立而立人，己欲达而达人"（《论语·雍也》），意思是：有仁德的人，自己想站得住（指立身），也让他人站得住；自己想行得通（事业通达），也让他人行得通。这便是儒家思想"仁"的具体体现，在前文我们已有论述。孔子在这里所说的"己立"和"己达"就是领导者的"内圣"，而"立人"和"达人"就是领导者的"外王"。一个领导者自己立身、通达了，也帮助他人立身和通达。也就是说，在满足自身需要的同时，也要满足他人需要，如此才是一个真正的"仁者"，才真正做到了"内圣外王"。

> 颜渊问仁。子曰："克己复礼为仁。一日克己复礼，天下归仁焉。为仁由己，而由人乎哉？"
>
> ——《论语·颜渊》

弟子颜回问孔子什么是"仁"，孔子说："克制约束自己，一切都按照礼的要求去做，这就是仁。一旦做到了这些，天下的人都会称许你的仁德。实行仁德要靠自己，难道是靠别人吗？"

孔子主张君子（或者说领导者）必须要修身立德，提高个人修养，这是"内圣"的具体内容，而其核心就在于修养自己"仁"的品德。对于领导者如何做到"仁"，孔子这段话讲到了非常重要的两点：克己复礼和为仁由己。克己复礼是自我的约束和管理，其具体的标准就是

"礼"；而要想做到"仁"非是向外求，而是"为仁由己"，需要向内求。

因此，一个"仁"字代表了孔子所倡导的领导者"内圣"的核心标准。由领导者个人的"仁德"，再推而广之、推己及人，到"仁者爱人"，再到施行"德治仁政""德主刑辅""先德后刑"等，这就是儒家思想的"外王"之道了。

孔子"仁学"思想的精华便是"德治"。子曰："为政以德，譬如北辰，居其所而众星共（拱）之。"（《论语·为政》）

他认为，领导者如果能够实行德治，用道德的力量进行治理，就会像北极星那样，安然处在自己的位置上，别的星辰都环绕着它。

孔子主张的"德治"和"仁学"思想，被孟子继承和发展，就形成了"仁政"思想。当然儒家思想推崇德治仁政，并不代表就否定或摈弃法治，而是主张德主刑辅、先德后刑。这个内容我们在第三章第三部分有过论述，在此不做赘述。

总之，德治仁政、德主刑辅、先德后刑等主张构成了儒家学派的"外王"之道，也可称为王道治理思想，具体参见第二章第三部分。

通过以上分析可知，儒家学派的领导和管理思想与"内圣外王"之道可以完全契合，而在《论语》中孔子明确地将其表述为"修己以安人"。

在第三章第三部分，我曾引用过以下一段论述：

> 子路问君子。子曰："修己以敬。"曰："如斯而已乎？"曰："修己以安人。"曰："如斯而已乎？"曰："修己以安百姓。修己以安百姓，尧、舜其犹病诸？"
>
> ——《论语·宪问》

这段话更为清晰准确地表达了孔子对于君子（也就是身居上位的领导者）的三种层层递进的标准要求。首先核心是"修己"，一个领导者必须首先要以恭敬严肃的态度修养自己、修身立德，这是属于领导者"内圣"的范畴。领导者"修己"之后，才有资格和能力去"安人""安百姓"，乃至于"安天下"，就是依据自身能力和权限的大小，尽最大努力建功立业，从而去影响和惠及他人，这是属于领导者"外王"的范畴。

孔子对于君子（领导者）修己以敬、修己以安人、修己以安百姓的要求与"内圣外王"之道的精神完全相吻合。

由以上分析可知，"内圣外王"的实质是高度推崇儒家思想的道德人格对于个体生命价值的重要性，强调个人的道德人格是一切社会价值创造的终极源泉。按照儒家的正统观念，君子应潜心于道德人格的修养磨炼，将道德实践的经验内化到个体的心理结构中，从而逐步凝聚、积淀起一种强有力的道德精神力量，这就是实现"内圣"的功夫；然后才能进一步实现"外王"的功业，即实现人之为人的价值和尊严，以及通过社会实践，将自我内在的人格力量外化于世俗社会的价值创造之中，并最终实现治国、平天下的宏大抱负。

正因为"内圣外王"之道的提法与儒家思想高度契合，所以逐渐成为概括儒家哲学最高理想的代名词。又因为儒家思想是中国传统文化的主流，所以"内圣外王"之道所蕴含的理想人格、价值取向、思维方式、伦理观念、审美情趣等，得到了中华民族的逐渐认同并趋于一致，成为中华文化的主体精神；尤其是其中所蕴含的自强不息、积极有为、以天下为己任的使命感和责任感，以及"民胞物与"的仁爱精神、"天下一家"的博大精神，更是中华文明精神极为重要的核心所在。

正因为如此，现在人们一般认为"内圣外王"之道不仅是儒家学派思想的基本命题，更是中国古代哲学的核心价值理念。对此，近现代著名学者梁启超和冯友兰都有过类似的论述。

> 儒家哲学，范围广博。概括说起来，其用功所在，可以《论语》"修己安人"一语括之。其学问最高目的，可以《庄子》"内圣外王"一语括之。
>
> ——《儒家哲学》第一章

> "内圣外王之道"一语包举中国学术之全部，……其旨归在于内足以资修养而外足以经世。
>
> ——《〈庄子·天下篇〉释义》

在中国哲学中，无论哪一派哪一家，都自以为讲"内圣外王之道"。

所以圣人，专凭其是圣人，最宜于作王。如果圣人最宜于作王，而哲学所讲底（的）又是使人成为圣人之道，所以哲学所讲底（的），就是所谓"内圣外王之道"。

——《中国哲学之精神》

综上所述，我们认为"内圣外王"之道是中国传统治理思想的精髓，具有深刻的文化内涵，其作为贯穿中国几千年社会发展历史的传世思想，不仅是古代有志之士修身养性、治国安邦之道，也是当下国人立身处世、成就功业的指导思想。因此，"中国式领导力"借鉴和使用"内圣外王"之道构建整体的概念和逻辑框架，古为今用，可以为当代社会各类组织的领导者和管理者提供领导力进阶的方法和路径。

（三）"内圣外王"与《大学》之三纲领八条目

《大学》是儒家思想体系的最高纲领，是一部以"德治"为指导思想的哲学著作。书名的含义就是在大学（又称太学，古代中国的最高学府）里所讲授的圣王之学，所以也称"大人之学"，即领导者需要掌握的学问。无论是做儒家思想的学术研究，还是从事修己安人的实践工作，乃至规划整个人生事业，《大学》都给人们提供了全局的规划、前进的方向和具体实施的步骤。可见，这一部儒家经典典籍《大学》有多重要。

但是你知道吗？这样一部极其重要的书籍，仅有两千多字。

《大学》紧扣孔子"仁学"思想，以"德治"为指导方向，阐述了儒家"修己以安人"的治理之道，而这一治理之道与"内圣外王"之道紧密联系，所以又称"圣王之道"或"帝王之学"。

"圣王之道"就是"内圣外王"之道，可以分为两大部分：一是属于"内圣"范畴的"修己"功夫，二是属于"外王"范畴的"安人"

事业。

《大学》据此框架提出了三大基本原则和八条具体实施的步骤，这就是著名的三纲领八条目。

所谓三纲领，就是"明明德""亲民""止于至善"。这三大基本原则可以被认为是儒家思想所倡导的君子（领导者）的人生追求。第一步，人生来就具有"明德"，就是善良的光明的德性，但在入世之后慢慢长大，"明德"被外在利欲所熏所掩而不再显现或泯灭消散，所以就需要学习《大学》之道，重新找回并焕发出"明德"；然后就到了第二步，推己及人的"亲民"，亲近或接近他人，帮助他人成长进步，或是帮助他人革新（朱熹之解）；最后第三步就到了"止于至善"的最高境界，这也是带领同道共同达到道德完善的最佳境界。

三纲领的"明明德"对应"内圣"功夫，"亲民"和"止于至善"对应"外王"事业。作为领导者若能够在自己人生的一亩三分地里达到这三大纲领的目标，则可认为就是实现了自己人生的"内圣外王"之道。

所谓八条目，就是实现三纲领目标的八个步骤，就是"格物""致知""诚意""正心""修身""齐家""治国""平天下"。在这八个步骤中，"修身"是根本，前四目是"修身"的具体内容，后三目是"修身"的功用和目的。

"修身"具体内容的四目中，"格物"和"致知"是要求明白事物的道理，联系到本书"中国式领导力"的主题，"格物"和"致知"的内涵很广泛，包含一个优秀的领导者所应掌握的所有知识和技能，达到一种透彻了解和掌握的"致知"状态，还需要认识到"止于至善"的奋斗目标的意义和价值，从而建立基本的价值观和目标。然后再通过"诚意"和"正心"的修养功夫，追求道德修养层次上的自我完善。这四目中，"格物""致知"属于才智和知识修养的范畴，"诚意""正心"属于思想和道德修养的范畴，所以只有才智与道德兼修即"德才兼备"，才能真正达到《大学》"修身"的目标。

前四目"格物、致知、诚意、正心"是"修身"的具体内容，对应的是三纲领中的第一条"明明德"，是属于"修己"的"内圣"功夫范畴。具体来说，就是通过前四目的具体步骤来达到恢复人人本自具足的光明的德性，从而为下一步"安人""安百姓"的"外王"事业打下基础。

后三目"齐家""治国""平天下"对应的是三纲领中的"亲民"之事，也就是"安人""安百姓"的"外王"事业。如果领导者在"明明德"和"亲民"两个方面都做到极致，让人民安居乐业、天下太平和谐，那么就实现了"内圣"与"外王"高度统一的"至善"境界。如果领导者能够长久保持"至善"，那就实现了三纲领中"止于至善"的最高境界。

这就是《大学》之道与"内圣外王"之道紧密契合的整体逻辑。

按照这一逻辑进行推演，一个帝王只有首先严格要求自己修身立德，自明其"明德"，并能够以身作则，然后推己及人，影响他人、带领他人、革新他人，也就是"亲民"（朱熹作"新民"），才能最终共同努力达到"天下大治"的至善之境（止于至善）。这就是《大学》之道为帝王将相所设计规划的人生进阶的次第。

联系到我们各位读者朋友，修身立德"明明德"之后，能力越大，责任就越大，首先要照顾好、安顿好我们自己的小家庭和近亲的家族，所谓"一屋不扫，何以扫天下"，这就是"齐家"；然后领导好、管理好我们自己的团队（根据自己的权责范围，小至管理一个小组、一个部门，大至领导一个企业、一个集团，甚至作为省部级领导干部为政一方），这就是我们在自己人生范围里"治国"；最后影响到、照拂到我们力所能及的范围里的所有人，让他们因为我们的领导而变得更好更幸福，这就是我们的"平天下"。

这就是《大学》之道！

这就是《大学》的"修己安人"之道！

这就是"内圣外王"之道！

这就是中国式领导力的"内圣外王"之道！

这就是中国的领导者和管理者都应该要学习的领导力之道!

有时候我情不自禁地会想,我们的古圣先贤是多么智慧,又是多么贴心啊!他们可能真的能够一眼千年,看到几千年后的我们是多么利欲熏心,在科技发达的现代世界中迷失了自我,所以为我们设计了如此清晰明确的人生目标,并且还附带了如何实现目标的八个步骤,就如同一本傻瓜式的使用说明书。我们后人只要照做,就一切都搞定了。

《大学》,这本人生的使用说明书分为"经文"和"传文"两个部分。"经文"是《大学》的宗旨和总纲,是统领全书的思想,是其余各章"传文"的依据。相传"经文"是至圣先师孔子说的话,由他晚年的弟子曾参记录了下来。而之后的十章都是对首章"经文"的解释和阐发,所以被称为"传文"。

因为"中国式领导力"的整体模型和其基本逻辑都来源于《大学》的首章"经文",这一段重要得无以复加的文字其实是我们登堂入室的门径和钥匙。这个"堂"和"室",就是儒家学派思想,就是以儒家思想为主体的中华优秀传统文化。

> 大学之道,在明明德,在亲民,在止于至善。
>
> 知止而后有定,定而后能静,静而后能安,安而后能虑,虑而后能得。物有本末,事有终始。知所先后,则近道矣。
>
> 古之欲明明德于天下者,先治其国;欲治其国者,先齐其家;欲齐其家者,先修其身;欲修其身者,先正其心;欲正其心者,先诚其意;欲诚其意者,先致其知;致知在格物。
>
> 物格而后知至,知至而后意诚,意诚而后心正,心正而后身修,身修而后家齐,家齐而后国治,国治而后天下平。
>
> 自天子以至于庶人,壹是皆以修身为本。其本乱而末治者,否矣。其所厚者薄,而其所薄者厚,未之有也。
>
> ——《大学》

这一段经文的认识和理解,我们将在本书后续的章节中结合"中国式领导力"的概念陆续展开，因本章篇幅已然不小，故在此不做另解。

值得一提的是，程颐（1033—1107）和朱熹（1130—1200），这两个宋朝时期著名的大学者，不知为何擅作主张，竟然改动《大学》经文中的"亲民"为"新民"，解作"使民革新"之意，这一改动让后世近一千年来的读书人诟病不已。尤其是一生践行"内圣外王"的明代心学集大成者王阳明先生，他在《传习录》首章中就表达了反对意见，说"亲民便是兼教养意，说新民便觉偏了"。要知道，孔子所说的"亲民"可不止"使民革新""革新去旧"之意，或有"亲爱于民"之意，或有阳明所说的"兼教养意"之意，或有"亲自治理民众"之意，甚至可能有先秦早期儒家之"亲亲"之意，其含义隽永丰富，不一而足，各人有各人的理解。程子和朱子这一改动，好似在美女姣好的面庞上点了一颗痣，关键还不是啥美人痣，好像是个好吃痣！一下子让"亲民"失了原本生动活泼和美妙的色彩，变得生硬不堪了。

我之前以为程颐和朱熹两个人商量好了这样改，后来才知道，他俩不在一个时空，差了快30年，一个在北宋，一个在南宋。朱熹是"二程"（程颢、程颐）的三传弟子李侗的学生，也就是四传弟子了，因为学问大，与二程合称为"程朱学派"。但是我想，您老再学问大影响大，改动至圣先师孔子的"经文"，恐怕还是过于自信，不大妥当。

本章至此我们运用中国传统修身为政的最高理想"内圣外王"之道构建了"中国式领导力"的全新概念，并结合儒家经典典籍《大学》的思想，为"中国式领导力"设置了整体模型和框架。下面我们将对"中国式领导力"涉及的重要问题，以及这一概念中的每一个重要模块进行全方位的细节阐述。

四、现代西方领导力理论的变迁及其主要观点

"领导力"这一名词被提出来之后，随着人类社会科学技术的不断进步和发展，陆续涌现出了各种不同的领导力理论，不同时代都有不

同的解释。

（一）领导力的伟人理论和特质理论

在西方思想史上，达尔文的进化论一直拥有广泛而深远的影响力，20世纪初正是受到进化论的影响，领导力被认为是可以遗传的。那些帝王将相、王公贵族中的男性被认为天生就是领导者，拥有非凡的领导力，是领导力的传人。这就是伟人理论（great person theory）。

20世纪30年代左右，在伟人理论的基础上，兴起了特质理论（leadership trait theory）。特质理论最初和伟人理论一样，认为领导者与非领导者在社会地位、个性特征、生理特点和智力因素等方面都拥有天然的差异，因而领导者天然地就具备某些领导特质。例如，领导力"六项特质理论"认为领导者具备进取心、领导意愿、正直与诚实、自信、智慧和工作知识这六种特质，而这些非凡的特质或品质使得领导者区别于普通人，并表现出成功的领导力。

随着人们认识的逐渐加深，"领导力是天生的"这一观点受到了质疑。因为人们无法确认一个人是因为天生自信而成为领导者，还是因为成为领导者而让他们更加拥有自信。并且人们发现，类似于工作知识和智慧等所谓的特质，是可以在实践中通过学习而逐渐积累的。因此，领导力不仅仅只是特质，更是一系列行为的集合，这一观点逐渐被人们所认识和接受。

时至今日，领导者的特质仍然是学术界关注的重点之一。随着时代的变迁，领导者应该培养和具备何种特质也相应地发生着变化。结合现代西方心理学各种人格特质理论，对领导者特质的要求现在也逐渐变得更加全面而细致。此外，中华优秀传统文化中对于"大人"的各种素养的要求，也应该被现代领导者所重视。"中国式领导力：修己安人、内圣外王之道"中的"修己"和"内圣"，究其本质是与领导者的特质要求相一致的。因此，西方领导力特质理论的发展以及中国文化对于领导者素养的要求，将会是"中国式领导力"培养符合现实要求的优秀领导者需要重视的两个方面。这一内容将会在本书的下部

（实践应用篇）中详细描述。

（二）领导力的行为理论

20世纪40年代末出现了领导力的行为理论（leadership behaviors theory）。

领导力的行为理论将注意力放在着重研究领导者偏爱的行为方式和行为风格上。这是领导力理论的极大进步，因为如果领导者具备一些行为特征，那么我们就可以通过特定和具体的行动去培养领导力。由此，领导力打破了所谓"天生"的魔咒，任何一个普通人，通过努力学习和积累都能够拥有自己的领导力。

这一时期的领导力理论开始关注领导者在工作中实际做了什么、采用何种管理方式、管理者与下属的角色分配、管理的功能和责任内容等，对领导力的行为出现了许多建设性的研究。在这一时期影响力较大的领导力行为理论包括两维度领导理论和管理方格论等等。

我们对著名的管理方格论（management grid theory）做一个简单介绍。这一理论改变了之前领导和管理理论中"非此即彼"式（要么以生产为中心，要么以人为中心）的绝对化观点，指出在"关心生产"和"关心人"的两种领导方式之间，可以进行不同程度的互相组合，从而形成了管理方格图。图5是一张纵轴和横轴各9等分的方格图，纵轴表示领导者关心人的程度，横轴表示关心生产的程度，第1格表示关心程度最小，第9格表示关心程度最大。根据领导者"关心生产"和"关心人"两个维度的不同组合，可以将领导力大致分为5种类型：贫乏型领导、俱乐部型领导、中间型领导、任务型领导、理想型领导（图5）[1]。

领导力的行为理论经过数十年的发展，人们又提出了新的质疑，那就是仅仅关注行为似乎也是不全面的。具体来说，同一种领导力的行为，其效果并不是恒定不变的，应该还需要考虑到领导者所处的外部环境的不同情况。例如在管理方格论中，理想型领导是既关心人又

【1】管理方格论是美国得克萨斯大学行为科学家罗伯特·布莱克（Robert R·Blake）和简·莫顿（Jane S·Mouton）在1964年出版的《管理方格》一书中提出的。国内有些版本把5.5格的"中间型领导"翻译成"中庸之道型领导"，这是对儒家"中庸"的极大误解，具体请参阅本书第三章"儒家学派的'德治仁政'"中的"中庸之道"。

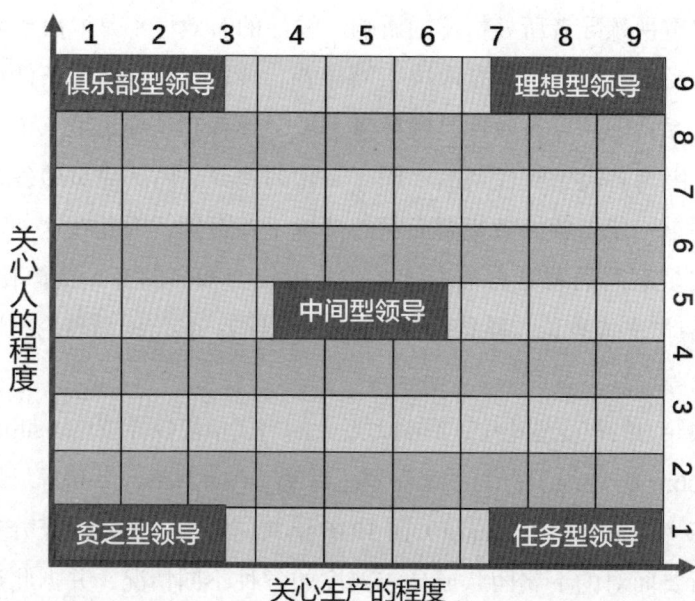

◎ 图 5　管理方格理论

关心生产，然而如果领导者要处理一件极为紧急的工作时，重点关心生产的任务型领导在这种情况下，可能效果更佳。同样的道理，即使是不关心人也不关心生产的贫乏型领导，在某些极端情形下，也不失为一种恰当的领导力风格。

　　领导者应该要采取什么样的行为，要展现什么样的风格是领导力理论研究不可或缺的内容。同样在"中国式领导力"的概念和模型中，领导者修己安人、内圣外王的八个步骤中，每个步骤都包含领导者所应采取的具体的行为方式，甚至每个步骤都应该包含一系列行为的集合。

（三）领导力的权变理论

　　行为理论后来被认为把领导力过于简单化，没有充分考虑到领导者所处的整体环境的影响。于是 20 世纪 60 年代，出现了权变理论（leadership contingency theory）。

　　该理论认为领导者在其特质和行为上无法取得一致性的情况下，

必须要重视领导者所处情境的影响。领导的有效性不是取决于领导者不变的品质和行为，而是取决于领导者、被领导者和情境条件三者的配合关系，即领导有效性是领导者、被领导者和领导情境三个变量的函数。因为各类组织性质的不同、文化的差异、团队成员的各种复杂情况并存，使得领导者所要面对的情境千差万别，因此在这一时期出现了很多不同的领导力理论体系。其中较为知名的有：费德勒模型、领导-成员交换理论、路径-目标理论、领导者-参与模型理论、情境领导理论等。

领导力的权变理论中，影响力最大的当属情境领导理论（situational leadership），由组织行为学家保罗·赫塞（Paul Hersey）和肯尼思·布兰查德（Kenneth Blanchard）在1976年共同提出。该理论充分考虑领导者所要面对的下属团队成员成熟度的各种不同情况，并据此选择两种不同的领导行为：工作行为（指导性行为）和关系行为（支持性行为）。依据这两种领导行为的不同组合，进而确定相应的四种主要的领导风格，分别是：授权式领导风格、参与式领导风格、推销式领导风格和告知式领导风格。

需要提醒的是，四种不同的情境领导风格没有好坏之分，只有不同的适用场景。最佳的领导风格，一定是领导者能够充分考虑不同时间、不同场合地点、不同工作项目、不同下属成员等外在情境的不同而适当调整的领导风格。在这一点上，西方的情境领导理论与《易经》"变易"的思想是一致的。

此外，本书的主题虽然名为"中国式领导力"，但对于西方领导力理论和技术的结合应用也是这一主题极为重要的一个方面。正如前文所述，"中国式领导力"力求中西结合，因而我会在适当的地方引用西方优秀的领导力理论和技术，但不会针对提到的西方领导力理论做详细和全面的介绍。读者朋友们如要深入了解，可自行收集资料加以学习。我们身处现代社会有很大的便利性，网络上各种资料一应俱全，您也可以去问最近大火的ChatGPT。

图6是情境领导理论最为核心的模型，供大家参考。

情境领导理论

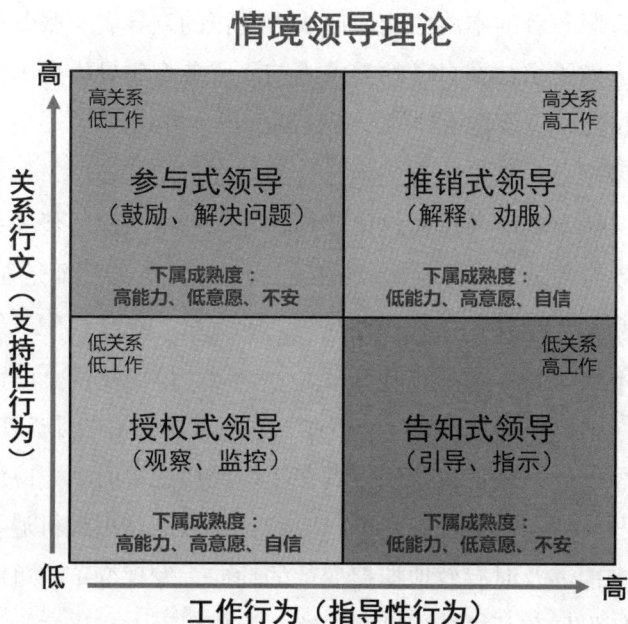

◎ 图 6　情境领导模型

（四）领导力理论的当代发展

从 20 世纪 70 年代开始，现代心理学和组织行为学的一些思想被应用到领导力的理论建设上，领导力研究逐渐从领导者的人格特质和行为等个体研究拓展到整个组织情境交互作用的影响，把领导者人格特质、行为与组织情境相结合，既注重领导力的个体实质，也强调领导力的外在表现，从而形成了更加复杂的领导力理论体系。

这一阶段比较知名的理论有：魅力型领导力、服务型领导力、变革型领导力、交易型领导力、伦理型领导力、真诚领导力。

魅力型领导力理论认为，领导者能利用其自身魅力鼓励追随者并做出重大的组织变革。这种魅力（charisma）被定义为存在于领导者个体身上的某种品质，这些品质普通人难以企及，往往被视为超凡神圣和具有模范性质，而具备这种魅力品质的人可以被视为领袖。

服务型领导力理论把领导者看作一个服务者，一个为他人服务，关心他人和组织迫切需求的人，领导者的角色实际上是为他人提供服务。因此，服务者的本质才能让他成为真正的领导者。服务型领导者通常把别人的需求放在自己的需求之前。服务型领导本身不是一种领导风格或技巧，应该是一种领导者长期的行为方式。

交易型领导力理论认为，领导行为是在特定情境中，领导者和被领导者相互满足的交易过程，也就是领导者借由明确的任务和角色的需求来引导与激励下属完成组织目标。交易型领导的特征是强调交换，在领导者与部下之间存在着一种契约式的交易。在交换中，领导给下属提供报酬、实物奖励、晋升机会、荣誉等，以满足部下的需要与愿望；而下属则以服从领导的命令指挥，完成其所交给的任务作为回报。

变革型领导力理论主张领导者在组织经历变革时期，应激励追随者实现自我转变、引导组织变革以应对各种挑战和把握机遇。变革型领导者要求能够及时有效地捕捉变革的动向，发现变革期可能带来的新形势、新发展和新机会，进而能够在操作层面上积极主动地采取及时恰当的措施，使自身和组织的观念与行为能够顺应变革的发展要求。

伦理型领导力理论强调领导者有明确的个人道德标准。除了自身是一个道德人之外，伦理型领导者同时也是道德型的管理者，他们通过明确表达伦理和价值观信息，有意识地表现出行为楷模式的伦理行为，使伦理道德成为其领导活动的一个显在组成部分；即伦理型领导者通过其个体行为和人际互动，向下属表明什么是规范的、恰当的和符合伦理道德的行为，并通过沟通、强制、决策或决定等方式，促使团队照之执行。

真诚领导力理论又称诚信领导力理论，是积极心理学在领导力理论中的集中体现，也是近20年来比较重要的领导力思想。真诚领导力理论要求领导者在领导过程中展现出诚实守信、言行一致、表里如一、诚恳负责的品质和行为，从而有利于团体实现组织目标。其要求领导者是一个有理想追求、自信、乐观且灵活的人，以价值目标为导向，重视追随者的发展，并愿意把下属发展成为领导者。相比其他领导力理论，真诚领导力理论拥有更多积极的情感，为领导力理论的发展提供了更广阔的视野。

（五）领导力理论中西结合的趋势

各位读者可能已经注意到，在上述比较知名的领导力理论中，后期出现的伦理型领导力理论、真诚领导力理论（诚信领导力理论）都开始关注到领导者自身的伦理道德和修养的问题。早期出现的领导力特质理论，近年来也逐渐关注到领导者自身品质道德。

我们经过梳理研究发现，这些西方领导力理论的研究者都或多或少受到了中国文化的影响。例如真诚领导力理论的提出者，哈佛商学院的比尔·乔治（Bill George）先生，就曾声称他对中国文化极为感兴趣，并从中获得了很多有益的启示，他还特别喜欢给来自中国的EMBA 学生授课。因此我们就不难理解，为什么真诚领导力理论中有很多中国文化的思想和智慧的闪现。

伴随着中国国力和影响力在全世界范围内的大幅提升，这种西方学者对中国文化表现出浓厚兴趣的现象并非个案，而是普遍存在的。管理学的大师级人物、《第五项修炼》的作者彼得·圣吉曾连续多年专程来到中国，在太湖大学堂跟随南怀瑾老师学习中华优秀传统文化。

在西方学者对中国文化产生浓厚兴趣的同时，中国本土的很多学者也试图提炼中国文化中的领导思想和管理智慧。例如夏威夷大学的成中英教授提出了"C 理论"，中山大学的黎红雷教授提出了"儒家管理哲学"，中国台湾地区的曾仕强先生提出了"中国管理哲学"等。而我们在本书构建和提出的"中国式领导力：修己安人、内圣外王之道"，也正是在这一阶段所出现的具备中西结合、融通古今等特点的全新的领导力理论。

章后记："中国式领导力"这一
名称诞生的由来

领导力在学术研究领域是经久不衰的热门课题，在实践领域更是各类组织机构不容忽视的战略主题。小到个体的领导力培养，中到管理团队的领导力建设，大到整个组织机构的领导力体系打造，各大企事业单位几乎都把领导力作为组织发展和人力资源管理的关键点。

一直以来，关于领导力的培养和建设，我们基本都是学习、借鉴和应用西方的经验。我个人曾作为职业经理人在四家世界 500 强消费品企业工作了 15 年之久，第一家是央企华润集团，其他三家是外资企业联合利华（Unilever）、卡夫食品（Kraft）和汉高集团（Henkel），曾在市场销售、项目管理、人力资源、培训发展等各个领域担任管理岗位，到后期负责全公司员工的素质能力发展工作。在工作中除了打造员工的技能提升模型如全公司的"标准销售语言体系""实地辅导系统"等，领导力体系的构建一直是我工作的重中之重。早期我所借鉴的主要是一些西方著名商学院所倡导的领导力理论，以及外资企业国外总部的领导力系统，都是较为纯正的西方领导力的理论和经验。

然而在围绕着领导力体系构建的一系列培训课程中，因为主要面对的学员群体是中国区的管理团队，所以为了达到更好的授课效果，会很自然地结合中国人自己的理论和实践经验。久而久之，在实战的领导力培训课程中就逐渐融入了中国文化和中国智慧，有意无意中部分实现了中西结合。

后来我在工作了 15 年之后又回到高校攻读心理学博士学位，研究方向也就自然地定在了中国文化与西方管理学、心理学的结合领域。同时我接受邀请经常会在各大企事业单位授课或做讲座，领导力系列是其中的重点课程之一。讲座题目是"中华内圣外王领导力""内圣外王，管理之道""儒家《大学》内圣外王之道与现代组织领导力""世界 500 强企业组织领导力建设""东西方融合的领导力体系""修己安人——中国本土领导之道""儒家思想与现代领导力""大学之道与现代组织真诚领导力"等，自 2015 年以来，我在各种类型的组织中关于领导力的授课不下百场，所用的课程主题也不尽相同，但都是希望将西方的领导力理论和成熟的经验与中国本土文化加以结合。令人欣喜的是，课程不仅受到国内众多企事业单位的欢迎，也受到世界 500 强的外资企业的认同。例如，"内圣外王——中国人的管理大道""王道与霸道——中国古代的管理智慧""中华内圣外王领导力"这三个主题的讲座和培训课程就曾经在数家著名的世界 500 强外资企业开设过，并得到企业管理层和学员们很好的反馈与评价。

2022 年 10 月 16 日，中国共产党第二十次全国代表大会在北京隆重开幕，习近平总书记代表第十九届中央委员会向大会作报告时宣告："从现在起，中国共产党的中心任务就是团结带领全国各族人民全面建成社会主义现代化强国、实现第二个百年奋斗目标，以中国式现代化全面推进中华民族伟大复兴。"

自此之后，"中国式现代化"成为全体中国人热切关注和讨论的话题，中国式现代化呼唤中国式管理和中国式领导力的诞生！

因此，我和众多老师和朋友沟通，特别是在复旦大学范丽珠教授、陈纳教授给到的指导意见之后，我将自己的领导力系列讲座和课程正式命名为"中国式领导力：修己安人、内圣外王之道"。回首我自己在近 20 多年来的学习和工作中，经过对东西方文化不间断的学习、思考、实践和应用，经过对出现在我身边的众多或优秀、或拙劣的领导者和管理者的观察与比较，经过数百场与领导力相关的培训课程和讲座的历练，最终在 2022 年底，响应党的二十大的伟大号召，正式提出了"中国式领导力"这一响亮的名称！

中国式领导力是伴随着中国式现代化的伟大征程而诞生的全新概念，融汇了东西方管理学"道"与"术"的各自优势，不仅体现了 5 000 多年中国文化的智慧，更体现了中国文化兼容并蓄、开放包容的格局和胸怀。因此，就如同我和外国朋友介绍自己是孔子后裔这一身份时的自豪与自信一样，中国式领导力体现了中国人在当今时代的中华文化自信！

第八章

中国式领导力的特征和优势

【本章导读】

为什么说仅有2 000多字的《大学》为领导者提供了进阶提升的次第？

中国式领导力的取势、明道、优术，崇尚知行合一、内管理与外管理的结合，以及强调"内圣之法"与"外王之道"的阴阳平衡，特别是中国领导力的进阶提升次第等，为当今时代的领导者和管理者提供了一幅培养自身领导力素养的完备图景。中国式领导力根植于5 000年延续不断的中华文明，因而天然地具备了与这个伟大文明相类似的特征和优势。尤其是"中国式领导力"兼容并蓄、开放包容，与时俱进、不断成长的特点，让这一全新的领导力概念和体系一方面能够古为今用，融合中华优秀传统文化的思想和智慧；另一方面也能够洋为中用，融汇来自西方现代社会先进的领导思想和管理技术。

一、中国式领导力：取势、明道、优术

在前文"领导力的三个层次"一节中我们已经简单阐述过领导力的"取势、明道、优术"，而中国式领导力"道术结合、以道御术"的特点，在前文好几处也有较为详细的介绍，原本不打算赘述。但前段时间我在和品牌营销大咖、上海知名营销咨询企业"创物说"的创始人崔智慧女士沟通交流时，她的观察和思考又让我感觉，虽然道与术的关系看似容易理解，但现实中很多领导者的做法却常常与之相背离，可见做到"知行合一"有多么艰难。学习中国式领导力把握道与术的关系至关重要，故我用这一小节专论"取势、明道、优术"。

崔总认为很多企业在其品牌建设上都没少花金钱和功夫，之所以效果不佳，其主要问题都有一个目标和方向选择上的偏差。她说：团队不怕忙活，但怕白忙活；不怕辛苦，但怕白辛苦，因此我们是要努力，但不能在错误的目标和方向上努力。

《战国策》中记载的一个"南辕北辙"的寓言故事与崔总的观察如出一辙。故事中说有个人要去楚国，却驾着马车往相反的方向走，别人提醒他，他却大谈自己的三大法宝："吾马良""吾用多""吾御者善"。殊不知方向不对，你的马再好，带的盘缠再多，马夫驾马的水平再高，最终只会"离楚愈远耳"。现在我们知道地球是圆的，过了这 2 000 多年，那个人绕地球一圈怕是也到了楚国，当然这是说笑了。

崔总的观察和南辕北辙的故事说的都是目标和方向的重要性，是属于"道"的层面的问题。而选择什么样的道路，要求领导者必须首先要懂得"取势"。

（一）"取势"：把握趋势、发挥优势和择人任势

"势"可以指趋势和优势。"取势"是要求领导者一方面要能够预判和把握大环境的趋势，另一方面是要能够发现并发挥个人、团队和组织的优势。能够预判和把握外部趋势，并同时能够发现和发挥自身优势，这就是领导者的顺势而为。顺势而为则会事半功倍，逆势而动则会事倍功半。长期要看趋势，认识并把握好了大的趋势，这是获得大发展的根本条件；短期要看优势，用足自身优势，充分发挥自身优势，这是能够把握机会的基础条件。

"取势"的一个关键之处在于领导者要有预见性，即有前瞻性的眼光。对此毛泽东主席 1945 年在革命圣地延安的中共七大上有一段精彩的论述：

> 什么叫作领导？领导和预见有什么关系？预见就是预先看到前途趋向。如果没有预见，叫不叫领导？我说不叫领导……
>
> 坐在指挥台上，如果什么也看不见，就不能叫领导。坐在指挥台上，只看见地平线上已经出现的大量的普遍的东西，那是平平常常的，也不能算领导。
>
> 只有当着还没有出现大量的明显的东西的时候，当桅杆顶刚刚露出的时候，就能看出这是要发展成为大量的普遍的东西，并能掌握住它，这才叫领导！
>
> ——《在中国共产党第七次全国代表大会上的结论》

毛主席用特别形象的比喻说明了领导和预见的关系。他明确指出，如果没有预见的能力，没有"预先看到前途趋向"的能力，就不能叫作领导。这里的"预见"就是对于未来大的趋势（大量的普遍的东西）的认识、判断和把握。

毛主席毫无疑问是一位伟大而成功的领导者，其带领中国共产党和全国人民战胜艰难险阻，夺取伟大胜利并建立新中国的传奇经历，以及他根植于中国本土文化的伟大的毛泽东思想，特别值得我们当今时代的领导者和管理者深入学习和了解。所以，毛泽东的传记、《毛泽

东选集》应该成为领导者的必读书目，例如《论持久战》《中国革命战争的战略问题》《星星之火，可以燎原》《实践论》《矛盾论》等文章对现代企业的战略管理极具借鉴价值。除此之外，还有一套八卷本的《毛泽东文集》，喜欢读书的朋友也值得拥有。各位请看，毛主席这么大的领导著作等身，并且他老人家还曾倡导领导干部要自己动手写文章，"写文章，可以锻炼头脑的细致准确性。客观事物是独立存在的东西，全面地认识它，写成文章是不容易的事情。经过多次反复，才能比较接近客观实际，写出来经过大家讨论一下，搞成比较谨慎的作风，把问题把思想写成定型的语言文字，可以提高准确性"，做工作的前提是正确认识客观世界，而"文章是客观事物的反映"[1]。他早年办《湘江评论》时，预约的稿子常不能收齐，就冒着酷暑和蚊叮虫咬，在一个多月内写了40多篇文章。各位还记得前文我们提到的选拔领导干部的通俗标准"三能干部"吗？

　　让我们回归"取势"的主题。关于"取势"，《孙子兵法》中也有极为精彩的论述：

> 故善战者，求之于势，不责于人，故能择人而任势。任势者，其战人也，如转木石。木石之性，安则静，危则动，方则止，圆则行。故善战人之势，如转圆石于千仞之山者，势也。
>
> ——《孙子兵法·兵势》

这段话的意思是说：善战者追求有利的"势"，而不是苛求士兵，因而能够选择人才去适应和利用已形成的"势"。善于创造有利的"势"的将领，指挥部队作战就像转动木头和石头。木头和石头，处于平坦地势上就静止不动，处于陡峭的斜坡上就会滚动，方形则容易静止，圆形则容易滚动。所以，善于指挥打仗的人所造就的"势"，就像让圆石从极高极陡的山上滚下来一样，来势凶猛。这就是所谓的"势"。

　　孙武这段话不仅要求指挥作战的将领认识和把握"势"，更进一步地要求他们能够创造对自身有利的"势"。因此，他认为人是"势"的

【1】《毛泽东选集》第3卷，人民出版社1991年版，第844页。

关键，因为"势"为人造，所以孙武提出了"择人任势"的观点。作为领导者来说，人才的选择是"取势"的另一个关键所在。

（二）"明道"是根本方向，"优术"是实现手段

道的概念非常隐晦和宽泛。老子说"道可道，非常道"，能够讲清楚的道，就不是恒常的大道了。我们姑且从以下三个方面来理解和认识"道"。

其一，"道"是规律、理念和原则。

"大道"通常指的就是规律。"明道"就是认知和把握规律，进而确定理念、明确原则，并据此寻找到最佳的实践路径。从经营管理的角度来看，"明道"要求领导者不仅能够认知和把握个体人性的客观规律，还要能够遵循组织发展和管理的客观规律。对企业而言，发展战略的规划制定和适时修订、经营模式的适时调整和转型、管理模式的逐步提升、企业文化的制定和建立等，都是一个不断认知规律、理念和原则的"明道"的过程。

其二，"道"是目标和方向，大致可以理解为"道路"。

上文崔总和《战国策》的寓言故事讲的就是这一点。对于领导者而言，选择什么样的战略路线和方向，锚定什么样的目标，比一味地努力更加重要。这就是我们常说的"选择比努力更重要"。明道就是要求领导者要明确自己的战略目标和方向，能够结合"取势"，把握外部环境的大势所趋，发挥内部团队的差异化优势，甚至能够做到"择人任势"，从而合理地设定目标和方向。

其三，"道"是个体的思想品德和价值观。

联系到"中国式领导力"的概念和整体模型，"道"更加偏向于"内圣"之法，领导者不断提升自我境界水平，不断匡正自身的价值理念，这一"内圣"的过程就是其"明道"的过程。

《易经》有言，"形而上者谓之道，形而下者谓之器"，"器"就是器物，讲究的是器物的功用，与"术"的含义是一致的。所以"术"可以认为是一个人的技术和功用，或是一种能力，是知识、技能、方

法、策略和经验的集合体。"优术"就是不断完善自己的能力，获取知识、提升技能、完善方法、探索策略、积淀经验，通过这些动作把智慧转化为具体的行动方法、策略和经验。"术"也是解决实际问题的流程和策略，是可以提升效率得到结果的技术和方法。

我们所提出的"中国式领导力"概念并非一味追求"形而上"，而是对"形而下"的器物工具、流程技术等给予同等的重视和运用。在这一点上，我们需要虚心向西方学者学习和借鉴。西方管理学发展百余年，其所总结提炼的领导和管理之术非常丰富和全面，这些西方管理工具、技术的内容在中国式领导力的整体模型中，多是在"外王之道"的外管理中呈现，即对下属团队或他人进行领导和管理。同时，我们也不能忽略中国文化中千百年以来流传下来的丰富的"术"的智慧。只有真正"明道"和"优术"，并注重中西结合，才能够在中国本土环境中游刃有余地实践领导和管理活动。

2018 年 6 月份，我曾到浙江方太集团参观学习。方太集团是一家新时代儒商民营企业的典型代表，其企业文化被浓缩成 16 个字：

中学明道、西学优术，中西合璧、以道御术。

在参加学习之后的交流会上，我问了方太董事长兼总裁茅忠群先生一个颇为尖锐的问题："方太的十六字企业文化强调'以道御术'，似乎有抬高中学、贬低西学之嫌，那么方太集团是如何向海外的员工团队以及海外的客户和合作伙伴解释自己的这一价值观？而所谓西学当中应该也有诸多'道'的内容，如果西方人士以此诘难方太的文化价值观，那该怎么办？"

当时面对现场近百名人士，茅忠群先生面带微笑、不急不缓地对我说："如果有西方人士问方太的价值观，并提出异议，那我们就说'西学明道、中学优术'。"这一回答引来大家一片的笑声和掌声，真是令人拍案叫绝、精彩至极！茅忠群先生的回答尽显中国的智慧和气度，暗含着中国人的处下不争、韬光养晦，也让大家感受到中国文化的海纳百川、有容乃大。因此，茅先生在这语言之"术"的精彩运用中，

（三）"道"和"术"的关系：道术结合，以道御术

"明道"和"优术"两者同等重要，都是领导者带领团队达成目标的必备素质，但是道与术两者处在不同的位置，中国式领导力要求领导者"道术结合、以道御术"。道为术之灵，术为道之体；以道御术，以术得道。有道无术，术尚可求；有术无道，止于术也。[1]

由此可见，领导者应该首先要注重"道"的培养和建立，并同步提升"术"的能力。也就是说，首先要把握规律、明确理念、掌握规则，由此确定目标、方向和路径，然后同步提升"术"，而在道术结合的这一过程中，一直贯穿始终的是把握正确的价值观和信仰，不断提升自身道德修养水平。

"道"与"术"的关系，至圣先师孔子在《论语》中也有相应的论述：

> 子曰："志于道，据于德，依于仁，游于艺。"
>
> ——《论语·述而》

孔子说："以道为志向，以德为根据，以仁为凭借，然后游憩于礼、乐、射、御、书、数的六艺之中。"

"志于道"就是有志于追求大道，这里的"道"就是上文我们提到的三个方面，也可以认为是孔子希望"士"这一阶层的君子（即领导者）要树立高远的志向和追求，进而培养崇高的人格、气节和修养，最终生发智慧，走向通达圆满。

"据于德"就是为人处世要凭借德行，持有公心而非私心。公心从大局出发，则格局大、气度大、境界大；私心从小我出发，则缺乏感恩、锱铢必较、愤愤不平、处处树敌。所以《礼记》中也说道："大道之行也，天下为公。"

"依于仁"就是做任何事情要拷问发心和初心，是否利他利民利国，要依据自己的良心和良知。不忘初心，方得始终。"仁"就是"仁

【1】最后两句话的出处已不可考，有人说出自《孙子兵法》，谬误也。《孙子兵法》13章，算上标点符号共计7 589字，"道"字出现24处，"术"字仅出现1处，而并无上文。

心"和"仁者爱人",所以仁的发端从心开始,从最内在的核心开始,然后才能去利他和"爱人"。

"游于艺"就是对技艺、技能、技术、技巧等游刃有余、轻松驾驭。古时候的"艺"专指"小六艺",就是礼、乐、射、御、书、数这六种最基本的技艺,这是"士"谋生求职的基本能力的要求。

因此,这里的"艺"其实可以等同于我们所说的"术"。孔子认为,相较于"道""德"和"仁",作为"术"的"艺"不应视为重点。所以他说:"君子不器。"(《论语·为政》)

作为领导者的君子要心怀天下,不能拘泥于器物之用的手段或技术,局限于某一方面的功用。因此孔子说"游于艺",是要求领导者要"游刃有余、轻松驾驭"作为技术能力的"艺",而不是将其当作根本追求和终极追求。因为有了对"道""德"和"仁"的追求,自然会对"技艺"有深刻的体认和了解,并轻松掌握和驾驭。

孔子所说的"志于道",对每一个领导者的重要性是不言而喻的,舍弃"大道"而追求细枝末节的"术",是舍本逐末,会让领导者失去方向和大的格局。认识和把握这一点,不仅于领导者是关键所在,对我们每一个人的生命成长也是至关重要的,尤其是在一个人年轻的时候。王阳明先生13岁时就认为"天下第一等事乃是读书做圣贤";毛泽东主席离开故乡韶山冲前往省城长沙求学时,曾抄录一首诗给父亲表明心志:"孩儿立志出乡关,学不成名誓不还。埋骨何须桑梓地,人生无处不青山!"周恩来总理也是在少年时代就立志"为中华之崛起而读书!"我们所知晓的对人类社会做出巨大贡献的人物,无不是志存高远的。

当一个人有志于道,具有远大的志向和宏伟的抱负时,就不会被眼前的困难与苟且所羁绊,就不屑于蝇营狗苟和艰难困苦,从而走向成功。对此,有人借用霸王项羽和越王勾践的故事做了一副对联,据说是蒲松龄所做,但不确证。我读初中时曾将此联用毛笔题在墙上以自勉,后来家乡老屋归了我大哥,他倒好,直接给粉刷覆盖了。今天我将此联作为本节的结尾抄录在此,供各位读者细细品味,愿您能够品出点味道和感觉。

有志者，事竟成，破釜沉舟，百二秦关终属楚！
苦心人，天不负，卧薪尝胆，三千越甲可吞吴！

二、中国式领导力：内圣外王、阴阳平衡

（一）"内圣"与"外王"的阴阳平衡之道

阴阳是一种既简朴又博大的中国古代哲学。古中国朴素的唯物主义把矛盾运动中的万事万物概括为阴、阳两个既对立又统一，并能够相互转化的范畴，并以双方变化的原理来说明物质世界的运动和变化。阴阳是《易经》的基本概念之一，按照易经思维的理解，阴阳是中国文化中对蕴藏在自然规律背后的、推动自然规律发展变化的根本因素的描述，是各种事物孕育、发展、成熟、衰退直至消亡的原动力，是奠定中华文明逻辑思维基础的核心要素。

易有太极，是生两仪，两仪生四象，四象生八卦。

——《周易·系辞上》

《易经》这句话是说明天地宇宙的生发过程，易道认为宇宙天地未开、世界混沌未分的初始状态是太极，由太极生发阴阳两仪，再生四象八卦，以至于万事万物。

"阴"和"阳"是这个世界我们最容易感知的规律，按照中国人的思维方式，世间万物，皆有阴阳之道，白天与黑夜，天空与大地，太阳与月亮，男人与女人，南方与北方，成功与失败，生存与死亡……

一阴一阳之谓道，继之者善也，成之者性也。

——《周易·系辞上》

因此《易经》说万事万物都有阴阳，一阴一阳的相反相生，运转不息，是宇宙万事万物盛衰存亡、相互转化的根本，这就是道。承继

阴阳之道而产生万事万物的就是善，亦即美好光明的事情；成就万事万物阴阳之道的就是天命之性，亦即道德之义。

> 道生一，一生二，二生三，三生万物。万物负阴而抱阳，冲气以为和。

——《道德经》第四十二章

老子在《道德经》中也表达了与《易经》相同的观点，他认为万事万物皆源于道，皆有阴阳两面，并且在阴阳二气的互相激荡中而成就新的和谐体。所谓"冲气"就是对万物重要的调控作用，所谓"和"就是阴阳消长平衡的结果。"冲气以为和"，就是客观规律作用于事物内部矛盾的两方面，通过其变化使之在更高的层次上达到新的和谐。所以，无论是整个自然界或是细微的具体事物，都是在运用"阴阳之道"这条自然规律在变动不居的调节变化中维系自身的平衡。

以上这几段文字勉为其难地解释阴阳之道，读者朋友也许看得比较累，其实我写得更累。不怕大家笑话，原本想要单列一节"深入浅出"地解释易道阴阳，但是发现文字是越写越多，我自己读起来却感觉只有"深入"，无法"浅出"，于是只好删减，仅保留以上《易经》和《道德经》针对阴阳之道的经典论述。

在感叹自身境界水平有限的同时，我和读者朋友们一样，再一次深刻认识到中国文化"形而上者谓之道"的特点，很多中国文化的智慧真的是只可意会，不可言传。若我们学习不透彻，领悟不深入，功夫不深湛，终究是无法领略到中国文化博大精深的无穷魅力。

行文至此，我诚惶诚恐，如临深渊，如履薄冰，真诚地希望以"中国式领导力"命名的这本书能够带给您一点启示、一点成长，那就真是"继之者善也，成之者性也"。

让我们收拾心绪，回到"中国式领导力：修己安人、内圣外王之道"的整体模型。

正因为中国文化认为万事万物皆有阴阳的辩证唯物思想，所以我们认为"中国式领导力"也必然是符合阴阳之道的。领导者自我完善成长的"内圣之法"就是向内的"阴"一面，领导者事业成就贡献的"外王之道"就是向外的"阳"的一面。阴阳两面相辅相成、相得益彰，领导者只有向内不断追求自我"内圣"的境界，才能够向外展现更有成效的"外王"之道；而领导者的"外王"事业不断地成长和扩大，又会反过来促进自我"内圣"境界的持续进步和提升。

（二）中国式领导力的知行合一

在我们的整体模型图中可以看到，"中国式领导力：修己安人、内圣外王之道"要求领导者知行合一、内外兼修。"知行合一"正是王阳明先生"心学"体系中的核心概念之一。

所谓"知行合一"，并非一般的认识和实践的关系。"知"，主要指人的道德意识和思想意念；"行"，主要指人的道德践履和实际行动。因此，"知"与"行"的关系就是人的道德意识和道德践履的关系，也包含思想意念和实际行动的关系。

> 知是行的主意，行是知的工夫；知是行之始，行是知之成。
>
> ——《传习录·徐爱录》

王阳明这段话的意思是：道德意识是实践行为的指导思想，按照道德意识的要求去实践行动是达到"良知"的工夫；在道德意识指导下产生的意念活动是行为的开始，符合道德规范要求的行为是"良知"的完成。

王阳明论"知"与"行"关系，其实包含有三层含义：

其一，"知"与"行"其实是一个功夫，二者统一，不能割裂，知中有行，行中有知。

其二，"知"是"行"的出发点，用以指导"行"，真正的"知"不但能"行"，而且已在"行"中；"行"是"知"的归宿和实现，真切笃实的"行"已自明察知在起作用。

其三，"知"与"行"功夫统一的目的，在于去除"不善之念"，使心性恢复善的本性。所以，"知行合一"的本质是王阳明先生后来说的"致良知"。因为"知"的本质就是"吾心良知之天理","行"的本质就是"致吾心良知之天理于事事物物","知行合一"其实是"致良知"这一功夫的两个环节,是相一致的。

(三)中国式领导力的内管理和外管理

"中国式领导力:修己安人、内圣外王之道"强调内管理和外管理的相互配合和协调。

传统意义上的领导和管理,其方向都是向下的,即面向下属、下级实施管理动作,早期的管理学领域基本都是专注在这一方向。及至20世纪末,领导力的各种理论被提出,其中在行为理论中,"领导力就是影响力"这一提法被广泛接受,由此领导和管理的方向变得更加丰富起来。因为领导力如果是一种影响力,那么领导者不仅要对下属团队实施影响力,也可以对不是其下属团队的其他人施加影响力。从这一认识出发,领导力不等同于领导职位,与头衔和地位没有必然的联系。领导力不仅是承担管理岗位的领导者所需要具备的,而是人人都需要学习和提高自身的领导力水平。詹姆斯·库泽斯和巴里·波斯纳(James M. Kouzes, Barry Z. Posner)在《挑战领导力》一书中就提出:"领导力是每个人的事情。"

在生活中的各个领域,我们都可以发现领导力,这无关乎年龄、性别、职位等条件。在工厂里,在企业里,我们很容易辨别领导者的领导力;在球场上,在学校里,也可以发现球员或学生的领导力;在朋友聚会里,在一项活动中,我们也会发现对他人具备强大影响力的个体。

所以,我们认为,领导力是无处不在的。

2022年,上海大学经济学院院长聂永有教授曾给MBA(工商管理硕士)和DBA(工商管理博士)学生上过一堂课,其课程中有一个部分叫作"向上管理",强调领导者除了向下管理团队之外,还必须要重视向上影响和管理自己的领导。课程中聂教授阐述了向上管理的基本认识以及各种思路、方法和技巧,其中不乏中国传统文化智慧的应用,颇为精彩。所以,领导力的方向不仅仅只是向下针对下属团队的,按照"领导力就是影响力"的逻辑，领导力的方向是全方位的，可以向任何方向去影响除了自身团队之外的任何人，其他部门的同事、合作伙伴、客户，甚至是上级领导或陌生人等，都可以是领导力发挥影响作用的对象。

在我"中国式领导力"的整体模型中可提出的"内管理"和"外管理"就是两个不同方向的领导力，也是不同于西方领导力理论的一个新的理念。

"内管理"是指领导者向内自我管理，领导者必须重视自身各方面素养的成长完善，包括领导者自身的价值观和信仰、道德修养、素质能力、态度和意愿度、自我认知等。内管理的目标是通过不断的"修身"实现领导者"内圣"的境界层次，从而让领导者具备人格魅力。我们知道，领导力在西方被认为是一种影响力，而真正具备影响力的人必须首先有其人格魅力，有了人格魅力就有了追随者，很自然地就产生了领导。

"外管理"是指领导者向外管理他人，是对外部世界的影响，从而成就领导者的外部事业，领导者需要通过各项管理技能的运用达成良好的管理绩效。西方领导力理论大量的内容都是针对这一部分，例如管理的五大职能（计划、组织、协调、控制和指导），还有领导者的22项习惯行为，领导者针对人和事两个维度的管理方格论，关注下属员工成熟度的情境领导理论等。

因此，我所构建的"中国式领导力"明显有别于西方的相关理论，它是一种二分法的领导力体系，分为向内的"自我领导"和向外的"领导他人"，也就是向内不断修炼提升以达到"圣贤"的道德修养境界水平，以及向外对他人施加影响力以实现"王道"领导。

中国式领导力的概念借鉴吸收了西方领导力的优秀思想，行之有效的领导和管理技能在中国式领导力的整体框架体系中属于"外王之道"的部分。除此之外，相比较而言，中国式领导力更加注重领导者向内的反求诸己、自我管理。我们相信，这一向内管理的方向有效地补充和丰富了领导力的这一概念，为中国本土文化情境中的领导者，乃至为全世界各类组织的领导者完善和提高自身领导力水平提供了良好借鉴。

进入 21 世纪以来，领导力理论的发展也呈现出东西方文化相互交融、共同演进的特点。在学术研究领域，诚信领导力、真诚领导力、伦理领导力等概念相继被提出，这些理论除了重视领导者向外部施展行为和影响力的"修行"，也开始重视领导者向内部的自我"修心"。领导者"修心"是一个漫长的修炼过程，强调个体的悟性，这恰恰是东方传统智慧一直以来的关注点。在管理实战领域也是如此，越来越多的国外企业和各类组织的管理者开始学习东方文化，以儒家思想为主体的中华优秀传统文化已经逐步走出国门，甚至走出亚洲文化圈，影响到世界的每个角落。

（四）中国式领导力的进阶提升次第

我们运用中国传统修身为政的最高理想"内圣外王"构建了中国式领导力的整体系统框架，而"内圣外王"之道很好地契合了儒家经典《大学》的思想。

《大学》是古时候在太学里讲授的博大而精深的圣王之学，乃是"大人之学"的意思，可不是现代意义的高等院校（university）的意思。古时候除了称呼父亲长辈为"大人"，帝王将相和为政一方的官员也可以被称作"大人"，因此儒家经典《大学》这本书其实是领导者的阅读书目，实为"领导者之学"。

因此，我们应用《大学》之道，为中国式领导力设置了清晰而具体的进阶次第。在第三章第三部分和第七章第三部分就这一问题我们已经做了论述，此处再做一个简单的总结。

《大学》之道的核心内容是三纲领八条目，可以看作是整个儒家思想体系所倡导的做人、为学和为官的总纲领，其中八条目就是被称作"圣王"的领导者达到"修己安人"这一目标的八项具体的行动步骤，它们是：格物、致知、诚意、正心、修身、齐家、治国、平天下。前四目"格物、致知、诚意、正心"是修身的具体内容，可以被理解为

至比其他三个古文明的总和还要大，而这一地域面积的体量为中华文明的发展提供了广阔而宏大的舞台；其二，从精神体量来看，数千年来，中华文明也曾遭受周边少数民族文明的冲击和侵扰，但是他们的文明体量较小，对中华文明无法构成根本性的威胁，反而皆被吸纳和同化。因此，中华文明自身巨大的体量让其具备了其他文明所无法比拟的优势。

其三，中华文明兼容并蓄、开放包容，与时俱进、不断成长。

中华文明生生不息的生命力突出地表现在对外来文明的借鉴吸收，从而呈现出兼容并蓄、开放包容的先进性特点，并能够在每一个时代与时俱进、不断成长。这也是中华文明之所以能够历久弥新、不断发展成长的重要原因之一。

"物之不齐，物之情也"（《孟子·滕文公上》），以儒家思想为主体的中国传统文化提倡和而不同、求同存异，是宏大的、谦虚的，是兼容并蓄的。例如汉唐时期对西方外来文化的大力引进，同时出现了万国来朝的辉煌景象；宋明时期佛教文化融入，逐步呈现出儒、释、道三教合一的文化奇景；清末民初，有识之士为突破闭关锁国进行了轰轰烈烈的洋务运动，师夷长技以制夷；新中国成立后乃至改革开放后，我们对西方发达国家成功经验进行了如饥似渴的学习和借鉴等。种种历史事实证明，吸收外来的优秀文化知识和技术经验，融会贯通、化为我用，是以儒家思想为主体的中华文化发展成长和壮大的重要原因之一。

其四，中华文明深植于中华民族和中华大地，生长于斯，运用于斯。

数千年延续不断的传承和发展，造就了中华文明与中华民族的相应相求、全面融合。无论是语言文字、典章制度、行动思想，还是风俗习惯、社会治理、治国安邦，中华文明对于每一个中国人的影响和塑造都是如影随形、深入骨血的。

这一文明生长于斯，也被运用于斯！这一文明无时无刻不被每一个中国人运用在中华大地的每一个角落。而这一现象，在全世界都是极为罕有的，这是我们作为中华儿女的极大幸运。因为，没有哪一个国家在 21 世纪的今天，还能够运用相同的语言诵读来自数千年前的先辈们所写下的文字；也没有哪一个民族在经历过如此漫长的历史长河后，还能够感受来自数千年前的古圣先贤们的智慧和思想。

非常荣幸的是，在写完以上这一节总结中华文明特征和优势的内容之后不到 2 个月，习近平总书记 2023 年 6 月 2 日在北京出席文化传承发展座谈会并发表重要讲话，在这一讲话中总书记首次深刻阐述了"中华文明的五大突出特性"。本书将总书记的讲话中的这一内容进行总结提炼，以供各位读者对照阅读。

第一，中华文明具有突出的连续性，从根本上决定了中华民族必然走自己的路。如果不从源远流长的历史连续性来认识中国，就不可能理解古代中国，也不可能理解现代中国，更不可能理解未来中国。

第二，中华文明具有突出的创新性，从根本上决定了中华民族守正不守旧、尊古不复古的进取精神，决定了中华民族不惧新挑战、勇于接受新事物的无畏品格。

第三，中华文明具有突出的统一性，从根本上决定了中华民族各民族文化融为一体、即使遭遇重大挫折也牢固凝聚，决定了国土不可分、国家不可乱、民族不可散、文明不可断的共同信念，决定了国家统一永远是中国核心利益的核心，决定了一个坚强统一的国家是各族人民的命运所系。

第四，中华文明具有突出的包容性，从根本上决定了中华民族交往交流交融的历史取向，决定了中国各宗教信仰多元并存的和谐格局，决定了中华文化对世界文明兼收并蓄的开放胸怀。

第五，中华文明具有突出的和平性，从根本上决定了中国始终是世界和平的建设者、全球发展的贡献者、国际秩序的维护者，决定了中国不断追求文明交流互鉴，而不搞文化霸权，决定了中国不会把自己的价值观念与政治体制强加于人，决定了中国坚持合作、不搞对抗，决不搞"党同伐异"的小圈子。

（二）中国式领导力的相应特征

正是因为中华文明和中国文化本身所具有的无与伦比的特征和优势，决定了其中所蕴藏的领导思想和管理智慧也拥有无与伦比的特征和优势。而这些优势和特征也决定了我们基于中国文化提炼领导思想和管理智慧，并形成中国式领导力概念的重要性和必要性，因为中国式领导力理论西方现代领导力的相关理论和管理技术会产生有益的补充，也会对现代社会各类组织的领导和管理活动起到指导作用。

以儒家思想为主体的中华文明，其中所蕴含的丰富的领导和管理智慧可以用"内圣外王"四字统而括之，本书所试图构建的"中国式领导力：内圣外王之道"就是来自古老东方的领导力之道，是由具有5 000多年甚至更久的历史的中华文明所孕育发展而来的，所以中国式领导力也就必然具备了中华文明所呈现出的一系列特点。

其一，中国式领导力所蕴含的领导思想和管理智慧是被中国人数千年来一直延续传承而没有中断的。

正因为没有中断，所以形成了不断传承和积累的态势，并且这些思想和智慧在漫漫的历史长河中，被一代一代勤劳的中国人所应用和检验，也被一代一代智慧的中国人所不断丰富和发展。

其二，中国式领导力的思想来源是底蕴深厚、博大精深、高妙深远的。

其所包含的思想来源于中国传统儒家、道家、法家、墨家、兵家等各个学派思想精华的融合，并可一直追溯到中华文明的源头活水《易经》的思想，决定了中国式领导力的底蕴深厚；其所包含的内容"致广大而尽精微"，决定了中国式领导力的博大精深；其所包含的智慧"极高明而道中庸"，决定了中国式领导力的高妙深远。

其三，中国式领导力是兼容并蓄、开放包容，与时俱进、不断成长的。

一方面，这一体系除了古为今用，融合中华优秀传统文化的思想和智慧，也将融汇来自西方现代社会的先进的管理学思想，洋为中用，力图将东方领导力之道与西方管理学之术结合，所以中国式领导力是兼容并蓄、开放包容的；另一方面，这一体系所介绍的概念和模型也力求能够适应当下现实世界的管理挑战，所以它是面向实战、与时俱进的。

其四，中国式领导力或将有益于当代各类社会组织群体的领导活动和管理实战。

中国文化偏向于形而上的哲学表达，这也导致中华大地呈现出"君子之道费而隐""百姓日用而不知"的独特现象。而本书所希望构建的中国式领导力体系，将力求直接有益于领导和管理实战，并尝试将西方管理学中已经被实战证明具有实效的工具、技巧等融合进这一体系。我们希望中国式领导力兼具东西方文化的优势和特点，能够适应当今世界的领导和管理的实践活动。

章后记：一代圣者王阳明
"内圣外王"的领导者风范

中国式领导力的整体模型中出现了"知"与"行"，因此我们要提到王阳明先生。500多年前的1509年，明朝的心学集大成者王守仁（本名王云，字伯安，号阳明）在贵阳讲学，首次提出"知行合一"说。"知行合一"是我们中国式领导力整体模型中极为重要的一个理念，而王阳明的一生恰好也真真切切地体现了一代圣者"内圣外王"的领导者风范。因此，阳明先生是关注中国式领导力的读者朋友们不得不学习的榜样和楷模。

我们从内在的道德素养、学问文章，外在的政治事功、军事战绩四个方面对王阳明的一生做一个简单介绍。

其一，"内圣"的道德素养。

王阳明终其一生格物致知、诚意正心，少年时代即不同凡俗，他对老师说"登第恐未为第一等事，或读书学圣贤耳"，认为天下最要紧的事情，不是科举考登第，而是读书做圣贤。阳明一生为学矢志不移，为官清洁廉明，在世时是道德楷模、从者云集；去世后为后人景仰、顶礼膜拜。

其二，"内圣"的学问文章。

王阳明创建"阳明心学"，影响深远。他提出"心即理"的哲学命题，以心为宗，以心为宇宙本体，断言"心外无物，心外无事，心外无理"，后倡导"知行合一"说、"致良知"说，认为"良知即天理"，主张从人的内心去体察天理。

其三，"外王"的政治事功。

王阳明的一生跌宕起伏、成就非凡。他年少有为，却遭奸人刘瑾陷害，贬谪贵州龙场，在万山丛薄、苗僚杂居的未化之地，却没有消沉堕落，"居夷三载、处困养静"。忽一日阳明豁然开朗，浑身通畅，仰天大笑曰："圣人之道，吾性自足，向之求理于事物者误也。"这就是被后世史学家津津乐道的"龙场悟道"，遂开坛讲学，远近从者云集。其后王阳明主政一方，制定乡约，兴办官学，刻印经典，教化民俗，成就斐然。

其四，"外王"的军事战功。

王阳明书生领兵，文臣披挂，三战三捷，威震天下。他恩威并施，荡平为患数十载的赣南盗匪；智虑深远，仅用时43天即平定宁王朱宸濠之乱；威名远播，总督两广平定瑶族、侗族叛乱，剿灭断藤峡盗贼。

王阳明的一生通过对儒家思想"内圣外王"之道的思考与实践，使自己成为明朝绝顶的第一流人物，是中国历史上少有的集"立德、立功、立言三不朽"于一身的圣贤，被称为"三个半圣人"之一（梁启超语）。"近五百年来，儒家的源头活水，就在王阳明，他继承和发扬光大了中国儒学特有的人文精神。"（杜维明语）他的"心学"思想被后人广泛传承，对中国传统文化产生了深远影响，并在东南亚乃至全世界都有着广泛影响力。

第九章

中国式领导力的立身之本：修身

【本章导读】

"自天子以至于庶人，壹是皆以修身为本。"在中国式领导力体系中，修身立德、修己以敬是领导者的立身之本。领导者"修身"是中国式领导力"内圣之法"与"外王之道"的核心与纽带，"内圣"的追求是修身，修身的功用是达成"外王"。中国式领导力以修身为本，因而要求领导者涵养浩然之气，秉持天地信仰，树立志存高远的人生境界，并始终怀有对万事万物的敬畏之心。

2023 年 5 月 25 日（525 心理健康日）我通过互联网参加了一场与美国正念减压疗法创始人乔·卡巴金（Jon Kabat-Zinn）教授的对话会，主题是"正念的大学之道"。会上我向卡巴金教授提了一个问题：正念减压疗法（mindfulness-based stress reduction，MBSR）中有很多理念与中国传统文化相类似，您是否从中国文化中获得了某些启示？正念与中国文化有何相关性？问题刚一提出，80 岁的卡巴金眼神瞬间明亮起来，即便隔着电脑屏幕我都能感受到他在万里之外的激动心情。老人家说："这个问题太好了，也太重大了！可以作为今天对话会的收场问题。"然后他谈到每种文化中可能的相通性，以及他自己对古老而灿烂的中国文化特别是对中国儒家思想的向往。

毫无疑问，全世界其他国家的人越来越重视中国文化和中华文明，学者们也越来越重视在中国文化和中华文明中找寻智慧和启示。作为中国人，我们可以徜徉在伟大的中国文化和中华文明中，何其幸运！

世界上没有哪个国家能够像我们一样，近乎完整地保存着数千年前的上古典籍，让我们后人可以穿越时空，与祖先们进行直接对话；世界上没有哪个民族能够像我们一样，世代传承着古圣先贤的思想和智慧，让我们得以窥见中华民族数千年前的文明之根！

源远流长的中华文明和博大精深的中国文化，为我们孕育了极为丰富的领导思想和管理智慧。在前文中我们已经总结提炼出中国古代的治理之道，以及儒家、道家、法家、墨家和兵家等主要学术流派的领导和管理思想，并在此基础上，运用中国古代修身为政的最高理想——"内圣外王"之道，构建了"中国式领导力：修己安人、内圣外王之道"的全新概念和整体框架。中国传统文化中的"修己安人"和"内圣外王"的思想与儒家《大学》中三纲领八条目所阐述的修身进阶次第功夫是高度契合，而在中国传承了数千年之久的修身进阶功夫应该成为现代社会各行各业的领导者和管理者的必修课。

从本章开始，我们将依照"中国式领导力：修己安人、内圣外王之道"的整体框架，按功夫次第展开论述领导者应该如何建立、培养和提升中国式领导力。"修己安人"的基础是"修己"，"内圣外王"的前提是"内圣"，领导者需要通过不断修养自己的"修己"功夫，进而达到内在修炼成圣成贤的"内圣"境界，然后才能更好地向外开展"安人""安百姓"甚至是"安天下"的"外王"事业。

中华优秀传统文化有一个不同于西方思想的重要方向，那就是反求诸己、反身而诚，讲究自省的力量，将目光和思考的焦点投向内在的自己。这一思想也影响了众多当代西方的学者和思想家，如上文的乔·卡巴金，其"正念之道"无疑蕴含着"反观自身"的东方智慧和思想。

中国式领导力依循中国传统的"修己安人"和"内圣外王"之道，强调优秀领导者"修己"的"内圣"功夫是其开展领导和管理活动（即"安人"和"外王"）的前提。因此，领导者"修身"是中国式领导力的立身之本。

一、中国式领导力之修身为本

（一）修己以敬，修己以安人，修己以安百姓

> 子路问君子。子曰："修己以敬。"曰："如斯而已乎？"曰："修己以安人。"曰："如斯而已乎？"曰："修己以安百姓。修己以安百姓，尧、舜其犹病诸？"
>
> ——《论语·宪问》

子路问老师怎样做才是一个君子。孔子回答说："提高自己的修养，保持严肃恭敬的态度。"子路说："这样就够了吗？"孔子说："提高自己的修养，使周围的人们安乐。"子路说："这样就够了吗？"孔子说："提高自己的修养，使所有百姓都安乐。提高自己的修养，使所

有百姓都安乐，尧舜还怕难于完全做到呢。"

圣人孔子教导弟子的这段话对于理解中国式领导力来说，有两层极为重要的意义：一是点明了中国式领导力的根本所在，二是指出了中国式领导力的基本框架。

首先来看第一层，中国式领导力的根本所在。

"君子"可以理解为当今时代各行各业的领导者应该追求的一种理想人格，当然更加完美的人格是圣贤。人人成圣成贤不现实，阳明先生"我看满大街皆圣人"之论，更多的是对主体的境界要求，或曰人人皆可为圣，而非现实中人人皆圣。对于身处现实世界的我们来说，做君子应该是一个可实现的理想人格。因此，现实中优秀的领导者都应该追求做一个君子。于是，子路的问题可以理解为"怎样才能做好领导者"。孔子的回答随着弟子的追问而不断递进和深入，"修己以敬""修己以安人""修己以安百姓"代表了内圣外王的三个层次，由近及远，由浅入深，但这三个层次的根本都是"修己"，这是领导者安人、安百姓的前提。

再看第二层，中国式领导力的基本框架。

领导者"提高自己的修养"的目的是什么？一是自身修炼好，保持严肃恭敬的态度；二是"安人""安百姓"。领导者自身修好了，就要去惠及他人，照拂他人。随着能力的不断增强，其所影响的范围将不断扩大，先是"齐家"，再是"治国"，直到"平天下"。所以"提高自己的修养"就是"内圣"的功夫，"安人""安百姓"乃至于"安天下"就是"外王"的功夫。因此，至圣孔子的这段话解释了怎样做君子，也为我们勾勒出"中国式领导力：修己安人、内圣外王之道"的整体框架。

> 知所以修身，则知所以治人；知所以治人，则知所以治天下国家矣。
>
> ——《中庸》第二十章

《中庸》对孔子的思想作了进一步阐发，明确指出管理人和管理天下国家的起点是领导者"修身"。领导者无论权力有多大，能力有多强，水平有多高，其最根本最核心的工作就是"提高自己的修养"。

> 自天子以至于庶人，壹是皆以修身为本。

——《大学》

《大学》更为凝练地指出，"修身"乃是上至天子、下至庶人，即所有人都应遵循的根本。生而为人，根本目标不应是外在的事业功绩，而应是内在的修养，塑造如君子乃至圣贤一般的高尚人格，培养崇高的道德品质，这是所有人立身处世的关键。只有这样做，才能进一步安定和影响周围的人，进而在更大范围内影响和造福他人，使他人得到平安喜乐。中国式领导力所主张的正是儒家学派治国理政的最高思想——"内圣外王"之道。于领导者而言，提高自己的修养旨在充实内在，使其接近或达到"圣"的境界，尔后将一个人的内圣修养延伸到外王的事业中，并持续精进自己的内圣修养。

换言之，在至圣孔子和儒家学派看来，"修身立德"与"治国安民"是确立根本之道和在实践中应用、践行根本之道的关系。这就是本书一直倡导的"内圣外王"和"修己安人"之道。

领导者的知识技能储备和个人道德修养的"内圣"与齐家、治国、平天下的"外王"目标具备高度的一致性和统一性。古代的仁人志士把儒家"内圣外王"作为一生的追求，"内圣"就是加强道德修养，使品德达到极高的水平；"外王"就是修身之后齐家、治国、平天下。他们以圣贤为榜样，不断加强道德修养，穷则独善其身，并为能治国平天下而时刻准备着，以实现达则兼济天下。

（二）大学之道：三纲领八条目

《大学》原是《礼记》中的一篇文章，其中包含儒家思想纲领性的内容，因而受到后世儒家学派的重视，到宋明时期被单列成书，成为"四书五经"中的"四书"之一。《大学》全文只有两千余字，甚至比我们用手机翻阅的一篇微信文章都要少很多，然而这两千多字的重要性无以复加，更是本书的结构框架。本节要讨论的"修身为本"亦是《大学》的核心思想之一。

《大学》全文言简意赅，纲目明晰，义理深刻，把儒家的道与学融为一体。就全书的文字结构而言，可以归纳为两大部分：一是三纲领（明明德、亲民、止于至善），是从大纲讲大学之道；二是八条目（格物、致知、诚意、正心、修身、齐家、治国、平天下），是从细目讲大学之道。

> 古之欲明明德于天下者，先治其国；欲治其国者，先齐其家；欲齐其家者，先修其身；欲修其身者，先正其心；欲正其心者，先诚其意；欲诚其意者，先致其知。致知在格物。
>
> ——《大学》

三纲领是三条基本原则。"明明德"是第一条原则，是说人生来就具有善良的光明的德性，就是"明德"，但这种"明德"在人出生后，渐渐为后天各种物欲环境的浸染而蒙蔽掩藏，因此需要经过"大学之道"的教育使人们明白"明德"的道理，进而彰显自己本自具足的光明的德性。"明明德"其实就是"修身"，是属于"内圣"的范畴，这是第一条原则。"明明德"之后就是"外王"的范畴，推己及人，走入社会，亲爱于民，这就是第二条原则"亲民"；最后达到道德至善至美的圣人境界，这就是第三条原则"止于至善"。

为了具体落实或达到三纲领的目标，实现"明明德于天下"的终极理想，《大学》设计了修养工夫的八个步骤，这就是八条目。即通过格物、致知、诚意、正心、修身、齐家、治国、平天下这八个环环相扣的步骤提高自己的修养，而其中心环节是修身。以修身为界，又可以分为前后两个部分，前四项是修身的具体内容，后三项是修身的实践目的。也就是说，格物、致知、诚意、正心是修身的具体内容，其所要达到的结果、围绕的目标就是修身；修身又是齐家、治国、平天下的前提，齐、治、平是修身成果的向外推衍。

因此，修身作为八条目的中心环节，在其中起着决定性的作用，是实现三纲领之"止于至善"的总体目标和达到"明明德于天下"的最终理想的根本，故称"修身为本"。

以修身为本，还体现了儒家思想和实践的内外、本末、终始关系。第一，"修身"的"身"不是仅指肉体之身，而是指身、心、灵一体的生命整体，因此"修身"所涵盖的内容极为宽泛，至大无外，至小无内。第二，"修身"又是由内而外，内外交修，格、致、诚、正是内修之目，齐、治、平是外修之目，因此也可以说齐、治、平的外王之道本身，又反哺和涵养"修身"。第三，在八条目中，修身是本，齐家、治国、平天下是末，齐家、治国、平天下要以修身为条件，所谓"欲治其国者，先齐其家，欲齐其家者，先修其身"；由修身出发，便可能家齐、国治、天下平，所谓"身修而后家齐，家齐而后国治，国治而后天下平"。

因此，《大学》有言"物有本末，事有终始。知所先后，则近道矣"。

八条目还展示了双向互逆的逻辑思路：一是从"明明德于天下"到"格物"，即"明明德于天下→治国→齐家→修身→正心→诚意→致知→格物"；二是始于"格物"，终于"平天下"，即"格物→致知→诚意→正心→修身→齐家→治国→平天下"。这两条思路正好相反，第一条是逆向的，是由终极理想向起点的逆推，后一项是前一项的基础，前一项是后一项的发展；第二条是顺向的，是由始基向终极的顺推，前一项是后一项的基础，后一项是前一项的发展，前后照应，首尾相接。最后归结为"自天子以至于庶人，壹是皆以修身为本"，就是说，这一道理对每一个人都是适用的。

从个人到家庭，从家庭到社会，从社会到国家，从国家到民族，从民族到世界，儒家思想的三纲领、八条目，可以说是实现儒家内圣外王格局的一个次第。"万丈高楼平地起"，再大的事业都得从修身开始。

儒家学派的这一思想并非独一无二，老子在《道德经》中也有类似论述。

> 修之身，其德乃真；修之家，其德乃余；修之乡，其德乃

长；修之邦，其德乃丰；修之天下，其德乃普。

——《道德经》第五十四章

好的修为和修养能让人切实受用，这种受用真实不虚，此即"其德乃真"；修为加强了，就能影响到家人和家族，也就是身边的人，于是德行就比只用在自己身上又多了些，此即"其德乃余"；修为继续加强，影响扩至乡野，德行随之增长，此即"其德乃长"；继续加强修为，就可以影响到一座城邦，此时需要极为丰沛厚重的德行，这是"其德乃丰"；最后，修为和影响力已经达到圣人、王者的境界，一言一行都令天下人敬仰，这便是"其德乃普"。

修为越高，影响越大，进而地位越高，辐射面就越广。如果没有修为而身居高位，或者没有修为而影响极大，都会十分危险，因为名不副实。这就是《易经》所说的"德不配位，必有灾殃"。当今社会名人"塌房"、巨富被抓、高官被查的现象比比皆是，归根到底，都是个人修为和修养的问题。

我们知道，"内圣外王"始见于道家庄子的文献，儒家经典《大学》中虽然没有出现"内圣外王"四个字，但其整体思想架构与"内圣外王"理念完全契合，完全可以用来概括其思想主旨。三纲领和八条目都可以与"内圣外王"形成清晰的对应关系。

三纲领中的"明明德"与八条目中的"格物、致知、诚意、正心"相对应，再加上具体修养的七证法——"知、止、定、静、安、虑、得"[1]，都是修身之事，属于"内圣"之法。

三纲领之"亲民"和"止于至善"，与八条目之"齐家、治国、平天下"相对应，是修身之外的"安人"之事，属于"外王"之道。其中"止于至善"又可作为总体目标，"明明德于天下"是最终理想，二者是"内圣外王"之道的一体两面。

三纲领和八条目不仅是理论上的进修步骤，更是领导者理想人格修炼晋升的阶梯。

儒学义理和圣贤精神，无论在理论还是实践层面，都遵循三纲领

【1】即"知止而后有定，定而后能静，静而后能安，安而后能虑，虑而后能得。"（《大学》）

和八条目展开的。所以，《大学》之道的三纲领和八条目不但是一把打开儒学殿堂大门的钥匙，使我们能够登堂入室，把握儒家经典的奥义，领略儒学殿堂的基本结构，更能够帮助我们把握修行践履的次第，找到提升修养的阶梯，实现人生的终极理想。正因为三纲领和八条目的重要性，本书在构建"中国式领导力"这一中西合璧、古为今用的全新概念时，毫无疑问也借鉴和引用了这一体系。

二、中国式领导力的天地信仰

何谓信仰？

中国人究竟有没有信仰？

历经五千年岁月的中华民族到底有没有信仰？

当今世界的形势可谓纷繁复杂，东西方文化既相互碰撞又交流交锋、汇聚融合。在这一过程中，各种奇谈怪论、奇葩行径、奇思妄想层出不穷，严重混淆视听。在这样一个信息爆炸的时代，敞开胸怀拥抱世界的中国人常常应接不暇。于是，有人一度迷惑，怀疑，动摇……

究其根本，精神信仰问题至关重要。

中国式领导力的立身之本是修身，而修身之根本在精神，在信仰。没有精神信仰的领导者不会有敬畏之心，没有精神信仰的领导者不会有意义感，没有精神信仰的领导者不会有心中的笃定和正确的方向。

中国式领导力所根植的精神信仰与全体中国人和数千年来中华民族的信仰是一脉相承的。没有信仰的人群是没有未来的，没有信仰的民族是没有凝聚力的。而我们中国人和中华民族的信仰，早已深植于我们的心灵，铭刻于我们的灵魂，传承于我们的血脉。

（一）天地精神构筑了中国人的信仰系统

天地信仰是中华民族和中华文明延续传承了五千多年的传统。信仰这个问题是如此重要，以至于这一节我数易其稿却又不断推翻重写，最终决定按逻辑一步步地掰开来呈现给各位读者。这一逻辑架构如下：

先从信仰的概念和内涵谈起，然后描述中国人精神信仰的外在表现，接着探究这些外在表现背后深层次的核心信仰来源，再追寻这一信仰的不断深化和延展，探究其为何数千年来能够深刻影响中国人的心灵，最后归纳这一信仰的终极升华。

1. 何为信仰？莫要混淆！

中国是世所公认的文明古国和文化大国。在当今时代，随着中国在世界舞台的地位不断提升，中国文化和中华文明的影响力也与日俱增。中国有约170万年的人类活动史、一万年左右的文化史、五千多年的文明史这一观点已得到证实，并逐渐被全世界所了解。中华文明是世界四大古文明之一，并且是其中唯一延绵至今、未曾中断的文明，在人类文明史上占有独特而重要的地位。当代中华文明探源工程等重大项目的实证研究成果表明，中华文明的形成脉络清晰可辨：在距今约一万年奠基，距今八千年左右起源，距今六千年左右加速，五千多年前进入文明社会，四千三百年前中原崛起，约四千年前王朝建立，约三千年前王权巩固，两千两百多年前统一多民族国家形成（关于这一问题，后文会详细论述）。

文化和文明是指某一大群人经过长期的共同生活所积累和集聚的思想和物质的结晶，它构成了这一大群人各方面生活的一个总体系统。而在文化和文明的内涵中，必然包含着这一大群人共同的信仰与追求，否则不能成就这一大群人的集体特性与传统特性。

因此，社会上关于"中国人没有信仰"的奇谈怪论，要么是顾左右而言他，有意为之；要么是别有所图、用心险恶；要么就是狭隘至极，不值一驳。

众所周知，欧美大多信仰基督教，阿拉伯世界大多信仰伊斯兰教，东南亚社会多信仰佛教，他们都很虔诚。但我们不能够因此而认为宗教就是唯一的信仰，这种观点狭隘地定义了"信仰"的内涵。

网络上有一段厦门大学易中天老师论中国人信仰的视频，颇为火爆，他在这段视频中指出"中国人没有信仰"，实则因为他将信仰定义为狭义的宗教信仰。很多人批驳易老师这段言论，当然其中也不乏蹭流量、博眼球之徒。仔细分析下来，易老师应该是话里有话，想要批判社会上出现的一些不良现象和一小撮无良无德之徒。各位如果看了他这段演讲的视频，相信定有自己的认识和判断。

所以，何谓信仰？信仰的定义是什么？

这是个极为重要的问题，也是我们首先要明确的问题。

笔者认为，信仰是指一个人自发地对某种思想、某种主张、某个主义、某种宗教或某种追求，甚至是某种想象的或具体的事物的信奉和敬仰，是发自内心的一种相信和尊敬。信仰由信念和信任两部分组成，信念是对教义或主张的理解与相信，而信任则表现为对某种超自然力量或权威的依赖和信赖。因为信仰对人们的行为的外在表现起到深刻的影响，因此也可以说信仰是人们言行所承载的世界观和价值观的总称。

哲学家们对信仰的定义更为深刻，认为信仰是一种强烈的信念，通常表现为对缺乏足够证据、不能说服每一个理性人的事物的固执信任。这种信任往往带有理智或非理智的主观情感体验色彩。而在某些宗教信仰中，处于极致状态时，可能会使人丧失理智。

从以上分析中可以看出，宗教信仰只是信仰的一种类型。

而我们绝大多数中国人的信仰不是宗教。那些妄称"中国人没有信仰"的奇谈怪论，要么只看到或放大了一小撮信仰坍塌之徒的情况，以偏概全，忽视了更广大中国人的精神信仰，要么就是混淆了信仰和宗教信仰的概念。

2. 中国人信仰的表现

信仰是一个人安身立命的根本，是一个国家发展壮大的基础，是一个民族精神信念的支撑，是一种文明延续传承的密码。因此，中国人延续传承数千年的信仰对中国人的思想、行为和心灵都起到了深刻影响。

中华文明存在了 5 000 年之久，辉煌灿烂的中国历史中流传着无数伟大人物的精彩史诗故事。盘古开天地、女娲补天、夸父追日、伏羲氏一画开天、燧人氏钻木取火、神农氏亲尝百草、轩辕氏逐鹿中原、大禹治水、愚公移山、仓颉造字、精卫填海等等，数千年来，这些伟大人物的故事中所蕴含的共同的精神，一直被中国人民所深刻铭记和世代传承。

这些故事或源于神话传说，或出自中国人的想象，或脱胎于真实的历史人物和事件，但它们都有一个清晰的共同点，那就是反映了中国人不屈不挠、坚忍不拔、自强不息、勇于抗争，追求公平公正、天理公义的精神。

所有这些中国人传颂千年的故事也都透露着中国人信仰的线索，那就是自古以来中国人都相信人自身的力量，这与西方人形成了鲜明的对比。例如同样是遇到洪水，我们中国人是大禹"三过家门而不入"，带领百姓齐心协力共治洪水，最终战胜洪水，而西方神话中人们则是接受神的旨意躲进诺亚方舟才得以幸存；又如人类一开始没有火，我们中国先民的氏族首领燧人氏在实践中发明钻木取火，并最终掌握火的使用技术，而西方神话中的火种却是从神那里偷取而来。

凡此种种，都反映了东西方信仰的不同。中国人从来都是相信人自己的力量——自助者，天助之；自弃者，天弃之。

我们信奉自强不息的精神，这是运用自我力量进行自我拯救的信念。这种信仰不仅是中国人做人的标准，也是中华民族精神的体现。

因此，中国人的信仰，从来都不是天上掉下来的救世主，而是人间长出来的英雄。

中国人的信仰，是至圣先师的孔子，是道法自然的老子，是兼爱非攻的墨子，是诸子百家群星闪耀的古圣先贤。

中国人的信仰，是"吾将上下而求索"的屈原，是"鞠躬尽瘁，死而后已"的诸葛丞相，是"天地有正气，杂然赋流形"的文天祥，是"还我河山"的岳武穆，是"去留肝胆两昆仑"的谭嗣同，是林海雪原赤胆忠心的杨靖宇，是大呼"少年中国"的梁启超，是"天下为公"的孙中山。

中国人的信仰，是立志"为中华崛起而读书"的淮安少年周恩来，是橘子洲头"问苍茫大地谁主浮沉"的湘潭书生毛泽东。

中国人的信仰，是抛头颅洒热血的革命先烈，是"万水千山只等闲"的长征红军，是"趴冰卧雪"的志愿军战士……

中国人的信仰，早已根植于我们的灵魂，传承于我们的血脉。千百年来没有哪一个国家和民族比我们中国人的信仰更具有传承性，也更加坚定！

那么，我们这些信仰的表现，究竟源自怎样深厚的根基？

中国人和中华民族的信仰到底是什么呢？

3. 中国人的天地信仰

> 有天地，然后有万物；有万物，然后有男女；有男女，然后有夫妇；有夫妇，然后有父子；有父子，然后有君臣；有君臣，然后有上下；有上下，然后礼义有所错。
>
> ——《周易·序卦传》

这段话朗朗上口、浅显易懂又深刻隽永；点明了数千年来全体中国人自强不息精神的核心思想源泉，这就是中国人的天地信仰。

数千年前，生活在中华大地上的智慧先民秉持朴素的宇宙观，认为天地不但孕育了人类的生命，而且造就了人类的文明。从天地万物、男女夫妇到父子君臣，万事万物各归其位，进而上下有别、礼仪有错，形成人类社会最初的文明。这一切皆源于天地，由天地衍生发展而来。因此，天地应该是人类尊崇的最高权威，是人类应该要敬畏的终极信仰。

> 大哉乾元！万物资始，乃统天。
>
> ……
>
> 至哉坤元！万物资生，乃顺承天。
>
> ——《周易·彖传》

《易经》进一步阐释中国人信仰天地的缘由：真是伟大啊！天的元气，为世间万事万物提供了滋生演变的初始条件，都是统属于天。真是伟大啊！大地的元始，万物靠她成长，顺承天道而来。

正是因为有天道，于是"云行雨施，品物流形"，进而"首出庶物，万国咸宁"；正是因为有地道，于是"含弘光大，品物咸亨"，进而"安贞之吉，应地无疆"。正是因为中国人有天地信仰，世间万物得以各归其位，中华文明得以延续传承。

天地无私，天道无言。天与地不会与普通人进行浅显直白的交流，或许某些通天达地的高人可与天地进行信息沟通，但相信绝大部分普通人对于天地之道都是懵懵懂懂的。

那么既然如此，天地信仰何以成为中国普罗大众的精神信仰呢？

天地信仰如何匡正和指导中国人的价值判断和行为规则？

天地信仰又何以落实在中国人的日常生活之中？

这都要归功于中华民族灿若繁星的古圣先贤。

> 天行健，君子以自强不息；地势坤，君子以厚德载物。
>
> ——《周易·象传》

《象传》这段解释乾坤两卦的文字数千年来激励着中国无数的仁人志士。因为这句话道出了天地信仰与大人君子德性修养、行为举止的关系，进而涵养了中国人的天地精神。大人君子应该要效法天地之道，自强不息，厚德载物。于是中国人的天地信仰就天然地演变成能够落实到人间的精神信念和行为准则。

"人更三圣，世历三古"，传说自远古时代华夏人文始祖伏羲氏一画开天，到中古时代周文王"拘而演周易"，再到近古时代孔子及其弟子作《易传》十篇，《易经》终于跳脱了算卦卜筮的局限，跃升为中华文化经典，被盛赞为"群经之首、大道之源"，先秦诸子百家的思想都与之有渊源。因此，上文主要引用了《易经》来阐释中国人的天地精神和天地信仰。我们知道，诸子百家的思想影响了中国数千年，共同构成了中华民族传统文化的基本精神。虽然各家各派都有不同甚至是针锋相对的观点和主张，但也有一个清晰的共同点，那就是对于天道的推崇和敬仰。可以说，诸子百家以各自独特的思想体系和深邃的哲学思考，共同绘制了一幅关于中国人天地之道和天地信仰的宏伟画卷。

孔子及其创立的儒家学派对于天地的信仰不言而喻，接下来且看看除了儒家，对中国人影响至深的道家学派是如何阐述天地之道，以及如何由天地之道引申出对宇宙、自然、社会和人生的深刻探讨。

人法地，地法天，天法道，道法自然。

——《道德经》第二十五章

道家经典《道德经》中的这句话清晰反映了其对天地之道的理解与追求，揭示了宇宙间万物相互依存、相互制约的关系，说明了人类遵循自然法则的重要性。道家认为，只有顺应自然，才能实现真正的和谐与平衡。

道家以老子、庄子为代表。《庄子·达生》曰："天地者，万物之父母也。"道家强调"道"作为宇宙万物的本源和根本规律，是天地万物的主宰力量。这里的"道"由"天地之道"引申而来，或可认为是"天地之道"的集中表现，它超越了个人意志和生死，具有永恒且无限的特性。"道"无形无象、无始无终、不生不灭，超越了人类有限的认知范围，却又无处不在、无时不有。通过领悟"道"的奥妙，人们可以洞悉宇宙的本质，实现与自然的和谐共处。在道家看来，天地之道自然无为，万物皆应顺应自然、遵循道的规律发展变化。

天地信仰经古圣先贤及后世诸子百家各种角度的阐述，逐渐成为被中国人世代延续传承。由天地信仰进一步引申，塑造了中国人信奉天理公义、弘扬善行善举、崇尚努力奋斗、追求高尚品德的价值观。天道信仰也由此逐渐融入中国人的心灵和日常生活。

比如中国人自古以来就相信天道公正，所谓"世间自有公道，付出总有回报"；比如中国民间赞美为民做主的好官叫作"青天大老爷"；比如我们遇到不公的时候，会向上天祈祷，请求"老天开开眼"；比如我们遇到令人震撼的事情会情不自禁地说"我的天哪"，而非像西方人那样说"oh my God! 我的上帝"（或许我们还会说"我的妈呀"，这句话究其根本，与"我的天哪"是同一个意思，因为对于人类初始的胚胎而言，母亲的子宫就是天与地）；比如我们相信"天助自助者"，只要作为个体的人能够自强不息、不懈努力，老天爷也会帮助其取得成功；比如我们相信"善有善报，恶有恶报"，因为天道报应不爽，老天自有安排。

中国人的天地精神信仰也借助大众喜闻乐见的文学作品深入民间。例如古典名著《水浒传》中有"忠义堂"，一百零八梁山好汉举起的义旗上书"替天行道"；《西游记》中孙悟空在花果山自立山头，高高挂起的旗号正是"齐天大圣"。

中国人的精神，中国人的敬畏，中国人的信念，中国人的信仰，都来自中国人的天地精神！

> 大道之行也，天下为公。选贤与能，讲信修睦。
>
> ——《礼记·礼运》

在大道施行的时代，天下为人们所共有。在这样一个美好的时代，把品德高尚的人、有才能的人选拔出来，人人讲求诚信，培养和睦气氛。

《礼记》中所描述的"大同"世界就是"大道"施行的世界。"大道"指放诸四海而皆准的道理或真理，可以认为就是由"天地之道"衍生出的"人间大道"。因此，"大道"必须要符合天地之精神、天地之真理、天地之法则、天地之规律。中国人自古以来所要追求的"天下大同"是以儒家思想为主体的中国文化所理解的理想社会，是人类社会发展的最高阶段，正是符合"天地之道"的美好世界。

4. 三才之道和域中四大

我们已经了解了中国人的天地信仰，并由此引申出中国人信奉天理公义、弘扬善行善举、崇尚努力奋斗、追求高尚品德等价值观。中国人自古以来重视人的力量，天地信仰更进一步的升华就是将人无限拔升，直至与天地相齐。也可以说，中国人的最高信仰就是天、地、人三者相齐，《易经》称之为"三才之道"。

> 《易》之为书也，广大悉备。有天道焉，有人道焉，有地道

焉。兼三才而两之，故六。六者非它也，三才之道也。

——《周易·系辞上》

是以立天之道曰阴与阳，立地之道曰柔与刚，立人之道曰仁与义。兼三才而两之，故《易》六画而成卦。

——《周易·说卦》

这两段话的意思大致相同，除了解释《易经》卦、爻呈现的基本逻辑，更为重要的是提出了"三才之道"这一重要理念。首先提出《易经》宏大完备、无所不包。然后将人与天、地相提并论，认为天、地、人三者虽各有其道，但又相互对应、相互联系；在自然界中，天、地、人三者是相应相求的。将天、地、人并立起来，认为人生于天地之间，与天、地同等重要，这就是至关重要的"三才之道"。而构成天道、地道和人道的根本都是两种相互对立、相辅相成的要素，卦是《周易》中象征天地自然现象和人事变化的一系列符号，以阳爻、阴爻相配合而成，三个爻组成一个卦，就是"兼三才而两之"的成卦之意。

《易经》可能是最早、最明确、最系统、最深刻地提出"三才之道"伟大思想的经典典籍。这一思想随着中华文明不间断地传承和发展，已经深深植入中国人的心灵，成为中华民族的共同信仰，并贯穿于中国人的人伦日用之中。

有物混成，先天地生。寂兮寥兮！独立而不改，周行而不殆，可以为天地母。吾不知其名，字之曰道，强为之名曰大。大曰逝，逝曰远，远曰反。

——《道德经》第二十五章

老子试图在《道德经》中创造并解释一个重要的概念——"道"。他说：有一种浑然天成的物质，在天地生成之前就存在。它寂静又空旷，无声又无形；它独立存在而不会改变，周而复始地运行而不停歇，它可以作为天地万物的本源。我不知道它的名字，就给它起一个字叫作"道"，再勉强给它起一个名叫"大"。这个广大无边的道向四面八方延展，延展到最遥远的地方，再从最远处返回本源。这就是道自始至终的运行方式。

老子把"道"作为终极追求。在这段话中，他认为"道"先天地而生，"可以为天地母"。我们暂且不去探讨老子所说的"道"为何物，毕竟他自己也说"道可道，非常道"（《道德经》第一章）。对于这句话，有多种不同的理解和认识，其中一种是，"道是讲不清楚的，如果能讲清楚，那就不是恒常的大道了"。我觉得老子此言是谦虚的客套话，开篇就讲，"对不住，对不住，我要讲的这个道啊，估计我是讲不清楚的，抱歉抱歉，大家能听多少是多少！"这个情节也不算是杜撰，曾经出现在我的梦境之中，醒来后细细回味，猛然发现像极了现在德高望重的老教授们在学术研讨会上谦虚的开场白。

然而老子在描述了"道"之后，又说了下面一段话，而这段话我认为更加重要。

> 故道大，天大，地大，人[1]亦大。域中有四大，而人居其一焉。
>
> ——《道德经》第二十五章

【1】西汉早期文献，如《道德经》马王堆帛书甲本和北大简作"王亦大"，"人亦大"版本始见于东汉。从文本发生学看，"王亦大"更近祖本；从思想传播看，"人亦大"的衍变反映了道家思想的人本化演进。两种解读共同丰富了"域中四大"命题的阐释空间。

老子说："所以说，道大、天大、地大、人也大。宇宙之中有四者最大，而人是其中之一。"我不知道老子在前文解释"道"的概念之后，如何推出了这"四大"，因为他说了个"故"字，也就是"所以"的意思，或许在他老人家看来这是不言自明的。然而他将人与道、天、地并列为四，这与《易经》的"三才之道"有异曲同工之妙，都是强调"人"的重要性。这段话把人与地球上的其他生物区别开来，单独与"道""天""地"相并列，清晰体现了《道德经》以人为中心的思想。

因此，从天、地、人相齐的"三才之道"，到《道德经》的"域中四大"，中国人的天地信仰获得了深化和延展。中国人相信，人可以通过自身努力效法天地，道家则进一步予以丰富和升华，认为人需要领悟和掌握大道，才能达到与天地并立的高度。

那么，人与天、地相齐并立，甚至与大道相合同在，这就结束了吗？

不不不！

我们中国人认为，人还可以做得更多。

人还可以因为天地信仰而更加伟大！

5. 赞天地之化育

> 唯天下至诚，为能尽其性。能尽其性，则能尽人之性；能尽人之性，则能尽物之性；能尽物之性，则可以赞天地之化育；可以赞天地之化育，则可以与天地参矣。

——《中庸》第二十二章

这段话蕴含的思想的高明深邃，我用白话文尝试进行释义：只有天下最为真诚的人方能充分发挥他的本性；能充分发挥他的本性，就能引导他人充分发挥本性；而当众人的本性充分发挥，就能推动万物本性；当万物的本性充分展现，就可以参与天地化育生命；能参与天地化育生命，就可以与天地并列为三了。

《中庸》这段话对中国人的天地信仰和天地精神进行了更进一步的升华。人不仅是与天地并列的"三才"之一，还能够"赞天地之化育"。很多宗教认为人要服从天（或是上帝、神）的意志，佛教认为人要皈依佛法，现代科学技术则要凭借人的智慧来征服自然，只有中国人认为人要"赞天地之化育"。

中国人的理想和信仰，是作为个体的人，既生于天地之间，便要学习天地之道，涵养天地精神，自强不息，厚德载物，凭借自身的努力和作为来助力天地化育万物。这就是要求我们人参加天地的工作，共同为万物的生生不息付出行动。如此这般，人便能够与天地鼎足而三。

天地有一项工作，就是化育万物。人类也是万物之一。但中国人认为人不只是被天地化育，还应该要帮助天地来化育万物。中国人认为宇宙间能够化育万物的有三个：一是天，二是地，其三便是我们人。这一理念是世界各大宗教所没有的。宗教信仰中一般会认为存在两个世界:一个是人的世界,或者说是地上的世界、物质的世界、肉体的世界;另一个是灵的世界,或说灵魂的世界、天上的世界、或说天堂。例如,西方的基督教认为人类的始祖在伊甸园里犯了罪,因而被逐出伊甸园,所以人类具有原罪,只有信了基督耶稣才能获得救赎,灵魂得以上天堂。其他宗教也多认为有两个世界,有此岸和彼岸的差别。

数千年前,中国人最原始的信仰中,代表着一种至高无上的意志的"天"或许和现在西方所信仰的"上帝"有相似之处。但随着中国文化的发展演变,"天"与"地"以及万物开始紧密相连,并从最原始信仰中的神性扩展开来,同时具备了物性。天地代表了最高意志,体现了神性;天地又具备自然之义,与自然万物相连,体现了物性。因此,作为万物之灵长的人类,就顺理成章地与天地相连。因为天地化生万物,所以万事万物既各具物性,也继承了天地之神性。人类作为万物的一分子,也是如此。

> 天命之谓性,率性之谓道,修道之谓教。
>
> ——《中庸》第一章

《中庸》开篇的这三句话,解释了中国人的天地信仰如何与人的作为相关联。人与万事万物都各自有性,这和本性都源自天,因此,天的本性其实就蕴含在人与万事万物的本性之中,这就是第一句"天命之谓性"的含义;万事万物率性而为、循性而行,特别是人遵循着与天俱来的本性而有所作为,这叫作道,这就是第二句"率性之谓道"的含义;人需要不断地把道加以修明,并推广于众,就是教化,这就是第三句"修道之谓教"的含义。

人正是秉承着物性和神性,通过率性而为,修道而教,从而有所作为,达到"赞天地之化育"的最高目标。天地精神信仰正是这样指引着中国人向着终极目标前进。

6. 为天地立心

中国人的天地信仰和天地精神不仅要人与天地相齐,更要"赞天地之化育",要助力天地化育万物,应从何做起呢?

为天地立心，为生民立命，为往圣继绝学，为万世开太平。

——《张子全书·近思录拾遗》

一千多年来，著名的"横渠四句"（冯友兰语）震烁寰宇，传诵不绝，成为历代中国知识分子的理想追求和精神信仰。第一句"为天地立心"是核心，最为重要，后三句则是第一句的延续。"为天地立心"是张载探究天人关系问题的哲学根基，在"横渠四句"中具有统领甚至本源的地位。这一本源性哲学根基正源自中华民族自古以来的天地精神和天地信仰。

复，其见天地之心乎？

——《周易·象传》

"天地之心"一说最早见于《周易》，复卦卦象是冬至之后，阴气剥尽，一阳复始所见到的天地之心，因此，天地之心与天地化育万物相关。张载的解释是"天地之大德曰生，则以生物为本者，乃天地之心也"，意为天地最大的德性是生养万物。因此，天地的好生之德就体现为天地之心。

在中国哲学中，天地本无心，所谓的"天地之心"并不是认为天地是有意识、能知觉、能思维的存在，而是指天地、宇宙、世界运行的一种内在的主导力量，或称之为宇宙生生不息的动力和根源。

而这一"天地之心"需要借助人得以立，"天无心，心都在人之心"（《经学理窟·诗书》）。天地本无心，所以人作为与天地相齐的万物之灵长，作为在天地间唯一能思能觉者，就应该要主动为天地立心，以成就天地主宰和化育万物的使命。

因此，天地之心的"好生之德"就是体现在人心的"好生之德"，天地生养万物之德性也是体现在人之德性上。"为天地立心"意味着人要参照天地精神涵养道德自觉和德性，主动与天地万物融为一体，以人心为天地之心，培育赞助天地的大宇宙情怀和"天人合一"的生命共同体意识。

265

由此，我们知道这一句"为天地立心"的深意，是由中华民族的天地精神信仰所引申而来。正是中国人的天地精神信仰，决定了数千年来中国人崇尚自强不息、刚健有为，赞赏勤劳勇敢、高尚品德等思想和行为的表现。

人们具体应该要怎样做才能为天地立心？跟随天地精神信仰，我们人的努力方向是什么？这就是"为生民立命，为往圣继绝学，为万世开太平"。

"为生民立命"就是要遵循天地信仰为天下百姓苍生提供安身立命的精神家园，确立道德秩序和人生方向以及共同的社会价值准则。

"为往圣继绝学"就是要承继数千年中华文化"道统"，立足数千年中华文化立场，勇担数千年中华文化使命，传承和发扬中华文明优良传统，并以此涵养圣贤气象，凝聚世道人心。

"为万世开太平"就是以天下为己任，怀抱修齐治平的政治理想，成就家国天下的责任担当，从而为百姓富足、社会安定的太平盛世贡献力量。

7. 天人合一

在中国哲学中，天有时可涵盖"地"，形成天的广义概念，人与天地合一，便是所谓的"天人合一"。"天人合一"可以理解为"天地与我并生，万物与我为一"的境界，是指天、地、人三者虽各有其道，但又相合相应、相统一的关系。"天人合一"作为最为核心和最重要的中国哲学思想之一，被儒、道、法、墨等诸子百家以及舶来品释家共同信仰，堪称中华民族5000多年来的思想核心与精神实质。

世界上似乎只有我们中国人将天、地、人和万事万物放置在同一个世界，并将天、地、人平起平坐、并列为"三才"。这种天地精神和天人合一的信仰，正是中国人和中国文化自古以来重视人的力量、人的价值、人的创造力的根本原因。

因此，"为天地立心"和"天人合一"也就成为中国人最核心的精神信仰。与天地合一、与自然和谐的精神，对天地和自然持有虔诚的敬爱和敬畏之心，成为全体中国人的心灵密码。可以想见，中华民族与天地自然和谐共生的信仰和智慧，将有利于改进、协调和整合人与自然、人与社会、人与自身心灵的和谐发展，实现生态、世态和心态的同步和谐发展。中国人所想象和追求的天下太平、世界大同，是最伟大、最实际的目标。

如何为天地立心？如何做到天人合一？

儒家的纲领性典籍《大学》给出了清晰的路径，这就是本书一再讲到的八条目：格物、致知、诚意、正心、修身、齐家、治国、平天下。而所有的作为皆是从个体本位做起，从培养个人的德性做起，这就是修身为本的概念。

这个世界上存在着各种力量，如军事、经济、政治、法律等，然而纵使运用这些力量能统治整个世界，也未必能实现天下太平、世界大同。这些力量都是外在的，而中国人在 2000 多年前就已经认识到单靠外在的力量并非长久之计。在本书第二章"中国古代治理之道"中，我们谈到"霸道"强权之治，靠的就是实力、法治、强权、武力来统治天下，但施行极致"霸道"之治的大秦王朝只存在了十多年而已。中国历史上无数的经验教训告诉我们"霸道不长久"。

霸道只是强加在人类之上的力量，让人不得不服从。天地信仰和天地精神让我们认识到这种力量的局限性。于是，中国人要把这些外在的力量大而化之为道、为天、为地，小而纳之于每个人的德性，使个体的德性能与天、与地、与道合而为一。最终让个体的人成为贯通天地的中心和枢纽。

宋代的理学家朱熹说"人人有一太极，物物有一太极"（《朱子语类》卷九十四）。我们每一个人，要能与"天地参"，要能"天、地、人"合一，则此人便是圆满无亏一太极。因此，"壹是皆以修身为本"，就是我们个体要修炼，自成一个天地，并与他人、与群体、与世间、与万物、与自然，最终与天地合而为一。

（二）中国式领导力效法天地之道

领导者培养和建立中国式领导力首先需要解决的一个问题就是树

立自身的信仰和价值观，进而引领整个团队和组织建立符合价值观导向的愿景和使命。而中国式领导力根植于五千多年的中华优秀传统文化，其信仰和价值观必然是与中国人的天地信仰和精神相契合的。

因此，培养和建立中国式领导力必然要效法天地之道。

> 夫"大人"者，与天地合其德，与日月合其明，与四时合其序，与鬼神合其吉凶，先天而天弗违，后天而奉天时。天且弗违，而况于人乎？况于鬼神乎？
>
> ——《周易·乾》

我们已经提到，中华古籍经典中但凡出现"大人"一词，大多数情况下都可以理解为领导者。《易经》这段话也可以认为是对领导者提出的信仰和价值观的要求。

这段话的意思是说：领导者的德性，要与天地的功德相契合，要与日月的光明相契合，要与春、夏、秋、冬四时的时序相契合，要与鬼神的吉凶相契合。先天的一切，天都不能违背；后天的一切，更要顺应天道。天都不能违背，何况人和鬼神，当然也不能违背。

因为有天地然后才有万物，所以后天的一切都要奉天时，顺天道。

因此，我们作为领导者和管理者，凡事都要思考"与天地合其德"，就是要有"天行健，君子以自强不息；地势坤，君子以厚德载物"的天地精神；"与日月合其明"，就是做人做事要如日月般光明磊落，清清白白；"与四时合其序"，就是不能违背天道自然的根本规律；"与鬼神合其吉凶"，就是要心存敬畏，这样才能趋吉避凶。

> 天地有大美而不言，四时有明法而不议，万物有成理而不说。圣人者，原天地之美，而达万物之理，是故至人无为，大圣不作，观于天地之谓也。
>
> ——《庄子·知北游》

庄子说：天地有极致的美，但从不言说；四季有明确的运行规律，但从不宣扬；万物生成自有规律，但从不自我解说。圣人就是探究天地之美从而通晓万物生成的规律。所以至人是无为的，大圣人是不造作的，他们只是观察和遵循天地的规律而行事。

庄子在这段话中首先描述了天地、四季和万物的特点，这种对天地万物的赞美与《易经》是一脉相承的。庄子进一步明确地指出"至人"和"圣人"（皆可认为是领导者）与天地的关系，认为领导者应该要观察天地，进而培养和遵循天地之道。

> 夫天地者，古之所大也，而黄帝、尧、舜之所共美也。故古之王天下者，奚为哉？天地而已矣！
>
> ——《庄子·天道》

天和地，自古以来被认为是最为伟大的，黄帝、尧、舜都共同赞美它。所以古时候统治天下的王者还要做些什么呢？只不过是仿效天地罢了！

为了进一步说明领导者与天地的关系，庄子在这段话中更明确地指出被后世所膜拜敬仰的领导者如皇帝、尧、舜等，之所以能够领导天下，就在于效法了天地之道，或者说，圣王之所以可能，就在于体现了天地之德。

天地之道，实是帮助我们领导者规范了思想与行为的基本准则。因此，有了天地信仰对行为和思想的匡正，领导者的价值观、行为理念、愿景和目标等一系列关系到团队和组织生存与发展的重大问题，就有了基本准绳来加以把握和判断。

> 古者包牺氏之王天下也，仰则观象于天，俯则观法于地，观鸟兽之文，与地之宜，近取诸身，远取诸物，于是始作八卦，以通神明之德，以类万物之情。
>
> ——《周易·系辞下》

我们来看三皇之一、被誉为"中华文明肇始"的伏羲（包牺氏）是如何做的，毫无疑问，他是一位杰出的领导者。伏羲正是效法天地之道，始作八卦，进而一画开天，带领中华大地上的先民摆脱蒙昧，走入文明。

《易经》这一段正是描述了以伏羲为代表的古圣先贤（也是中华大地上杰出的领导者）效法天地万物，以取象比类思维发明器具，即"制器尚象"。制器尚象涵盖观象、取象、尚象三个层面。观象是指效法自然之象，类似现今之仿生学；取象是指制器时依据某卦象；尚象是指制器取象的灵感来源。

《周易·系辞下》后文又接着说伏羲氏"作结绳而为网罟（gǔ），以佃以渔"；神农氏"斫（斫，zhuó）木为耜（sì），揉木为耒（lěi），耒耨（nòu）之利，以教天下""日中为市，致天下之民，聚天下之货，交易而退，各得其所"；黄帝、尧、舜"垂衣裳而天下治""刳（kū）木为舟，剡（yǎn）木为楫""服牛乘马，引重致远""断木为杵，掘地为臼"；等等。

《易经》告诉我们领导者的思想和行动要效法天地之道，要参照天地日月、春夏秋冬，甚至是还要参照鬼神吉凶，这似乎与我们常人的日常经验相去甚远啊！我们如何才能把握呢？

其实不然，天地之道与我们的日常生活和工作密切相关。南怀瑾老师在其著作中曾说过一段他的理解和认识，结果打动了成都一位年高德昭的宿儒梁子彦先生，这个故事正好可以说明一二。

南怀瑾与梁子彦对谈时说，如果《大学》和《中庸》是孔门传承的大学问，那么可以认为《大学》是从《乾卦·文言》引申而来，《中庸》是从《坤卦·文言》引申而来，并认为宋儒主张"人人皆可为尧舜"，那么人人也皆可为"大人"。此番言论引发了梁先生的强烈反应，梁曰，按你的说法，你已经达到"大人"的学养了吗？南怀瑾回答很妙，他说，"夫'大人'者，与天地合其德"，我从来没有把天作为地，也没有把地作为天，上面是天，足踏是地，谁说不合其德呢？"与日月合其明"，我从来没有昼夜颠倒，把夜里当白天；"与四时合其序"，我不会夏天穿皮袍，冬天穿单丝，春暖夏热，秋凉冬寒，我清楚得很，又怎会不合其序呢？"与鬼神和其吉凶"，谁都明白鬼神渺茫难知，当然要避之大吉，如孔子所说"敬鬼神而远之"；假使有个东西，生在天地之前，但既有了天地，它也不可以超脱天地运行变化的规律，除非它另有一个天地，所以说"先天而天弗违，后天而奉天时"；就是有鬼神，鬼神也跳不出天地自然的规律，所以才说"而况于人乎？况于鬼神乎？"

南怀瑾此番高论令年过花甲的梁先生激动不已，因为按这一理解，正好说明圣人本质上也是常人。因此，"大人"的境界也自然可以由一个常人通过修炼而达到。南怀瑾于是给《大学》中的"大人"下了一个定义：凡有志于学，在内养的功夫和外用的知识方面皆能达到一定水准之人，即可称为"大人"。这个定义实际上就与本书所倡导的中国式领导力不谋而合。因此，中国式领导力是每一名领导者和管理者都可以通过修炼而达到的境界。《大学》又言："自天子以至于庶人，壹是皆以修身为本"，而修身之四个步骤，"格物、致知、诚意、正心"，每一步都必须要领悟和契合中国人所信仰的天地精神和天地之道。

我们此节且简单说明中国式领导力在实践中如何效法天地之道。

中国式领导力倡导"阴阳平衡"的和谐艺术。天地之道讲阴阳，世间万物皆有阴阳两气，相互依存、相互制约。在领导力中，阴阳平衡体现在领导者与被领导者、决策与执行、刚性与柔性等多方面的和谐统一。中国式领导力应善于运用阴阳之道，既要有坚定的决策力，又要注重倾听团队的声音；既要展现威严，又要体现关怀，以达到团队内部的和谐与稳定。

中国式领导力倡导"中庸之道"的适度原则。中庸思想强调"执两用中"，即在处理问题时保持适度的原则，避免过犹不及。领导者在决策时应权衡利弊，寻找最佳平衡点，确保决策既符合组织利益，又能得到团队成员的广泛认同和支持。同时，中庸之道也要求领导者在处理人际关系时保持谦逊和包容，促进团队内部的和谐共处。

中国式领导力倡导"仁政"的道德引领。儒家思想循天地之道而推崇仁者爱人。领导者应具备仁爱之心，关心团队成员的成长与福祉。在领导力实践中，这要求领导者以身作则，通过自身的品德和行为感染和影响团队成员，形成积极向上的组织文化。同时，领导者还应关注团队成员的个人需求和发展空间，提供成长的机会和平台。

中国式领导力倡导"礼治"的秩序规范。天道自有规律和法则，没有规矩，不成方圆，中国式领导力的制度建设与道德引领必须相辅相成。通过制定和执行合理的规章制度可以维护社会秩序和组织稳定。在领导力中，这要求领导者建立公正、透明的管理体系，确保团队成员在规则框架内自由发挥才能。同时，领导者还应通过礼仪教育提升团队成员的文明素养和团队协作精神，为组织的长远发展奠定坚实基础。

中国式领导力倡导"道法自然"的无为而治。天地运行，不违其时，不逆其性，此乃自然之大道。"道法自然"就是遵循天道自然规律行事，不妄加干预。在领导力中，这要求领导者具备高度的洞察力和判断力，能够准确把握组织发展的内在规律和外部环境的变化趋势，制定符合实际的战略规划。同时，领导者还应学会放手让团队成员自主决策和执行任务，激发他们的创造力和主动性。

凡此种种，天地之道无处不在，为领导者在生活和工作的各个方面提供启示。

从天地之道可洞察圣人之德，则圣人之德与天地之德相通。就中国诸子百家而言，大本大宗无不取象于天地神明之德性，以成就内圣外王之功业。

因此，贯通天地之道，通达天地之德，涵养天地之精神，树立天地之信仰，这些构成了中国式领导力内圣外王之道的根本品质要求。

（三）孔子的学以成人

中国人非常幸运，能够看到数千年前中国古圣先贤的思想，它们被完整地传承了下来。孔子在《论语·季氏》中提道，"君子有三畏：畏天命、畏大人、畏圣人之言"。就说要对流传下来的"圣人之言"格外注意，保有敬畏，因为它们是经过无数先人实践检验的真理，所以才能够被传承下来。

但是，也有一些中国文化中的深邃思想被以讹传讹，失去了原本的含义。比如民间骂人的话"王八蛋"，我以前总是疑惑，都说"千年王八万年龟"，王八是神物啊，为何变成了骂人的词？后来发现，"王八蛋"居然是古语"忘八端"的谐音。"忘八端"可是蕴含着中华优秀传统文化思想，指忘记了八种基本品行的人，传来传去竟然变成了"王八蛋"。这八种品行是孝、悌、忠、信、礼、义、廉、耻。在家不尊重父母长辈，这叫不孝；在单位不认真工作，不忠于职守，这叫不忠。加在一起就是所谓的"不忠不孝之徒"，再来一个"无耻"，这些也只是违背"八端"中的三个而已。可想而知，"忘八端"的人有多么可恶。

还有一个被人们讹传的说法叫作"人不为己，天诛地灭"，这句话俨然已经成为崇尚厚黑、自私自利之徒的人生信条。然后，殊不知这句话的原意却是劝人向善向学，这里"人不为己"的"为"念作第二声 wéi，意思是说人应该首先要"成为"自己，这才符合天地之道。要真正理解"为己"的深刻含义，就需要从至圣先师孔子的教育目标说起。

孔子办教育的终极目标，可以概括为四个字，就是"学以成人"。

我们知道孔子是中国开办私学的先行者。春秋时期也有官学，但孔子首创私学。既然是私学，孔子的办学宗旨和办学目标其实与当时的官学有所不同。

孔子认为人非学不足以成人，所以倡导"学为成人"，这个为学之道就是《论语》乃至整个儒家学派的出发点和基础。

孔子"学以成人"的教育理念大致包含四个方面。

第一，先学做人。

> 子曰：弟子入则孝，出则弟，谨而信，泛爱众而亲仁。行有余力，则以学文。
>
> ——《论语·学而》

这里孔子讲了为学的次第和重心，实践孝、悌、谨、信、泛爱众五事是人生的根本，有余力了再去研究学问。即首先学做人，处理好各种人伦关系，在生活中修行仁道，其次才是学习书本上的文化知识。

所以学习孔子就要先学做人。由孝悌而谨信而泛爱众而学文，是一种顺承关系。而如何做人，如何处理人际关系的学问，是需要在具体生活中践行的。践行以后有余力，再去学习文献知识。孝、悌、谨、信、泛爱众这五件事情，其中孝悌是针对亲人，属于家庭伦理；谨信是针对社会，泛爱众是针对众人，属于社会人际关系；最后都归结到亲仁上。这五事都要行——"行"就是修行，躬行践履，说到做到，身体力行。也就是说，就为学之道而言，学做人是第一位的。

第二，知行合一。

> 博学之，审问之，慎思之，明辨之，笃行之。
>
> ——《中庸》第二十章

《中庸》的这段话讲的是为学的次第，体现了几个递进的阶段，也是后来王阳明先生提出"知行合一"学说的理论渊源。这段话开始是学，最终是行。

"博学"为第一阶段，意谓为学首先广泛涉猎。"博"还意味着有博大的胸怀和宽容的态度。唯有这样，才能兼容并包，真正做到"海纳百川，有容乃大"。因此广泛学习知识、拓展认知边界乃为学的第一阶段。没有这一阶段，为学就是无本之木、无源之水。

"审问"为第二阶段，有所不明就要追问到底，具有怀疑精神，培养理性思维。

"慎思"为第三阶段，就是审慎思考，通过自己的思想来仔细考察和分析，否则所学就不能为己所用。

"明辨"为第四个阶段，学问越辨越明，若不加以辨析，"博学"所获的内容便真伪并存，良莠不分。

"笃行"是为学的最终阶段。"笃"有忠贞不渝、踏踏实实、一心一意、坚持不懈之意。当学有所得时，就要努力践行，使所学得到落实，做到知行合一。只有目标明确、意志坚定的人，才能真正做到"笃行"。

第三，为己之学。

> 古之学者为己，今之学者为人。

——《论语·宪问》

在这句话中，"古"代表夏商周三代的太平盛世，是指孔子心目中的理想社会，"今"是指当时的现实社会。孔子所谓"为己"并非自私自利地"为了自己"，而是为了改造自己、改变气质、自我完善、自我实现，绝不是为了任何外在目的而放弃自己的原则。所以这里的"为己"与上文所说的"人不为己，天诛地灭"是相同的，应该念作第二声 wéi，意为"成为自己""修为自己"才更贴切。至于"为人"则是社会需要什么，就努力去迎合，以达到追名逐利的目的。

孔子用"为己"否定"为人"，意味着他将为学的重点指向自我修养，完善自我，成就理想人格，达到理想的人生境界。追求为己之学正是儒家的为学之道，体现了儒家的人格理想。

第四，圣王之道。

孔子的学以成人是通过学习成就人生：一方面是指向内部，自我修炼，完善人格，通过修身而达到内圣的境界；另一方面是指向外部，修养自己后就积极入世，成就功业，叫作外王。这就是儒家《大学》的内圣外王之道，其提纲挈领的修炼之法就是本书一再提到的八条目。

所以我们学习孔子的思想和智慧，就是要学以成人，完善自己，积极入世，建功立业，内圣外王，最大的追求就是北宋张载所说的"为天地立心，为生民立命，为往圣继绝学，为万世开太平"，并最终达到天人合一的境界。

三、中国式领导力的敬畏之心

（一）天地信仰与敬畏之心

因为有信仰，所以会敬畏。

信仰和敬畏往往相伴相生。

中国式领导力的敬畏之心，是一个领导者天地信仰在其内心深处的投射，是一种对宇宙万物保持敬畏与尊重的态度。它不仅仅是对外在力量的恐惧，更是一种内在的道德自觉和自我约束。在敬畏之心的引领下，人们会自觉地遵循天地之道，恪守道德底线，不逾矩，不妄为。

然而，在中国的历史长河中，我们也能够看到太多因信仰缺失而丧失敬畏之心，进而身败名裂甚至招致杀身之祸的案例。

我们来看一个大家耳熟能详的"曹操倒履迎许攸"的故事。三国时期曹操与袁绍官渡对峙，谋士许攸在袁绍处不被重视，于是跳槽到曹操阵营，曹操听说后大喜过望，鞋都穿反了出来迎接。于是许攸献计偷袭乌巢，曹军大胜。可是后来发生的事才更有启示意义。许攸此后居功自傲，行为放肆，言语傲慢，还自认为是曹操的大恩人，甚至在众人面前直呼曹操小名"阿瞒"。终于曹操忍无可忍，将其治罪诛杀。

这个故事中包含了两种截然不同的态度：一是曹操对人才的敬畏和尊重；二是许攸居功自傲，缺乏敬畏之心而最终自食恶果。

一个领导者若没有了敬畏之心，结局往往可预料——"眼看他起朱楼，眼看他宴宾客，眼看他楼就塌了！"

中国人的天地信仰中蕴含着一种朴素的敬畏之心。不要说在古代，即使是在当今时代，也应当行事有忌惮。

君不见政治领域打虎拍蝇的反腐案例层出不穷？

君不见娱乐领域因行为不检而顷刻间"塌房"的比比皆是？

君不见工商领域因违法经营而身陷囹圄的不计其数？

我常开玩笑地说，这些人出问题的主要原因就是没能来听我的一堂课，这堂课就叫作《中国式领导力的敬畏之心》。

> 君子有三畏：畏天命，畏大人，畏圣人之言。小人不知天命而不畏也，狎大人，侮圣人之言。
>
> ——《论语·季氏》

至圣孔子的这句话直接体现了以儒家思想为主体的中国文化对于敬畏之心的重视。"天命"的概念颇为复杂，其中一种解释为天地自然的规律和社会的法则，"大人"是指有德有位的领导者，"圣人之言"则是指中国文化中千百年来道德与智慧的结晶。孔子认为，作为君子的领导者一定对这三者葆有敬畏之心。

孔子在后半段中直接对比了"小人"的作为。他说小人"不知有天命"，故而没有敬畏；轻慢德高之大人，放在现代社会场景中，就是在单位里不尊敬领导；小人甚至蔑视和轻侮圣人的言论。我们都可以想象到，一个人缺失了敬畏之心后的这些作为会招致什么样的下场。

讲到这里，不妨扪心自问一下，我们知道自己的天命吗？我们内心对德高望重的领导葆有敬畏之心吗？我们是否也曾蔑视过圣人的至理名言？这样的反求诸己，这样的自我省察，往往会让我们大吃一惊。但也不必过于自责慌张，孔子"五十而知天命"，圣人自述也是到了五十岁才认识到天命所在，因此我们或许还有探索和成长的空间，虽然圣人这句话可能只是一种谦虚的表达。但当阅读到这一章节，当我们已经开始思考敬畏这一重要问题时，敬畏之心就已经从心底慢慢生长了。

有了敬畏之心，我们就不会胆大妄为、得意忘形；

有了敬畏之心，我们就不会张牙舞爪、令人生厌；

有了敬畏之心，我们就不会口无遮拦、夸夸其谈；

有了敬畏之心，我们就会心思沉静、严肃认真；

有了敬畏之心，我们就会有所为，有所不为；

有了敬畏之心，我们就会庄重恭敬、修身为本。

我们所倡导的中国式领导力是"修己安人、内圣外王之道"，它的起点是"修己"以达到"内圣"，就是成就自己圣贤的境界和水平。孔子曰"修己以敬"，这句"圣人之言"本身就包含着强烈的敬畏之心。

中国式领导力的天地信仰和精神要求我们领导者必须要修炼和保有敬畏之心，而敬畏之心的核心就是由天地信仰所引申出的天地之德。因此，培养德性是让领导者保有敬畏之心的关键。中国自古就有"德不配位，必有灾殃"的说法，有三种"德不配位"的情况需要我们格外注意。

德薄而位尊，知小而谋大，力小而任重，鲜不及矣。

——《周易·系辞下》

德行浅薄却地位尊崇，智能低下却图谋大事，力量弱小却承担重任，这三种都是属于德不配位的情况，很少有不招致灾祸的。

我自己是到了40岁左右回看一路走来的人生之路，然后深深佩服这一段"圣人之言"。正如复旦大学有"哲学王子"之称的王德峰老师所言："一个人如果到了40岁还不信命，那么这个人的悟性比较差！""信命"其实正是敬畏之心的另一种表达。

但如果我们非常年轻，还没有足够的人生经验来感悟这段话，怎么办呢？那就去学习、去观察、去体会，用历史和他人的经验来反观自身，这就是反求诸己。

因此，当有一件天大的好事出现在我们面前时，千万不要沾沾自喜、得意忘形，反而更应该保持头脑清醒，冷静思考，归根到底也就是问自己："我到底配不配？""我接不接得住？""我何德何能可以拥有这么大的好事？"须知天上掉下来的不一定是馅饼，也有可能是石头，是会砸死人的，或者这个馅饼太过巨大，反而将人压垮了。

当你用这三种情况去审视身边的人和事，你会发现，天道轮回，皆是如此。或许有的人要小聪明，甚至靠着卑劣手段获得一时之利，但"路遥知马力，日久见人心"，长久来看皆会报应不爽。我母亲的家乡多年前拆迁补偿，很多人靠着祖上的积累时来运转，正所谓"富不富，拆迁户"，这当中不乏品德素养欠佳之人占得便宜，一夜暴富。当时我就跟家人讲，看着吧，短则两三年，长则七八年，结果自会出现。我们要相信财富分配自有天意，会进行自然筛选。这之后，有人贪图享受，就此躺平；有人奢靡消费，无所节制；有人沦为赌徒，无法自拔。果然要不了几年，财富重新洗牌，甚至有人因沾染黄赌毒而锒铛入狱。当人失去了敬畏之心，财富竟成了反噬自身的祸根！

我们能够想象到，如果一个家庭贪图享受、家风不正，一定会上梁不正下梁歪，下一代往往不求上进，能力低下，品德低劣。这样的家庭即使上一辈侥幸积累了财富，下一代也会败光家底。这些年有不少民营企业家希望我带着他们的孩子学习成长，就是因为前车之鉴。

（二）人在做，天在看，举头三尺有神明

在古老的东方智慧中，流传着很多关于敬畏的谚语，比如"人在做，天在看，举头三尺有神明！"这句话不仅承载着对超自然力量的敬畏，更蕴含着深刻的人生哲理和道德指引。它提醒我们，在人生的旅途中，应时刻保持一颗敬畏之心，我们中国人的行为和思想要能够符合天地信仰和精神。

《后汉书》里有这样一则发人深省的故事。

> 当之郡，道经昌邑，故所举荆州茂才王密为昌邑令，谒见，至夜怀金十斤以遗震。震曰："故人知君，君不知故人，何也。"密曰："暮夜无知者。"震曰："天知，神知，我知，子知。何谓无知？"密愧而出。
>
> ——《后汉书·杨震列传》

杨震，东汉时华阴县（治今陕西华阴）人，以公正廉洁、不谋私利而闻名于后世。他赴任太守时途经昌邑。当时的昌邑县令王密，是杨震任职荆州刺史时举茂才提拔的官员，听说杨震路过本地，为报答当年提携之情，估计也可能是为了贿赂老上司以求以后多加关照，于是给杨震送去了金银十斤。杨震叹口气说："我因了解你的才能而举荐你，你却不了解我，为什么呢？"王密鬼鬼祟祟地小声说："现在是深夜，没有人知道。"杨震于是说出了名垂千古的一句话："天知、神知、我知、你知，怎么能说没有人知道呢？"王密听完惭愧地离开了。

《后汉书》的作者叫范晔，我真想知道他是怎么知道这个故事的，或许就是王密自己最后泄露了出去，王密王密，名字起得倒挺好，但不够保密嘛！实在有趣。

或许任何人的秘密都不能称为"密"，因为即使鞋底有个破洞，别人都看不见，但至少天知、地知，还有自己知。

万事劝人休瞒昧，举头三尺有神明。

——《增广贤文》

我注意到《增广贤文》是因为听说有个民营企业的老板不识字，企业却做得很大很成功，后来发现他居然能够背诵全篇《增广贤文》。怎么做到的呢？他请人一句一句给他讲解，然后背下来，这样有意志力的人该他成功。

"举头三尺有神明"并非字面意义上的神灵迷信或者唯心主义，而是一种象征和隐喻。它代表着一种超越个体、超越世俗的力量和规律，在无声地引导着我们的行为，规范着我们的道德。它像是一面镜子，映照出我们内心的善恶、美丑，促使我们在面对选择时更加审慎和明智。这种力量和规律让我们心存敬畏。

是故君子戒慎乎其所不睹，恐惧乎其所不闻。莫见乎隐，莫显乎微，故君子慎其独也。

——《中庸》第一章

这句话也有很多不同的理解和认识，大概意思是说：君子（也可说是领导者）对其看不见的东西要心存戒慎，对其听不到的东西要保有恐惧。隐秘的事情，没有不被人发现的；细微的事情，没有不被显露出来的。所以，君子在个人独处的时候，也要谨慎警惕。

"慎独"后来成为儒家学派道德修炼和自我修养的重要方法之一，是很高的境界层次。但我们也要重视前半句话，对我们人类所"不睹"和"不闻"的事物一定要保有"戒惧"和"恐惧"的敬畏之心。

现代物理学有一个说法，认为人类对宇宙中所有事物的认知只有4.9%，还有95.1%的存在形式人类至今还无法认知，于是把它们命名为暗物质和暗能量。我们不用去深究这个数据从何而来，但我们一定不能否认，在这个世界上，人类的未知一定比人类的已知要多得多。

中国的古圣先贤很早就已经充分认识到人类的渺小，因此要我们对未知的事物保有"戒慎"和"恐惧"的敬畏之心。一旦失了敬畏，必定会有灾祸之事发生。比如一个简单的例子，人类的眼睛只能看到波长在380～760纳米范围内的可见光对应的颜色，所以，红外线和紫外线是我们人类肉眼感知不到的。但我们对这种看不见摸不着的射线要保有敬畏，否则你在海南的阳光下不涂防晒霜出去遛上几圈看看，轻则被紫外线晒伤脱皮，重则可能毁容。

对于紫外线和红外线，人类现在已有一定程度的认识和应用。随着知识的不断积累和科技的迅猛发展，人类认知的边界也不断拓宽，但这并不代表人类就可以狂妄自大、唯我独尊。因为当我们对这个宇宙认知得越多，越会发现我们知道的是如此之少。对于人类渺小和局限的自我认知，不同文化存在共通之处。东方智慧要我们谨小慎微、心怀敬畏；犹太谚语也说"人类一思考，上帝就发笑"。尽管人类已经取得了巨大的科技和文化进步，但宇宙中仍然存在着许多未知和神秘的事物。我们应该保持一颗谦逊和好奇的心，勇于探索未知，追求真理智慧。

因此，我们要常常警醒自己，人在做，天在看，举头三尺有神明。

敬畏之心，是人类对未知、对自然、对生命、对道德法则等一切超越个体存在的事物的谦逊与尊重，它体现了人类心灵的谦卑与庄严。这种敬畏之心，更是人生智慧的重要组成部分。它让我们明白，无论身处何种环境，面对何种诱惑或挑战，都不能放纵自己的欲望，忽视道德和法律的约束。一个缺乏敬畏之心的人，可能会因为一时的冲动或贪婪，而走上不归路，最终付出沉重的代价；它让我们明白，在人生的旅途中，应该时刻保持一颗敬畏之心，遵循内心的良知和道德准则，以更加明智和负责任的态度去面对生活中的每一个选择和挑战。这样，我们才能在纷繁复杂的世界中找到属于自己的方向和意义。

四、中国式领导力的人生境界

（一）吃饭太多，读书太少！见贤思齐

修身之事，我们每一个人都需要用一生去学习和践行。

修身之事，更是我们每一个领导者和管理者都需要关注的根本。

修身之大，区区几万字要表述清楚也绝无可能，我们且任由思绪奔腾流淌。

2020年，攻读博士学位之后，我走出书斋再次踏入社会，满怀喜悦开始阅读大千世界人间百态这一无字大书。然后我就有了一个重大发现，这就是除了大家耳熟能详的各界名人大咖之外，我们身边其实隐藏着不少修己以敬、修身立德的高人。

孔子曰："三人行必有我师焉。"我也常在课堂上跟学员说"人人是老师，处处是考场，事事是考题"，此言不虚。如果能够始终葆有敬畏，认真对待每一人、每一事和每一个场合，那么自然而然会有人挖掘你、发现你、欣赏你，并提供机会给你，甚至提携你，这正是《易经》所言"利见大人"的妙处所在。人生一世，出现在你身边的高人比比皆是，王阳明先生说，满大街都是圣人，因此我们一定要有一双善于发现的慧眼。读书时，我的同学老哈找不到女朋友，我告诉他，不是你找不到，而是你不善于发现，须知"十步之内，必有芳草"。套用这句话，我们也要有善于发现高人的慧眼，因为"十步之内，必有高人"。

我的老师刘子熙先生曾教导我，真正会说话有见识的人并不一定都要读书万卷、行万里路，对生活细致的观察、发现、体验、感同身受可能更加重要，因此有思想会说话的人往往有三大法宝：身边人、寻常话、真性情。

所以，谈到修身之大，我们不必膜拜大家耳熟能详的名人大咖，此节且从我身边的几位杰出的领导者谈起。各位或不知道他们，但他们的确是我所见到的修身立德的典范。

第一位是一个著名国际性咨询公司智库负责人、行业大佬，江湖人称堂老师，上海人，从业三十年，经验丰富，细致周到，义利并举，以义为先，在其专业领域内有口皆碑。我常常将他视为标杆与榜样。时隔数年未见，我们相约在一个西餐厅小坐。他目光如炬、思维快如闪电，谈吐大雅和大俗兼具，学识深不可测，令小弟我叹为观止！一个人何以能够拥有如此的智慧和通达呢？数年不见竟更让人难望项背。

正当我暗自感叹之际，堂老师忽曰："还记得十年前你跟我讲的那个故事吗？当年如当头棒喝、醍醐灌顶！"哎呀，我实在受宠若惊，原来我十年前说的话竟然对一位本就学富五车、见识不凡的大哥产生如此大的触动。现在，我且将这一故事分享给正在翻阅此书的你。

1938年，湖北武昌，民国时代的风云人物、西北军统帅和最高军政首脑冯玉祥（祖籍安徽巢县，治今安徽巢湖），有一次在自己的官邸接见了一个小他16岁的年轻人。两人一见如故，促膝长谈，竟夜不眠。年轻人情感丰沛，纵论时局，旁征博引，高瞻远瞩，见解深邃；冯将军侧耳倾听，相见恨晚，叹为观止，深深拜服！不知不觉东方渐白，冯将军双手握着年轻人的手亲自送到官邸门外，并让副官用自己的座驾送年轻人回到了八路军武汉办事处。

回房后冯将军难以入眠，回想着年轻人所说的每一句话，心绪难平，遂起身提笔挥毫，写下了八个质朴纯真的大字："吃饭太多，读书太少！"让副官悬挂于书房，时时警醒自己。

这个年轻人，就是时年40岁的周恩来。

冯玉祥当晚还在日记中写下他对周恩来的第一印象，"极精明细密，殊可敬可佩也"。相比学富五车的周恩来，冯玉祥觉得自己相形见绌。自此以后，他就成了周恩来的"粉丝"，经常亲自拜访或是派人接周到其官邸晤谈，他对周恩来的敬佩之情真可谓如滔滔江水，连绵不绝。

十年前我讲的这个故事竟然激励了堂老师勤奋读书、奋发向上。我常在授课或演讲中说各种各样的故事，但一个故事激励了我所敬仰的大哥十年之久，着实让我感叹不已，也算是一件功德无量之事了。可见，我们需要对自己说出的话、做出的事，葆有敬畏之心，因为你其实不知道一句话或是一件事可能会对他人产生怎样的深刻影响。

冯玉祥与周恩来交好的故事，我与堂老师的故事，其本质是一样的，就是圣人孔子所教导我们的"见贤思齐"。

见贤思齐焉，见不贤而内自省也。

——《论语·里仁》

孔子说，看到贤人，就是有德行、有才能的人，我们要向他学习，向他看齐；看到没有德行、没有才能的人，我们就要在内心反省，是否我们身上也有同样的缺点。

向水平高、能力强的人学习，以他们为榜样，向他们靠拢，这是我们从小就接受的教育。但是孔子还教导我们，看到不好的人我们也要善加反省，这就极为难得了。而在这一观点上，道家的思想与儒家完全一致。

故善人者，不善人之师；不善人者，善人之资。不贵其师，不爱其资，虽智大迷，是谓要妙。

——《道德经》第二十七章

老子说，善人可以作为不善人的老师，不善人可以作为善人的借鉴。不尊重自己的老师，不爱惜他的借鉴作用，虽然自以为聪明，其实却是大大的糊涂，这是精深微妙的道理。

回到我们上面所讲的两个故事，堂老师听我一言而更加精进提升，冯玉祥得遇周恩来而更加努力提高，他们本来就已经是人中龙凤，却仍然能看到自身不足并努力弥补，所以，二者皆是不断修身成长的典范。

以儒家思想为主体的中国文化，数千年来一直旗帜鲜明地倡导修身，不论一个人水平多高、能力多强、权力多大，修身成长应该是一生的根本主题。更进一步的，儒家思想认为不只是身居上位的"大人"，也即领导者要注重修身，更推延至庶民百姓，也就是每一个人都要以"修身为本"。

（二）事上磨，心上修，尘中炼！知行合一

第二位是我的师兄李大哥，他是我见过的三商皆高的奇人之一。所谓三商，指智商、情商和逆商。智商和情商暂且不论，所谓逆商，

全称为逆境情商，指的是一个人抗压和抗挫的能力。在身处逆境时依然能够保持积极乐观的情绪、昂扬向上的斗志，是每一个优秀的领导者所必须具备的素质之一。

李师兄原是世界 500 强央企高管，能力超群，风趣幽默，关键还聪明不"绝顶"，潇洒豪爽如大侠萧峰，也因此导致他的粉丝和追随者遍布大江南北。然而在央企顺风顺水、口碑绝佳、左右逢源的李大哥几年前竟然辞职，从零开始投身商海，一时间令所有人惊掉下巴，在央企内部更是引起不小震动。一年后我有幸去这家央企讲课，其领导层还跟我谈起李师兄，言语间不无惋惜之意。师兄辞职后，上北京、下广州、战上海、走中原，貌似辛苦折腾，我却知其不亦乐乎。

有一天我问了师兄一个问题："你的理想抱负是啥？"问这种问题，有人会认为是镜花水月、虚无缥缈，有人会认为是俗不可耐、不接地气，殊不知这一问题要是搞不清楚，人就浑浑噩噩，如同没有灵魂的臭皮囊。所以我们需要时常追问自己这一问题，为人父母后更要引导孩子不断思考这一问题。一时半会想不清楚没有关系，就是圣人孔子也是到 15 岁才"有志于学"，到 50 岁才搞清楚自己人生的价值和意义，即"五十而知天命"。因此，想不清楚没关系，持续地思考这一问题更加重要，这一过程本身就是生命的意义所在。更进一步，当我们成为团队的领导人之后，需要帮助组织和团队成员理清这一问题，也就是一个团队或组织的愿景、使命和价值观。领导者更应该要善于将形而上的愿景、使命和价值观，落地成形而下的、可操作的行动方案和实施手段，并以此点燃团队。

当我问师兄这一问题时，他竟然做了个比喻："理想这玩意就像内裤，每个人都有，但不能随时拿出来炫，也不能动辄好奇别人穿什么款式的内裤。所以先想好自己的，少打听别人的。"他狡黠地避开了我的提问，或许他认为我的层次还不足以与他探讨这一问题，所谓"中人以上，可以语上也；中人以下，不可以语上也"（《论语·雍也》）。我打算以此事为激励，不断学习进步，然后每年都问一下他这个问题，看看何时我能够成长为他心目中的"中人以上"之人，从而与我侃侃而谈形而上。

虽然他未回答我的问题，我却大约能猜出他的答案。

> 人须在事上磨，方立得住，方能静亦定，动亦定。
>
> ——《传习录·心解》

李师兄秉持着生命不息、折腾不止的信念，这是他实现理想抱负的切实行动，是他彰显生命力量的方式，也是他提升自我修养的正道法门。李师兄下海创业后，事无巨细皆认真对待、用心琢磨，进而手到擒来、细致周详。观其处理复杂关系的言行举止，我想他不论是做领导，是做朋友，还是做下属，一定是事事有着落，件件有回应。

王阳明先生的一个重要思想就是"知行合一"，李师兄可谓"知行合一"的标杆榜样。他在事上磨，在心上修，在尘中炼，用其行动影响和照耀了身边的人。

李师兄的修身成长带给我怎样的启示呢？"中国式领导力"倡导领导者不仅要以"外王之道"向外进行领导和管理，更要以"内圣之法"不时专注投向内在，以求修养自己成长，或不能成圣成贤，但一定要有一颗向往圣贤之心，此所谓"内圣"的终极要义。但现在社会上有不少人曲解了"内圣"修身之义，认为只关照内在自身，而不管世事纷扰即是"内圣"。殊不知大错特错，修身并不是躺平，"内圣"也不是逃避，"修己以敬"更不是不作为。我观李师兄纵横南北东西，一日千里精进，越是艰难处，越是修心时，正如阳明先生曾经说过，"事上磨炼"何尝不是"内圣"之修身成长呢？

各位读者朋友无须艳羡名人大咖的成功和影响力，我们身边的领导很多，好的坏的，聪明的愚蠢的，高雅的粗俗的，比比皆是。细致分析观察后，你会发现一个惊人的真相，那就是真正优秀的、受人尊敬和爱戴的，能够长久保持成功的领导，皆以修身为本。不注重修身的领导者和管理者，有的可能因为一时幸运取得了一些成绩，貌似顺风顺水，但长期来看，很容易"塌房"的。"眼看他起高楼，眼看他宴宾客，眼看他楼就塌了"，这样的事情并不少见。很多人将之归结于运気差，这是认知层次的欠缺，究其根本，皆在于未修身。

（三）周恩来总理的自我修养要则

看完身边人的寻常事和真性情，我们再来看看一位世所公认的伟大领导者是如何修身成长的。

1943 年 3 月 18 日是周恩来总理的农历 45 岁生日。这天，南方局的同事们准备为他祝寿，但周总理却只是让工作人员下了一碗面条，然后在办公室写下了 200 余字的《我的修养要则》。

一、加紧学习，抓住中心，宁精勿杂，宁专勿多。

二、努力工作，要有计划，有重点，有条理。

三、习作合一，要注意时间、空间和条件，使之配合适当，要注意检讨和整理，要有发现和创造。

四、要与自己的他人的一切不正确的思想意识作原则上坚决的斗争。

五、适当的发扬自己的长处，具体地纠正自己的短处。

六、永远不与群众隔离，向群众学习，并帮助他们。过集体生活，注意调研，遵守纪律。

七、健全自己身体，保持合理的规律生活，这是自我修养的物质基础。

——《我的修养要则》

这份提纲式的《我的修养要则》言简意赅，浅显易懂，是一篇涉及学习方法、工作方法、生活态度、群众路线、党性修养、自律自省等方面内容的"大文章"！它不仅体现了周恩来作为伟大的无产阶级革命家严于律己的道德情操、革命到底的忠诚意志和不断自我完善的伟大人格，也体现了一名伟大的马克思主义者的崇高境界和浩然正气。

周恩来总理可谓是中国共产党人的一面不朽旗帜。他的崇高精神、高尚品德、伟大风范，感召和哺育着一代又一代中国人。然而周恩来何以成长为在我们全体中国人心中近似"完人"的好总理，由这一份他在农历 45 岁生日时所写的纸条，可以窥见一斑。

五、中国式领导力的航向标：德本主义

德本主义这一概念提到的学者不多。北京大学经典与文明研究中心的戴熙宁老师有一部著作叫作《中国引领世界》，我是在这部作品中第一次学习到德本主义的概念。

德本主义顾名思义，就是以德为本，以德为先。无论是管理者、领导者还是我们普罗大众，都要修身立德、修己以敬。这个概念与本书中国式领导力所倡导的精神是相一致的。

德本主义的出处同样来自儒家经典《大学》。

> 是故君子先慎乎德。有德此有人，有人此有土，有土此有财，有财此有用。德者，本也；财者，末也。外本内末，争民施夺。是故财聚则民散，财散则民聚。
>
> ——《大学》

这句话其实也揭示了财富的秘密。其立论依据是：领导者有德行，自然就会有人来归附；有人来归附，自然就会带来土地，这里的"土"字我们可以理解为各种资源；有了人和资源，自然就能够生发万物、创造财富；有了财富自然就能够使国家财用丰足。所以，德行才是根本，财富只是枝末。

从理论上看，德本主义与资本主义的区别起码有三条：

第一，重人与重物。前者认为在世间一切事物中，人是第一宝贵的，人是物质财富的创造者；后者把人当作物质的附庸，甚至把人等同于物，只是资本家发财的工具。

第二，重义与重利。前者强调道义优先，主张用道义创造利益，并且与社会大众共享利益；后者主张利益优先，为了利益可以忽视甚至罔顾道义。

第三，利他与利己。前者信奉利他主义，首先为他人着想从而满足社会大众包括自己的需求；后者信奉利己主义，认为每个人为了满足自己的利益而不是他人着想。但是 2007 年因华尔街高管的贪婪导致全球经济危机、美帝国主义导致全球经济体系的混乱和脱轨，打破了这种"利己主义"的神话。

从实践上看，"德本主义"在当代的表现十分靓丽。我们看到现在很多企业的领导者，他们以内求、利他为宗旨，把员工视为企业大家庭的家人，极大地调动了员工的积极性，使劳动生产率不断提高，企业也获得持续发展的动力。

华为集团提出"小胜靠智，大胜在德""既造物又造人""以奋斗者为本""灰度哲学——中庸之道"等，就是当代中国企业超越西方企业治理模式的榜样。事实证明，德本主义对资本主义的超越，就是吸收资本主义的长处，而注入德本主义的灵魂，实现道德与财富、精神与物质、重人与重物、重义与重利、利人与利他的更高层次的融合，从而为人类社会的发展开创更加美好的未来。

现代西方管理学也逐步认识到孔子的思想和智慧的重要性，所以西方管理学和心理学的很多大师级人物已经开始从东方智慧中寻找启示，德本主义的思想也逐渐被西方所认同。例如管理学 PM 理论，这是西方人力资源管理进行绩效评估的经典理论框架。这个理论认为评价一个管理者的绩效要考虑两个维度：一是 performance，就是业绩结果，二是 maintenance，就是团队的构建和维持。这一理论引入中国以后，被加上了另一个维度就是 C，并且这个 C 被放在第一位，变成了 CPM 理论。这个 C 就是 conduct，指的是一个管理者的品行。这个 CPM 的理论框架也被西方管理学所认可。也就是说，对于一个管理者来说，除了业绩和带团队的能力之外，更重要的是要考虑他的品德和品行的优劣。

在中国，一贯被认同的是，做事之前必须要做好人。所谓德才兼备，一定是德在前，才在后，以德为先。

才者，德之资也；德者，才之帅也。

——《资治通鉴·周纪》

2015 年 12 月 11 日习近平在全国党校工作会议上的讲话中引用了北宋史学家司马光写在《资治通鉴》里的话，他指出："对领导干部而言，党性就是最大的德。现在干部出问题，主要是出在"德"上、出在党性薄弱上。群众评价说：'有德有才是正品，有德无才是次品，无德无才是废品，无德有才是毒品。'……种树者必培其根，种德者必养其心。"

所以，对于我们各行各业的管理者和领导者来说，不仅要成为有德有才的正品，更应该不断提高对自身的要求和标准，成为优品，乃至完美品，而其根本在于德本主义。

章后记：儒家学派纵论天地之道

《论语》中记载了很多孔子关于天地之道的论述。如孔子自述"五十而知天命"（《论语·为政》），将"天"与"人"做了一种难以言说的连接，现代汉语词汇中也出现了"天人"一词，或意为"天上的仙人下凡到人间者"，一般具备常人难以企及的能力和魅力，如"惊为天人"。

自从孔子论"天命"之后，天人合一，"天道"与"人为"也就一脉相承、一以贯通了，个体的人的命运、使命就与"天道"相连接了。所以"命"就成了儒家思想中的一个重大命题。

孔子又言"不知命，无以为君子也"（《论语·尧曰》），在孔子看来，作为领导者的大人君子必须要"知命"，而个人的"命"必须要与"天道"相符，即所谓的"天命"。

春秋以前，可以说"人"仅仅是在"天"的法则范围内行事的消极适应者，而孔子在积极吸收夏、商、周三代传统文化观念的基础上，结合自己所处春秋时期的时代特征，凭借独特的生命体验，把作为"个体"的人解放出来，并置于现实的生命存在之中，构成了一套以"礼"为核心、以"仁"为基础、以"天"为道德最高根据的生命哲学体系。因此，在孔子和后世的儒家学派眼中，"天"就成了至高无上的道德的象征。

《论语》中记载孔子论"天"的言论还有很多，比如：

> 子见南子，子路不说。夫子矢之曰："予所否者，天厌之！天厌之！"
>
> ——《论语·雍也》

> 子曰："天生德于予，桓魋其如予何？"
>
> ——《论语·述而》

> 子畏于匡。曰："文王既没。文不在兹乎？天之将丧斯文也，后死者不得与于斯文也。天之未丧斯文也，匡人其如予何？"
>
> ——《论语·子罕》

以上几则有关"天"的言论，是孔子处境尴尬、濒于末路时，为表白心迹、自我解脱而发的感慨。不过，孔子也确实很自信，认为自己是有德才（"天生德于予"）的博学之士（"文在兹"），是谁也奈何他不得的。当然，这三段孔子论"天"的名场面，也尽显了孔子的可爱之处，原来圣人受到误会时也会对天发誓，遇到危险时也会自信地说，老天自会保佑我这种有德之人。

> 颜渊死。子曰："噫！天丧予！天丧予！"
>
> ——《论语·先进》

颜回是孔子最为得意的弟子，孔子认为他最有可能传其道统。因此，颜回的早逝对孔子是很大的一个打击，于是孔子悲鸣："是老天要灭我啊！"

> 子曰："大哉尧之为君也！巍巍乎！唯天为大，唯尧则之。荡

荡乎！民无能名焉。巍巍乎其有成功也，焕乎其有文章！"

——《论语·泰伯》

这里的"天"有几种不同的解释：有人认为是孔子接受了殷商以来宗教信仰的含义，也有人认为是意志之天，还有人认为是自然之天。也有人根据"唯天为大"判断：在孔子的哲学中，最高范畴是天，天是人事的最高决定者。但无论何种解释，孔子作为儒家学派的创始人，对于"天"的敬仰是毋庸置疑的。

子曰："不怨天，不尤人，下学而上达。知我者其天乎！"

——《论语·宪问》

孔子积极从政以推行其礼治，却终不用于世，但他不怨天不知己，不怨人不知己，而是积极努力于人事，勤学古代文化知识以透彻了解高深的道理（包括"天命"的内涵等）。孔子最后说的"知我者其天乎！"是对世间难有知己的一种感慨。

子曰："天何言哉？四时行焉，百物生焉。天何言哉！"

——《论语·阳货》

孔子说："天说了什么呢？代表天之变化的四时却照样运行，依赖天所生的百物照样成长，天说了什么呢！"这里孔子通过隐喻对天与君子、天与仁的关系作了暗示，所谓"刚、毅、木、讷近仁"，仁者或是沉静不语却惠及万物的。

"天将以夫子为木铎"（《论语·八佾》）和"死生有命，富贵在天"（《论语·颜渊》）皆非孔子所言，此处不论。

孔子在《论语》中多次提到"天"与"道"，强调人应顺应天命、遵循天道而行事。孟子则进一步发展了儒家的道德观念，提出"尽心、知性、知天"的命题，将天地之道与人的内在心性紧密相连。

限于篇幅，本节仅列举儒家学派创始人孔子对于天地之道的论述。

总之，儒家学派倡导积极入世，以孔子、孟子等为代表的儒家注重从人文伦理的角度探讨天地之道。因此，儒家认为天地之道不仅体现在自然界的运行规律中，更蕴含了人类社会应遵循的道德法则与行为准则。儒家倡导"仁、义、礼、智、信"的五常，以及"温、良、恭、俭、让"的五德，这些深入人心的道德观念正是对天地之道在人类社会中的践行。

除了儒家学派，诸子百家多对天地之道有深刻的探讨与阐述，天地信仰也在一定程度上成为众多中国人所共有的情感和追求。天下为公、天下大同的社会理想，民为邦本、为政以德的治理思想，九州共贯、多元一体的大一统传统，修齐治平、兴亡有责的家国情怀，厚德载物、明德弘道的精神追求，富民厚生、义利兼顾的经济伦理，天人合一、万物并育的生态理念，实事求是、知行合一的哲学思想，执两用中、守中致和的思维方法，讲信修睦、亲仁善邻的交往之道，等等，中国文化传承数千年的思想理念，无不处处体现中国人的天地信仰精神。

第十章
中国式领导力的内圣之法：格物致知

【**本章导读**】

　　格物和致知是八条目的基石，意为穷究事物的道理，以达到完善的认识和理解。故格物和致知亦是中国式领导力"内圣之法"的起点。一方面，"圣人之道，吾性自足"，领导者需要向内以求天理，修己以敬、修身养性；另一方面，领导者需要向外以求致知，对领导力相关领域的知识和技能有透彻的认识和理解，对领导力发展的方向和路径有清晰的认知。中西合璧是中国式领导力的特征之一，要求领导者兼顾学习领导力的东方之道和西方之术，以求道术结合、以道御术。此外，时代在发展，技术在进步，中国式领导力的格物致知必须与时俱进、不断发展以适应变化的环境，故领导者需要不断学习修炼、成长进步，如此方能接近中国式领导力"内圣"的最高境界。

一、格物致知与中国式领导力

（一）格物致知，到底是啥？

三纲领八条目是儒家学派经典典籍《大学》最为核心的内容，也是本书"中国式领导力"构建整体框架的思想源头。八条目中的后四个步骤"修身、齐家、治国、平天下"，对于大家来说是耳熟能详的，甚至"修齐治平"现在也很常见，可以说是中国自古以来所有读书人一展平生抱负的梦想和目标。而对于前四个步骤"格物、致知、诚意、正心"来说，虽然也有"格致诚正"这一成语，但大家或许就有一些陌生。然后，这前四个步骤恰恰是修身的具体内容，而修身的起点，或者说整个大学之道的起点正是格物和致知。

千百年来，无数中国人对格物、致知进行理解、认识和领悟，学术界更是有各种不同的分析。本书的主旨是从中华古籍经典中汲取智慧，提出和构建"中国式领导力"这一全新的管理学概念，希望对管理实战领域提供有益启示。因此，我们权且把学术界的一些争议放在一边，去繁就简，先对格物和致知这两个词汇的含义做一个粗略的基本认识。

格物，可以理解为深入探究事物的本质和规律。在古代汉语中，"格"有推究、探究之意，"物"则指世间万物，包括自然现象、社会现象及人的内心世界等。因此，格物要求人们用心去观察、研究、分析世间万物，以求获得真知灼见。

致知，可以理解为通过格物的过程达到增长知识、提升智慧的目的，从而达到对不同事物的充分认知。"致"是达到、实现的意思，"知"则指知识、智慧。通过格物和致知，人们能够不断积累知识，提升对世界的认知和理解，进而实现智慧的增长。这种增长不仅限于知识的积累，更包括思维能力的提升、判断力的增强以及人生境界的提升，等等。

> 格，至也。物，犹事也。穷至事物之理，欲其极处无所不到也。
>
> ——《大学章句集注》

朱熹在《大学章句集注》的开篇就对"格物"进行了解释，认为"格"就是"至"的意思，这一说法出自《尚书·舜典》"舜格于文祖"，意思是说"舜通过不断精进从而达至先祖的境界"，而且朱熹后面还说"穷至事物之理，欲其极处无所不到也"，即"格物"就是要穷尽事物方方面面的道理。

按照上文对格物致知的理解和认识，中国式领导力的格物无疑就是指将与其相关的所有思想、理论、知识、技能、工具、方法、流程等都要进行推究和探究，进行细致的观察、学习、研究和掌握，从而对中国式领导力这一概念达到一种充分的认知，这就是中国式领导力"致知"的境界。我们已经知道，中国式领导力是以儒家思想中修身为政的最高思想"内圣外王"为主体框架，强调领导者对内要修己以敬（即为内圣之法），对外要安人安百姓（即为外王之道），并且能够充分结合和利用现代管理学的知识、技能、工具和方法等，以达到最佳效果的领导力之道。按照这一定义，要想达到对中国式领导力的充分"格物"以至于"致知"的境界，要求领导者学习和掌握的内容是非常宏大的，对细节内容的掌握程度要求也是非常精微细密。因此，本书并不能够完全和充分地把与中国式领导力相关的所有内容一一展示给各位读者，重点是提出中国式领导力的概念和整体框架，将其中重要的内容撷取一二以飨读者。

（二）守仁格竹，为何失败？

从理论上认识格物致知的含义似乎有点晦涩，我们可以了解一个儒学史上著名的守仁格竹的公案。王阳明格竹子的故事应该是确有其事，在其自述《传习录》以及钱德洪所著《王文成公年谱》中皆有记载。相传王阳明先生年轻的时候为了实践朱熹的格物致知学说，曾"格"了七天七夜的竹子，希望"格"出圣人之理，结果据说啥也没"格"出来，硬是把自己累得病倒了。

> 先生曰："众人只说格物要依晦翁，何曾把他的说去用？我着实曾用来。初年与钱友同论，做圣贤要格天下之物，如今安得这等大的力量？因指亭前竹子，令去格看。钱子早夜去穷格竹子的道理，竭其心思，至于三日，便致劳神成疾。当初说他这是精力不足，某因自去穷格，早夜不得其理。到七日，亦以劳思致疾。遂相与叹圣贤是做不得的，无他大力量去格物了。及在夷中三年，颇见得此意思。方知天下之物本无可格者，其格物之功，只在身心上做。决然以圣人为人人可到，便自有担当了。这里意思，却要说与诸公知道。"
>
> ——《传习录·黄以方录》

朱熹理学的精髓最重要的一条正是格物致知。王阳明21岁时想要实践朱熹"一草一木都蕴含着天道至理"的学说，于是和朋友一起要"格"庭院里的竹子。先是一个姓钱的朋友"格"了三天，"劳神成疾"，后来自己上阵"格"了七天，也病倒了。王阳明得出了结论，那就是自己做不了圣贤，于是转而投身辞章之学这种"雕虫小技"。

我真不知道王阳明先生如何就得出了这一结论，七天七夜没怎么睡觉，就盯个竹子在那里冥思苦想，换了神仙也都要神思恍惚。因此王阳明病倒也不稀奇，难道能做圣贤的人必须要有绝顶的精力，可以几天几夜不睡觉？不过阳明倒是比他那位三天就病倒的朋友厉害一些，要是我来"格"竹子的话，估计一天我就跑去吃火锅了。

王阳明先生又自述后来被贬到当时还是蛮荒之地的贵州，三年时间里慢慢领悟到"格物之功，只在身心"，最后终于在龙场悟道，成一代圣贤。由此可见，要想真正理解、认识乃至把握和运用天道至理，人生非要经历一番"寒彻骨"的磨砺，才能获得"梅花扑鼻香"的成就。我现在经常跟一些孩子的父母说，不要太担心孩子经历失败和挫折，从小到大一路顺风顺水才会有问题，这样的孩子可能失去了培养抵抗挫折和不幸能力的机会，未来人生中一遇到困难很可能就过不去了。新东方的俞敏洪说他在北京大学的同班同学中有两个已经不在了，一个癌症抑郁死亡，一个精神失常跳楼。这两个同学都家境优渥，从小到大父母就把他们的人生之路铺垫得满是鲜花，顺利地进入大学成为天之骄子，毕业后起点便已是他人终点。然而，他们看似是人生赢家，却在后来遇到事业和婚姻的挫折之后无法正确面对，直到人生以悲剧收场。相反，老俞同志一直在最底层挣扎求生，高考就考了三次，好不容易考上北京大学又得肺结核大吐血休学一年，熬到毕业，为了挣钱养家搞了新东方，又两次遭歹徒抢劫差点丢了性命，终于练就了强大的内心。对比他的同班同学，真应了亚圣孟子所说的这段话：

> 故天将降大任于是人也，必先苦其心志，劳其筋骨，饿其体肤，空乏其身，行拂乱其所为，所以动心忍性，曾益其所不能。
>
> ——《孟子·告天下》

多少年过去了，我仍清晰地记得我的初中班主任叶维取老师在班上慷慨激昂地为我们朗诵这一段，可能在当时 13 岁的我的心中种下了些许"浩然之气"的种子。

朋友们，生活和工作中经历一点挫折，面临一点困难，没什么不好的，所谓人生就是不断地遇到一个又一个问题，然后又不断地解决问题的过程。

所以，格物致知也并非只有在书斋里埋首苦读一种途径，在工作中、生活中，人生的每一次经历中都可以是修炼自己的格物致知的过程。因此，王阳明先生年轻时独坐庭院，格竹七日而不可得，及至后来，他的人生百转千回、历尽磨难，终于能在龙场悟道，证得天道至理，这也正说明格物致知需要我们把握好生命中的每个人、每件事和每个时刻，以求不断精进成长。

不过话说回来，阳明先生"格竹"七天七夜除了病倒，真就没有一点收获吗？或不尽然。要知道中国人自古爱竹，有"梅、兰、竹、菊"四君子之说。因为中国人从竹子身上总结出很多优秀的品质，如节节攀高、谦虚谨慎、坚忍不拔、宁折不弯、刚正不阿等。且看大文豪苏轼是怎么说的：

> 宁可食无肉，不可居无竹。
>
> 无肉令人瘦，无竹令人俗。
>
> 人瘦尚可肥，人俗不可医。
>
> 傍人笑此言，似高还似痴。
>
> 若对此君仍大嚼，世间那有扬州鹤？
>
> ——《於潜僧绿筠轩》

苏轼不愧为大文豪，随笔一写通俗易懂、妙趣横生，却又哲理隽永，真乃超然不俗、清高自洁之士也。第一句讲，吃饭可以没有肉，居家过日子不能没有竹子。所以家里养一盆文竹，或是书房里挂一幅竹图，都是极为高雅的事情，可以自勉。

对于竹子的寓意，王阳明不可能不知道。他的祖父王伦就生性爱竹，自称竹轩先生，住所周围种满了竹子，还说"竹是益者三友，一天都离不得"。这句话中的"益者三友"原是孔子的话，被王阳明的爷爷借用来咏竹。对于孔子的圣人之言，我们一定要秉持格物致知的精神深入研究，力求透彻理解与领悟。

> 孔子曰："益者三友，损者三友。友直，友谅，友多闻，益矣。友便辟，友善柔，友便佞，损矣。"
>
> ——《论语·季氏》

孔子说："有益的朋友有三种，有害的朋友有三种。与正直的人交朋友，与诚信的人交朋友，与知识广博的人交朋友，是有益的。与谄媚逢迎的人交朋友，与表面奉承而背后诽谤人的人交朋友，与善于花言巧语的人交朋友，是有害的。"

我们且回到守仁格竹的主题上来。阳明先生后来在贵州龙场自建有"君子亭"，并著有《君子亭记》，认为"竹有君子之道"，详细描述了竹子的"君子之德""君子之操""君子之时"和"君子之容"。《传习录》中更是记载了王阳明以不同竹子来类比文王、周公、孔子等圣人之间的异同。由此可见，阳明对竹子一定是有深度思考和领悟，并且颇为喜爱的。

那么阳明为何格竹七日最终还是失败了呢？我有一个解释，各位读者权且一看。

我们知道，世间万事万物都在一维的时间维度上"正向演变"，也就是说昨天的既成事实，今天就无法改变，至于科幻电影中时空穿越回到过去的现象，至少目前在真实的世界中人类并未发现。而守仁格竹正是想要"逆向推演"回到遥远的过去，甚至是回到最初的原点，从而得出最初的"天道至理"。故，何其难哉！

朱熹承袭二程（程颢、程颐）"存天理，去人欲"的理学思想，认为"万物皆只是一个天理，己何与焉？""所谓万物一体者，皆有此理"（《二程集》）。因此，朱熹和二程皆认为"天道至理"是万物唯一的本源。用道家的语境来表达就是"道"，正所谓"道生一，一生二，二生三，三生万物"（《道德经》第四十二章）。最初是"有物混成，先天地生"的"道"，再由"道"经过变化而生成万物，这是一个在一维不可逆的时间上"正向演变"的过程，至于这一过程在未来是否可逆，我想大概只有天知道。王阳明"格竹"却是想从万物之一的竹子往回推演，要证得万物一体的"天理"，也就是"天道至理"，这却是一个"逆向推演"的过程。各位想想看，这就好比看一本书，想要从一页纸甚至是几个字中就透彻了解到全书内容；又好比看一个人，想从他的一两句话就了解他的整个人生，这都是不可能的。如果真有这么容易，那就真没有"天理"了。因此，王阳明想要从竹子中领悟出经过万般变化的最初的"天道至理"，失败是正常的，成功才不可思议。至于后来阳明悟道成圣，这一境界非得经历一番透彻的磨难，且加上自身绝高的天赋才有可能达到。

"守仁格竹"乃千古雅事，我们或可以从中认识到些许格物致知的内涵。对于"中国式领导力：修己安人、内圣外王之道"来说，格物和致知两个步骤正是"修己以敬"和"内圣之法"的起点。

一方面，"圣人之道，吾性自足"，领导者需要向内以求天理，修己以敬、修身养性。中国式领导力要求领导者不断加强自我修炼，提升个人的道德品质和智慧境界，只有具备高尚品德和深厚智慧的领导者才能真正赢得团队成员的信任和尊重；另一方面，领导者需要向外以求致知，通过读书学习、实践锻炼的各种方式不断积累知识和经验，以求对管理学和领导力领域的相关知识和技能有透彻的认识和理解，对领导力发展的方向和路径有清晰的认知。

中西合璧是中国式领导力的特征之一，这表明领导者要兼顾学习领导力的东方之道和西方之术，以求道术结合、以道御术。因此，中国式领导力的"格物致知"要求领导者不仅要学习领悟东方的治理之道，也要广泛学习和掌握西方管理学之术，包括与西方领导力相关的知识、技能、流程、工具和方法等。从这一角度理解，中国式领导力的格物致知其实要包含西方管理学领域的一切优秀思想。

此外，时代在发展，技术在进步。中国式领导力的格物致知也必须要与时俱进、不断发展，以适应当今飞速变化和发展的环境，故领导者需要不断学习修炼、成长进步。同时，还要关注新时代背景下领导力发展的新趋势和新要求，不断创新和完善中国式领导力的理论体系和实践方法，唯有如此，领导者方能不断接近甚至是达到中国式领导力"内圣"的最高境界。

二、格物致知的东方领导力之道

了解了格物致知的具体内涵，我们就明白中国式领导力需要从知识、技能、素养、品格等各方面进行全方位打造。可以说，中国式领导力就如同它的根基中国文化一般包罗万象、博大精深。此外，培养领导者的中国式领导力要注重兼容并蓄，只有兼具东方领导力之道和西方领导力之术，并将二者有效结合、灵活运用，才可以称得上是对中国式领导力具备透彻的认识与掌握，即是对中国式领导力充分格物并达到致知的境界水平。

本节我们就先从东方领导力之道开始讲起。因为东方领导力之道深植于博大精深、源远流长的中国文化，所以对其进行格物也必定是无止境的。限于篇幅和著者个人的能力水平，本文仅能从中撷取一二展开探讨。

（一）中国式领导者的四大层次：美、大、圣、神

领导者和管理者受限于自身天赋、经验和经历的不同，有品格和境界的高低之分，有能力和水平的高下之分，这是必然无疑的。如本书上部曾论述过领导力的三大层次：领导力的第一层次基本等同于日常管理的技术应用，属于"优术"的基本级别；领导力的第二层次是影响力，属于"明道"的中间级别；领导力的第三层次是一种艺术，属于"取势"的最高级别。我也曾提到民间认知中的一种分类方法：有德有才是精品，一定重用；有德无才是次品，培养使用；无德无才是废品，亦不可用；有才无德是危险品，坚决不用。对此我们的古圣先贤也早就认识到了。

> 子曰："如有周公之才之美，使骄且吝，其余不足观也已。"
>
> ——《论语·泰伯》

孔子说："假如一个（领导者）有周公旦的美好才华，却骄傲自大且吝啬小气，那他的才华也就不值得一提了。"

孔子在这段话中告诫自己的学生，相对于高明的才能，美好的品格应该更加重要。如果一个人品格和德性一般，例如有骄傲自大、吝啬小气的毛病，纵使才华横溢，也"不足观也"。《资治通鉴》有云："才者德之资也，德者才之帅也"也是同样的道理。因此，各位领导者应注重涵养自己的品格和德性，挑选下属也要首先注意品德，因为品德比才干更加重要。

各位作为领导和管理者的读者朋友们，不妨"三省吾身"：我是不是有"骄且吝"的毛病？慢慢慢，别忙着否定，这样的人职场可是

常见的。我是不是自身才能也就一般般，靠着一点运气混到如今这个岗位？可别自信过了头，才华这个事，真得要他人认可才是真的有。我们如果才能一般又有一点"骄且吝"，那么我还有什么值得称道的地方？是不是有几条说中了？现实真就是如此残酷！

我们的古圣先贤自古以来就倡导身居上位的领导者要重视涵养德性，领导者应该首先要培养自身做君子，让其才华有德性的依托，这样才能够发挥出良好的领导效能。因此，一名领导干部能否长期有效地做好工作，除了依靠组织赋予其所掌管的人、财、物等各种权力因素外，更多的时候要依靠非权力因素，而其中最为重要的就是通过自身的德性和人格魅力去感召下属团队，甚至是影响周边的群众。

古人讲，"小胜靠术，中胜靠智，大胜靠德"，其实就是这个道理。

按德性和才干可以将人划归为不同的层次和种类，但对于领导力境界和层次的划分其实更为复杂。亚圣孟子关于身心修养六重境界的一段著名论述可以为领导者所借鉴和学习。

> 可欲之谓善，有诸己之谓信。充实之谓美，充实而有光辉之谓大，大而化之之谓圣，圣而不可知之之谓神。
>
> ——《孟子·尽心下》

孟子说："能够把人的基本欲望进行有效控制和管理的就是善人，能够据此严格要求、反求诸己的就是有诚信的人，内在充实的就是美丽而有气质的人，内在充实并且能够散发出光辉照耀和影响他人的就是大人，既有光辉且又能够感化他人的就是圣人，圣到妙不可言以至于他人无法理解和认识的就是神人。"

孟子所谓的这六重境界对于领导者来讲颇为重要，我们且细细道来。

首先看第一句，"可欲之谓善"。

善人应该是普罗大众每一个人都要有的基本要求。这句话的白话文翻译，历来争议不断，我们将其扩展翻译成"能够把人的基本欲望进行有效控制和管理"。何为基本欲望？按通常理解，就是我们吃喝拉撒睡的基本需求；按进化论的理解，就是与人类生存与繁衍相关的基本需求。

但就孟子而言，这一"可欲"还需要加上他称之为"四端"之说的"仁、义、礼、智"。我们知道，仁、义、礼、智、信为儒家著名的"五常"，孔子提出"仁、义、礼"，孟子延伸为"仁、义、礼、智"，董仲舒扩充为"仁、义、礼、智、信"，后称"五常"。"五常"之说此后贯穿于中华伦理的发展中，成为中国人价值体系的核心。

> 恻隐之心，人皆有之；羞恶之心，人皆有之；恭敬之心，人皆有之；是非之心，人皆有之。恻隐之心，仁也；羞恶之心，义也；恭敬之心，礼也；是非之心，智也。仁义礼智，非由外铄我也，我固有之也，弗思耳矣。
>
> ——《孟子·告子上》

孟子认为"仁、义、礼、智"乃人之"四端"，是人之常情，即一个正常的人都应该是具备的，他还非常贴心地举了一个例子，说一个小孩在井边玩耍，就要掉下去了，任何一个正常人都会跑去相救，这就是恻隐之心的"仁"之端，人皆有之。

因此，孟子说兼具"仁、义、礼、智"四端之人就是善人，也就是每一个人都能够成为善人，这也是孟子"性善说"的基本逻辑。

第二句，"有诸己之谓信"。

所谓"有诸己之谓信"，凡事能够反求诸己、反观自身，清晰认识自身是否践行了道德原则，能够做到这一点的就是"信"人。结合第一句，就是看到了不符合"仁、义、礼、智"四端的人和事，能够反观自身，清晰认知，这样就能够做到"信"。

前两个境界层次在孟子看来是基本要求，到了第三层及以上就不断对领导者提高了要求。

第三句，"充实之谓美"。

孟子所定义的美并非以外貌来评判，而是指内在充实美好。充实就是不虚空、不伪饰、不浮夸，不是山中竹笋腹中空空，而是有实实在在的东西。

孟子所谓的内在充实的到底是些什么呢？就是以"仁、义、礼、智"为核心内容的知识和素养、能力和品格。拥有这些的人会由内而外地散发出引人注意的气质和魅力。所以，"美"应该是中国式领导力所倡导的领导者需要达到的最基本的境界和水平。

我常半开玩笑半认真地对学生们讲，如果你 25 岁以前长得丑，那可以去怪爸妈给的基因一般；如果你 25 岁以后还觉得自己长得丑，那一定要去怪自己。所谓相由心生、境由心造。人的长相美丑一定程度上是可以自己调节控制的，其秘诀就在于让自己的内在不断地"充实"，让自己的德性不断地成长，然后你就会发现，自己的面貌慈祥了，气质美好了，人变漂亮了。

我曾认识一个老板，脾气古怪，尖酸刻薄，完全可以匹配孔子所说的"骄且吝"，所以大家都不喜欢跟他交朋友。后来数年不见，我再见此人，着实吃了一惊，变美了，举止面容庄重祥和，浑身上下器宇轩昂，哭闹的婴儿被他抱到怀里居然能与他相视而笑。后来我了解到，他这几年去学习佛学了，且境界提升一日千里，生意也做得顺风顺水。

第四句，"充实而有光辉之谓大"。

我们在本书中一再强调"大人"就是领导者和管理者，所谓《大学》就是指"大人之学""领导者之学"。那怎样才能成为"大人"呢？不仅需要内在充实美好，成为一个有气质、有魅力的人，还要能够由内而外散出光辉，影响和照耀其他人。

前面的"善""信""美"三个境界，某种程度上算是"明明德"的范畴。到了第四个境界"大"，就是由"明明德"自然过渡到"亲民"的能力了，充实到有光辉，能够照耀他人、影响他人了，这也就是我们常说的"把自己活成一道光"。

第五句，"大而化之之谓圣"。

领导者不仅能够散发出光彩、自带光芒，还能主动积极地去教化和引领他人，这就是"大而化之"，这类领导者在孟子看来，就是"圣"。达到"圣"之境界的领导者，不仅是一道光，照亮他人前进的道路，还能够带来别人更大程度的改变。所以，"圣"的境界是领导者更加积极主动地"亲民"，改变环境，教化和引领他人。

因此，达到"圣"这一级别的优秀领导者，可以做团队的导师，教化和引领团队成员不断地成长和提高。

第六句，"圣而不可知之之谓神"。

所谓"神"，那是不可描述、难以把握、近乎传说了，即孟子所说的"圣"到"不可知之"的境界。现在人们也形容一些在某方面才能已经高明到极致的人为"大神"，比如跑步界牛人叫"跑神"，黄磊因玩游戏厉害得名叫"神算子"，北大还有数学才子"韦神"，等等。黄磊黄老师确实很"神"，我曾经参加上海东方卫视的真人秀节目《极限挑战》第三季，演一个金融投资人，然后极限挑战中的六个人玩游戏，我作为金融大咖开着大奔去接投资游戏的胜利者，后来果然是"神算子"黄磊胜出。这是我第一次见到黄磊本人，一双眼睛非常智慧，确实很"神"。我在大奔上与他喝红酒交杯，吹牛了40分钟，就这一段占用了我一天时间拍摄，结果成片出来只有十几秒钟。

所谓"神"人，常人往往难望其项背，也难以知晓其成神的路径和原因，或有生而为神，或学以成神，或困而成神，正如孟子所言，"不可知之"也。老子说"太上，不知有之"，最高明的境界，最好的领导者，我们甚至是不知其存在的。领导力达到"神"的境界，就是最高的境界，在这一境界里，领导者化人、化物于无形。

若要问我现实中哪位领导者已经臻于化境，接近于"神"，我建议各位可以从历史中去寻找答案。在此我想提一提世界孔子后裔联谊总会会长孔德墉老先生。德墉公20世纪90年代开始带领全体孔氏族人续修家谱，耗时13年，历经无数困难，终于在2009年修成"天下第一家"的《孔子世家谱》。这是孔氏家族历史上的第五次合族大修，该家谱被誉为孔氏家族的"共和国谱"。我有幸在2015年结识老人家，不禁心生疑惑：90高龄的老人家为何能够精力如此充沛，言语幽默诙谐，思想快如闪电？他其实就是活在我们孔氏族人身边的一尊"大神"。2022年新冠疫情期间，老人家以96岁高龄与世长辞，但直至今日，孔氏家族的发展仿佛依旧受到老人家的庇佑。他真正做到了化人、化物于无形，正是"圣而不可知之"的真实写照。

（二）中国式领导者必为师

孟子的六重境界论是在与他人谈论一个叫"乐正子"的学生时说的，他还评价这个学生的水平是"二之中，四之下"，也就是可以称得上是善人、信人，但还没有到后面四种"美、大、圣、神"的高度。这个乐正子后来成为主政一方的官员，颇得孟子喜爱。好像在山东济宁孟子的老家邹城孟庙里还供奉着乐正子的雕像，他是给孟子当陪祀的学生之一。孟子对这样一个优秀学生如此评价，一则可能是对弟子的严苛要求，二则可见在孟子心中，"美、大、圣、神"的境界更加高远，着实不容易达到。

笔者认为，对于一个领导者，最基本的境界要求应该是达到内在充实的"美"，即有知识、有水平、有能力、有素养、有魅力、有气质。而中国式领导力所倡导的领导者不止如此，还要能够"充实而有光辉之谓大"，甚至达到"大而化之之谓圣"的境界。

这就要求领导者要能够散发出光辉，教化、引领、感化其下属团队，即中国式领导力要求"领导者必为师"。

这是中国式领导力对领导者角色的深刻定位，体现了中国文化对于领导和管理角色的独特理解和期望。在中国传统文化背景下，领导力不仅是一种管理技巧或权力运用，更是一种道德示范和智慧传承。

此外，"师者"这一角色在中国文化中具有极高的地位和深厚的内涵。师者，所以传道、授业、解惑也。这一角色不仅传授知识，更重要的是传授道德、价值观和人生智慧。领导者作为团队的引领者，其言行举止对团队成员具有深远的影响，因此必须承担起师者的责任，通过自身的榜样作用来影响和激励团队，帮助团队成员成长和提高。

所谓领导，字面意思就有引领、引导的含义。中国式领导力尤其强调团队领导者的文化传承与道德教化作用。领导者不仅要带领团队实现目标，更要通过言传身教，将组织文化、战略思想和价值观等传递给团队成员，使团队成员在思想上与组织保持一致，形成强大的凝聚力和向心力。中国式领导力还强调领导者需要关注团队成员的成长与发展，通过提供指导、培训、反馈等方式，帮助团队成员解决问题、提升能力，并最终实现个人价值。这种指导与培养的过程，实际上就是领导者作为教师或导师的角色体现。

自古以来，伟大和杰出的领导者或多或少承担了"师者"这一角色，有些甚至成了"帝王师"，即成为皇帝的老师，例如商朝的伊尹、周朝的姜子牙、汉朝的张良、三国时期蜀汉的诸葛亮等。这些彪炳史册的人物既是杰出的领导者，也是团队的"师者"。

把领导和"师者"角色融合得炉火纯青的，当属中国人民的伟大领袖毛泽东。毛主席在世时就被称为"伟大导师、伟大领袖、伟大统帅、伟大舵手"。"四个伟大"这一表述是在 1966 年特殊历史时期提出的，后因林彪每次讲话中都提到，故而流传开来。从毛主席的历史功绩来看，"四个伟大"也不算言过其实。因为如果没有毛主席的领导，中国近百年的混乱局面大概率还将持续很久，正如邓小平同志所说的那样："没有毛主席，至少我们中国人民还要在黑暗中摸索更长的时间。"

但是毛主席后来多次在不同场合表示反对"四个伟大"的提法。1967 年他在外地视察时又一次对"四个伟大"提出了强烈的批评，并对随行的杨成武上将说自己现在很不喜欢这"四个伟大"，讨嫌！ 1968 年要发表的一篇元旦社论中还是提到了"四个伟大"，对此毛主席表示极力反对，并让汪东兴去找陈伯达和姚文元，要求他们删去。当时，汪东兴问道：这"四个伟大"全删掉，不留一个？毛主席略加思索后说道：那就留一个吧！汪东兴随即问要留哪一个，毛主席说：我以前是当教员的，就留下那个导师吧！ 1970 年 12 月 18 日，毛主席在会见美国记者斯诺时又一次提到这个问题，他说：所谓"四个伟大"，讨嫌，总有一天要统统去掉，只剩下"TEACHER"导师这个词。由这些细节我们可以看到，毛主席内心认可的就是"教员"的角色，只不过他认为"伟大"二字不太妥当，这也体现了主席谦虚、朴素和务实的性格特点。

"四个伟大"排在第一位的正是"伟大导师"，其实这个称呼是对毛泽东领袖气质和魅力的最好诠释。

各位领导者一定要研读四卷本的《毛泽东选集》，其中一些著名篇章，如《论持久战》《星星之火，可以燎原》《中国革命的战略问题》等，对于培养领导者的战略格局、扩展思维视野都是有很大帮助的。买一套简装本花不了多少钱，可能都比不上一瓶酒甚至是一包烟钱，但其蕴含的价值对领导者而言却是无法估量的。如果您还有兴趣深入阅读，不妨研读毛泽东诗词，主席的诗词宏阔广大、志气满满，有一种睥睨天下、舍我其谁的大气概，对于培养领导者气度涵养都极有帮助；要是您家里有孩子，我也建议您和孩子共读。如果您还有精力和兴趣进一步钻研，可以考虑研读八卷本的《毛泽东文集》，这套书收录了主席一生绝大部分文章。

各位读者是否还记得我在上部提到领导干部要做到"三能"？就是坐下来能写、站起来能说、走出去能干。"三能干部"讲起来简单，但现实生活中真正能做到且能够做得好的领导干部凤毛麟角。第一条"能写"，就是能做文章、能提炼思想、能规划方案。毛主席在新中国成立后就曾不止一次地提倡领导干部要亲自写文章。他认为写文章对于提高工作能力大有益处，"可以锻炼头脑的细致准确性。客观事物是独立存在的东西，全面地认识它，写成文章是不容易的事情。经过多次反复，才能比较接近客观实际，写出来经过大家讨论一下，搞成比较谨慎的作风，把问题把思想写成定型的语言文字，可以提高准确性"。做工作的前提是正确认识客观世界，而"文章是客观事物的反映"。[1]

各位读者，或许您是单位里的一把手、二把手，想想看多久没有自己写讲话稿了？毛主席认为，写文章不能由秘书代劳，一把手要自己动手写文章，有了病不能写就用嘴说。"秘书只能找材料，如果一切都由秘书去办，那么部长、局长就可以取消，让秘书干！"[2]

> 没有文化的军队是愚蠢的军队，而愚蠢的军队是不能战胜敌人的。
>
> ——《文化工作中的统一战线》

【1】见《毛泽东选集》第3卷，人民出版社1991年版，第844页。
【2】见《毛泽东文集》第7卷，人民出版社1996年版，第359页。

领导者自己动手写文章、作讲话，提炼出思想，培训、发展团队，提高他们的能力和水平，提高他们的文化素养，成为他们的老师，甚至是整个团队的导师，这样就能够打造一个有凝聚力、有向心力、有战斗力、有文化素养的胜利之师，正如《孙子兵法》所言，"上下同欲者胜"。

（三）"天地君亲师"的现代解读

"天地君亲师"是中国儒家伦理思想体系中的一种重要观念，也是传统社会中民众敬天法祖、孝亲顺长、忠君爱国、尊师重教的价值观念取向。"天地君亲师"的思想发端于《国语·晋语》中"父生之，师教之，君食之"的记载，并在《荀子》中得到进一步的发展和完善。

> 天地者，生之本也；先祖者，类之本也；君师者，治之本也。无天地焉生？无先祖焉出？无君师焉治？三者偏亡，焉无安人。故礼，上事天，下事地，尊先祖，而隆君师。是礼之三本也。
>
> ——《荀子·礼论》

礼有三个根本：天地，是人类生存之本；先祖，是种族繁衍之本；君师，是社会治理之本。没有天地，人类从何诞生？没有先祖，种族何由延续？没有君师，社会何以治理？三者若缺其一，人民就难以安定。所以向上事奉天，向下事奉地，尊敬先祖而尊崇圣君老师，是礼的三个根本。

关于领导者的天地信仰，在第九章已有详解；而对于君、亲、师三个角色，领导者亦需深刻领会。"君"就是做民众的领导，要身先士卒，带领大家走向正道；"亲"就是父母官要爱民如子；"师"就是领导者要教育和培养团队。

"天地君亲师"的传统思想观念在当今时代也必须与时俱进，因而也应有符合时代要求的新解读。

1. 敬畏自然：尊天思想的现代解读

孔子曰："君子有三畏：畏天命，畏大人，畏圣人之言。"

——《论语·季氏》

此句前文已有解读。领导者需要敬畏"天命"，"天命"指上天的意志，也可以理解为自然的规律。"敬畏自然"是人类信仰的共通点。不同的宗教，对于信仰的对象有不同的理解，并由此而带来相互间的误解、冲突乃至争斗。中国文化强调敬畏天地自然。天地化生万物，是万物之父母，更是我们人类共同的父母。这种基于天地生人而没有人格神崇拜的精神信仰，非但不与任何现有的宗教信仰发生冲突，而且可以成为这个星球上所有人类群体和谐的黏合剂，有助于消除不同宗教人群之间的误解、冲突乃至争斗，从而为世界和平贡献精神价值。

2. 保护环境：尊地思想的现代解读

子钓而不纲，弋不射宿。

——《论语·述而》

《论语》中记载了孔子的渔猎活动，孔子钓鱼不用网具断流捕鱼，射鸟而不射归巢之鸟。

孔子的行为体现了"取物而不尽物"的环境保护理念，以儒家思想为主体的中国文化从来都是提倡对自然资源有限度地开发而不是破坏性地利用。

一是要"取之以时"。庄稼生长、鱼鳖繁衍、树木成林，都需要一定的时间过程，人类依据其繁殖、生长与成熟的时间段，而分别采取切实的保护和合理的开发利用措施。例如，现在施行的长江大河的禁渔禁猎期，既能够解决人类需求，又满足了生物的生长所需。

二是要"取之有度"。领导者要倡导节俭有度，反对铺张浪费。从人类的根本需求来讲，食不过三餐，睡不过三尺，向自然界无节制地索取，只会导致生物资源和自然资源的枯竭，并最终导致地球和人类共同的灾难。

三是要"开源节流"。对于自然资源，人类应既取之有时又用之有度，既发展生产又厉行节约，既有序索取又保护生发，那么人类就能够真正做到对自然界的"取之不尽而用之不竭"，从而满足人类与自然的和谐共存、永续发展。

3. 热爱祖国：尊君思想的现代解读

> 孟子曰："孔子之去齐，接淅而行；去鲁，曰：'迟迟吾行也。'去父母国之道也。"
>
> ——《孟子·万章下》

孔子的这个故事，孟子还讲了两次，一次在《孟子·万章下》，另一次在《孟子·尽心下》。孟子说：孔子离开齐国时，将淘好了的米捞起来就走，行色匆匆地；离开鲁国时却说："我要慢慢地走啊！"这就是离开父母之邦的态度。

这个故事表达的就是孔子对父母之邦的深厚情感。孔子对故土的感情正是中华民族延续传承数千年的优良传统。

> 我是中国人民的儿子，我深情地爱着我的祖国和人民。
>
> ——《邓小平副主席文集》英文版序言

邓公热爱祖国和人民的深情话语感动了全世界，也正是中华民族自古以来所形成的爱国精神和爱国情感的体现。祖国，顾名思义就是祖先开辟的疆域、子孙赖以生存的家园，人们世世代代、子子孙孙都是在这块土地上生存生活和繁衍生息。所谓的爱国情感正是人们对祖国的眷恋、怀念、崇敬之情，是发自内心、油然而生、自然而然的一种情感。正因为有这种爱国精神，在中国绵长的历史中，每当外敌入侵、民族处于危亡之时，多少仁人志士抛头颅、洒热血，百姓们众志成城、同仇敌忾、奋起反抗。

传统的尊君思想，在现代社会可以延伸成爱国。所以现在也有人提倡把"天地君亲师"的传统观念改为"天地国亲师"，此一提法也未尝不可。传统的忠君思想带有些许愚忠愚孝的意味，而在现代社会，我们可摒弃其中的糟粕，着重强调忠于职守、忠于使命，以及热爱祖国、为祖国无私奉献的精神。

4. 齐家治国：尊亲思想的现代解读

> 孟子曰："君子之于物也，爱之而弗仁；于民也，仁之而弗亲。亲亲而仁民，仁民而爱物。"
>
> ——《孟子·尽心上》

孟子说："君子对于万物，只是爱惜，但谈不上仁爱；对于百姓，只是施行仁德，但谈不上亲爱。（君子）首先要亲近亲人进而把仁德施给百姓，把仁德施给百姓，进而爱惜万物。"

儒家思想提倡爱要有亲疏之别，而不是无差别无原则地爱。这一点恰是墨家与儒家的不同之处。墨家提倡"兼爱"，历史的事实证明，墨家这种无差别的爱在现实世界中难以实行。儒家的"尊亲"和"亲亲"思想恰是要求我们现代社会的领导者要注意管好小家庭，如此才能谈得上管理好团队、经营好事业。

家庭是社会的基本细胞，是每个人人生的第一所学校。中国式领导力"外王之道"的起点正是齐家，然后才是治国平天下，即领导者管理好团队组织。习近平书记说，"我们都要重视家庭建设，注重家庭、注重家教、注重家风，紧密结合培育和弘扬社会主义核心价值观，发扬光大中华民族传统家庭美德，促进家庭和睦，促进亲人相亲相爱，促进下一代健康成长，促进老年人老有所养，使千千万万个家庭成为国家发展、民族进步、社会和谐的重要基点。"

5. 传续文化：尊师思想的现代解读

> 古之学者必有师。师者，所以传道、受业、解惑也。
>
> ——《师说》

韩愈说，从古至今，人人都有老师。所谓老师，就是向学生传递大道、教授技能、解答疑惑。

人非生而知之，所以人人都需要老师的培养和教导。尊重老师的意义不仅仅是尊重老师本人，也是尊重老师所传授的道理。因此，不论身份贵贱、地位高低、年龄大小，道理存在的地方，就是老师存在的地方。这就是韩愈所谓的"道之所存，师之所存也"。这就是尊师和重道两者的并重，尊师重道正是中华民族的优良传统美德。

正因为有尊师重道的优良传统，中华民族数千年来的文化传统才得以延续传承。

儒家学派的发展就体现了中华民族悠久的尊师重道的传统。至圣先师孔子有弟子三千，贤者七十二，师生之间心心相印、情深义重。孔子死后，弟子们为老师服丧三年，子贡甚至为孔子守墓六年。孔子的弟子还将老师生前的教诲编撰成《论语》，成为中华文化极为重要的经典典籍，使孔子之道得到保存、传承和发展。孔子的弟子还自觉捍卫孔子的思想和学说，当有人诋毁孔子时，子贡立即予以反驳。

> 子贡曰："无以为也，仲尼不可毁也。他人之贤者，丘陵也，犹可逾也；仲尼，日月也，无得而逾焉。人虽欲自绝，其何伤于日月乎？多见其不知量也。"
>
> ——《论语·子张》

子贡说，老师如同日月一般，是不可能被损毁的！子贡所维护的，或许不只是他的老师孔子，更是孔子的思想，是孔子所传之大道。

因此，在现代社会我们传承尊师的理念，更是倡导重道的思想。传承和延续中华文化，就要尊重和敬畏文化的承载者——老师。现代社会大力弘扬尊师重道的优良传统，就能促进民众好学上进，培养文化自信，进而导向社会的文明进步，推动文化的持续发展。

三、格物致知的西方领导力之术

对中国式领导力进行格物致知，除了应了解东方之道，还需要我们学习和掌握西方之术。西方研究者提出了大量在领导和管理实践中被证实有效的技术、方法、工具和流程等，导致西方管理学在近代以来获得了大发展。我们无法在本书中求其全也，更何况中国式领导力倡导以东方之道统御西方之术。我也常常戏谑地说，失去了"大道"的统领，"小术"的应用如果太多了，人会显得有点"鸡贼"。领导者要千万注意道术的结合和主次之分。所以本节我们仅仅选择其中较为重要的一些内容加以总结提炼。

（一）西方领导力的角色认知

西方领导力理论中关于领导者的角色认知问题是一个重点领域，其思想和观点呈现出多元且不断发展的特点，它涉及对领导者在组织中扮演角色的深入理解。我们介绍两种较为实用的角色认知理论：明茨伯格的经理角色理论和贝尔宾的团队角色理论。

1. 明茨伯格的经理角色理论

亨利·明茨伯格（Henry Mintzberg）是加拿大管理学家，西方管理学界经理角色学派的代表人物，其最令人称道的就是对领导者角色的研究，他在 1973 年出版的《经理工作的性质》（又名《管理工作的本质》）是经理角色学派最早的经典著作。这本书也很传奇，是明茨伯格在自己的博士论文基础上修改出来的，然而投稿后却被多达 15 家出版社退稿。这样一本经典著作却如此命运多舛，与明茨伯格一贯特立独行，并经常提出与当时正统的管理学理论完全不同甚至是相悖的观点有很大关系。成名后，他被冠以"管理领域伟大的离经叛道者"之名。

西方研究者尤其偏向于实证主义科学，明茨伯格的研究方法值得借鉴，他对企业里中高级经理人的工作日记进行研究，对街头团伙头目、医院行政人员和生产管理人员进行持续观察，对车间主任的活动进行典型调查，对高级经理的工作结构进行剖析，甚至对美国总统的工作记录进行分析，真不知道他从哪里能够找来总统的工作记录。明茨伯格就是通过这些调查研究获取资料，然后进行分析总结，得出规律。

各位有没有发现，明茨伯格的工作方法与中国的伟人毛泽东有些类似？毛泽东就十分注重调查研究。1930 年 5 月，毛泽东为了反对当时红军中存在的教条主义思想，专门撰写《反对本本主义》一文，提出"没有调查，没有发言权"的著名论断。

明茨伯格就是通过调查研究，再分析总结，得出管理者的角色可以分为三大类型，共十种角色。

第一大类型：人际类型角色。

人际沟通角色直接产生自管理者的正式权力，涉及基本的人际关系。这一类型包含三种细分角色。

① 代表人角色：作为组织的首脑，领导者必须履行一定的礼仪职能，如会见重要客户、参与公共活动等。

② 管理者角色：领导者要对组织员工的工作负责，激励和鼓舞员工，使个人需求与组织目标保持一致。

③ 联络员角色：领导者需要与组织内外各种各样的个人、小组建立良好的关系，以促进交流和合作。

第二大类型：信息类型角色。

在信息角色中，领导者负责确保和其一起工作的人能够得到足够的信息。同样包含三种细分角色。

④ 监控者角色：持续关注内外环境的变化以获取对组织有用的信息，通过询问下属、接触个人关系网等方式获取信息。

⑤ 传播者角色：将收集到的信息与组织成员分享，确保员工具有必要的信息以完成工作。

⑥ 发言人角色：向组织外部的个人或群体传递信息，如向股东、消费者、政府等报告组织的运营情况或提出建议。

第三大类型：决策类型角色。

在决策角色中，领导者处理信息并得出结论，负责做出决策并分配资源以保证决策方案的实施。这一决策角色包含有四个细分角色。

⑦ 企业家角色：对作为监听者发现的机会进行投资以利用这种机会，推动组织的持续改进和创新。

⑧ 冲突管理者角色：处理组织运行过程中遇到的冲突或问题，确保组织的稳定运行。

⑨ 资源分配者角色：决定组织资源（如财力、设备、时间、信息等）的分配，确保资源得到合理利用以支持组织目标的实现。

⑩ 谈判者角色：与员工、供应商、客户等利益相关者进行谈判，以确保组织利益的最大化并推动组织目标的实现。

这三大类型十种角色并不是相互孤立的，而是共同构成一个领导者工作的完整画面，是一个有机的整体。在这个整体框架中，任何一个角色都是不可或缺的，任何一项工作都是必不可少的。这十种角色看起来有点枯燥，但非常实用。各位领导者在每日工作完成后可以留个十分钟做一天的领导工作复盘和自我评价，看看自己在这十种角色上都做到了哪些、哪些方面做得还不够，这样在之后的工作中就能够有的放矢、有针对性地提高。

明茨伯格其实在管理学领域贡献颇多，经理角色理论只是其中之一，其他著名的还有其对于战略管理的研究。他认为，人们在生产经营活动中不同的场合以不同的方式赋予战略不同的内涵，因此可以根据需要接受多样化的战略定义。在这种观点的基础上，明茨伯格借鉴市场营销学中的 4P 模型，提出战略是由五种规范的定义所共同组成的，即计划、计策、模式、定位和观念，这就是著名的战略 5P 模型。

2. 贝尔宾团队角色理论

贝尔宾角色理论，也称为贝尔宾团队角色理论，是由英国剑桥产业研究部主任梅雷迪思·贝尔宾（Meredith R. Belbin）博士和他的同事们经过多年在澳洲和英国的研究与实践提出的，贝尔宾也因为这一著名研究而被称为"团队角色理论之父"。该理论强调，一个高效的团队需要由多种不同角色的人才组成，这些角色在团队中相互补充，共同推动团队的发展。

贝尔宾团队角色理论认为，个体在群体内的行为、贡献以及人际互动的倾向性决定了其在团队中的角色。一个结构合理的团队应该包含多种角色，以确保团队能够高效运作。这些角色并非固定不变，而是根据团队成员的特点和优势进行动态调整。

贝尔宾团队角色理论最初提出了八种角色，后来修订为以下九种。

① 智多星（plant）：创造力强，充当创新者和发明者的角色。他们为团队的发展和完善出谋划策，通常更倾向于独立完成任务、标新立异。

② 外交家（resource investigator）：热情，行动力强，外向，善于与人打交道。他们擅长发掘新的机遇、发展人际关系，并善于挖掘和利用资源。

③ 审议员（monitor, evaluator）：态度严肃、谨慎理智，具有批判性思维。他们倾向于三思而后行，做决定较慢但通常非常明智。

④ 协调者（coordinator）：成熟、值得信赖且自信。他们能够凝聚团队的力量向共同的目标努力，知人善用。

⑤ 鞭策者（shaper）：充满干劲、精力充沛、渴望成就。他们勇于挑战他人，喜欢领导并激励他人采取行动，面对困难时积极寻找解决办法。

⑥ 凝聚者（team worker）：性格温和、擅长人际交往并关心他人。他们在团队中给予最大支持，善于解决团队内部的摩擦。

⑦ 执行者（implementer）：实用主义者，有强烈的自我控制力及纪律意识。他们偏好努力工作并系统化地解决问题。

⑧ 完成者（completer, finisher）：注重细节、坚持不懈。他们无法容忍随意的态度，更倾向于自己完成所有任务以确保质量。

⑨ 专家（specialist）：心思单一、自我激励且投入。他们专注于某一领域并为此不断探究，成为该领域的专家。

贝尔宾团队角色理论强调团队成员之间的互补性和协作性。成功的团队协作可以提高生产力、鼓舞士气并激励创新。该理论不仅适用于企业团队管理，还可以广泛应用于各种组织和项目中。

为了应用贝尔宾团队角色理论，团队管理者可以通过评估工具（贝尔宾团队角色问卷）来了解团队成员的角色倾向，并根据团队需求进行合理分配和调整。通过明确每个成员的角色和职责，促进团队成员之间的相互理解和协作，从而实现团队的高效运作。

具体到领导者个体，可以通过贝尔宾团队角色这一工具，了解自身的角色倾向，进而有意识地发挥自身角色优势，并有针对性地提高自身所欠缺的方面。领导者也可以根据自身角色倾向，选择与自己相匹配的团队成员，从而更好地构建团队。总之，贝尔宾团队角色理论为团队的领导者提供了一种有效的分析框架和工具，帮助领导者打造高效、和谐且富有创造力的优秀团队。

（二）西方领导力的三大基本技能

1955 年，美国管理学家罗伯特·卡茨（Robert L. Katz）在《哈佛商业评论》发表了《高效管理者的三大技能》一文，这是作者针对当时美国企业界涌起的一股寻找"理想经理人"的狂热风潮而撰写的个人研究成果。卡茨认为一个管理者的能力决定了个人的工作成效，也决定着一个组织能否高效地运转。组织在选拔管理人员时，首先需要考察的就是管理者的能力水平，而考察可以从管理者必备的三种基础技能入手。

1. 技术技能

技术技能指使用某一专业领域内的相关流程、技术和知识完成组织任务的能力，包括对于专门领域的分析能力、对专业技术的熟练程度、对相关政策法规的理解能力。一些职业技能教育培训，主要针对不同职业人群开展技术技能培训，如律师、工程师、程序员、会计师、医生、销售员工等。

作为基层管理者，技术技能尤为重要。初入职场的年轻人，应该要着力培养和发展自己在某方面的专业技术技能，所谓"一技在手，就业不愁""荒年饿不死手艺人"。例如，做销售的，就培养好自己销售的基本技能；做财务的，就训练好财务相关的技能。没有哪个大领导一开始就是大领导的，基本都是从基层岗位一步步不断过关斩将、积累经验而提升起来。而在职业生涯的初始阶段，培养自己在某一个领域的专业技术能力，并且能够做到这一项技术能力的顶尖高手，对其后续的管理岗位提升至关重要。

2. 人际技能

人际技能指与处理人事有关的技能，即能理解、激励他人并与他人高效协作的能力。管理者的人际技能主要体现在和上级、下级高效沟通，以及跨部门沟通等过程中。优秀的管理者通常在待人接物方面表现得游刃有余。管理者的人际技能关系到他能否作为团队一员有效地开展工作，以及在自己领导的团队中能否促使大家团结协作。

人际技能应该是初级、中级和高级领导人都需要具备的一种基本能力，包含沟通、协商、合作、团队建设等方面，是管理者进行有效沟通的基础，能够帮助提高团队效能和员工的满意度。良好的人际关系是领导者进行高效管理以达成理想绩效这一过程中不可或缺的一环。

值得注意的是，人际技能不仅是领导者与他人一对一的沟通协调能力，也包括领导者对整个团队的激励、面向组织内外部人士的公众演说能力等，甚至包括领导者进行书面沟通的能力，例如，撰写各种正式和非正式的文件，以及拟写邮件等书面材料的能力。

3. 概念技能

概念技能指领导者综观全局的能力，也就是洞察组织内部与外部环境变化的能力，包括分析事务脉络，迅速找到关键点，并能依此协调和整合各方面资源，制定有力策略的能力。通俗地说，就是出主意和做决策的能力。概念技能是三种技能里面最不容易习得的技能，却是高级管理人才所必备的技能。

概念技能考验的是领导者的格局和眼界，要求领导者从整体视角审视组织，具备把集体的利益和活动整合在一起的能力，并能深刻认识到组织中各个部门是相互依赖的，任何一个部门所发生的变化会影响到其他所有部门。领导者的这种认识还可以扩展到企业、行业，甚至整个社会。他们能从系统的、整体的、未来的角度，构建基本战略构想与抽象的原理原则，明确组织将去向何方、将什么做为重点任务等。

概念技能包含两个关键点：一是具备系统思维，能看清局部与整体之间的相互影响与矛盾关系，将个体、组织、行业、环境看成相互影响和普遍联系的整体；二是拥有对未来方向的选择能力，能透过表象看清背后的复杂关系，并且分辨出各情境中的决定性因素，从而作出有利于组织整体利益的决策。

技能均可以通过后天的学习和努力而获得，领导者的三种基本技能同样如此：技术技能的培养依赖于对所属行业相关学科专业知识的掌握；人际技能的培养依赖于心理学、社会学以及人际沟通课程的学习；概念技能的培养依赖于在组织中的磨炼，比如轮岗制就是比较好的培养概念技能的方式。

基层管理者具备技术技能和人际技能即可胜任；中层管理者则需要技术技能、人际技能、概念技能三者兼备；而最高层管理人员除了需要具备技术技能和人际技能外，尤其需要具有较强的概念技能。因此，这三类技能的重要性是相对的，会随着管理层级的不同而发生变化。

（三）西方卓越领导者的 22 项必备技能

美国组织心理学博士马丁·拉尼克（Martin Lanik）是美国品识（Pinsight）领导者训练公司的首席执行官。由他的职业背景可以看出，他的管理学理论创见是基于实践经验总结而成的。马丁·拉尼克博士开创了"领导者习惯公式"的理论，提出了卓越领导的 22 项必备技能。这一理论体系后来风靡全球 30 多个国家，经美国国际集团、美国世纪电信、布兰登霍尔集团等众多知名公司及数万有待晋升的管理者以及高层管理人员亲身实践，证实对提升管理者领导能力成效显著。

马丁·拉尼克博士的这一理论认为，没有谁是天生的领导者，成功的领导者都是那些后天通过努力养成领导者习惯的人。习惯的力量是巨大的，不良习惯导致失败，良好的习惯则给人力量，大大提高成功的概率。习惯对于生活的影响是这样，对工作的影响也是如此。

马丁·拉尼克博士根据对 795 位领导者的观察结果（其中 56% 是男性；26% 是高级主管，27% 是中层领导，23% 是一线经理；平均年龄 40 岁，平均管理经验 8 年），结合澳大利亚格里菲斯大学的研究，撰写了《领导者习惯：卓越管理的 22 个必备技能》一书，总结出领导者需要培养的专注于工作和专注于人事的两大领域，每个领域又分为三个职能模块，每个模块又有相应的核心领导技能。

第一大类：专注于工作

A. 计划和执行

1. 管理优先级

2. 计划和组织工作

3. 妥善委派任务

4. 创造紧迫感

B. 解决问题和做出决策

5. 分析信息

6. 思考解决方案

7. 做出正确决定

8. 专注于客户

C. 领导变革

9. 销售愿景

10. 创新

11. 管理风险

第二大类：专注于人事

D. 说服力和影响力

12. 影响他人

13. 克服个体抗拒

14. 优质谈判

E. 促进个人和团队的成长

15. 授权他人

16. 指导和训练

17. 建立团队精神

F. 人际交往技能

18. 建立战略关系

19. 表达关心

20. 积极倾听

21. 清晰沟通

22. 魅力交谈

马丁·拉尼克博士的"领导者习惯公式"理论之所以如此成功，不仅在于提出了上述 22 种领导者必备技能，还因为他运用行为心理学的思想为领导者们提供了培养这些必备技能的一套行之有效的训练方法。这套训练方法以环境提示、技能行为、成功奖励为基本步骤，并把这些必备技能拆分成更加具体的、细分的、简单的微行为，并相应提供每日 5 分钟的训练方法。他就是这样理论联系实际，让这一训练方法更加具体和有实效，以帮助领导者逐步养成上述必备 22 个技能对应的行为习惯。

马丁·拉尼克博士认为，人类的个性特征是相对稳定的，很难改变，但可以训练出自己想要的习惯，比如领导者习惯。想要养成这些习惯，就需要改变自己原有的行为模式，并多加练习。而改变来自内心深处的动机，动机越强，越能够真的产生改变。但是，我们在不同时刻的动机忽强忽弱，并不稳定，那么一个好的方法便是定义最小化也最容易执行的 5 分钟，通过这 5 分钟的行为改变帮助自己最终养成优秀的领导者习惯。

四、中国式领导力的存在基础

我在 20 多岁刚参加工作不久，有一次很荣幸和北京大学一位老教授一起吃饭，席间老教授较少说话，而我却不知天高地厚地高谈阔论，那时实在是太年轻，冒冒失失。老教授似乎观察了我一阵，然后他突然问我何为成功，我好像说了"我的成功就是老婆孩子热炕头"之类的玩笑话以调节饭桌气氛，但老人家自己的答案我倒是记得很清楚。只见他慢悠悠地掏出一支笔在一张餐巾纸上写下一个数字，1 000 000，说成功就是一百万，然后他慢悠悠地给每一个"0"都做了定义，叫作"六子登科"，分别是妻子、孩子、房子、车子、票子、位子，意思是成功就是要六子登科。老人家接着问我，这个"1"是什么？

我想大家都能够说出"1"是什么，就是自己，尤其是指自己的健康。如果失去了健康，自己的这个"1"倒下去了，后面所有的"子"都是"0"，就毫无意义了。

对于领导者来讲，东方领导之道也好，西方领导之术也好，都以强健的身心为基础，这样，道和术才能真正发挥作用。有一句看似绝对，不无道理："所谓的事业和成功，到最后都是拼身体。"

中国式领导力倡导领导者一定要修炼好自身的身体和精神状态，这既是格物致知所包含的具体内容之一，也是领导者"壹是皆以修身为本"的核心内容之一。

（一）中国式领导力的内三合：精、气、神

太极拳等许多传统武术中存在内三合和外三合之说，本书认为中国式领导力亦存在内三合和外三合。通过长期对大量领导者、管理者的观察发现，凡具有强大领导力者，要么天生就具备内三合和外三合，要么后天非常注重塑造自身的内三合和外三合。

首先来看中国式领导力的内三合：精、气、神。

一个优秀的领导者只有打造好内三合，保持精旺、气足、神明，才能够更好地营造出外部环境中的外三合，即天时、地利、人和。

1. 精是物质，是生命的基础。

> 夫精者，身之本也。
>
> ——《黄帝内经·素问》

内经这句话指出了精在人体生命活动中的基础地位。精不仅是构成人体的基本物质元素，更是生命活动的动力源泉。在中医理论中，精分先天之精和后天之精，两者相互依存，共同维持人体的生长发育和生殖能力。

先天之精源自父母。因此，各位需要仔细和理智地挑选另一半，万不可被所谓的爱情和美貌冲昏了头脑。许多百年望族找体育名将联姻，本质上是对先天之精的优选。

后天之精来自饮食水谷、生活环境、起居作息、运动调养等。年轻时就要加强锻炼、强身健体，工作后即便忙碌，也要有适合自己锻炼身体的方法，如跑步、游泳、打拳，甚至是打坐冥想。国学大师钱穆老师就是因为数十年每日打坐半小时而受益终生。他的家族成员多五六十岁而终，钱穆年少时更是体弱，于是很早就修习打坐冥想，坚持数年后得大光明境界，自此愈加用功，终于打破家族短寿魔咒，活了 93 岁。因此万般法门，皆可修炼，没有最好，只需适合。

《易经》中的阴阳学说为"精"的生成与变化提供了理论基础。阴阳二气的相互交感、相互作用，是万物生成与变化的根源，也是人体精气产生的源泉。精是构成人体和维持生命活动的基本物质，具有繁衍生命、濡养脏腑、化生气血等作用。在武术和养生中，保养精是保持身体健康和精力充沛的基础。

2. 气是能量，是生命活动的原动力。

> 人之生，气之聚也；聚则为生，散则为死。
>
> ——《庄子·知北游》

在中医理论中，气是生命活动的原动力，它贯穿人体经络脏腑，推动血液循环，促进新陈代谢。"气"泛指无形状态之精微物质，有多种表现形式，如元气、宗气、营气、卫气等，它们共同维持着人体的正常生理功能。《周易·乾卦·象传》云："大哉乾元，万物资始，乃统天。云行雨施，品物流形。大明终始，六位时成，时乘六龙以御天。乾道变化，各正性命。保合大和，乃利贞。"这里的"乾元"即指宇宙间的元气，它统摄万物，使万物得以生长变化。

"气"在汉语中的用法很多，除了中医的解释，还有"一鼓作气，再而衰，三而竭"的著名典故，还有一气呵成、气势非凡、气场强大、气象万千、气质高雅、气度非凡等成语。因此，"气"在中国文化中已经被延伸到哲学概念了，最著名的莫过于亚圣孟子所说的"吾善养吾浩然之气"。在朴素唯物主义者看来，"气"是形成宇宙万物的最基本的物质实体，又称元气，或阴阳二气；在主观唯心主义者看来，"气"是主观精神状态或态度情绪等。

中国式领导力要培养领导者什么样的"气"，我们不用追究什么细节，或许毛泽东总结抗美援朝的伟大胜利时所运用的充满诗意的语言能够说明：敌人是钢多气少，我们是钢少气多。

3. 神是信息，是生命的主宰。

> 得神者昌，失神者亡。
>
> ——《黄帝内经·素问》

神是人体生命活动的最高表现形式，反映了人体的整体状态和精神面貌，是构成人体生命活动各种层次的变化活力。在中医理论中，神与心密切相关，心主神明，心静则神清，心乱则神昏。《周易·系辞上》云："神而明之存乎其人。"这里的"神明"指的是人的智慧与洞察力，能够洞察天地万物的变化规律，因此"神明"一词常与天地、人的智慧与变化相联系。

神是比气更虚灵的东西，是不以物质形式表现的生命的灵性，在中华文化中被看作生命更根本的存在形式。因此它是生命的主宰，刘安的《淮南子》云，"神者，生之制也"，就是说神是生命的主宰者、管控者。神既然主宰着生命，也就会通过生命力表现出来，所以评价人的生命状态，会有神采飞扬、气定神闲、双目有神等说法。可见，在中国文化中，神的状态直接关联人体的整体健康与精神状态。

内三合精、气、神是一体的，互为条件、互相转化、互相依存。

> 问仙家元气、元神、元精。先生曰："只是一件，流行为气，凝聚为精，妙用为神。"
>
> ——《传习录·徐爱录》

这里的"仙家"指的应该是道家，而元气、元神、元精之说是道家的丹道术语。学生问老师这三者如何解释，阳明先生不出我们所料，将其糅合成一个，说元气、元神、元精其实是同一件事物的不同状态。元气是指这个事物的状态比较流动，没有固定的形态，有一定的能量和活力；元精则是指这个事物凝聚成固定的形态，有一定的物质形态和实体感；元神则是指这个事物的妙用和神奇之处，它不仅是物质的存在，更是一种超越物质的境界。

我发现，但凡有人向王阳明提问，他总是将问题回归本源，所谓"万物一体""心即理"。庄子也说："天地与我并生，万物与我为一。"（《庄子·齐物论》）

因此，精、气、神三者共为一体，本就是一个东西，只不过是形态的变化被赋予了不同意义。但我们需要注意，精、气、神三者也是有层次之别的，神是生命的主宰，气是生命的能量和动力，精是生命的物质基础。因此，神为主，气为用，精从气；也就是说，先有神，再因神而聚气，因气而凝精，最后形成生命。

（二）中国式领导力的外三合：天、地、人

中国式领导力的外三合有两种不同的理解。第一种是指领导者在信仰层面对天、地、人的正确认知，第二种是指领导者在外部环境层面对天时、地利、人和的主动营造。

1. 信仰层面的天、地、人

在上一章"中国式领导力的天地信仰"一节中，我们已经细致地谈到领导者信仰层面的天、地、人概念。《易经》将天、地、人并称为"三才之道"，指出天、地、人之间相互作用、相互依存的基本关系和运行法则，认为它们共同构成了宇宙的基本框架；《道德经》将道、天、地、人并称为"域中四大"，认为宇宙之中有四者最大，而人是其中之一。"三才之道"和"域中四大"有异曲同工之妙，都是强调"人"的重要性。《道德经》第二十四章更进一步地提出"人法地，地法天，天法道，道法自然"，明确表达了人与自然界紧密联系和相互依存的关系。天地生养万物，为人类提供了生存和发展的基础条件，因此人类

应该顺应自然规律，与自然和谐相处，以实现自身的可持续发展。

领导者信仰层面的天、地、人对于领导者内三合的涵养至关重要，领导者个体内三合精、气、神源于对外三合天、地、人的信奉和敬仰。

> 天地合气，命之曰人。
>
> ——《黄帝内经·素问》

人体内的精、气、神，来源于天地间的阴阳二气。人体通过呼吸和饮食等方式不断摄取天地间的精气以维持生命活动。因此，人的精、气、神状况受到天地环境的影响，保持与自然的和谐共生是保持身心健康的关键。

> 天地变化，圣人效之；天垂象，见吉凶，圣人象之……
>
> ——《周易·系辞下》

《易经》同样指出了天地变化对人类社会的影响，认为领导者应该根据天地变化来调整自己的行为。

同样，个体内三合精、气、神的状况也会反作用于天地环境，通过人的行为和情绪变化来影响周围环境的和谐与稳定。

> 人与天地相参也，与日月相应也。
>
> ——《黄帝内经·灵枢》

《黄帝内经》认为人体的生命活动与自然界之间相互影响，人的精、气、神状况不仅受到天地环境的影响，还会对周围环境产生一定的影响。因此，保持内三合精、气、神的和谐稳定对于实现外三合天、地、人之间的和谐共生具有重要意义。

儒家经典《中庸》更是将这一思想进一步升华，认为人可以通过修炼"至诚"，最终达到"赞天地之化育"和"与天地参"的最高境界。因此，中国式领导力要求作为个体的领导者，生于天地之间，应该要学习天地之道，涵养天地精神，自强不息，厚德载物，凭借人自身的努力和作为，来赞助天地化育万物。

2. 外部环境层面的天、地、人

> 孟子曰："天时不如地利，地利不如人和。三里之城，七里之郭，环而攻之而不胜；夫环而攻之，必有得天时者矣，然而不胜者，是天时不如地利也。城非不高也，池非不深也，兵革非不坚利也，米粟非不多也，委而去之，是地利不如人和也。故曰：域民不以封疆之界，固国不以山溪之险，威天下不以兵革之利。得道者多助，失道者寡助。寡助之至，亲戚畔之；多助之至，天下顺之。以天下之所顺，攻亲戚之所畔，故君子有不战，战必胜矣。"
>
> ——《孟子·公孙丑下》

孟子这段著名的论述言简意深，不需翻译成白话文。请各位注意其中最重要的两句话，一句是"天时不如地利，地利不如人和"，另一句是"得道者多助，失道者寡助。寡助之至，亲戚畔之；多助之至，天下顺之"。

这段古文深刻阐述了天时、地利、人和三者的关系，当然，孟子推崇儒家王道仁政，于是他进一步强调了人和的决定性作用。孟子通过生动的战例和深刻的道理，向世人展示了在复杂多变的环境中，如何把握时机、利用优势、凝聚人心，以实现最终目标。这一古老智慧对于今天的领导者和管理者来说，具有穿越时空的启示意义。领导力是组织成功的关键因素之一，而有效的领导力往往需要领导者能够准确把握外部环境的变化（天时）、充分利用自身和团队的优势（地利）以及构建和谐的人际关系网络（人和）。这三者相辅相成，构成了领导力的外三合框架，为领导者提供了全面的战略视角和行动指南。

天时指的是外部环境的变化与发展，包括经济、政治、社会等方面的因素。领导者需要密切关注这些因素的变化，并做出正确的反应。世界经济的不断变化、政治局势的动荡，都会对一个国家或组织的发展产生重大影响。因此，把握天时，意味着领导者必须具备广阔的眼界和敏锐的洞察力，及时调整战略方向，应对外部变化。把握天时需要领导者具备战略预见性、灵活应变的能力和前瞻性的眼光，能预见未来趋势，提前布局。例如，在全球化背景下，领导者应关注国际贸易规则、技术发展趋势等，以制定符合国际潮流的战略规划。灵活应变的能力要求领导者面对突如其来的外部环境变化，能够迅速做出决策，灵活调整策略，以应对挑战。

地利包括地理位置、环境条件以及团队和个人的优势资源。地理位置决定了一个地区的资源分布和交通便利程度，环境条件影响地区的发展潜力，而团队和个人的优势资源则是实现目标的重要保障。把握地利要求领导者有效整合资源、发挥团队优势和提升个人素质能力。领导者应根据地理位置和环境条件的特点，合理规划和利用资源。例如，依托地区特色产业优势，发展相关产业链；深入了解团队成员的特长和能力，合理分配任务和资源，使每个人都能发挥最大效用，同时通过团队建设和培训提升团队整体竞争力；注重个人素质提升，如沟通能力、领导力、战略思维等，以更好地引领团队前进。

人和要求注重与他人的合作与沟通。在领导工作中，人和不仅指团队成员之间的和谐关系，还包括与上级、平级、导师、家人和朋友等外部关系网络的构建与维护。良好的人际关系网络能够为领导者提供更多的资源和支持，推动组织目标的实现。把握人和需要领导者注重沟通协作和关系网络的构建。领导者需具备良好的沟通能力，能够准确传达信息、协调各方利益、化解矛盾冲突。通过有效的沟通协作，增强团队凝聚力和执行力。领导者应积极构建和维护广泛的人际关系网络，包括行业专家、政府官员、合作伙伴等。这些关系网络能够为组织提供更多的信息和资源支持。此外，领导者应始终坚持以人为本的理念，关心员工成长、尊重员工意见、激发员工潜能，通过营造良好的工作氛围和企业文化，提升员工的归属感和忠诚度。

天时、地利、人和作为领导力的外三合框架，为领导者提供了全面的战略视角和行动指南。领导者应准确把握外部环境的天时、地利、人和，以实现高效领导力的目标。通过不断学习和实践，领导者可以在复杂多变的环境中保持敏锐洞察力和灵活应变能力，引领组织不断前行。

（三）毛泽东的六段操

世上所有的工作，到最后都是拼身体。古今中外，但凡取得非凡成就的领导者，基本都有一副好身体。相反，也有很多资质俊秀、才华出众者，却因为身体健康原因未能充分发挥才能，人生徒留遗憾。因此，中国式领导力倡导领导者和管理者不断修炼自身身体与精神，这也是格物、致知两个功夫次第需要学习的内容，因为这是领导者安人安百姓的外王之道得以存在的基础条件。

> 诚以德智所寄，不外于身；智仁体也，非勇无以为用。且观自来不永寿者，未必其数之本短也，或亦其身体之弱然尔。颜子则早夭矣；贾生，王佐之才，死之年才三十三耳；王勃、卢照邻或早死，或坐废。此皆有甚高之德与智，一旦身不存，德智则随之而隳矣！
>
> ——《致黎锦熙信（1916年12月9日）》

毛泽东主席很早就认识到这一问题，1916年在给他的老师兼好友黎锦熙的一封信中劝其要注意身体锻炼，黎锦熙曾是湖南省立第一师范学校的历史教员，比毛大三岁，两人亦师亦友。毛泽东在信中历数颜回、贾谊、王勃、卢照龄等人，皆是德智大才，却都身体不好或是发生意外早死了，导致他们非同一般的德智"随之而隳"，没有能够发挥出更大的价值，实在可惜。

颜回是孔子最为得意的弟子，40不到就死了，孔子为此极为悲痛，说"天丧予"。颜回虽是大才，却因为早死而没有留下多少思想和言论，仅有一些生活的片段被《论语》记录，例如"颜回之乐""孔颜乐处"。

贾谊辅佐汉文帝最宠爱的小儿子梁怀王刘揖，结果梁怀王出去玩耍发生意外坠马而死。贾谊认为自己身为太傅，也就是梁怀王的老师，负有责任，一年后抑郁而终，时年32岁。

王勃就是写《滕王阁序》的那个少年天才，其"落霞与孤鹜齐飞，秋水共长天一色"成了千古名句。王勃跋涉千里去交趾看望父亲，路过南昌时正赶上都督新修滕王阁，重阳节时在滕王阁大宴宾客。正是在这场宴会上，王勃现场写就千古奇文《滕王阁序》，史书谓"顷刻而就，文不加点，满座大惊！"交趾在现在的越南北部红河流域，是当时绝对的蛮荒之地。王勃回来的路上渡海，遇风浪溺水，"惊悸而死"，时年26岁。唉，真是天妒英才！他怎么就不学个游泳呢？像我一样，能横渡长江还畅游西湖多开心，漂在海里三四个小时还怡然自得晒太阳，咱写不了千古奇文，游泳估计比王勃强一些。

卢照邻与王勃、骆宾王、杨炯四人以文词齐名，称"初唐四杰"，结果得了什么风痹病，然后就到处寻医问药，幸遇药王孙思邈，对其推崇备至，干脆与孙住在一起慢慢养病。哪承想孙思邈名声大，被唐高宗召去伴驾同往避暑九成宫。卢照邻就只好自己独居养病，又信方士庸医乱吃丹药，导致病情日益加重、半身不遂。后来不堪忍受病痛折磨，买了田地，给自己修好了坟墓，与亲属诀别，投颖水自杀而死，年仅四十岁。

延安时期，任弼时曾感慨地说："毛泽东同志有这样强健的身体，真是我们党的一大幸运。"毛主席精力充沛、身体强健并非天生，乃是得益于在年少时就认识到身体和精神的重要性，并长期注意锻炼。

早在湖南第一师范求学的五年半时间里，毛泽东便是积极的锻炼者。他的锻炼项目有很多，如冷水浴、日浴、风浴、雨浴、远足、爬山、露宿、游泳、体操以及拳术等。其中，日浴、风浴、雨浴是毛泽东与同学好友实施的特殊锻炼项目。游泳以后，光着身子躺在沙滩上，让太阳暴晒，称为"日浴"；任凭狂风大作，立于其中，这就是"风浴"；狂风暴雨时脱了衣服跑到大雨中浇淋，称为"雨浴"。一天夜里，暴雨雷电交加，毛泽东遍身淋漓来到蔡和森家里。蔡吓了一跳，毛泽东却笑着说：我刚从岳麓山上下来，是为了体会《尚书》上"纳于大麓，烈风雷雨弗迷"的意味，并借以锻炼自己的胆量。

1917年6月，湖南一师开展了一次人物互选活动，包括德、智、体三个方面。从400多学生中选出34人，毛泽东得票最多。其中"胆识"一项只有毛泽东一人得分，评语是"冒险进取，警备非常"。

毛泽东正式发表的第一篇文章是 1917 年刊发在《新青年》杂志上的《体育之研究》。在文章中，他力陈"国力苶弱，武风不振，民族之体质，日趋轻细。此甚可忧之现象也"，强调身体是"载知识之车而寓道德之舍也"，并提出下面这一著名的口号。

> 欲文明其精神，先自野蛮其体魄。
>
> ——《体育之研究》

翻阅毛泽东的这篇文章，你甚至能在文末看到他自创的一种体操运动，名曰"六段操"，也被称为"毛氏六段操"。这套操是毛泽东结合自身实践，融合各种运动之长而创编，共分为六个段落，每个段落包含多个小节，涵盖了手部、足部、躯干、头部以及调和与打击等多种运动形式。这套"六段操"动作设计科学，既能使身体各部分得到均衡发展，又简单易行，不需要专门的场地和设备，随时随地都可以进行锻炼。

正是因为毛泽东青年时期特别注重体育锻炼，所以具备了强健的体格，为后来数十年南征北战的革命生涯打下了坚实基础。

如今，毛泽东主席"六段操"的动作细节已经不重要，当今时代锻炼身体的方式、方法和工具已是数不胜数。上文我们提到的毛主席的多种锻炼方法，如风浴、雨浴，读者朋友们也要量力而行、适可而止，非有一副好身板不要轻易尝试。我的一位企业家学员就因为贸然尝试冷水浴而诱发强脊柱炎，反而伤害了身体健康。此外，练习长跑导致猝死的情况也时有发生。所以适合的才是最好的，各种读者可以通过不断实践，找到适合自己的一两种锻炼项目，并坚持下来，久久为功。

（四）《易筋经》韦驮十二式

企业家和职业经理人往往工作繁忙，没有太多时间锻炼身体。有没有一种简单有效且随时随地都可以练习的锻炼项目呢？毛泽东自创的"六段操"就是符合这一要求的运动，各种不同流派的"八段锦"

和华佗创制的"五禽戏"也都是不错的选择。

但我要强调一点，无论是哪一种功法或锻炼项目，坚持下来最为重要，一天两天似乎没有什么变化，长年累月地坚持就一定能够看到效果。

本节我们介绍非常适合职场人士的《易筋经》韦驮十二式。

> 骨正筋柔，气血自流……谨道如法，长有天命。
>
> ——《黄帝内经·素问》

易筋经的"易"字或为变易和拉伸的意思。《黄帝内经》明确说"骨正筋柔，气血自流"。就我们的日常经验来看，儿童的身体筋脉柔软，而老者的却很僵硬。老子在《道德经》中也表达了同样的思想。

> 人之生也柔弱，其死也坚强。草木之生也柔脆，其死也枯槁。故坚强者死之徒，柔弱者生之徒。
>
> ——《道德经》第七十六章

《易筋经》的主要功能就是帮助人体拉伸筋脉，使之柔软而有力。

此外，练习《易筋经》也需要格外注意气息和观想的法门，此处之气息也可认为是中国式领导力的内三合精、气、神之中气的一种。

为何我要推荐这一套传统功法？因为这套功法没有场地和时间等条件的限制，在家里、办公室或是出差的酒店房间里都可以练习。一套功夫打下来快则15分钟，慢则40分钟。习练者身上会微微出汗，感觉浑身轻松、眼明心亮，饭量大增还不会长胖。当然这些仅是我个人实践的感受。

传说《易筋经》功法共有四百多个动作，后人总结提炼出这一套韦驮十二式，简单实效。

好了，下面让我们开练起来。

热身和预备式：

热身：进行扩胸、转体、甩臂、转腰、深蹲，以及前弓步、后弓步、侧弓步压腿等常规的热身动作。

预备式：双脚并立，双手自然下垂，收腹挺胸，下巴微收，头要灵，颈要顶，此时要感觉自己顶天立地。双目平视，舌顶上颚，牙关轻扣，双唇微闭，调整呼吸，静下来。迈左脚，与肩同宽。双手从左右两侧缓缓上举，吸气，至头顶合掌。稍闭气，双掌合十，缓缓降至胸前，同时呼气。保持姿势，静心调息三次。

第一式：环拱当胸

动作要领：气贯两掌，双掌互摩，左下右上，双手交叉握腕。两肘用力互拉，大概用八分力。保持姿势和用力，静心调息七次。

观想法门：气从头顶百会穴入，经头颈至胸部膻中穴（吸气），经腹部（关元穴）分两腿而下，从足底涌泉穴出（呼气）。

第二式：平接甘露

动作要领：接上势，两掌渐松，摩掌回复至合十，心平气和，调息一次。然后把合掌转向前，两手往前伸直，把合掌推至最前方。然后翻掌，掌心朝上，两手向左右两边平伸舒展，略比肩高，双手尽量往后把胸部拉开，静心调息七次。

观想法门：气从掌心劳宫穴入，至胸部膻中穴，经腹部（关元穴）分两腿而下，从足底涌泉穴出。

第三式：掌托天门

动作要领：接上势，翻掌朝下，双手缓缓放下，至胸腹前抱圆，双手再慢慢上提，同时吸气。双掌至胸前时，翻掌上举至头顶，手肘稍曲，两掌之间相隔约一拳的距离。目视两掌之间虚空，静心调息七次。

观想法门：气从掌心劳宫穴入至胸部膻中穴（吸气），经腹部（关元穴）分两腿而下，从足底涌泉穴出（呼气）。完成后双手缓缓向左右两侧打开（呼气），两手伸平与肩同高，掌心朝下。

第四式：摘星换斗

动作要领：接上势，稍往右转身，膝盖不要弯，脚不动，同时右手转向前上方，手臂上举过头，手肘稍曲，右手翻掌，掌心劳宫穴对右侧乳中穴。与此同时，左手向后，曲肘反掌，缓缓背于身后，大拇指抵脊柱，越高越好。抬头目视右手掌心。静心调息七次。

观想法门：掌心如镜，掌照五脏六腑。完成后，双手缓缓舒展放平，左右手换动作，与前同。

第五式：倒拽九牛尾

动作要领：接上势，反掌向上，同时吸气，至头顶合掌，闭气，然后将合掌缓缓降至胸前。静心调息。气贯两掌，双掌互摩，变掌左上右下，迈右腿扎马步，然后双掌上下偏斜互移打开，左掌往右上方肩膀方向移动（高于肩膀），右掌往左下方移动，变掌为握空拳，然后重心稍下压，两肩增力，用肩与腰力拉开两空拳，左腿内扣，往右转腰，右手空拳从里侧拉到右上方，左手从外侧拉至左下角。马弓步重心稍向右前倾，身体重量六七成放在右腿上。保持姿势，目视前拳，静心调息七次。完成后缓缓恢复身形，两臂平举，换左侧，与前同。

第六式：出爪亮翅

动作要领：接上势，站立调息。双掌朝上，缓缓上提，移至胸前，翻掌向外，手背对肩（此过程吸气），稍闭气，此时面目安详，目光柔和，持畜力待发之势。然后用力将两掌推出（同时快速呼气，双手与肩同宽同高，手腕悬起来，以气催力），怒目圆睁，指如钢钉。吸气放松，双臂缓缓放下（把气从手到肩到腰依次放到下面），一波三折，此过程共调息三次。越柔和自然越好，越能配合呼吸越好，缓缓轻柔而下。反复此动作共计七次。

第七式：九鬼拔马刀

动作要领：接上势，站立调息。双手掌心朝下在两侧缓缓上提，同时吸气。与肩平时，把气呼出。再吸气，同时左右手一起移动（左后右上）。右手上移，手掌从脑后捂住左耳，同时左手缓缓放下，反掌置于后背脊柱，越高越好。然后头跟腰往左转，同时吸气，双脚保持不动。转至极限，眼睛可以看到后面，然后呼气（转的同时吸气，停下时呼气）。呼尽后边吸气边转回正面，然后呼气。重复以上动作，共左转七次。然后两手恢复左右伸直平肩状态，左右手交换动作，再右转七次。

第八式：三盘落地

动作要领：接上势，站立调息。双臂上提，同时吸气，两手如抓握重物，缓缓上提至极限，稍闭气。然后身体急速下蹲，同时呼气（双脚注意要平行，抬头直腰瞪眼），两手换掌，像按压两把宝剑，急速下插。闭气稍蹲，然后缓缓翻掌向上，气贯两掌，双掌如托千斤，往上缓缓托起和站起一点高度，同时吸气，这一过程共分三次托起才完全站立起来。三步动作均要缓缓而起，第一次起一点，第二次大腿约与地面平行，第三次完全站起。重复以上动作三次。

第九式：青龙探爪

动作要领：接上势，站立调息。双掌朝上，手指呈爪状，缓缓上提，同时吸气。提至腰间，稍停，然后左掌停下，保持姿势不动，右掌继续上提，同时吸气。右掌提至胸前与肩平，同时竖立，吸满气，气贯胸腔。然后右掌快速往左用力推出（手臂与肩同高），同时呼气，气贯右掌，腰部也往左转90度，双脚保持不动。目视手掌，使右掌手指变为抓物状紧扣，腰肩肘指同时用力，往回拉，同时吸气，眼睛看着手拉回。回到原位后，再次往左用力推出，共计七次。做完后，右掌缓缓放至腰间，换左手重复动作。最后两手呈爪状缓缓落至腰间，同时呼气。

第十式：卧虎扑食

动作要领：接上势，站立调息。此时两掌向上呈爪状放在腰间。左脚内扣，右脚向右侧移弓步（后腿蹬直），同时往右侧转腰，面向右侧，挺胸平视，两爪朝上。双手从左右两侧缓缓上提，双爪朝下，同时吸气。提至略高于头时，双手缓缓向前方移动，至双臂平行状态（向上向前提到头的前上方）。然后双掌向下落，如卧虎刚猛前扑，放在右脚两侧（不超过脚尖的位置），以十指撑地。此时两脚跟离地，左膝稍曲，抬头。然后低头，同时两脚跟落下着地，左右膝伸直，屁股往后坐，手指按地不动，手臂伸直。下坐的同时低头并呼气（把头压到最低）。气呼尽后，用左腿之力蹬出，身体重心往前上方移动，头跟着身体缓缓抬起，头部和身体尽量呈弧形上升。两脚跟皆离地，左膝稍曲。身体重心靠脚尖与指尖撑住，抬头目视前方。然后再后坐低头，

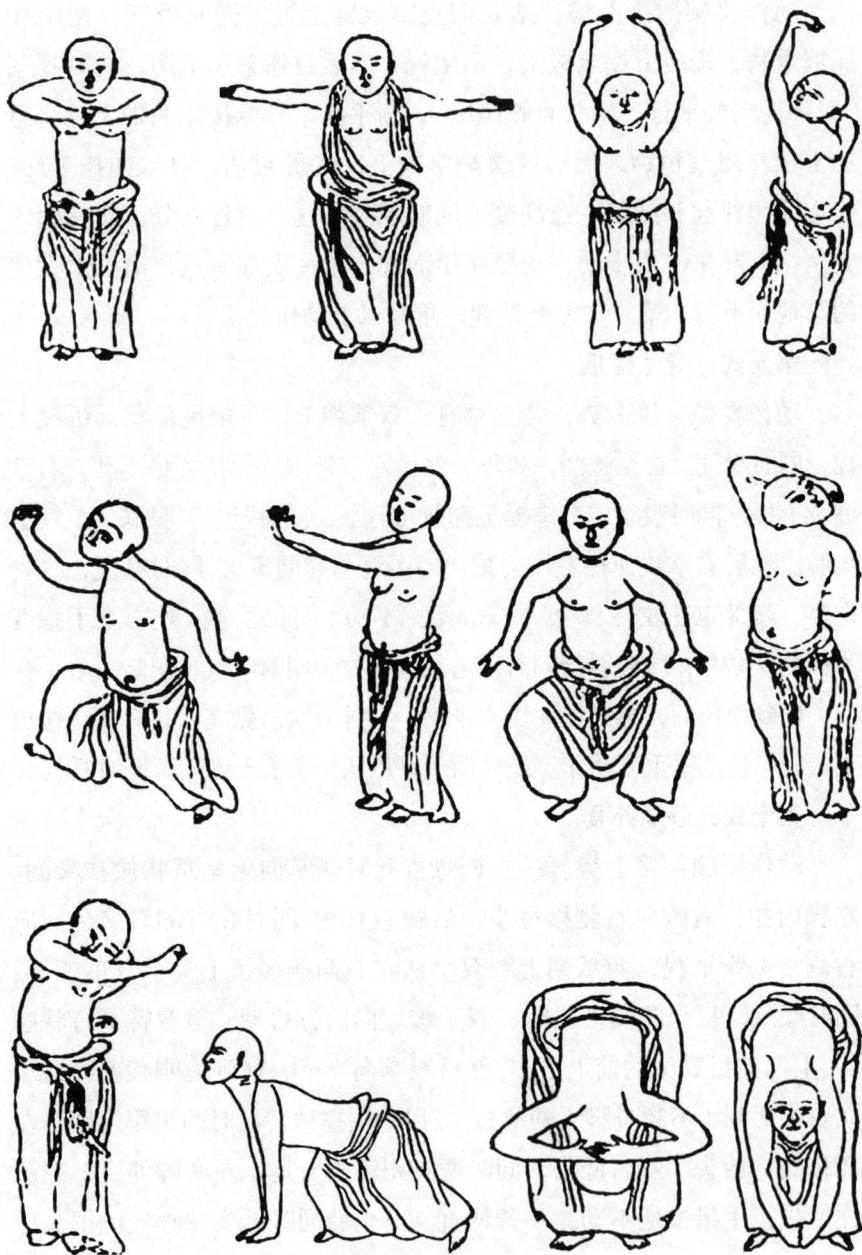

◎ 图7　易筋经韦驮十二式

再向前蹬出，如此三次。最后两脚跟落下着地，两手保持爪状放在腰间，身体站起转回正面。换方向，往左侧重复上述动作。完成后，双掌从腰间边呼气边缓缓放下。

十一式：折躬势

动作要领：接上势，双手在身前呈平行状态，缓缓上提，掌心朝下，同时吸气。保持平行状态上升，至头顶时合掌。稍闭气，然后把合掌缓缓后移至脑后，指尖指向正后方，两肘打开，打开双掌，贴头前移，两掌心把耳朵往前折叠捂住，使耳朵与外界空气隔断，不需太用力按压。保持捂耳动作，先吸气，然后往下弯腰到极限，同时呼气，双腿与地面垂直。头略抬，保持动作，调息七次。两肘用力向内压耳时呼气，放松还原至初捂耳时吸气，如此七次后慢慢放松，抬头站起，同时双手离耳，缓缓上举伸直，此时顿觉耳聪。再重复以上动作，共做两次。

十二式：掉尾势

动作要领：接上势，站立调息。脚与肩同宽，双手十指交叉，缓缓上提并吸气，至胸前时，翻掌向上，推至头顶。此时双掌尽量上提，有被吊着的感觉，把身体拉直。保持手势，双掌缓缓下落至胸前，直至脚前地面，同时呼气。此时手指交叉，掌心贴地，头微抬。手掌按在地上，抬起两脚跟，同时吸气，再闭气，然后用力将脚跟蹬地，同时快速呼气，身体后拉。再如前抬脚、蹬地、呼气，如此反复共21次。

双手翻掌向上，仍置于前下方，但不贴地，双臂自然下垂，弯腰状态。双手往左右摆动摇髋，手往左摆时，臀部同时往右摆，手往右摆时，臀部往左摆，动作如钟摆一般自然，不要僵硬。左右摆髋共21次。

最后，缓缓站起，全身放松，闭目调息，收功完毕。

以上是我练习《易筋经》所记录，或不全面。写此内容时深感仅用文字实在难以表达传统功法的精妙之处。各位读者如有欲修习者，可以联系我，或者请专业人士现场指导为好，特别是其中很多调息和观想的法门，仅靠自悟恐怕绝难完全掌握。

我自己曾学习各种八段锦功法不下五种，还有太极拳、少林拳、五禽戏等。通过实践，觉得这套易筋经韦驮十二式很实用。此功法老少皆宜，特别是能够很好地帮助工作繁忙的企业家和各行各业领导者们调理精、气、神之内三合。这套功法我是机缘巧合下跟随南怀瑾太湖大学堂的武学总教头学习的，完全学会这一功法可能需要一至两天时间。学会之后修习者更要勤加练习，巩固提高，在实践中逐步感受和领悟。

所谓功夫，贵在坚持和有恒。

章后记：浩然之气，如何善养？

亚圣孟子有个著名的弟子叫公孙丑。之所以说公孙丑著名，是因为他在儒家的一本极为重要的经典典籍《孟子》中出现了很多次，有《公孙丑》上下两章，共 6 000 多字，孟子很多重要的言论都是在与他的对话中出现的。比如有这么一段，他问孟子："不知老师您有什么擅长？"孟子在回答这个问题时，说了一句千古名言：

> 孟子曰："我善养吾浩然之气。"
>
> ——《孟子·公孙丑上》

孟子说，我善于培养我自己的浩然之气。

这句话实在太厉害了！

我们知道孟子活了 84 岁，在两千年前的古代，是绝对的老寿星。我想，这高寿正与孟子"善养浩然之气"有密切的关系。

那么浩然之气是什么？又要怎么养成呢？公孙丑急切地问了孟子。

> 孟子曰："难言也。其为气也，至大至刚，以直养而无害，则塞于天地之间。其为气也，配义与道；无是，馁也。是集义所生者，非义袭而取之也。行有不慊于心，则馁矣。"
>
> ——《孟子·公孙丑上》

孟子回答说：这个问题不好讲。那浩然之气，最宏大、最刚强，要用正义正直的思想去培养它，而不能用邪恶的念头去伤害它，这样就可以使它充满天地之间而无所不在。浩然之气，要与仁义和道德相配合辅助，不这样做，它就会像人得不到食物一样逐渐衰竭。浩然之气是由正义在内心长期积累而形成的，不是通过偶然的正义行为来获取的。自己的所作所为有不能心安理得的地方，则浩然之气就会衰竭。

然而这一回答太过高远，一时之间也叫人难以理解和把握。俗话说，人活一口气。若从孟子的思想延伸，或许长寿与浩然之气的修养存在关联。那么，怎样培养浩然之气呢？

我们可以从道德品质、内在修养、行为举止以及精神信仰四个方面进行分析总结。

一是培养道德品质。追求正义、公平和诚实等优良品质，抵制贪婪、自私和欺骗等不良思想；坚持原则，不随波逐流，勇于揭露和抵制不正之风，维护公正公平；不为了个人利益而违背道德，不昧良心。

二是提升内在修养。通过阅读、学习和思考来丰富自己的知识和见识，培养自己的耐心、宽容、谦逊和真诚等美好的内在品质和修养；学会控制情绪，避免冲动暴躁，保持内心的平静和满足，不追求过多的物质享受。

三是注重行为举止。在日常生活中保持端庄、大方的举止；尊重他人，礼貌待人，避免傲慢和粗鲁；勇于承担责任，不推卸责任，不逃避困难；不间断地审视自己的行为和思想，修己以敬，反求诸己，吾日三省吾身。

四是涵养精神信仰。珍惜当下，感恩生活，保持积极向上的心态；相信并传播正能量，弘扬社会正气；确立并坚守自己的价值观念，培养天地精神和信仰。

一个领导者拥有浩然之气是极为难得的，这需要在道德、修养、行为、品质和心态等各个方面做出长久的努力。通过持续的学习、实践和反思，可以逐渐提升自己的浩然之气，成为一名更加优秀、更加有影响力的领导者。

此外，中国传统文化存在诸多调养气息的方法，此节我们稍加引述龟息大法（又名"玄武定"或"龟息真定功"），以飨诸位读者。

该方法主张避阴就阳和滋阴补阳，所以最好在早晨万物苏醒、阳气渐长之时练习。觅得最佳时机后，找一个清净、清爽、清洁的所在，空气要流畅清新，不要到一些嘈杂污秽不堪的地方。

当然，大家也不必太过局限于时间和地点，在家里、在办公室、在车上、在飞机上，甚至在开一个冗长的会议时，皆可修炼。

怎么练呢？坐、立、躺皆可，静心冥想，舌抵上颚，牙齿轻叩，双唇微闭，下巴微收，眼观鼻，鼻观心，静心调气。待气息平和后，从鼻子缓缓吸气，吸八分气即可，不要吸满，然后闭气不发，心中默数从 1 到 30 后，数的速度可比秒针稍快（功力到了一定境界后可以感受到自身心跳，届时数心跳亦可）。数完后将舌底一汪清水微微下咽，再从口中缓缓吐气，注意要吐尽腹中之气，然后正常调息数次，待气息平和后，再吸气闭气吐气，如此反复。

等到功力深厚之后，可再加上一些观想的法门。如纳降气息，守意念于脐，至忘我境界，唯有一灵，感觉存在于肚脐内中空之窍，久久不动，此时就渐入"真定"。"真定"是龟息上乘功夫，很难习得，我自己也没有达到这一境界。

此处提醒一下，初学者在修炼过程中要循序渐进，万不可急于求成，过程中如果遇到不适，应及时调整呼吸和意念，避免对身体造成损伤。

这是中国传统炼气术中的一种闭气功夫，各位读者要是能勤加修炼，久而久之，达到一定境界之后，自然就不同于常人，外在表现就是精神饱满、气宇轩昂，此时或可称为有了浩然之气。

第十一章

中国式领导力的内圣之法：诚意正心

【本章导读】

"欲修其身者，先正其心；欲正其心者，先诚其意"，领导者需要在"心"和"意"上狠下功夫，真诚而不自欺、心要端正而无邪念，以达到自我道德的纯正完善，再结合前两目格物、致知，就组成了领导者修身的具体内容，也就是领导者的内圣之法。诚意、正心帮助领导者修炼理想人格、成就优良品质、端正心态意愿，从而为从内圣走向外王、从修己进阶到安人奠定坚实的基础。这当中《中庸》所倡导的至诚精神尤其值得重视，中华文化经典中"诚"的智慧也影响了现代西方管理学和心理学的发展，如西方较为前沿的真诚领导力理论，以及人本主义心理学和积极心理学的相关理论。东西方文化在此真切地体现了联系贯通。

一、诚意正心与中国式领导力

诚意正心的字面意思是保持意念真诚，端正心态思想。看似简单，实则蕴含深刻内涵。深入探究之后，我们会发现，"诚意正心"不仅是对人道德层面的要求，更是一种人生态度和处世哲学，对于领导者来说至关重要。因此，诚意正心是中国式领导力内圣之法的必修课。

（一）君子必诚其意：诚意是领导者的基本品质

诚意是一个领导者从事一切活动所必须具备的基本品质。要了解这一基本品质的内涵和外延，试看有关于诚的成词：诚心诚意、精诚团结、忠诚果敢、开诚布公、心诚则灵，以及精诚所至金石为开，还有诚实、真诚、忠诚、实诚、诚恳、诚挚、诚信等词语……这些都是充满正能量、给人以力量和信心的词汇。

诚意的本质在于"毋自欺"。只有做到不自欺，才能进一步做到不欺人。然而，要做到不自欺，首先应该在"慎独"上下功夫。能够做到"慎独"，乃是君子"不自欺"的表现；不能做到"慎独"，正是小人"自欺欺人"的表现。

因此，能否做到"慎独"是判断是否"诚意"的试金石，而是否"诚意"，则是界定君子和小人的标准。

> 所谓诚其意者，毋自欺也。如恶（wù）恶（è）臭（xiù），如好（hào）好（hǎo）色，此之谓自谦（qiè，同慊），故君子必慎其独也！
>
> ——《大学》第六章

使自己的意念真诚，就是不要自己欺骗自己。对于邪恶事物的憎恨，应当像厌恶那难闻的气味一样；对于美好事物的喜爱，应该像喜爱美丽的容颜一样。如果能够发自内心地恨所当恨、爱所当爱，这就是自我满足、心安理得。所以，凡是有道德的君子，在他人看不见的一人独处时，务必要小心谨慎地注意自己的言行举止。

那么"诚意"的好处是什么呢？对此《大学》也直言：

> 富润屋，德润身，心广体胖，故君子必诚其意。
>
> ——《大学》第六章

财富可以装饰房屋，使之富丽堂皇；仁德可以有益修养身心，使人变得高尚；当一个人心胸开阔坦荡，身体自然会舒适安泰。所以，君子一定要使自己的意念真诚。

"富润屋"是追求物质享受，"德润身"是追求精神安泰。面对这两种不同的人生追求，君子的一贯理念是尚德胜于好富，追求独善其身，淡泊名利，安然自得。而修炼仁德，其重点正在于"诚"，所以《大学》强调"君子必诚其意"。

（二）修身在正其心：中庸和如如不动皆是正心

中国人所谓的"心"并非仅仅是西方医学中的实体心脏，更是一种"形而上者谓之道"的哲学概念，被视为身体的灵魂、一切行为的主宰。所以我们必须要不断净化心灵，端正心术，达到思想纯正，才能使得言行举止合乎道德规范，进而提高自身的品德修养，达到修身的目的。

> 所谓修身在正其心者，身在所忿懥，则不得其正；有所恐惧，则不得其正；有所好乐，则不得其正；有所忧患，则不得其正。
>
> 心不在焉，视而不见，听而不闻，食而不知其味。此谓修身在正其心。
>
> ——《大学》第六章

这段话指出修身首先要端正自己的心态，如果心术不端正，就必然会出现许多邪僻的行为，比如内心会存有愤懑之情、恐惧之情、喜爱之情、忧虑之情等偏颇的感情或情绪，行为进而就不能恰如其分。如果心态不端正，心思就不能集中在正在做的事情上，于是就会出现"心不在焉，视而不见，听而不闻，食而不知其味"的情况。因此，只有做到克制情欲、驾驭情欲，用理智战胜情欲，从而端正自己的心术和心态，并且做任何事都能够专心致志、心无二用，这样才能够真正达到修身养性的目标。

乍看这段话，《大学》所谓"正心"似乎非常违背人性，要求我们克制和战胜喜怒哀乐等人类的基本情感，否则就是"不得其正"。果真如此吗？

确实，初读《大学》，好似教人违背人性，要我们没有喜怒哀乐，做一个昏昏然的呆子。但是等到经历一番人生，有过百转千回的感悟之后，再读《大学》，方知"正心"的妙处所在。

且看佛家"如如不动"，亦是"正心"之意。

> 不取于相，如如不动。
>
> ——《金刚经》第三十二品

所谓"相"，就是世间的境缘。儒家《大学》的"正心"说，和佛家《金刚经》的"如如不动"，在这两段话中殊途同归、异曲同工。儒家说，外在世界导致内心波澜，进而产生喜怒哀乐之情，则是"不得其正"；佛家说，不要执着于世间的任何一种事物，而保持内心"如如不动"的平静状态，面对世间的一切境缘，心理上完全地随缘与平静。

这种不执着于一切事物的心态要靠正确的修行才能实现。正确的修行方法是什么呢？佛家也有万般法门，试举《金刚经》为例。

> 一切有为法，如梦幻泡影，如露亦如电，应作如是观。
>
> ——《金刚经》第三十二品

一切有为法，可泛指世间一切事物，包括我们的身与心，都如梦幻泡影，无常变幻，像雾霭一样不可捉摸，又如闪电一样快速变化。

对世间万物要如是观想，而不要心生执着，被它束缚了自在的本性。

佛家说得比较玄妙，其实是教导我们观察世间万物，不要被其表象所迷惑，不要被其变化所困扰，始终保持内心的平静与超脱。

儒家的修行方法也有很多，如反求诸己、慎独等。《大学》中给出了修行七证法。

> 知止而后有定，定而后能静，静而后能安，安而后能虑，虑而后能得。
>
> ——《大学》

这就是著名的"知、止、定、静、安、虑、得"的七证法。这一修行方法与佛家的三无漏法"戒、定、慧"有着同样的逻辑。以上我们可以看出，所谓儒、释、道三教合一并非牵强附会，释迦牟尼之佛家虽为舶来品，不是华夏的原生文明，但它来到中土后很快被中国人所接受，并迅速融入了中华文明大家庭，形成了禅宗。佛家思想在中华大地落地生根，并最终开花结果，正恰如其分地说明了中华文明海纳百川、兼容并蓄的包容性。

除了上述七证法，儒家学派著名的《中庸》更进一步地延伸了《大学》里的正心思想。

> 喜怒哀乐之未发，谓之中；发而皆中节，谓之和。中也者，天下之大本也；和也者，天下之达道也。致中和，天地位焉，万物育焉。
>
> ——《中庸》第一章

《中庸》这一段延伸了《大学》的正心说，并且有了浓郁的人情味。它并没有要我们违背人性，完全摈弃喜怒哀乐，而是倡导适中和节度。正心的关键在于端正心思，而中庸思想告诉我们，要用理智来驾驭感情，进行自我调节，以求保持中正平和、积极正向的心态以修养品性，从而修得一颗中正平和之心。

当然这只是中庸的一个方面，中庸的内涵其实极为丰富深邃，满含智慧，乃是应世的大道。每一个领导者都应该要诚意正心，精研中庸之道。

（三）政者正也：孔子对领导者的谆谆教诲

有人说，一个企业的文化其实就是老板文化。此话虽然有片面或绝对化之嫌，但也说明领导者的思想观念和行为习惯对整个团队是有很大影响的。孔子早在 2500 年前就为此告诫当政者要注意自己的行为示范作用，并且在这一问题上反复教导，颇有点苦口婆心的感觉，这一问题对于领导者的重要性由此可见一斑。

> 季康子问政于孔子，孔子对曰："政者，正也。子帅以正，孰敢不正？"

> ——《论语·颜渊》

季康子作为一个领导者，向孔子请教如何管理政事。孔子回答道，只有当政者身正心正，才能引领正向的社会风气。孔子指出了一方水土的政治清明、民风淳朴的关键点就是为政者的自身垂范，身教重于言教，才能引领和管理好百姓。

> 季康子患盗，问于孔子。孔子对曰："苟子之不欲，虽赏之不窃。"

> 季康子问政于孔子曰："如杀无道，以就有道，何如？"孔子对曰："子为政，焉用杀？子欲善而民善矣。君子之德风，小人之德草。草上之风，必偃。"

> ——《论语·颜渊》

还是这个季康子，他又连着问了孔子几个问题。

季康子因为鲁国境内盗贼猖獗而苦恼，于是向孔子求教。孔子说："如果你自己不贪求财货，即使你奖励偷盗，他们也不会去偷。"这个意思很明确，当政者的德行会影响一方的风气。

季康子又问孔子如何治理政事，说："如果杀掉无道的人来成全有道的人，怎么样？"孔子说："治理政事，哪里用得着杀戮的手段呢？你只要想行善，老百姓也会跟着行善。君子（领导者）的德行好比是风，小人（平民百姓）的德行好比是草，风吹在草上，草就必定跟着倒。"孔子反对杀人暴政，主张德教之治、仁政为本。他认为在上位的人只要善理政事，百姓就不会犯上作乱。暴虐的统治者滥行无道，必然会引起百姓的反对；而领导者以德行垂范天下，自然就能够引领好的社会风气。

季康子当政是在鲁哀公时期，此时鲁国公室衰弱，作为"三桓"中最为强盛的季氏家族宗主，季康子此时位高权重，是鲁国的权臣。其实我们应该要感谢这个季康子，原因有二：其一，正是因为季康子问孔子很多关于如何领导和管理的问题，被记录保存在《论语》中，后人才得以窥见至圣孔子的智慧光芒。其二，季康子当政时，孔子正周游列国，一直不能回到鲁国。而季康子重用孔子的弟子冉有和樊迟（就是那个总想着跟孔子学习种庄稼的弟子），打败了入侵鲁国的齐国军队。后来在冉有的劝说下，季康子派人用重礼迎奉在外 14 年、已经 68 岁的孔子归国。正是因为季康子以礼归孔，使得孔子在晚年能够回到鲁国开始删述六经，由此给中国人留下了一系列珍贵的儒家经典。因此季康子间接促成了至圣孔子的伟大事业。

上述孔子教导季康子如何领导和管理的事应该是孔子归国以后发生的。我们看到，虽然是季康子迎回了孔子，但孔子对这位鲁国的当政者毫不客气，直指其问题所在，此时的孔子已经像他自己所说的那样"七十而从心所欲，不逾矩"了。

孔子在这几段著名的言论中一再强调领导者做好表率的重要性。在现实中我们发现，团队领导者的喜好对团队成员会起到很强烈的影响：领导喜欢打牌，团队就跟着喜欢打牌；领导喜欢喝酒，团队就跟着喜欢喝酒；领导偷奸耍滑，团队风气也不会好到哪里去。相反，领导喜欢锻炼身体，团队就跟着锻炼身体；领导喜欢读书，团队就喜欢读书学习；领导勤恳努力工作，整个团队就会努力工作。

> 吴王好剑客，百姓多创瘢；楚王好细腰，宫中多饿死。
>
> ——《后汉书·马援传》

《后汉书》直言领导者不良嗜好所造成的不良后果。吴王喜好剑术、尊崇剑客，所以百姓也纷纷学习剑术，很多人身有伤疤；楚王喜好纤细的腰身，所以后宫有很多人节食以追求身材而饿死。

至圣先师孔子始终不厌其烦地对领导者个人素养和品行提出要求，诸如，"其身正，不令而行；其身不正，虽令不从""苟正其身矣，于从政乎何有？不能正其身，如正人何？"等等，就是希望领导者能够提高对自身的要求，从而对整个团队发挥正面和积极的影响。

《孔子家语》（简称《家语》）中进一步细致地记载了孔子对于领导者的要求，他向弟子曾参解释了身在上位的领导者要培养的七教，认为这是"治民之本"也。

> 孔子曰："上敬老则下益孝，上尊齿则下益悌，上乐施则下益宽，上亲贤则下择友，上好德则下不隐，上恶贪则下耻争，上廉让则下耻节，此之谓七教。七教者，治民之本也。政教定，则本正也。凡上者，民之表也，表正则何物不正？是故人君先立仁于己，然后大夫忠而士信，民敦俗璞，男悫而女贞。"
>
> ——《孔子家语·王言解第三》

孔子说："在上位的人尊敬老人，那么百姓会更加孝顺父母；在上位的人以年龄序列排列尊卑先后，百姓对年长于自己的人也会恭敬有加；在上位的人乐善好施，百姓也会更加仁慈宽厚；在上位的人亲近贤人，百姓也会选择品行端正的朋友；在上位的人推崇德行，百姓就不会隐居不仕；在上位的人憎恶贪婪，百姓就会以争夺为耻；在上位的人清廉礼让，百姓也会以不讲礼节为耻。这就是七种教化。这七种教化，是治理民众的根本啊。如果确定了这种政治教化的基本原则，那么治理国家的根本就端正了。因为在上位的人是百姓的表率，表率端正，什么事物不能端正呢？所以，君主首先要身体力行，施行仁道，如此大夫忠诚而士讲信义，百姓忠厚，风俗淳朴，男子讲求忠诚而女子力求贞顺。"

曾子比孔子小46岁，他和父亲曾点都是孔子的弟子。曾子算是孔子的关门弟子也不为过，孔子后来把他的孙子孔伋（字子思）托付给了曾子，而180年后的孟子就是从学于子思的门人，由此形成了儒家的思孟学派，传承了中华文化的道统。

孔子对这个年纪轻轻的弟子曾参真是悉心教导，跟他细致地讲解了明王之道的七教三至，曾参有这样的好老师真是幸运之至。

> 是故昔者明王内修七教，外行三至。七教修然后可以守，三至行然后可以征。明王之道，其守也，则必折冲千里之外；其征也，则必还师衽席之上。故曰内修七教而上不劳，外行三至而财不费。此之谓明王之道也。
>
> ——《孔子家语·王言解第三》

孔子对曾参说："过去的圣明君主对内修行七教，对外实行三至。做到七教就可以守卫国家；做到三至就可以对外征讨。圣明君主的治国之道，如果用以守卫国家，那一定能却敌于千里之外；如果用以对外征讨，那也一定可以平安还师。因此对内推行七教，君主就不会劳顿；对外实行三至，国家就不会耗费财富。这就是圣明君主的治国之道。"

内修七教，外行三至。很明显，七教正可以契合本书中国式领导力的"内圣"之法，而三至正可以契合中国式领导力的"外王"之道。本章我们正是论述领导者的内圣之法，故重点在学习"七教"，至于"三至"留待后文详解。

孔子正是这样苦口婆心一遍又一遍地规劝身在上位的领导者要起到表率作用，这就是上行下效的道理。一个家庭如此，一个企业组织如此，一个城市如此，一个国家和一个社会也是如此。

二、诚意正心的东方领导力之道

（一）中国式领导力的理想人格

1. 什么是人格

人格是人类独有的、由先天获得的遗传素质与后天环境相互作用而形成的个性特点，包括性格、气质、品德、信仰、良心以及由此形成的尊严、魅力等。所以这是一个颇为复杂的概念。

在西方文化中，人格（personality）通常被理解为个体独特的、相对稳定的心理结构和行为模式，它决定了个体如何感知外界、进行思考、产生情感和采用行动。此外，西方学者还强调个体在人格发展过程中的主动性和选择性，认为个体可以通过自我认知、自我调控和自我实现等过程来塑造和完善自己的人格。

西方学者运用实证主义方法，通过大量的研究和观察提出了多种人格理论和模型。其中，最具代表性的就是大五人格理论（big five personality traits）。这一理论将人格划分为五个维度：开放性（openness to experience）、责任心（conscientiousness）、外向性（extraversion）、宜人性（agreeableness）和神经质（neuroticism）。还有大家比较熟悉的人格测量工具：卡特尔 16 种人格因素调查表（16PF）、明尼苏达多项人格调查表（MMPI）、迈尔斯-布里格斯类型指标（MBTI）等。

基于上述理论，现代社会的心理学研究者和人事工作人员等常常使用西方的人格测量与评估工具，如问卷、量表和投射测验等。这些工具通过收集个体在特定情境下的反应和行为数据，来评估其人格特征。比如，各种大型企业使用这些工具对员工的人格特征进行测量和评估。不过，这些来自西方的理论和工具，在应用于不同文化背景的人群时，可能存在文化适应性问题。

2. 圣贤是中国式领导力的完美人格典范

◎ 图 8　中国式领导力的人格类型

中国传统文化中其实也有许多关于人格类型划分的理论，例如上一章我们提到的"中国式领导力的美、大、圣、神"，本节我们介绍中国式领导力的理想人格类型，如图 8 所示。

在以儒家思想为主体的中国传统文化中，最为完美的人格类型是圣贤，虽然王阳明说"满大街都是圣人"，但这一说法主要是对说话者自身的境界要求，能称为圣贤的人士毕竟世所罕见，就连孔子也自谦说不敢当。

> 子曰："若圣与仁，则吾岂敢？抑为之不厌，诲人不倦，则可谓云尔已矣。"
>
> ——《论语·述而》

孔子说："讲到圣和仁，我怎么敢当？不过是学习和工作总不厌倦，教导别人总不疲劳，就是如此罢了。"

孔子都不敢称圣人，何况我等芸芸众生。用孟子的话来说，叫作"大而化之之谓圣，圣而不可知之之谓神"，能够称为"圣"甚至是"神"的人，那可是需要超凡脱俗的气质、强大的气场、非凡的气势以及宏阔的气象。因此，圣贤人士大概率是难得一见的。

孔子虽然谦虚，但他在生前身后都是中国人所公认的第一大圣人。《孟子·公孙丑上》记载了子贡对孔子自谦持有不同见解。他说："学不厌，智也；教不倦，仁也。仁且智，夫子既圣矣。"可见孔子在世时，学生就已把他看成圣人了。

圣贤的引领对于领导者来讲，仍然非常重要。所谓"虽不能至，但心向往之"，作为优秀的领导者，我们一定要有成圣成贤的人格追求。中国式领导力的"内圣外王之道"，也并非要求所有领导者都能够内在修炼成为圣人，而是说领导者以圣贤为方向，不断进行内在的修炼和提升，这就是"内圣"的真正含义。

3. 君子是中国式领导力的现实理想人格

君子与圣贤不同，圣贤的人格境界似乎高不可攀，但君子却是中国式领导力在现实世界中的理想人格类型。也就是说，我们可以通过自身的学习、积累和提高，成长为具备君子人格的优秀领导者。

> 子曰："圣人，吾不得而见之矣；得见君子者，斯可矣。"
>
> ——《论语·述而》

孔子说："圣人，我是难得一见了，能够见到君子就可以了。"

圣贤应该具备高尚品德和卓越才能，圣贤人物的领导力是以德才兼备、智慧超群为基础，能够引领社会向善，实现天下大同的领导力。这种人物百年难遇，而君子则是我们普通人通过自我提升可以实现的人格追求。

现在的民间俗语中，"君子"常被赋予文明谦和、遵守规矩的形象特质，例如君子动口不动手、君子协定、君子不与小人斗、观棋不语真君子，以及君子一言，驷马难追。但"君子"一词的含义发生过重大转变。

在先秦早期，"君子"主要是从社会地位和政治角度来定义，意为"君王之子"。"君"字从尹，从口。"尹"表示治事，"口"表示发布命令，合起来的意思就是发号施令、治理国家的人。因此，在那个时候不是每个人都可以叫"君子"的。例如，《左传》中说，"君子劳心，小人劳力，先王之制也"，此处的君子和小人指的就是社会地位差异。

现在我们每一个人都可以通过自身的努力成为一个君子，这要感谢一个人，就是孔子。孔子后来赋予了"君子"以道德品质的内涵，具有了德性的意义。孔子有大量关于君子的论述，其中绝大部分都是对君子的行为规范和道德品质的界定与要求。例如《论语》的开篇就讲到了君子。

> 子曰："人不知而不愠，不亦君子乎。"
>
> ——《论语·学而》

孔子说，别人不了解我而我却不生气，这就是君子。

别人不了解我，导致误会我，于是对我不赞赏、不认同、不合作，甚至不愿意与我交往，更严重的可能会蔑视我、阻碍我、侮辱我，但是我不因此而生气烦恼。这里讲的是一个人的涵养和雅量，讲一个人的包容性。在这句话中，孔子对君子的要求虽然挺难，但也不是完全没可能做到。试想，哪个优秀领导不是"宰相肚里能撑船"？哪个优秀管理者不是"海纳百川,有容乃大"?

但是孔子对"君子"的要求可远不止如此。想要被孔子视为君子,可不是那么容易的。比如,孔子在《周易·象传》中所说的,"天行健,君子以自强不息;地势坤,君子以厚德载物",能够做到天地一般自强不息和厚德载物的领导者,想不优秀都不可能。再比如下面这一句:

> 子曰:"君子有九思:视思明,听思聪,色思温,貌思恭,言思忠,事思敬,疑思问,忿思难,见得思义。"
>
> ——《论语·季氏》

孔子说:"君子有九种要用心思考的事:看要看得明确,不可有丝毫模糊;听要听得真切,辨别其真伪,不可有丝毫含混;脸色态度要温和;容貌要恭敬端庄;言语要忠厚诚恳,不可虚伪做作;做事要认真负责,不可懈怠懒惰;有疑惑要求教解决,不可得过且过;生气的时候要想到后果灾难,不可意气用事;遇见利益时要思考是否合乎道义。"

看看吧,做君子可不是那么容易的,恐怕仅仅是一个"言思忠,事思敬"就淘汰了 99% 的领导者了。

孔子有时甚至认为自己都不能达到君子的要求。

> 子曰:"君子道者三,我无能焉:仁者不忧,知者不惑,勇者不惧。"
>
> ——《论语·宪问》

孔子说:君子之道有三个方面,我未能做到,即仁德的人不忧愁,智慧的人不迷惑,勇毅的人不畏惧。

孔子或许是自谦,但也表明在他心目中,能称为君子的人是着实令人敬佩的。我觉得此处或许是孔子对其弟子提出更高的要求,正所谓"取法乎上,仅得其中;取法乎中,仅得其下"(北宋程颐语)。

孔子口中的君子,更多的是相对于小人来说的。在这些论述中,孔子对君子的道德品质、内涵修养、言行举止等提出了众多的要求和界定，相当于写了一份君子的说明书，为我们世人如何成长为一个君子提供了参考。

4. 小人是需要发展和提高的人格类型

"小人"一词别看简简单单，却有多种不同的含义，看用在什么地方。一是指卑鄙无耻的人，这是"小人"一词唯一的贬义词用法；二是指平民百姓，即境界能力和认知水平都需要提高的一类人；三是一个人自称的谦辞，类似于"鄙人"之意；四是指古时候老师对学生的称呼；五是指小孩子，如上海话称呼小孩子就是"小人"；六是指小一辈的人。

现代社会最常用的是前两种。

先来看第一种卑鄙无耻的人。例如，俗语中常说的小人作怪、小人之心，还有就是三国时诸葛亮著名的《出师表》中的"亲贤臣、远小人"，小人都带有贬义，意为搬弄是非、挑拨离间、隔岸观火、落井下石之类的人，他们喜欢明争暗斗，做尽坏事。

再来看第二种平民百姓。这类的小人也是我们中国式领导力人格模型最底层的人，是需要发展和提高以不断健全自己人格的那一类人。孔子有一些关于小人有大量论述，其含义正是指这一类庶民百姓。

> 君子上达，小人下达。
>
> 君子喻于义，小人喻于利。
>
> 君子坦荡荡，小人常戚戚。
>
> 君子周而不比，小人比而不周。
>
> 君子中庸，小人反中庸。君子之中庸也，君子而时中；小人之［反］中庸也，小人而无忌惮也。
>
> ……

我们看到，孔子口中的"小人"正是那种认知需要提高、人格需要健全的普通人，这类人常常束缚于人类的本能欲望，缺乏道德观念和长远眼光。例如，放弃道义而追逐私利，被情绪掌控（常戚戚）而不能够正确地认知事物，等等。当这类所谓的"小人"战胜了本能欲望，提高了认知，健全了人格，就能成长为"君子"这类人了。

现代西方文化认为，人格的形成和发展受到多种因素的影响，包括遗传、环境、文化和社会经验等。遗传因素为个体提供了人格发展的基础，而环境、文化和社会经验则通过塑造个体的价值观、信念和行为模式来影响人格的发展。此外，西方学者还强调了个体在人格发展中的主动性和选择性，认为个体可以通过自我认知、自我调控和自我实现等过程来塑造和完善自己的人格。

现代西方对于人格的这一认识与两千年前孔子的观点是相一致的。孔子在他的时代首创私学，不分高低贵贱，打破阶层限制，广收弟子，因为他坚信平民百姓经过培养提高，是能够成长为君子的。

孔子自己评价他的教育是"有教无类"，他也是中国历史上第一个面向普罗大众、平民百姓开办教育的老师。

> 子曰："自行束脩以上，吾未尝无诲焉。"
>
> ——《论语·述而》

束脩就是十条干肉，古时是指送给老师的礼物，泛指给老师的学费。孔子说：只要带着见面礼愿意来求学的人，我从来没有不给他教诲的。

孔子开创私学在中国历史上是具有划时代意义的。因为在孔子之前，学在官府，只有贵族子弟才有受教育的权利，因而也只有贵族子弟才有当官的资格。而孔子开创私学，他的弟子不分贵族与平民，只要有心向学，都可以入学受教，并且对所有学生一视同仁、平等相待。他的三千弟子来自春秋列国，如鲁、齐、晋、宋、陈、蔡、秦、楚等不同诸侯国。

综上所述，中国式领导力的完美人格是圣贤，现实中的理想人格是君子，两者都是以德才兼备、公正无私、智慧超群为基础，具备这两种人格的领导者能够引领人们向善，实现团队和社会的和谐与进步。而小人则作为反面教材，是需要发展和提高的人格类型，如果一个领导者是人格有缺陷的小人，就要警惕其可能带来的负面影响。

（二）中国式领导力之"尊五美，屏四恶"

子张是孔子在晚年的另一个得意弟子，小孔子48岁，是《论语》中记载的年龄最小的弟子。《论语》中有多段子张向老师孔子请教从政管理之道的对话，其中提出了"尊五美，屏四恶"思想，对于现代领导者来说极具价值。

> 子张问于孔子曰："何如斯可以从政矣？"
>
> 子曰："尊五美，屏四恶，斯可以从政矣。"
>
> 子张曰："何谓五美？"
>
> 子曰："君子惠而不费，劳而不怨，欲而不贪，泰而不骄，威而不猛。"
>
> 子张曰："何谓惠而不费？"
>
> 子曰："因民之所利而利之，斯不亦惠而不费乎？择可劳而劳之，又谁怨？欲仁而得仁，又焉贪？君子无众寡，无小大，无敢慢，斯不亦泰而不骄乎？君子正其衣冠，尊其瞻视，俨然人望而畏之，斯不亦威而不猛乎？"
>
> 子张曰："何谓四恶？"
>
> 子曰："不教而杀谓之虐；不戒视成谓之暴；慢令致期谓之贼；犹之与人也，出纳之吝谓之有司。"
>
> ——《论语·尧曰》

子张向孔子请教：怎样做可以从事政务管理工作呢？

孔子说：尊崇五种美德，摒弃四种恶行，就可以从政进行管理了。

子张追问：什么叫五种美德？

孔子说：君子（领导者）对百姓施以恩惠，自己却无所耗费；役使老百姓，老百姓却没有怨恨；有合理的欲望，却不贪得无厌；泰然自若，却不骄傲蛮横；庄重威严，但不凶猛。这就是五种美德。

子张接着问：什么叫施以恩惠但自己却无所耗费呢？

孔子说：顺着百姓能够得利的事情而使他们得利，这不就是给人以恩惠自己却无所耗费吗？选择百姓干得了的工作让他们去做，谁会怨恨呢？希望施行仁而得到了仁，还有什么贪心的呢？君子无论人多人少、事大事小，从不敢怠慢，这不就是泰然自若却不骄横吗？君子衣冠整齐、目不斜视，庄重的样子让人望而生畏，这不就是威严却不凶猛吗？

子张又问：那四种恶政又是什么呢？

孔子说：事先不进行教育引导，等到他犯了错就惩罚杀戮，这叫虐；事先不告诫不打招呼，而要求马上就做事成功，这叫暴；很晚才下达命令，却要求限期完成，这叫贼；给人施以恩惠，但出手非常吝啬，这叫有司。

孔子晚年对于小自己很多的弟子似乎都非常有耐心，当然我们也要感谢子张这样打破砂锅问到底，让我们得以窥见孔子的领导思想和管理智慧。

春秋战国时期，天下昏昏，礼崩乐坏，诸侯年年征战，相互攻伐，搞得民不聊生。在当时崇尚武力的大背景下，为政者大多缺乏德治民本的思想，整天想到的可能就是如何增强实力，如何攻城略地，如何苛责于人。而孔子及其创立的儒家学派却倡导德治仁政，其中就包含了丰富的民本思想。可想而知，在那样的社会背景下，孔子的德治思想很难见用于各诸侯国的领导者们，这也是为什么孔子带着弟子们周游列国十多年去推行他的政治主张，甚至被形容为"累累若丧家之犬"（《史记·孔子世家》）。

但是我们中国人都要感谢至圣先师孔子，正是他这样"知其不可而为之"（《论语·宪问》）的孜孜以求和执着坚持，才使得中华文化精神和道统得以建立和传承，两千多年来滋养了全体中国人。

孔子在这一段中讲到的"五美"和"四恶"，正是他的政治主张或曰领导思想的基本观点，其中包含了丰富而深邃的民本思想。我们先来看"五美"。

1."惠而不费"

领导者要让大家都享受到应有的利益，而不必捐己所有。

领导者和管理者靠一味地施舍是不能建立自身的威信的，事实上一个领导者为了惠众而做老好人消耗自己，这样的施惠不仅不会有多

359

大，更不会具备持久性和发展性。相反，领导者应该最大限度地发挥团队的智慧和力量去共同创造价值，然后"取之于民，用之于民"，如此形成良性循环，团队的凝聚力会逐步获得提升，领导者的领导力也得以完美体现。

有个富翁每天都会给一个乞丐十元钱，日复一日，乞丐已经习以为常。过了一段时间，富人每天只给乞丐一元钱，再后来不再给乞丐钱了。于是乞丐问富翁为什么，富翁回答说："我的生意失败了，不能再给你钱，因为我要养家糊口。"这时乞丐大怒，向富人大吼道："什么？你竟然拿我的钱给你的家人！"

这故事虽然是个笑话，却也揭示了人性不堪的一面，所以我看到四肢健全的乞丐从不施舍。现实生活中，我们确实经常会看到这样的情况，就是把他人的施舍和帮助视为理所应当。中国民间智慧甚至还说，不要对人施以大恩。所以孔子教导我们"惠而不费"也是这个道理，要带领团队创造价值，这样在分享利益时，大家会感受到自身价值所在。

2. "劳而不怨"

领导者要让团队承担合理的工作任务，大家都不会抱怨。

领导者怎样才能使下属团队"劳而不怨"呢？孔子说"择可劳而劳之"，就是要求领导者正确地分配工作任务，从而正向引导团队的积极性。一是要用正确的愿景和目标来动员和引导，用道义和利益驱使，以消除团队的抱怨和反对；二是要人尽其才、物尽其用，让团队成员的价值得到最大化体现，从而产生事半功倍的效果。这要求领导者知人善任，把具备不同能力和素养的人才放到合适的岗位上。

> 子路问政。子曰："先之，劳之。"请益。曰："无倦。"
>
> ——《论语·子路》

子路问老师怎样管理政事。孔子说：做在老百姓之前，使老百姓勤劳。子路请求多讲一点。孔子说：不要懈怠。

孔子认为，领导者一要"先之"，就是以身作则、身先士卒；二要"劳之"，就是教导团队勤奋工作、不辞辛劳；三要"无倦"，就是针对这两件事情不能懈怠，吃苦在先，享乐在后，把这种精神贯彻始终。由此可见，领导者身体力行做出表率，才能让团队"劳而无怨"。

"五美"中的"惠而不费"和"劳而不怨"侧重对领导水平的要求，后三个"欲而不贪""泰而不骄""威而不猛"则是对领导者个人修养的要求。

3."欲而不贪"

领导者要正确地管理欲望，面对人性问题，基本要求就是要做到"不贪"。

"食色性也""饮食男女，人之大欲"，这些欲望是正常合理的，本质上是人们对美好事物的追求，也驱动个人积极向上和向善的内在力量。孟子也说"可欲之谓善"，只要将人的本能欲望控制在合理的范围之内，这就是善。

而"贪"是超出合理范畴、违背公序良俗的不良欲望，外在表现就是贪婪、贪念和贪欲。不良欲望犹如潘多拉的盒子，一旦打开往往无法控制，越陷越深，最终反受其害。

> 子曰："富与贵，是人之所欲也；不以其道得之，不处也。贫与贱，是人之所恶也；不以其道得之，不去也。"
>
> ——《论语·里仁》

孔子说：财富和尊贵，是每个人都向往的，但如果不用正当的方法得到，君子不会接受。贫困与低贱，是每个人都厌恶的，如果不用正当的方法摆脱，君子就不会逃避。

领导者对财富和地位的追求无可厚非，但关键在于"取之有道"，这意味着一方面要追求最大的利益，另一方面又要求采用正当合法的途径，这里体现的就是领导者的高明智慧，更是我们必须遵循的原则。面对贫困和低贱，如果暂时没有正当的途径加以改变，我们就应该安贫乐道、静待时机。

4."泰而不骄"

"泰而不骄"意为领导者从容舒泰而不骄傲，特别指有地位、有权势之后不傲慢。

优秀的领导者往往心态平和、泰然自若、不忧不惧，给人一种凛然大气、稳重高远的感觉；而缺乏修养的领导者往往矜己傲物、色厉内荏，给人盛气凌人的感觉。

> 子曰："如有周公之才之美，使骄且吝，其余不足观也已。"
>
> ——《论语·泰伯》

孔子甚至认为，即使拥有周公那样美好的才华，但是如果骄傲且吝啬，那么此人其他的优点就不值得一看了。

所以骄傲、骄狂、傲慢、吝啬，不愿与他人分享，不愿施予他人，这些都是一个优秀的领导者必须要戒除的。

领导者在官运亨通、事业顺遂之时，更要提醒自己谦虚谨慎，免生傲慢之心；身处逆境时，也不要妄自菲薄、怨天尤人，而是要不卑不亢、自强不息。唯有不论顺境逆境，都能够处之泰然，方能成就非凡。

5."威而不猛"

"威而不猛"意为领导者有威仪而不凶猛，威严而不让人畏惧，不给人可怕的感觉。

具有威严的气质，给人不怒自威的气势，本质上是一个人底蕴的表现，这种底蕴决定着人的行为模式。"威"源于一个人内在的力量和自信，"猛"则表现为一个人外在的冲动和严厉。

> 子曰："君子不重则不威……"
>
> ——《论语·学而》

大人君子只有保持庄重的态度、郑重的仪表，才能给人以威严的感觉。庄重威严是每一个领导者必须要修炼的气质，但不能过分，避免给人严厉而凶猛的错觉。中庸之道就是要求我们做人做事"无过无不及"，恰到好处、恰如其分才是领导者应该追求的效果。

> 子夏曰："君子有三变：望之俨然，即之也温，听其言也厉。"
>
> ——《论语·子张》

"俨然"是指别人见到你会产生的敬畏之情，是"敬而重之"。但如果过分"俨然"就会让人惧怕并"敬而远之"了。"即之也温，听其言也厉"，说明领导者要温和，但也不能失却威严。比如与下属过分亲密，称兄道弟，太过随便，这于管理是不合适的。所以领导者要有多种变化的形象。

（三）中国式领导力的至诚如神

1. 至诚如神

首先我们来看这一句极为重要的话。

> 故至诚如神。
>
> ——《中庸》第二十四章

达到最真诚境界的人，即诚到极致的人，就像神明一般！

这句话在年轻时恐怕实在难解其中深意，只有"博学之、审问之、慎思之、明辨之、笃行之"之后，细细琢磨，才发现这句话的力量所在。人在成长的每一个阶段，认知水平是不一样的。对一本书的认识也是如此，随着人生阅历的丰富，人们的理解会愈发深刻。正如王立群老师所说，经典常常不是读懂的，经典是在人生经历和经典相碰撞、相共鸣之后，感悟出来的。所以有人建议《红楼梦》要每隔十年读一次，每次会有新的收获，常读常新。

那么，《中庸》所谓的如神明一般的人具备什么能力呢？

> 至诚之道，可以前知。国家将兴，必有祯祥；国家将亡，必有妖孽。见乎蓍龟，动乎四体。祸福将至，善必先知之；不善，必先知之。
>
> ——《中庸》第二十四章

达到最高真诚之道的人，可以预知未来。国家将要兴旺，必有吉祥的征兆；国家将要衰亡，必有妖异的事情出现。这些都呈现在蓍草或龟甲上，表现在手脚动作上。祸福将要来临的时候，是福，可以预先知道；是祸，也可以预先知道。

一个人达到极致的诚，到达无我的境界，就可以开启智慧，料事如神，未卜先知。

据传王阳明31岁时回到浙江余姚老家养病，后筑室于绍兴会稽山阳明洞，始取道家"阳明洞天"之"阳明"二字为号，开辟阳明书院草堂。他日日静坐修习道家导引术一月有余，遂觉阳神已能从身体中自由出入，于是能预知未来。有一天，他对身边的书童说："有四位相公来此相访，汝可往五云门迎之。"书童来到五云门静候，果见王文辕、许璋等四人前来拜访。此四人都是王阳明的好友，书童将受王阳明差遣、特意前来相迎一事相告，四人大为诧异。见到王阳明之后问："子何以预知吾等之至？"阳明笑答："只是心清。"

王阳明为何能够未卜先知？"至诚"二字，正是机关所在。阳明所谓的"心清"，正是内心至诚的修养功夫所能达到的境界。

> 无思也，无为也，寂然不动，感而遂通天下之故。
>
> ——《周易·系辞上》

摒弃人心浮躁和物欲横流，无思无为，以至于心清，心因为至为沉静而与天道相通，进而感知天地变化。这是由内心的"至诚"而生发的一种对天地万物的高度的感应力。

也许你觉得有些神秘，其实因内心之"诚"而具备预先的感知在生活中是很常见的。比如去办一件事，出门之前静心想想，这件事是否能办成就有了一个预知；比如去参加一场考试或面试，能否顺利通过，在走进考场之前每个考生就大概有了预判；又比如是否真诚地对待一个人，对方往往都是能感应到的，作不了假，有真诚才有感应，有多少真诚就有多少感应。生活中，母亲与子女之间至亲、至爱、至诚，所以常有千里之外的心灵感应。人皆如此，何况天地乎，有感天动地的诚心，才有感应天地的能力。

2. 何为"诚"

> 诚者，天之道也；诚之者，人之道也。诚者，不勉而中，不

思而得，从容中道，圣人也；诚之者，择善而固执者也。

——《中庸》第二十章

真诚，是天的原则；追求真诚，是人的原则。天生真诚的人，不用勉强就能做到，不用思考就能拥有，自然而然地符合上天的原则，这样的人是圣人。努力做到真诚，就要选择美好的目标，然后不懈努力，执着追求。

这段话用天道之"诚"，对应人道之"诚之"，就是人需要不断地培养和追求自身的"诚"。天道不言，但日出日落，风云雷电，寒来暑往，四季轮回，从来都是应验不爽。所以天道对世间的万事万物都是真诚不欺的。

> 天无私覆也，地无私载也，日月无私烛也，四时无私行也，行其德而万物得遂长焉。

——《吕氏春秋·去私》

天的覆盖没有偏私，地的承载没有偏私。日月照耀四方没有偏私，四季的运行没有偏私。它们各自施行它们的恩德，所以万物得以生长。

天道无私就是真诚不欺。人与天、地并称三才之道，应该要与天、地相通相感。圣人生而知之，天然具备，故能与天道合一；而我们绝大多数人都需要通过不懈的努力和追求才能够具备"诚"的品质，以至于"至诚"而达到"天人合一"的境界。

《中庸》这一段"至诚如神"论，后亚圣孟子又加以引述和解释，孟子将"诚之"改为"思诚"，曰"思诚者，人之道"，将"慎思之"与"诚之"二者合并，别有一番深意。不知那位百亿票房电影导演陈思诚是否因圣人之言而得名。

"诚"这个字我们都不陌生，《说文解字》中以"诚""信"二字互训，指真心实意，既不自欺，亦不欺人，所以其基本含义就是真诚、诚心、诚意等。古人所说的诚也都是如此，但《中庸》将其联系到天道之诚，如此，诚的内涵就至为深邃和广大了，这就需要我们持续不断地去学习、领会和感悟。各位可以想象一下，如果那么容易就让大家认知和理解，那岂不是人人都会因诚而成神？

3."诚"是儒学各项德目和中庸的根基

儒家学派的整体框架由仁、礼、中庸等构成，但这一框架又是建立在"诚"的基础上的。

一个人内心之"诚"体现为对人对事的尽心尽力，则为"忠"和"信"；一个人内心之"诚"体现为对父母家人的亲爱关心，则为"孝"和"悌"；一个人内心之"诚"体现在待人接物的规矩尺度、讲信修睦，则为"礼"和"义"；一个人内心之"诚"体现在良知善行，则为"廉"和"耻"。

孝、悌、忠、信、礼、义、廉、耻，这些都是儒学的重要德目，其基本意涵同出于"诚"。如果没有"诚"，儒家的其他德目可能都无从谈起；有了"诚"，其他德目才有了坚实的基础。

因此，"诚"可谓是实现儒家之"仁"的根本素质。

儒家创始人孔子论"诚"仅有几处，《中庸》开始把"诚"列为最重要的素质，并对其深层意涵进行剖析，及至孟子更是大谈"诚"的实践效用。整部《中庸》的后半部分可谓全部围绕着"诚"字展开论述。因为中庸之道若没有"诚"作为基础，其"致广大而尽精微"就无根基，与其他德目也难以产生关联；而"诚"若无"中庸"这一方法和准则的贯穿，则可能有孔子所谓"过犹不及"的双重问题。心不"诚"固然与中庸不符，但是一个人无原则地追求"诚"，更是有违中庸，将会有害于"仁"。

因此，对他人毫无原则、毫无保留，并非"诚"，而是愚昧的一种表现，我们经常所谓的"愚忠愚孝"皆是此类。因此"诚"必须要符合"中庸之道"，建立在"道义"的基础上。孟子所谓"夫大人者，言不必信，行不必果，惟义所在"，正是这个道理。

4. 如何培养"诚"

诚的基础是心清，但世人往往心浊或利欲熏心；诚的反面是虚伪，但世人恰恰喜欢伪装或自欺欺人。因此，修诚需要清静不浮躁，需要善行不虚伪。在修行的方法上，儒家修身、道家修道、佛家修心，三者可谓异曲同工，其本质大概是相一致的。

> 在下位不获乎上，民不可得而治矣；获乎上有道，不信乎朋友，不获乎上矣；信乎朋友有道，不顺乎亲，不信乎朋友矣；顺乎亲有道，反诸身不诚，不顺乎亲矣；诚身有道，不明乎善，不诚乎身矣。
>
> ——《中庸》第二十章

这段话看着好像比较拗口，其实是讲一个领导者如何获取信任的逻辑推理。我们可以倒过来看，一个人明白何为善，才能够反身为诚，才能父母亲人和顺，才能朋友信任，才能领导信任，才能达到管理好百姓（团队）的最终结果。

这一逻辑过程与《大学》之"修身""齐家""治国""平天下"是完全一致的，也正是本书的整体逻辑。

其中的关键就在于"反身为诚"。

循着这一思路，一个人道德境界的达成，主要视其是否具备真实无妄的诚心，这便是"诚身"，所以要反求诸己，追求自身真诚。毕竟道德的依据在于内心，如能对己真诚不二，一切随真诚之心而动，不生半点杂念，在这一反身体认的过程中，发现和认知世间所倡导、所公认的德行标准，就如同吾心之所欲，又恰为吾心之所固有。这样，个体便能感到内外如一，外界一切良善和德行皆符合吾之内心，真实不虚，这就是"反身而诚"。经历此番修炼过程的人，自然无愧于心，对得住亲人、朋友、上级、团队，甚至天下。

子思子《中庸》成书以后很多年，亚圣孟子几乎把这段论"诚"的文字原封不动地讲述给一位执政领导者听。一方面说明了"思孟学派"由孔子到曾子，再到子思子，再由子思子的门人到孟子，这一传承脉络；另一方面使我们明白，原来圣人也是要大段背诵前人经典论述的。

> 孟子曰："至诚而不动者，未之有也；不诚，未有能动者也。"
>
> ——《孟子·离娄上》

孟子最后说：怀有至诚之心的人，没有打动不了的人；缺乏诚心诚意，是不能够打动别人的。

这就是我们经常所说的"精诚所至，金石为开"的真意所在。

认识和理解"诚"的深邃而广大的含义很重要，而掌握并拥有这深邃而广大的"诚"，并非一朝一夕所能达到，需要我们不懈努力，久久为功。所以"反身为诚"最好能够做到"吾日三省吾身"，要求我们自我反省，反求诸自我的良心和本心，用善行真意反求诸己。

有一个方法大家或可一试。因为"真诚"二字最能体现"诚"之含义，所以我们可以将"真"和"诚"分开来组词，所得到的正向词汇可以认为皆是"诚"之内涵或外延。

比如，认真、真心、真意、真理、真实、真爱、真正、真人、真挚、真相、千真万确、返璞归真、真情实意等；又如，诚信、诚实、诚恳、诚心、诚意、挚诚、实诚、竭诚、热诚、坦诚、开诚布公、心悦诚服、精诚团结等。

这些词汇都可以认为是"诚"这个字所包含的内容，应该都是我们在"诚之"和"反身为诚"的过程中需要多加注意学习和培养的。

三、诚意正心的西方领导力之术

（一）受人尊敬的领导者品质

第七章我们已经总结提炼过西方领导力理论的演变历程。在 20 世纪初领导力概念刚被提出来时，伟人理论和特质理论广泛流行，彼时人们相信领导者天然具备某些非凡的特质或品质，使其区别于普通人，并展现出卓越的领导力。其后领导力的行为理论兴起，将注意力放在领导者偏爱的行为方式和风格上，通过研究领导者特定的行动去培养其相应特质，进而提高领导力。

无论是领导力的行为理论还是之后的权变理论，及至领导力在当今时代的研究发展，领导者应具备的特质一直以来是学者们关注的重点。20 世纪 80 年代领导力特质理论的学者们将关注的焦点放在了下属团队上，认为成功的领导者身上所体现的特质必须要受到团队广泛的认可和尊敬。

那么人们到底想从领导者身上看到怎样的美好特质呢？

针对这一问题，西方一项著名的研究从 1987 年开始了。

该研究首先调查了数千名企业和政府机构的高管人员，询问调查对象一个开放式问题："你希望你的领导具备怎样的个人性格和品质？"受访者对这个问题的回答有数百种之多。研究小组经过细致分析，总结归纳了 20 种品质（每一种包含几个同义词使其更加完善）。接着，运用这 20 种品质制作了一份名为"受人尊敬的领导者品质"的调查问卷，在全世界调查了 7 500 人，让大家选出"在愿意追随的领导者身上我最想看到的 7 种品质"，并且特别跟调查对象说明，关键是"愿意"二字，具备这些品质的领导人不是他们不得不追随的，而是他们真心愿意追随的。

这一项调查研究持续了 20 多年。令人惊诧的是，20 多年以来多轮的调查结果呈现出惊人的一致性和规律性，并没有因为国家、地区、组织或文化的不同而体现差异性。结果中最具震撼力和说服力的是，有 4 种品质在多轮的调查中都有超过 60% 的人选择（除了 1987 年版中的"有激情"是 58% 的被调查者选择，略低于 60%），可见这四种品质对领导者来说有多重要。

让我们来看看这一调查结果。

表 1   "受人尊敬的领导者品质"调查问卷

序号	品　质	选择该种品质的被调查者的百分比（%）			
		2007 年版	2002 年版	1995 年版	1987 年版
1	真诚	89	88	88	83
2	有前瞻性	71	71	75	62
3	有激情	69	65	68	58
4	有能力	68	66	63	67

序号	品　质	选择该种品质的被调查者的百分比（%）			
		2007 年版	2002 年版	1995 年版	1987 年版
5	聪明	48	47	40	43
6	公平	39	42	49	40
7	正直	36	34	33	34
8	宽容	35	40	40	37
9	能支持他人	35	35	41	32
10	可靠	34	33	32	33
11	合作	25	28	28	25
12	勇敢	25	20	29	27
13	果断	25	23	17	17
14	关心他人	22	20	23	26
15	富有想象力	17	23	28	34
16	成熟	15	21	13	23
17	有雄心	16	17	13	21
18	忠诚	18	14	11	11
19	有自制力	10	8	5	13
20	独立	4	6	5	10

注：被调查者来自非洲、北美洲、南美洲、亚洲、欧洲和大洋洲等 6 个洲，大部分是美国人。

　　调查结果显示，多年来，人们想要从愿意追随的领导者身上看到的品质是一样的，并且前四种品质有超过 60% 的人都会选择。

1. 真诚

　　东西方文化在这一点上达到了惊人的一致。中国文化强调"诚"是一切德目的基础，西方的调查结果也显示，"真诚"是受人尊敬的领导者最为重要的品质。英文中这个词汇是"integrity"，曾一度被翻译成诚信或诚实，都不能完整涵盖它的含义。近年来，学者们翻译成"真诚"一词，如此就更为接近中国文化之"诚"了。

2. 有前瞻性

有前瞻性的指一个领导者具有远见、格局、胸怀等，这样的领导高瞻远瞩、眼界深远，具有穿透未来的洞察力，甚至具有对历史大势和时局趋势的把握能力以及预见性。

任何一个下属都希望跟着一个领导能够走得更远，这对于领导的远见卓识提出了更高的要求。而一个领导对方向的正确选择，和未来前景的预判有时候甚至关系到整个团队的生死存亡。

红军长征期间，毛泽东领导的红一方面军和张国焘领导的红四方面军，选择的路线和方向不同，导致最终命运和结局不同。毛泽东的远见卓识让他在信息并不完全的极端困难的情况下，得出极具前瞻性的非凡判断，那就是"北上"是出路；张国焘为了争权夺利，错误地带领红四方面军8万将士"南下"，结果遭遇重挫，一年之后不得不再次北上与中央红军汇合。

这段恢宏博大、惊心动魄的历史，体现了红军两位核心领导者对前途命运的不同预见性。当然，毛泽东内心之"诚"与张国焘内心之"私"，在这一过程中也展现得淋漓尽致。

3. 有激情

激情代表着活力和能量，代表着动力和热情，代表着影响力和感染力，代表着希望和梦想。

一个充满激情的领导者，无论面对何种挑战，都能保持坚定的信念和旺盛的斗志。

一个充满激情的领导者，能够通过自己的言行举止感染团队的工作氛围，激发团队的内在动力，将团队紧密地团结在一起，并引领团队更加积极地投入工作。

一个充满激情的领导者，往往具备强烈的创新意识和探索精神。他们敢于打破常规、挑战传统，带领团队勇于尝试新的方法和思路。

一个充满激情的领导者，往往能够敏锐洞察市场趋势和行业动态，及时把握变革的机遇和挑战，是推动团队向前发展的强大动力。

一个充满激情的领导者，能够用自己的热情和信念点燃团队的希望之火，引领团队勇往直前，并敢于面对变革带来的不确定性和风险，勇于承担责任和使命。

激情不能只是一时三刻，不能是领导者一时的头脑发热。激情应该成为领导者的性格特点和不变品质，激情应该是领导者内心持久不灭的火焰。

激情不是张牙舞爪，也不是喋喋不休，更不是让团队走向不理智的躁狂。

激情源自领导者对信仰的坚持、对事业的热爱、对目标的执着、对团队的责任、对未来的憧憬。所以，激情可以是理智有序的工作，可以是娓娓道来的亲和，也可以是蓄势待发的力量，甚至可以是沉默不语的乐观与坚持。

4. 有能力

能力包含知识、技能和经验。团队成员希望他们的领导具备相应的知识、技能和经验，并非希望其全知全能，而是希望其能够具备与其岗位相契合的能力。

基层领导干部应具备强大的技术实战能力，能够身先士卒，站在团队的最前面，带领大家冲锋陷阵。

中层领导干部应具备娴熟的沟通协调能力，能够在其所在技术领域发挥指导作用，站在团队的中间，上推下拉，凝聚整个团队。

高层领导干部应具备高超的战略规划和决策能力，能够站在团队的后面，指明方向，摇旗呐喊，给予团队持久而强大的精神支持。

团队成员希望他们的领导在相关领域具备丰富的成功经验。经验是能力的一种证明，具备成功的经验是这位领导能够带领大家再次获取成功的一种信心保证。

前文我们介绍了西方管理学的"领导者三大基本技能"，分别是技术技能、概念技能和沟通技能。对一个领导者三项技能的要求会随着其职位的提升而发生变化，职位越高，管理范围越大，对技术技能的要求会趋于减少，而对概念技能和沟通技能的要求会越来越高。

经历不是能力。经历必须要经过思考、反省、总结和提炼，才能够变得有价值、有意义。如果经历不能内化成经验，不能生发出智慧，就不能作为指导未来的有效资源。

各位读者请注意，"有能力"在受人尊敬的领导者品质的调查结果中，虽然与第三名"有激情"的数据非常接近，但毕竟没有进入前三。换句话说，在领导者的品质中，真诚、有远见和有激情，比有能力更加重要。这是一个特别有意思和有意义的发现。在中国的一个类似但不是特别严谨的调研数据中，有能力甚至排到了第五名。而在现实生活中，我们也经常发现，往往非常成功的领导者，会有一群比他在某方面能力更强大的下属团队追随。这当中最具代表性的领导人物就是汉高祖刘邦。刘邦一统天下之后有一段著名的自我评价，很好地说明了这一点，且看司马迁的记载。

> 夫运筹策帷帐之中，决胜于千里之外，吾不如子房。镇国家，抚百姓，给馈饷，不绝粮道，吾不如萧何。连百万之军，战必胜，攻必取，吾不如韩信。此三者，皆人杰也，吾能用之，此吾所以取天下也。项羽有一范增而不能用，此其所以为我擒也。
>
> ——《史记·高祖本纪》

（二）心理资本——积极的心理资源

在快速变化的现代社会中，企业的竞争压力日益加剧，员工的心理状态成为企业管理中不可忽视的重要方面。西方心理学中的心理资本（PCA）理论为这一挑战提供了有效的解答。

心理资本作为新型心理资源，可与传统的经济资本、人力资本和社会资本形成互补，甚至成为这三者的基础，是企业获取竞争优势的关键心理资源。这一概念一经提出，就迅速成为心理学和管理学共同关注的热点课题。

◎ 图9　心理资本与传统三大资本共同构成了组织的竞争优势

心理资本的概念最早由美国学者弗雷德·卢桑斯（Fred Luthans）提出，是指个体在成长和发展过程中表现出来的一种积极心理状态。它是超越经济资本、人力资本和社会资本的一种核心心理要素，是促进个人成长和绩效提升的重要心理资源。

心理资本具体包含四个核心要素：自我效能感（自信）、希望、乐观和韧性。这四个要素也并非独立存在，而是可以累加和协同发挥合力作用。

1. 自我效能感（自信）

自我效能感是指个体在面对充满挑战性的工作时，有信心并能够付出必要的努力来获得成功。这种自信不仅来自对自身能力的肯定，也来自对任务的充分准备和应对策略的掌握。自我效能感高的人更能够在压力和挑战面前保持冷静，找到解决问题的方法，从而取得成功。自我效能与顺境逆境无关，而是与个体内心对自己是否肯定相关。

2. 希望

希望是指个体对现在与未来的成功有积极的归因，并能够在必要时调整实现目标的途径。一个充满希望的人会在遇到困难和挫折时，依然坚持目标，并寻找新的路径来实现目标。此外，希望不仅是对未来的憧憬，更是对现实的积极应对和适应。中国古语云："哀莫大于心死。"积极的归因让有限的生命充满无限的希望。

3. 乐观

乐观是指个体在面对困难和挑战时，对未来抱有积极预期，并相信负面事件具有暂时性。乐观者更能够看到事情的积极面，从而增强自身的抵抗力和恢复力。乐观不仅能够提升个体的情绪状态，还能够激发团队的活力和创造力。

4. 韧性

韧性是指个体在逆境、冲突、失败、责任和压力中迅速恢复的心理能力。韧性强的人能够在遭遇挫折后迅速调整心态，恢复精力，并继续追求目标。韧性不仅是应对逆境的能力，更是实现个人成长和发展的重要心理资源。

心理资本不仅对个人成长和绩效提升具有重要意义，对一个组织的发展同样具有深远的影响。现代企业的竞争已经不仅仅是技术和财力的竞争，更是人才的竞争。心理资本作为一种核心的心理资源，可以通过训练和开发来获得提升。通过开发心理资本，一个组织可以最大限度地发掘和调动员工的主观能动性，使员工充满自信、希望和韧性，从而更加从容地面对竞争。

研究表明，心理资本的开发能够为企业组织带来显著的投资回报，员工心理资本的增加可以显著提升企业的绩效和收益。通过引入心理资本评测领域的经典量表，企业可以快速衡量团队和个人的心理资本水平，并据此制定出针对性的开发和管理举措。这些举措不仅能够提升个人的心理资本，还能够提升整个团队的凝聚力和战斗力，从而促进企业的持续发展和竞争优势的提升。因此，心理资本不仅超越了人力资本和社会资本，更为企业人力资源管理指明了新的方向。在快速变化的商业环境中，企业需要更加注重员工的心理状态，通过开发心理资本来激发员工的潜能和创造力，从而让企业才能在激烈的市场竞争中立于不败之地，实现持续的发展和成长。

总之，心理资本作为西方心理学的一个重要概念，不仅为个人的成长和发展提供了有效的指导，更为企业组织的发展和竞争优势的提升提供了重要的心理资源。

（三）心流理论——沉浸的极致体验

在现代社会纷繁复杂、压力重重的外部环境中，如何保持内心的平静与满足，并维持高效的工作状态是每一个领导者需要面对的问题。西方心理学领域的心流（mental flow 或 flow，又称福流）理论，正是对这一问题深刻洞察与科学诠释的重要概念。

这一概念由匈牙利心理学家米哈里·契克森米哈赖（Mihaly Csikszentmihalyi）在 20 世纪 70 年代提出，它描述了个体在完全沉浸于某项工作或活动时所达到的一种全神贯注、投入忘我的心理状态。这种状态下，人们甚至感觉不到时间的存在，并且在当前事情完成后产生一种充满能量并且非常满足的感受。

心流状态的核心在于个体与活动之间的完美融合，它表现出以下的一些显著的特征。

① 任务明确：活动的目标清晰且具体，使得个体能够明确知道自己在做什么以及为什么要做。

② 全神贯注：个体将全部注意力集中于当前活动，外界干扰被有效屏蔽，形成了一种高度的专注力。

③ 挑战与技能的平衡：活动挑战性与个体技能水平相匹配，既不会因挑战过大而引发焦虑，也不会因技能过高而感到厌烦。

④ 即时反馈：活动提供即时的反馈，使个体能够即时了解自己的行为效果，从而调整策略，保持投入。

⑤ 投入深入：个体在

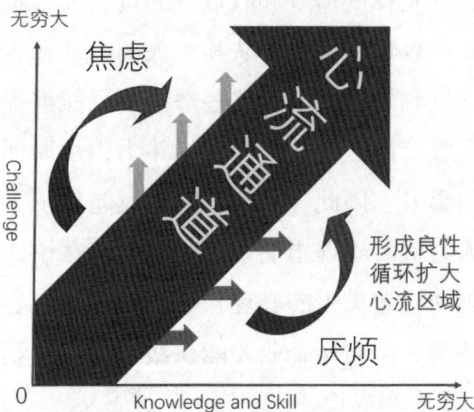

◎ 图 10　心流模型

活动中忘我地投入大量时间和精力，体验到一种高度的充实感和成就感。

⑥时间感改变：个体常感觉时间飞逝，仿佛时间在这一刻失去了意义。

⑦愉悦和满足感：高度愉悦和满足，使人感到兴奋、快乐和幸福。

从神经生物学的角度来看，心流状态与大脑的奖赏系统密切相关。当个体处于心流状态时，大脑会释放多种神经递质，如多巴胺和内啡肽，这些物质能够带来愉悦感和满足感，同时降低前额叶皮层和默认模式网络的活动，使人更加专注和投入。

心流受到多种因素的影响。从个体层面看，个人的性格、经验、心理状态、注意力、品质等都会影响心流的产生，而拥有好奇心、耐心、专注力、创造力和活力的人更容易获得心流体验。从外部环境来看，具有挑战性、要求投入一定的时间和精力、能够获得即时反馈和成就感的活动，如艺术创作、体育运动、编程、阅读、写作、游戏等，更容易引发心流状态。

最优的心流体验往往来自任务的挑战性和个人能力与技能之间的平衡。假若挑战的难度过高，会令人深感挫折，接着就是担心，最后产生焦虑；如果挑战太过容易，个人能力绰绰有余，继轻松之后，就会感到无趣。只有高难度挑战与卓越的能力相互配合，个人的全心投入才可能触发心流，塑造异于平常的体验与感受。米兰大学（University of Milan）的马西米尼（Massimini）和卡里（Carli）根据实证研究获得的大量数据，对"挑战"与"技能"的关系进行了全面的梳理，最终得到了八种组合，如图11所示。

心流理论已经在管理实战领域获得了广泛的重视和应用。在教育领域中，教师可以通过心流理论设计教学活动，激发学生的学习兴趣和创造力；在企业管理中，管理者可以利用心流理论激发员工的创造力并提升工作效率；在心理咨询中，心流理论为个体提供了一种通过沉浸于活动来获得内心平静与满足的方法。

心流是一种令人向往的心理状态，它不仅能够带来即时的快乐和

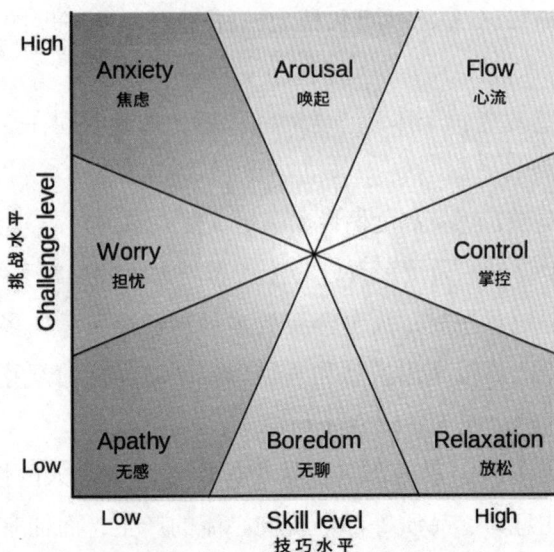

◎ 图 11　挑战与技能的八种组合结果

满足，提高工作效率和成就感，还能够促进个人成长和幸福感的提升。领导者通过选择具有挑战性的活动、设定清晰的目标、创造专注的环境以及调整技能水平等方法，可以帮助自己和团队更好地获得心流体验，从而提升绩效。心流理论不仅揭示了人类活动中的高度投入状态，还为生活和工作提供了宝贵的指导。因此，这一理论值得现代社会的领导者们关注和重视。

（四）自我实现和超越——人类终极需求的探索

通俗地看，管理就是管人和管事，而事都是人做的，所以管理归根到底都是与人打交道。正因为如此，高明的管理者都是懂人的，都能够深刻洞察人的心理。这也解释了当今时代，为什么心理学的相关理论在管理学领域的应用日渐广泛和深入。

因此，本章有必要介绍西方心理学的重要理论发现，而这当中美国著名的人本主义心理学家亚伯拉罕·马斯洛（Abraham H. Maslow）的理论尤其值得注意，因为他的许多理论创建和研究成果已经在现代管理学领域被奉为经典，并被大量借鉴和应用。

1. 人类需求金字塔和自我实现

马斯洛最为人所熟知的理论是人类的需求层次金字塔。这一理论是马斯洛于 1943 年在《人类动机理论》一文中首次提出。

该理论描述了人类有五个层次的需求，通常被描绘成金字塔形状的层次等级。从层次结构的底部向上，人类的需求分别为：生理需求（physiological needs）、安全需求（security needs）、爱和归属的需求（love and belonging needs）、尊重需求（respect and esteem needs）和自我实现需求（self-actualization needs）。马斯洛认为需求层次越低，力量越大，潜力也越大。随着需求层次的上升，需求的力量相应减弱。高层次需求出现之前，必须先满足或部分满足低层次需求。在人类个体成长的过程中，以及从动物到人的进化过程中，高层次需求出现得比较晚。例如婴儿有生理需求和安全需求，但自我实现的需求是在成人之后才开始出现；所有生物都需要食物和水分，但是只有人类才有自我实现的需求。

生理需求是人类满足基本需要、维持个体生存的需求，包括食物、水、空气、睡眠、性等。这些是个体维持生命最基本的需要，也是人类最重要、最有力量、最为迫切的要求，必须首先给予满足。

安全需求是人类保障安全稳定，免除恐惧威胁的需求。个体在生理得到相对满足后，会产生包括稳定、受到保护、远离恐惧和混乱、免除焦虑等需求，还有对纪律和秩序等的需要。当个体对未来感到不可预测、组织结构不稳定、社会秩序受到威胁的时候，会产生强烈的安全需要。

爱与归属的需求是人类建立情感联系、归属某一群体的需求。这一需求又常被叫作社交需求。人们渴望与他人建立一种充满感情的关系，渴望在其群体和家庭中拥有地位，如向往爱情、需要朋友、参加社团并被团体接纳等。

尊重需求是人类内在价值和外在成就获得肯定和认可的需求。个体基于自我评价会产生自重自爱和期望受到他人、群体和社会认可的需求。尊重需求又分为两种类型：自尊的需要以及受到他人和群体尊重的需要。尊重需求如果无法获得满足，个体就会产生自卑、无助、失落和沮丧等情绪，对其发展产生不利影响。

自我实现需求是人类充分发挥潜能、实现理想抱负的需求。人类希望自己的才能和潜能在适宜的社会环境中得到充分发挥，实现个人的理想和抱负，并且达到个性的充分发展和人格的和谐。后来马斯洛又将自我实现细分为认知需求、审美需求和自我实现的需求。认知需求包括求知、理解、探索和好奇，是人具有的学习和发展的愿望以及探索未知事物的愿望；审美需求是人们追求对称、秩序、和谐、完善的事物的愿望；自我实现的需求表现为人追求实现自己的能力和潜能。

马斯洛人类需求层次理论自提出以来，经历了不断的发展和修正。该理论影响了心理学、教育、管理和社会工作等多个领域，促使人们更深入地理解人类的需求和行为动机的层次性。

2. 高峰体验与自我超越需求

1969 年，马斯洛在其逝世前一年发表了《Z 理论——两种不同类型的自我实现者》的文章，又补充了超越需求（transcendence needs）。这篇文章后来收入了他去世后发表的《人性能够达到的境界》一书。

他最后提出了两种不同类型的自我实现者：一种则没有或者很少有超越性体验，另一种自我实现者经常有超越性体验（即高峰体验）。前者称为健康型自我实现者，后者称为超越型自我实现者。

健康型自我实现者追求个人意义上的自我实现，他们不断地实现潜能，完成天职、命运或禀性，承认个人的内在天性，在个人内部不断趋向统一、整合。这种人是更实际、更现实、更入世、更能干和更凡俗的人，他们更多地生活在此时此地的世界。

超越型自我实现者追求超越个人意义的自我实现。这种人更多地意识到存在的王国，生活在存在水平即目的水平或内在价值水平，更明显地受到超越性动机支配，经常有统一的意识，或超越性的体验，即高峰体验（peak experiences），并伴随着启示或对宇宙人生的深刻领悟。

高峰体验是在人自我实现的创造性过程中产生的一种情绪感受，这时人会感受到最激荡的情绪。这是人的存在中最高、最完美、最和谐的状态，这时的人具有一种欣喜若狂的感觉。高峰体验是审美活动中的最高境界，也可以通过审美活动以外的丰富多彩的知觉印象活动获得，如爱的体验、神秘的体验、创造的体验等。高峰体验中主客体合一，会达到一种无我的状态，此时对于对象的体验被幻化为整个世界，个体同时会产生强烈的意义感和价值感，并由此在情绪上达到极度的满足和喜悦。通常个体在高峰体验时最能把握自己，并最大化发挥自身潜能。

除了具有高峰体验之外，超越型自我实现者通常还表现出如下一些特征。

（1）高峰体验是他们生活中的制高点和最重要的事情，是生命的见证和生活最宝贵的方面。

（2）生活在存在水平上，能自如、自然地说出存在语言。因此，他们能较好地理解寓言、修辞手段、悖论、音乐、艺术、非语言交流和沟通等。

（3）能在日常的实际生活中看到事物中神圣的一面，能随意地使每一件事物神圣化，即善于从永恒的方面观察事物。

（4）更自觉地和有意识地受到超越性动机的支配，例如真、善、美、统一性和存在价值等是他们的主要动机。

马斯洛认为，健康型自我实现者是在个人水平上，而超越型自我实现者是在超个人水平上，前者主要是人本心理学的研究对象，后者主要是超个人心理学的研究对象。马斯洛通过分析研究发现，超越型自我实现者多存在于宗教界人士、诗人、知识界人士、音乐家等艺术人士之中，也存在于一些企业家、事业家、高层管理者、教育家、政界人物中。

马斯洛毕生的研究都是在关注人性的充分发展。在他看来，人类具有一种积极的、以生物学为基础的、在精神上自我实现的本性，而精神具有自然主义的意义，无须任何宗教的或形而上学的假设。正是在他的一系列研究的基础上，人们开始重视人本主义心理学和超个人主义心理学。《纽约时报》评论说："马斯洛的心理学是人类了解自己过程中的一块里程碑。"他对于人性所能达到境界和人性光辉的探索，不仅在心理学界影响深远，也深刻影响了现代管理学等多种学科领域。

（五）西方领导力的发展：真诚领导力

是的，你没看错，最近几年西方领导力理论的发展有一个热点话题，就是真诚领导力（authentic leadership），也被翻译成真实领导力、真我领导力、诚信领导力等。

这一领导力理论由哈佛大学商学院高级研究员比尔·乔治（Bill George）提出，这是一位有着丰富实战经验的领导者，曾被美国公共广播公司誉为"25 年来顶级的 25 位商业领袖"之一。他从 2004 年起开设领导力课程，提出了"真诚领导力"概念，并出版畅销书《卓越领导的七项修炼》《真北》《真诚领导》等。

真诚领导力与我们本章的主要观点"领导者需要培养诚意正心的基本品质"有着异曲同工之妙。比尔·乔治自己也说，《真北》的领导哲学与中国企业领导者的信仰和原则有很多相似之处。

> 真诚领导力的精髓与中国社会流芳千年的孔子思想是完全相容、相似和相通的。
>
> ——《真北》

这位备受推崇的西方管理学大师甚至可以用中文给来到哈佛商学院进修的中国企业的高级管理者们授课。可想而知，中国文化对于其影响有多大。

前文我们也曾提到，很多西方著名的学者都从中国文化中找寻智慧和启示，如管理学领域的彼得·圣吉，《第五项修炼》的作者，他曾多次来到中国向南怀瑾老师学习；又如心理学精神分析领域的卡尔·荣格，他声称自己思想的来源之一是中国的《易经》和道家。所以中国文化对于世界的影响正在与日俱增，领导和管理的思想理论也步入了中西方文化融合的一个新时代。

下面简单介绍一下比尔·乔治的真诚领导力理论。

比尔·乔治所讲的"真诚"包含态度上的真诚、商业上的诚信、品格上的正直等。"有些人充满活力、咄咄逼人，有些人害羞，他们都可能成为伟大的领导者。不管怎样，他们都保持着真诚的本色，因此，真诚不是一个特征。真诚是意味着你是谁，意味着你知道自己是谁，你的目标是什么。"

真诚领导力理论认为，真诚是一个领导者旅程中的指北针，它会让领导者明确人生的目标，忠于自己的内心和价值观，会指引领导者不断迈向自己的人生的使命。真诚的领导者才能够获得下属团队的衷心追随；领导者只有表现出自己真诚的一面时，人们才会真正地信任他。

每个人从当下开始，就可以找到自己的真诚领导力。

> 你不必天生具有领袖特质；
> 你不必坐等命运的垂青；
> 你不必等到大权在握之后才能成为一名真诚领导者；
> 在人生的任何一个阶段，你都可以担任领导工作，成为一名真诚领导者。
>
> ——《真北》

真诚领导力理论认为任何人在任何时候都可以实践真诚领导。真诚领导者不仅会激励自己，还会激励自己身边的人努力工作，并给予他们足够的授权。所以比尔·乔治给出了真诚领导力的最新定义：

> 真诚领导能够用一个共同的目标将身边的人聚集在一起，授予他们足够的权力来担负起领导职责，并最终为所有的利益相关人创造价值。
>
> ——《真北》

真诚领导者并非都是完美无缺的。事实上，每一位领导者都有自己的弱点，他们也是普通人，也会有普通人的弱点，也会犯错误。但是真诚领导者能够正视自己的不足，承认自己的错误，愿意与身边的人沟通交流，并敢于充分授权。

真诚领导力包含以下五个维度。

1. 目标

真诚领导者充满激情地追求目标。要定义自己的领导目标，首先必须了解自己，并理解自己的激情所在，而激情又可以反过来帮助自己更加清晰地明确领导目标。如果一个领导者没有真正的目标，便可能受到自身欲望的控制，甚至陷入自恋的深渊。

2. 价值观

真诚领导者必须拥有坚定的价值观。一个人最重要的东西就是他的价值观，而价值观往往是非常个人化的东西。但不管怎样，诚信始终都是所有真诚领导者所必须具备的价值观之一。员工通常并不是听领导者说了什么，而是看他在面对压力时会做出怎样的选择。如果领导者不忠于自己所宣称的价值观，员工很快就会对他失去信心。

3. 心

真诚领导者不仅用大脑领导，还会用心去领导。用心领导表明你对工作充满了激情，对他人充满了热情，能很好地理解那些与自己共事的人，并且有足够的勇气做出某些艰难抉择。因此，用心领导并非软弱，而是勇气。

4. 关系

真诚领导者能够与他人建立持久、坦诚、深厚的关系。这种关系的基础是相互之间的信任以及忠诚。一旦下属团队与领导建立了这种关系，作为回报，下属团队就会对自己的工作投入巨大热忱，对公司和领导表现出绝对忠诚。

5. 自制力

真诚领导者必须表现出高度的自制。他们会为自己设定极高的标准，并且会用同样的标准要求身边的人。他们会要求自己对结果承担全部责任，当出现问题时，他们会有足够的勇气承认错误，并立即采取补救措施，这正是领导者有担当的表现。在生活中他们同样表现出足够的自制力。

真诚领导力的提出者还为我们提供了领导力发展的指针和成长计划，帮助我们在面对挑战和压力时更加坚定地忠于自己的真北。这是西方文化特别值得借鉴和学习的地方，那就是注重将理论落实到具体的实践中。这个真诚领导力的指针包含了作者所总结的领导力发展和

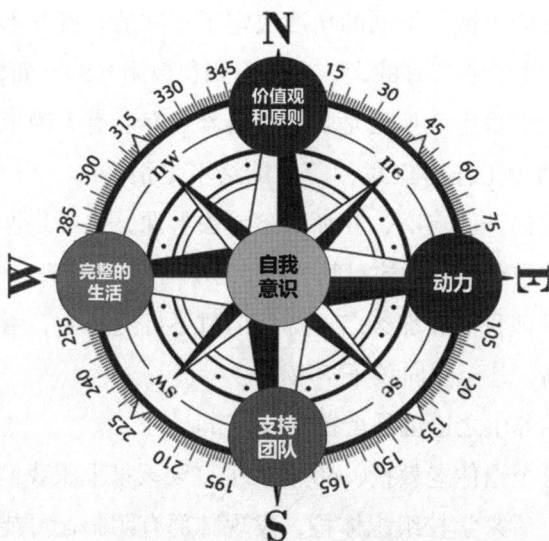

◎ 图 12　真诚领导力的领导之路指针

提高的五个主要环节。

指针的中央是自我意识，代表真诚领导力实现的基础是领导者的自我认知，这与中国文化所倡导的"知人者智，自知者明，胜人者有力，自胜者强"的思想是完全一致的。四个针尖是价值观和原则、动力、支持团队和完整的生活，而真诚领导力的终极方向正是领导的目标设定。

章后记：心主神明

古时候有个书生进京赶考，夜宿客栈做了一个梦，梦见自己在墙上种高粱，又梦到自己在雨中戴着斗笠打着伞。醒来后书生心想，墙上种高粱那不是白费劲吗？戴着斗笠还打伞，那不是多此一举吗？于是，他一下子就丧失了赶考的信心，垂头丧气地准备收拾行李回家。客店老板听说他的梦后，却向他连连道喜，说墙上种高粱那是高中（种），戴着斗笠打伞那是稳上加稳。书生一听，豁然开朗，又觉得前途无限光明了。于是便继续赶考，果然高中榜眼。

不同的心态决定了一个人不同的命运。

面对同样的事情，不同的角度决定了不同的态度，不同的认识决定了不同的人生。心态好的人，永远看到积极阳光的一面，奋勇向前；心态差的人，觉得生活处处是阴影，自暴自弃。有天晚上，我接女儿小云回家，因为工作有点累，所以情绪不是很高昂。小云有所察觉，跟我说，爸爸你开心点啊，我那次陪你去上课，你不是说一个人被香蕉皮砸中了脑袋要很开心才对吗？因为幸好不是个砖头。

你看，道理我们懂那么多，却依旧过不好这一生，看样子还是要继续修炼提高，甚至要向孩子学习啊。

中国人的养生之道也是重在修心、养心。

学校里有个退休老教授，60多岁了，天天早上跟我们打篮球，身体硬朗得很。后来学校组织体检，发现肺部有阴影，可能是肺癌，第二天他就不来打球了；一星期就躺在床上起不来了；后来据说一年不到就过世了。我有时想，如果他不体检，可能跟我们再打一年篮球都没有问题。

可见，一个人的信念有多重要，当你认为自己不行时，你真的就不行了；当你觉得自己病倒了时，就真的起不来了；当你认同医院的判决只能活3个月时，3个月就是你的死期……这是一个看似荒诞，却又很现实的事情。很多人生病后，不是病死的，而是被吓死的，不是死于疾病本身的痛苦，而是死于对疾病的恐慌、担忧和畏惧。

而事实的真相是，当你有坚强的信念不被负面情绪牵动，坚定地保持意念不倒时，一切都有可能发生。因为我们的身体拥有非常强大的自我修复能力、自我疗愈能力、自我适应能力、自我觉醒能力、自我救赎能力。

人体就是一个小宇宙，本自具足，每个人都拥有强大的潜能，每个人都是一个蕴藏宝藏的宝库。而打开这把宝库的钥匙，就是人对自己的信念。所谓的"身心健康"，"身"是具体的、有形的，而中国人讲的"心"和西方人讲的有形的心脏是不一样的。

《黄帝内经·素问篇》说"心主神明"，认为心主宰人的精神意识、思维、记忆、情绪等一系列有关神志的问题，而大脑只是工具。汉字中与精神、思维、情感有关的字，大多是竖心旁或心字底，如思、念、怒、愿、悟、情等。我们也有很多应用广泛的形容心的词汇，如心神不宁、心慌意乱、心猿意马、心安理得、心驰神往、心花怒放、心惊肉跳、心有余悸、心想事成、心无挂碍等，这些词汇充分展现了中国人对"心"的丰富内涵的理解。

亚圣孟子有为世人所熟知的心性论，认为人人都有四端之心，分别是恻隐之心、羞恶之心、辞让之心、是非之心。

北宋张载说"为天地立心，为生民立命，为往圣继绝学，为万世开太平"，认为天地本无心，人作为与天地相齐的万物之灵长，作为在天地间唯一能思能觉者，就应该主动为天地立心，以成就天地主宰和化育万物的使命。

陆王心学在当代工商业领域颇受推崇。陆九渊说"吾心即宇宙，宇宙即吾心"，王阳明主张"心即理"，临终时说"我心光明，亦复何言"。这些都是强调心的力量。

西方心理学自从 1879 年德国人威廉·冯特（Wilhelm Wundt）建立第一个心理实验室诞生，至今已有 140 多年历史。但从广义来说，中国人研究人类心理已经有 2000 多年的历史了，《黄帝内经》的"心主神明"论、孟子的心性论、阳明心学等都可以视为"东方心理学"的重要内容。

东西方文化都极为关注的心或心理，值得我们领导者倍加重视。本章主题诚意正心，正是修身的核心内容。自天子以至于庶人，壹是皆以修身为本。而修身重在修心。

我们要保护好自己的心，引导好家人的心，引领好团队的心，直至为天地立心。本心不能失，心性不能染，心神不能丢，心思不能乱，心意不能跑，心念不能烦。心主神明，心对了，世界就对了！

第十二章

中国式领导力的外王之道：齐家

【本章导读】

中国式领导力的外王之道，起点是领导者个人的家庭，以此为中心扩展至人与人之间的关系，这正契合费孝通先生所提出的"差序格局"。家庭是社会的细胞，中国人崇尚家国同构，家是最小国，国是最大家，领导者需要自问"一屋不扫，何以扫天下"。这是与西方社会颇为不同的领导理念。西学东渐以来的实践证明，仅仅在外部组织中运用西方领导力技能或许能够取得一时的成效，但难以保证领导者长久的成功。这当中的关键之处在于，身处和平年代的中国社会，领导者如不能妥善安顿和管理好自己的家庭，其带领团队组织的最终成效亦会不尽如人意。因此，中国式领导力的外王之道强调首先要管理经营好小家庭，使家族成员和睦相处，进而将其领导力再扩展至更大的外部群体和组织。

当代中国人谈及管理学，从理论到案例，从流程到工具，从战略到执行，从风格到方法，西方的经验和思想都占据绝对比重。然而我们必须正视以下事实：其一，大量引进西方管理学几十年来，实践经验表明，若对西方管理学完全采取拿来主义，一定会出现水土不服、消化不良的现象；其二，中国本土成功的领导者和管理者在其实践工作中，一直都在"日用而不知"地融合东西方的思想和方法；其三，西方的管理学学者和管理人员，早就开始关注和学习中国文化，试图从古老的中华文明中汲取管理的智慧和启示。

因此，管理学在当今中国的发展一定要注意"两个结合"，这与马克思主义基本原理的"两个结合"是同样的逻辑，即现代西方管理学必须注意与中国具体实际相结合，现代西方管理学必须注意与中华优秀传统文化相结合。正是按照这一思路，本书提出"中国式领导力：修己安人、内圣外王之道"的新概念。

如果各位和我一样，曾是西方管理学专业出身的话，就会发现中西方领导和管理思想中有一个明显的不同，那就是西方管理学几乎没有讲到家庭或家族的管理。

西方管理学起源于军事化和工业化生产管理，其核心关注点是通过科学的方法提高组织效率和生产力。因此，它更注重对组织结构和流程的优化，而不是个人品德修养以及家庭或家族的管理。具体来说，西方管理学的发展历程可以追溯到工业革命时期，当时的管理学家如弗雷德里克·泰勒和亨利·法约尔等人，主要研究如何通过科学的方法提高工厂的生产效率。他们的理论和实践主要集中在如何优化工作流程、提高工人效率和标准化管理上。这种管理思想在后来的发展中逐渐形成了古典管理学派、行为科学学派等，但始终围绕如何提高组织和企业的效率展开。

与西方完全不同，自古以来中国文化中的领导思想和管理智慧一直强调家庭或家族的管理。所谓"国之本在家，家之本在身""身修而后家齐，家齐而后国治，国治而后天下平"，等等。作为具有浓厚家国情怀的中国人，我们一直都信奉家庭的管理尤为重要，是事业兴旺发达的基础，这就是中国人倡导"家和万事兴"的文化基础。中国式领导力倡导领导者和管理者先要"齐家"，因为这是进行其他更大的组织管理乃至一个国家的治理的起点，正所谓"一屋不扫，何以扫天下"。

一、外王之道的起点是齐家

齐家之道，首在家风，而家风的传递，往往始于一个人的名字。名字不仅仅是一个代号，它凝聚着父母长辈的祝愿、家族文化的积淀，甚至昭示着一个家庭对子女的期许与定位。正所谓"名不正则言不顺"，从"正名"开始，一个人的一生便与其家庭的价值观紧密相连。父母起名的那一刻，往往也是家庭教育的起点，是无声的"立言"，更是润物细无声的"领导"。

在中国传统中，起名从不是随意为之，而是"修身齐家"思想的延伸。好的名字，是家庭文化的缩影，是齐家的伏笔，是家长为孩子在人生之路上立下的第一块里程碑。下面我们通过几个生动的例子来感受，名字之中所蕴含的家道、修养与气场。

（一）姓名中的非凡能量

一个人的姓名中蕴含着非凡的能量。

关于这一点，各位读者请不要怀疑，如果你还没有发现自己名字中的能量，那就从这一刻起慢慢去寻觅、去体会、去感悟。这与一个人的灵性相关，每一个优秀的领导者都应该善于开发自我的灵性。

我有两个同学的名字就叫"家齐"，他们都性格柔和，与人为善，待人接物总是让人如沐春风，所以应该是很好的合作伙伴。我想他们的家人长辈为其取名"家齐"，所蕴含的期待给了他们成长的方向。在他们身上，我们看到父母对"家齐"这个名字的期许，在日常的言传身教中潜移默化地引导孩子"修身齐家"，这就是典型的家风力量的体现。这就是名字中的能量。

如果你的名字叫"狗剩""二蛋"之类的，可莫要自卑，父母是多么希望你皮糙肉厚，健康长大，名字起得贱一点，好养活啊。因此，哪怕一个人的名字朴素、土气，背后同样有父母长辈的殷殷期待。家庭领导力，不仅体现在严格规训上，也体现在用心命名、朴实厚望之中。

我原名"云松"，要上小学时，父亲就想要给我改个名字，因为他发现很多人名字中有"松"字，并且"松"字除了有松树的意思，还有松松垮垮之意。有一天打麻将，我父亲摸了个"红中"，灵光一闪，这个"中"字好，就是它了！自此以后我的大名改为了"云中"。长大后我常跟人讲名字的来历，有李清照"云中谁寄锦书来？雁字回时，月满西楼"，有张载"佳人遗我云中翮，何以赠之连城璧"，有陈子昂"胡兵屯塞下，汉骑属云中"，更有苏（轼）老板"持节云中，何日遣冯唐"。这些诗句里的"云中"读起来铿锵有力、朗朗上口。后两句指的都是一个地方——战国时期，赵武灵王始设"云中郡"；大秦一统天下之后推行郡县制，设三十六郡，云中郡就是其中一个。其旧址大概在今内蒙古托克托县东北，这里曾是中原百姓抗击匈奴的边关重镇。可惜这个地方我还没有去过，虽未能至，然心向往之，它也成了我精神力量的源泉。或许你要问，孔老师名字里的"中"字不是麻将里的"红中"吗？哎呀，没错没错，麻将亦是国粹，千变万化暗藏天机。

我常给企业家讲课，讲到我的研究方向时，总会说到孔子后裔身份对我的影响。一次课间，一位身家过亿的王姓企业家找我聊天："孔老师，都知道孔姓是天下第一家，但是我们姓王的就没啥好讲的啦，满大街都是'老王'。"

我说，非也非也，除了隔壁那个"老王"，老王家能人辈出，我只提三个人，都非同一般、超级厉害。

第一位是王守仁。王阳明智慧超群，能征善战，文武双全，儒释道三教皆通，阳明心学如今更是名满天下，还启发了东亚文化圈众多的政商人物。所以老王家阳明先生堪称内圣外王的典范。

我刚说了第一个，王老板就已经喜笑颜开了。

第二个是鬼谷子。据传为春秋战国时楚国人，本名王诩，也是老王家一个圣人，隐居在鬼谷，故号谷鬼子。其人神秘莫测，智慧高深，通天达地，几近神人。据传鬼谷子有四个弟子，分属两派。一派是纵横家苏秦、张仪。这二人凭三寸不烂之舌，抵雄兵百万，合纵连横，搅动天下；另一派是兵家人物孙膑、庞涓。孙膑乃兵圣孙武之后，从学鬼谷，其才被同学庞涓所妒，后者骗其至魏，施以刖刑，百般加害。孙膑装疯卖傻，保得性命，后逃奔入齐。多年后孙膑率齐军"围魏救赵"，马陵之战，大败魏军，断定"庞涓死于此树下"。孙膑如此神人，其师老王家鬼谷子，吾不知其高深之至也！

我说了这第二个，王老板的双眼中已经显现出点点星光了。

我问他，你觉得自己的职业是什么？他答，我是生意人，年纳税上千万元，算是一个企业家吧。我说，王总莫要谦虚，自古以来，中国所有的生意人也好、商人也好、企业家也好，都要拜你们老王家！

此时，我明显地看到王老板的两眼中瞬间闪烁起期待的光芒！

中国商人的鼻祖叫王亥，商地人，大概就在今天的河南商丘，王亥第一个拉着货物到处以物换物做生意，人不知其名，只知他是商地人，故称之为"商人"。这就是商人、商品、商业的来源。

所以，王总您应该要到三商之源的商丘去看一看。王总笑得像朵花似的，拉着我的手不停说，一定要去，一定要去！还要仔细研读《鬼谷子》。我提醒他，《鬼谷子》乃纵横家经典，其中暗含阴谋诡计繁多，需要多参考专业解读、多方印证，以免陷入偏颇。后来我跟这位王总说，还是先读《论语》。而且，你看吧，家族的历史与文化，在一个"王"字中代代流传；家族的使命与担当，也正通过姓名和故事延续下去。这便是一个家庭影响个人，进而外化于社会的一种方式。

我还认识好几位叫"彬彬"的同学，我曾问过其中一位是否知道自己名字的来历，结果小伙子说只知道是爷爷给起的，有个"彬彬有礼"的成语。我告诉他，你的爷爷是个文化人，他希望你长大后成为一个君子。

> 子曰："质胜文则野，文胜质则史。文质彬彬，然后君子。"
>
> ——《论语·雍也》

我告诉这个小伙子，你要把这句话领悟透了，你的一生都将受益无穷。

所以，每一个人的名字中都承载着家族期许、文化传承和精神力量，各位读者万不可忽视了这种力量。一个好名字，是家庭文化的缩影，是父母价值观的传递，是一个家族对子孙最早的领导力输入。从"齐家"的角度看，起名不仅是仪式，更是精神的接力；好的家风往往从一个"有意的命名"开始。领导力并不总是来自命令，有时，它来自一个名字的温柔召唤。

（二）齐家而后治企

中国式领导力的概念深植于中华优秀传统文化，因此，它必然地融合了东方哲学与道德伦理，不仅涵盖各种管理能力，更是融合智慧、品德与责任感的综合性能力。中国文化具有浓郁的家国情怀，源于中国文化的中国式领导力，其"外王之道"的起点就是家庭。

正所谓"一屋不扫，何以扫天下"。这句话深刻揭示了中国式领导力的核心要义——领导和管理要从细微处着手，以家庭为起点，再逐步扩展至社会与国家，实现真正的"外王之道"。

我在不少企业担任战略顾问之职，其实我更加擅长帮助企业打造高效高产的管理团队，建立"上下同欲者胜"（《孙子兵法·谋攻》）的企业组织文化氛围。所以名曰"战略顾问"，实为"文化顾问"，英文叫作 Chief Education Officer，首席教育官，也是一个 CEO。

数年前一家上市公司的老总托人找到我，希望聘我做顾问，派了个司机开着劳斯莱斯来接我到其府上面聊。我与这位老总相谈甚欢，对于全体员工素质能力的提升以及人才梯队和企业文化建设工作，我有充足的理论和实践经验。谈了快两小时后，老总很开心，跟我说："孔老师，公司里有个问题我要跟你说说，看看我们之后合作可以怎么应对和处理。"我笑答："当然当然，所谓顾问，就是为老板排忧解难。"但这个老总接下来说出的要求却令我大吃一惊，他希望在1到2年时间内在公司里把他的小舅子和老丈人以及他们的嫡系团队给干掉！我一听这个诉求，浑身起了鸡皮疙瘩，第一次见面就这么直接地跟我谈这个事情，或许是因为他跟我一见如故吧。与之前的和颜悦色不同，我脸色一变，他略显尴尬，沉默一会我说："中国人建功立业有成熟的逻辑次第，叫作修身、齐家、治国、平天下……"我请这位老总要三思，咱不说"干掉"，而是要妥善安排，所谓妥善，也很简单，归根到底是摸着良心办事。谈话氛围陡然变化，我见状起身告辞，相约大家分别好好消化，容后再议。再之后新冠肆虐，数年未见后传来一个消息，这位老总因骄横跋扈、独断专行、私德有亏、金屋藏娇，终致众叛亲离，被其妻家联手扫地出门，失去了对集团公司的控制权。

这是一个典型的小家庭没有经营管理好，导致整个事业人生全盘皆输的案例。

家庭，作为社会的基本单元，不仅是个人成长的摇篮，也是领导力培养的起点。一个领导者连自己家庭都管理不好，如何能够胜任管理组织、引领社会的重任？因此，领导者必须注重家庭建设，通过妥善处理家庭关系、营造和谐氛围、培养家庭成员的责任感和道德观念，来锤炼自己的领导力。

中国式领导力强调从细微处着手，注重细节和过程。在家庭生活中，领导者需要关注家庭成员的需求和感受，通过有效的沟通和协调，解决家庭中的矛盾和冲突。这种关注细节和处理事务的能力，正是领导者在更复杂的社会环境中应对挑战、化解危机所必需的。

领导者还需要在家庭生活中展现出高度的责任感和道德情操。他们应以身作则，通过自己的言行来传递正确的价值观和人生观。正如《论语·子罕》所言："吾未见好德如好色者也。"这句话提醒领导者，必须具备优秀的品德，坚持正道，不为私利而追求真、善、美。这种以身作则的示范效应，不仅能够提升家庭成员的道德水平，还能够为团队成员树立榜样，增强团队的凝聚力和战斗力。

家庭是领导力培养的起点，但并非终点。领导者需要将家庭中的管理经验和道德情操扩展到更广阔的社会领域。通过参与社会活动、承担社会责任，领导者可以进一步提升自己的领导力和影响力。

中国式领导力所倡导的"修己安人、内圣外王之道"，强调了领导者应培养内在的圣人之德性与才能，对外又能施行王道管理和影响，而"安人"和对外施行"王道"，其起点就是领导者自身的家庭。

（三）身教为本，德化于家

家庭是文化传承的载体，家庭的家风家训作为无形的精神纽带一直在潜移默化地塑造着个体的价值观。优秀的家风有一些共同的特点，如良好的道德氛围、健康的思想氛围、积极的情感氛围、持续的学习氛围、节俭的生活氛围等。正是这种氛围，造就了一个个身心健康的人、有作为的人乃至对社会有突出贡献的人。

当今，中国婚姻家庭领域存在诸多颇为严重的问题：恋爱上的拜金主义、婚姻中的草结草离、家教中的溺爱子女、孝亲中的漠视老人等。甚至一些领导者由于不重视家风建设，导致自己或家人子女走上犯罪道路，教训尤为惨痛。

1. 元觉劝父

中国民间有个"元觉劝父"的故事，虽无法考证其正式出处，但却发人深省。

古时候有个人叫孙元觉，小时候读书识字、通情达理，懂得孝顺父母、尊敬长辈。他很细心地照顾家中生病的爷爷，但是他的父亲，对他爷爷很不孝顺。有一天，父亲见爷爷老了，病得厉害，又不中用，竟然把爷爷装进一个竹筐，要抛到深山里遗弃掉。孙元觉哭着劝父亲，哀求他不要这样做，但父亲不听。到了山里，放下爷爷，要往回走的时候，小元觉却背起那个竹筐要带回去。父亲问："你拿它干什么？"

孙元觉说："等你老了，这个竹筐还能用得上。"

父亲一听，大吃一惊，原来我的儿子将来也要用这个竹筐把我装起来遗弃在深山！他吓出一身冷汗，于是赶紧向元觉道歉，并把孩子爷爷背回去好好孝顺，养老送终。

这个故事虽不知真假，却说明一个家庭的家风有多么重要。父母长辈是孩子最好的榜样，上行下效，身教重于言传。要让孩子成为孝顺的孩子，为人父母的首先就要从自身做起。假如父母不孝顺长辈，言行举止不恰当，那么他的子女也会有样学样，将来长大了也不会孝顺。

为父母尽孝，既是人伦常情，也是我们为人父母给孩子做的最好的榜样，这样才能营造出好的家风。

2. 弃老而取幼，家之不祥

《孔子家语》（简称《家语》）中记载了孔子所说的"不祥有五"，这五种不祥之事对于领导者和管理者来说具有重要的借鉴意义。本节我们重点论述其中的一种，叫作家庭的不祥之兆。

> 弃老而取幼，家之不祥。
>
> ——《孔子家语·正论解第四十一》

孔子告诉我们，把关爱、关注和关心只放在下一代的孩子身上，而忽略了家里的老人家，这是一个家庭的不祥之兆，这个家庭的未来堪忧。

仔细观察，"弃老而取幼"的现象在当今社会却很常见。在北上广深这样的大城市，有很多像孔老师这样的外地人打拼，当有了自己的下一代之后，因工作繁忙，往往会让自己的父母过来帮忙照料。这本是一家三代共享天伦的好事情，但也有不少家庭处理不好这种情况，疏于照顾老人家的心情和感受，让原本的天伦之乐变成了抱怨和责难，老一辈们往往伤心不已。要知道这就是一个家庭的不祥之兆，我们不得不警醒。

第一，我们的父母含辛茹苦培养我们成人，恩情比天还要大，比地还要广，所以孝顺父母天经地义。而以工作过于繁忙、子女需要照顾等理由就疏忽了父母长辈，是非常可笑。

第二，家庭是孩子的第一所学校，也是最重要的学校，成年人如何对待长辈，孩子们从小就看在眼里、记在心里。若父母对长辈孝顺不够，孩子长此以往也耳濡目染、有样学样，可想而知，在这样的家庭环境里长大的孩子，未来会怎样对待他的父母。

这就体现了一个家庭家风家训的重要性了。

（四）中国历史上的著名家训

中国历史从古至今，形成了很多传承千古的家风家训，并在民间广为流传。这些家族的古训为世人所推崇，不但有利于个人修身，也有利于子女教育和家庭和睦，并逐步影响着大众的道德水平与社会的道德风气。现在我们简要介绍中国历史上著名的几大家训。

1.《保训》

作者：周文王姬昌，这位圣人天下闻名，就不用介绍了。

《保训》应该是目前为止我们所知道的中国历史上最早的一篇家训，距今 3 000 多年，之前一直埋在地下，2011 年才又重见天日。

大家以前认为周公的《诫伯禽书》是第一部，现在看来不是。2011 年《清华大学藏战国竹简》（即俗称"清华简"）震撼面世，经过专家分析，其中的这篇《保训》是周文王留给周武王的家训。

周文王在《保训》里历数尧舜往事，用史实向太子姬发灌输一个中心的思想理念，这就是"中"。对《保训》之"中"的解读，学界目前还未有定论。但《保训》之"中"，或就是"中道"概念，应该与后来的《论语》《中庸》等儒家文化经典有密切关系，甚至后世儒家学派的学术思想和道统皆与此有关。

由此我们认为，《保训》蕴含的思想关涉到中国传统文化的"中道""中庸之道""阴阳调和"等观念，这些观念数千年来都是中国主流文化的核心元素，深刻影响了中国人的思想和行为。

"清华简"如此精彩，足见 3 000 年前的中国文化就已经何等博大精深，难怪 2 500 年前圣人孔子谦虚地说自己"述而不作，信而好古"（《论语·述而》）。当然"清华简"重见天日时间不久，或有更为深入精髓的思想等待我们后人去研究和发现。

2.《诫伯禽书》

作者：周公旦。西周开国元勋，周文王姬昌第四子，周武王姬发的弟弟。

周成王将鲁地封给周公，周公因辅佐成王不能前往封地，于是"使其子伯禽代就封于鲁。"行前，周公作《诫伯禽书》，告诫儿子善理国家，不要怠慢轻视人才。原文如下：

> 君子不施其亲，不使大臣怨乎不以。故旧无大故则不弃也，无求备于一人。
>
> 君子力如牛，不与牛争力；走如马，不与马争走；智如士，不与士争智。
>
> 德行广大而守以恭者，荣；土地博裕而守以俭者，安；禄位尊盛而守以卑者，贵；人众兵强而守以畏者，胜；聪明睿智而守以愚者，益；博文多记而守以浅者，广。去矣，其毋以鲁国骄士矣！
>
> ——《诫伯禽书》

司马迁在《史记·鲁周公世家》中记载：

> 周公诫伯禽曰："我文王之子，武王之弟，成王之叔父，我于天下亦不贱矣。然我一沐三捉发，一饭三吐哺，起以待士，犹恐失天下之贤人。子之鲁，慎无以国骄人。"
>
> ——《史记·鲁周公世家》

司马迁所记内容正是后来曹操所谓"周公吐哺，天下归心"的典故来源。其思想与《诫伯禽书》相一致，都是周公告诫儿子身居高位要宽容待人，不能骄纵奢侈、争强好胜，要保持谦虚谨慎的美德，善待人才，招揽天下贤人。

因为伯禽当时即将到封地就任诸侯，所以《诫伯禽书》也可以看作一位领导对另一位即将上任的领导的告诫。因此，这份珍贵的家训其实对领导干部有非常重要的借鉴价值。

3.《命子迁》

作者：司马谈，汉武帝时任太史令，太史公司马迁之父。

司马谈学富五车，成为汉武帝的太史令，是重要的史官。司马谈临终前告诫儿子司马迁要他继承遗志，撰写史书，这就是《命子迁》。司马谈认为自孔子之后的四百多年间，天下纷乱，史书断绝。如今海内一统，明主贤君、忠臣死义之士等的英雄事迹却无人作记，作为一名太史令却未能尽职，内心惶恐不安。所以他希望司马迁能够完成他未竟的大业。

> 且夫孝，始于事亲，中于事君，终于立身。扬名于后世以显父母，此孝之大者。
>
> ——《史记·太史公自序》

司马谈对儿子司马迁说："孝道，始于奉养双亲，进而侍奉君主，最终在于立身行道。扬名后世以显耀父母，这才是最大的孝道。"

司马迁为完成父亲的遗愿，完成了中国历史上第一部纪传体史书《史记》。它记载了上至上古传说中的黄帝时代，下至汉武帝太初四年间的历史，共三千多年，皇皇巨著共计52万多字，对后世史学和文学的发展产生了极为深远的影响。可以说，没有父亲司马谈的谆谆教诲和家训《命子迁》，可能就没有司马迁的《史记》。

4.《诫子书》《诫外甥书》

作者：诸葛亮，中国历史上著名的智慧人物。

诸葛亮46岁才得子诸葛瞻，希望儿子将来成为国之栋梁。诸葛亮二姐所生子叫庞涣，也深得诸葛亮喜爱。诸葛亮常年征战，政务缠身，但仍不忘教诲儿辈。他写给诸葛瞻和庞涣的两封家书，称为《诫子书》和《诫外甥书》。

> 夫君子之行，静以修身，俭以养德。非淡泊无以明志，非宁静无以致远。夫学须静也，才须学也，非学无以广才，非志无以

成学。淫慢则不能励精，险躁则不能治性。年与时驰，意与日去，遂成枯落，多不接世，悲守穷庐，将复何及！

——《诫子书》

夫志当存高远，慕先贤，绝情欲，弃疑滞。使庶几之志揭然有所存，恻然有所感。忍屈伸，去细碎，广咨问，除嫌吝，虽有淹留，何损于美趣，何患于不济。若志不强毅，意气不慷慨，徒碌碌滞于俗，默默束于情，永窜伏于庸，不免于下流。

——《诫外甥书》

如今"静以修身，俭以养德""非淡泊无以明志，非宁静无以致远"等，已成为中华文化名句，很多人将之挂在书房。从两封家书可以看出，诸葛亮对儿子和外甥的要求是一致的，都是希望儿孙辈能够志存高远、修身养性、勤奋治学。

5.《颜氏家训》

作者：颜之推，南北朝时期文学家、教育家。

颜之推结合自己的人生经历、处世哲学、思想学识，写成《颜氏家训》一书训诫子孙。全书共七卷二十篇，内容涉及范围相当广泛，主要是以传统儒家思想教育子弟，如修身、治家、处世、为学等。

《颜氏家训》中很多名句广为流传，例如：

生不可不惜，不可苟惜。

积财千万，不如薄技在身。

幼而学者，如日出之光；老而学者，如秉烛夜行，犹贤与瞑目而无见者也。

父子之间不可以狎；骨肉之爱，不可以简。简则慈孝不接，狎则怠慢生矣。

与善人居，如入芝兰之室，久而自芳也；与恶人居，如入鲍鱼之肆，久而自臭也。

——《颜氏家训》

中国式领导力：修己安人、内圣外王之道

中国历史上著名的家训，除了上述五种外，还有唐太宗李世民的《诫皇属》，北宋名臣包拯的《包拯家训》，"唐宋八大家"之一欧阳修的《诲学说》，袁采的《袁氏世范》，明末清初著名理学家朱柏庐的《朱子家训》，五代十国时期吴越国的建立者钱镠所著的《钱氏家训》，等等。各位读者如有兴趣可以检索相关资料进行更为深入的学习。

家训不仅教导后人如何修身齐家，还传递了中华民族的传统美德和人生智慧。家风、家训，抑或是家规、家教，都是从规范一个人的思想观念和行为举止，到影响家人朋友以及身边的人，再扩而充之，就会影响到更多的人，甚至是一个国家和社会，乃至于影响到天下。就如我们上面介绍的这些中国历史上著名的家训，它们现在不仅是为一个家族所拥有，更超越了时间和空间的局限，千百年来影响了一代又一代的中国人。

二、中国传统的家族主义和差序格局

讨论中国式领导力的"齐家"，必须要认识"家族主义"和"差序格局"，这两个概念看似学术，其实非常实用。

（一）家族主义

家族主义是中华民族文化基因的重要组成部分，深植于中国人的心灵；更是一种文化烙印，对中华民族的社会结构、价值观念和行为模式产生了深远影响。

简而言之，家族主义就是一种以家族为伦理本位的思想观念和学说，强调家族的整体利益高于个人利益，家族成员之间应相互依赖、团结一致，共同维护和传承家族的传统与荣誉。在中国传统文化中，家族被视为个人生活的核心和归宿，家族成员之间的亲疏关系、辈分尊卑以及家族荣誉和利益都至关重要。

1. 家族主义的表现形式

中国传统的家族主义在表现形式上多种多样。

第一，家族主义体现在家族制度和家族规范上。家族制度包括父系家长制、嫡长子继承制等，这些制度确保了家族血脉的延续和家族财产的传承。家族规范则包括家风、家训、家规、家教等，它们发挥了对家族成员的行为进行约束和规范的作用，维护了家族的秩序和稳定。

第二，家族主义还体现在家族信仰和仪式上。中国人对祖先的崇拜和祭祀是家族主义的重要表现之一。通过祭祖、修谱等活动，人们表达了对祖先的敬仰和怀念之情，同时也增强了家族成员之间的凝聚力和归属感。

第三，家族主义还体现在人们的日常生活中。在家族主义的影响下，人们更加注重家庭关系的维护和发展，尊重长辈、关爱晚辈、和睦相处成了人们的自觉行动。此外，家族主义也影响了人们的婚姻观念和生育观念，使得人们更加注重婚姻的稳定和家族的繁衍。

2. 家族主义的深远影响

中国传统的家族主义对中华民族产生了深远的影响。

首先，它塑造了中华民族独特的家庭观念和社会观念。中国人在家族主义的影响下，普遍更加注重家庭的和谐与稳定，将家庭视为个人生活的核心和依靠。同时，家族主义也强化了人们的集体意识和归属感，使得人们更加珍视和维护家族的利益和荣誉。家族主义在一定程度上塑造了中国人的集体主义观念，因此中国人强调集体利益高于个人利益，这与西方崇尚个人主义有明显的不同。正因为如此，中国人的团队更加强调组织成员之间相互依赖、共担责任，个人要为了团队的共同利益而贡献力量。

其次，家族主义对中国传统的社会结构和政治体制产生了重要影响。在封建社会，家族成为维护社会稳定和统治秩序的重要基石。家族势力在政治、经济和文化领域都发挥着重要作用，使得社会呈现出一种以家族为中心的格局。这种格局在一定程度上限制了社会的流动性和开放性。

最后，家族主义还对中国的传统文化和艺术产生了深远影响。在文学、绘画、音乐等领域，家族主义成了重要的创作主题和表现手法。许多文学作品都描绘了家族成员之间的亲情和恩怨情仇，展现了家族主义对人们情感世界的影响。

虽然现代社会已经发生了巨大的改变，但家族主义的影响仍然在一定程度上存在。我们应该在尊重传统的基础上，积极倡导现代家庭观念和社会观念，推动社会的和谐与发展。同时，我们也应该深入挖掘和传承家族主义中的优秀文化传统，为中华民族的伟大复兴贡献力量。

3. 家族主义与领导力

家族主义的形成有着深厚的历史渊源。自封建社会起，家族主义便是儒家经典的重要内容。儒家强调"孝悌忠信"，倡导尊老爱幼、和睦相处的家庭关系，这为家族主义的发展提供了坚实的理论基础。同时，封建社会的宗法制度也为家族主义的盛行提供了制度保障。

现代的领导者和管理者需要对中国传统的家族主义有深刻的认识和理解，因为任何一个团队都离不开其所在的社会和文化环境，中国文化环境下的团队建设需要充分考虑中国传统的家族主义的影响，重视其对于现代的启示意义。

其一，强调团队成员的责任与义务。在传统家族主义中，家族成员之间有着明确的责任与义务关系，长辈关心爱护晚辈，晚辈尊敬长辈，共同维护家族的整体利益。这种责任与义务的对等观念强调了个人在家族中的责任感和使命感，鼓励个人为家族的繁荣和发展作出贡献。将家族主义延伸到各类社会组织和团体，则成员之间应相互支持、相互关爱，共同面对挑战和困难。

其二，注重文化的传承与创新。传统家族主义注重家族文化的传承，通过代代相传的家风、家训、家规、家教和家族故事等，将家族精神融入日常生活之中。现代社会中，在家庭以及各类组织的领导和管理活动中，我们依然要秉持这种文化传统，同时还要注重文化的创新发展。通过挖掘和弘扬传统文化中的优秀元素，结合现代社会的特点和需求，创造出具有时代特色的新文化。

其三，平衡个人与组织的关系。在中国传统的家族主义中，个人往往被视为家族的一部分，个人的价值和利益往往要服从家族的整体利益。然而，在现代社会中，随着东西方文化的融合，我们也需要注重个人的独立性关注组织中个体自我价值的实现需求。因此，我们需要平衡个人和组织的关系，既要尊重个人的独立性和自我价值，又要注重集体组织的利益与和谐。这要求我们在现代社会中，既要鼓励个人追求自己的梦想和目标，又要注重组织内部的沟通和协作。

中国传统家族主义虽然产生于特定的历史时期和社会背景之下，但其核心价值观和理念在现代社会中依然具有重要的启示意义。我们应借鉴中国传统家族主义中的优秀元素，结合现代社会的特点和需求，与时俱进，传承创新，让传统的家族主义的理念和精神在当今时代焕发出新的光彩。

（二）差序格局

费孝通先生在《乡土中国》中提出"差序格局"的概念，无疑是对中国传统社会结构与文化心理的一次深刻洞察，不仅揭示了中国人际关系的动态性和层次性，还深刻影响了我们对中国社会运作机制的理解。

费孝通先生很会进行形象化描述，帮助我们理解差序格局。

其一，波纹式扩展。差序格局就像是一块石头被扔进平静的湖面，以石头（即个体）为中心，形成一圈一圈向外扩展的波纹。这些波纹代表了不同层级的社会关系，离中心越近的关系越紧密，越远的关系则越松散。这种波纹式的扩展方式形象地描绘了中国人的人际关系的动态性和层次性。

其二，自我中心的网络。在差序格局中，每个人都是自己社会关系网络的中心。这个网络由血缘、地缘、业缘等多种关系交织而成，形成了一个复杂而有序的社会结构。个体在这个网络中扮演着不同的角色，与不同的人建立着不同层级的关系。这种以自我为中心的网络结构，体现了中国人对"自我"与"他人"关系的独特理解。

其三，道德与规范的伸缩性。差序格局中的道德观念和行为规范并非一成不变，而是根据关系的亲疏而有所不同。对亲近的人，人们往往有更高的道德要求，如尊重长辈、关爱晚辈等；对疏远的人，则可能更加宽容和包容。这种道德与规范的伸缩性，使得差序格局中的社会关系更加灵活和多变。

其四，社会结构的动态性。差序格局不仅描述了人际关系的层次性，还揭示了社会结构的动态性。随着社会的不断发展，人们的社会关系也在不断变化。然而，差序格局作为一种基本的社会结构模式，却在中国社会中保持了相对的稳定性。这既是因为它适应了社会的需要，也是因为它已经成为一种文化传统。在现代社会中，差序格局仍然对人们的社交行为、职场关系和家庭关系产生着深远的影响。

差序格局这一概念作为中国社会结构与文化心理的独特写照，为我们理解中国社会提供了重要的视角。学习中国式领导力的现代社会领导者和管理者需要注意这一概念所带来的启示意义。我们应该在尊重传统的基础上，积极适应社会的变化和发展，推动社会的和谐与进步，同时也要注意深入挖掘和传承差序格局中所蕴含的优秀文化传统，使中国人的这一文化心理模式得以在现代社会组织中扬长避短，发挥积极作用。

三、恋爱、婚姻、家庭中的中国式领导力

经营好一个小家庭，管理好自己的情绪，引导好家人的情绪，搞好孩子的教育，安顿好老人的晚年生活，等等，这些事情看似人之常情、微不足道，但当各位经历过一番人生，特别是在上有老、下有小的时候，就会明白，这其实是一门极为丰富且高深的学问。既然是学问，那就必然会有人去研究，也就会有相应的课程产生。之前有好几年，我在三八节前后都非常荣幸地被邀请到各种类型的组织中讲授过类似"恋爱、婚姻、家庭：现代女性领导力"的课程。这门课程从"乾道成男，坤道成女"的阴阳平衡开始讲起。

（一）男女平等是不同定位的相互成就

《易经》曰："乾道成男，坤道成女。乾知大始，坤作成物。"乾道代表天，是男性阳刚的象征；坤道代表地，是女性柔和的象征。乾道的作用在于太初创始万物；坤道的作用在于承乾以生成万物。

1. 乾道成男，坤道成女

恋爱与婚姻是家庭建立的起点，也是齐家之道的第一步。家庭中的稳定、和谐与成长，往往源自夫妻之间的相互理解与性格互补。传统中国哲学强调"阴阳平衡"，《易经》云："一阴一阳之谓道"，讲的正是万物运行与人伦秩序的平衡之道。

家不是权力的战场，而是能量调和之地。"孤阴不长，独阳不生"，无论夫妻哪一方性格更外向强势，另一方都需在理解中找到平衡的回应。家庭中不需要刻意模仿谁强谁弱，而是要像太极图那样，阴中有阳，阳中有阴，才能共生共长、相辅相成。

这也是齐家的第一重智慧：在日常的情感互动中，练就柔性管理的能力，在爱与责任中，实践领导力的修养。

2. 男性角色的内在高度：志、德、识、任

《易经》曰："天行健，君子以自强不息。"在家庭中，男性不必以"外在成就"作为衡量标准，更应在志向、德行、智慧与责任感上建立人格标高。

第一要有志向，为家庭树立方向与精神支柱；

第二要有德行，在日常行为中坚守原则，言传身教；

第三要有见识，以宽广视野理解家庭成员的差异与需求；

第四要有担当，在关键时刻挺身而出，是家庭的主心骨。

这四重内在修炼，正是"齐家"的实践起点。家不是逃避责任的地方，而是检验自我格局的第一现场。

3. 女性角色的内在修养：容、稳、慧、柔

《易经》曰"地势坤，君子以厚德载物。"女性在家庭中的智慧，并非体现在牺牲或顺从，而是在包容中建立秩序，在沉静中引导节奏。

首先是包容：看见差异，接纳不完美；

其次是沉稳：在情绪起伏中稳住家庭节奏；

再次是智慧：温和表达而不激化矛盾；

最后是柔性：用"润物细无声"的方式推动家庭成长。

这些品质，不是软弱的代名词，而是极具领导力的表现。家庭治理，恰恰需要这种"无形胜有形"的影响力。

总之，齐家之道，不是要定义男人或女人的角色，而是要激发每个家庭成员内在的能量。只有彼此理解、互为补位，才能构建一个稳定、包容、充满活力的家庭系统。家是每个领导者最早的试炼场，也是最真实的镜子。

（二）父母和子女的相处之法

亲子关系和子女教育，是中国家庭"齐家"传统中的核心主题之一，也是培养下一代领导力的重要场域。虽然专家众说纷纭，育儿书籍浩如烟海，但真正有效的家庭教育，往往不是靠他人的说教，而是源自父母的身体力行、用心陪伴和人格示范。

家庭不是课堂，但却是孩子最初的世界；父母不是讲师，却是孩子一生的榜样。以下分享几则与女儿小云的真实相处故事，不仅是个人体悟，也是对"齐家"理念与"领导力养成"的一点探索。

1. 陪伴即是亲子领导力的第一课

父母对孩子成长关键节点的陪伴，是"齐家"的基本功。无论是产检时的激动、第一次上幼儿园时的牵手、第一次考试的鼓励，还是成年后迎接社会挑战的支持，父母在场的意义远远超越了功能性，更体现了情感上的稳定、安全与尊重。亲子陪伴，是一种情感领导力的体现，也是家风代际传承的重要媒介。

女儿小云一年级上体育课时，我抽时间去操场看她几次。当她看到我在场边时，那种兴奋与自豪溢于言表，成为她童年里温暖坚定的底色。也许你会说没时间，其实只要愿意挤，总能挤得出时间。孩子的成长不能回放，每一次缺席都无法补课。

2. 高质量陪伴就是治理力

陪伴的质量决定了家庭情感的浓度。当我们与孩子相处时，若总是分心于手机、工作、信息流，我们传递给孩子的就是一种"你不值得我认真对待"的潜台词。而真正高效的陪伴，是身体在场、情绪共鸣、眼神交流、言语温暖，让孩子从中感受到尊重与价值。这种能力，正是"家中领导者"的基本素养。

这一点做父母的谁都知道，但真正能做到的恐怕也不多。其实我自己也一般般，家里那口子就常批评我，既然花时间陪孩子了，却总是东搞西搞、三心二意。今天写下这一条，亦是自勉。

3. 游戏也是赋能

一个春天我和小云抓了9只蝌蚪回来养，准备在它们长出四条腿后放归河流。小区里有大人看见后笑说这些蝌蚪可能会变成癞蛤蟆。面对这个问题，我和小云一起查资料、讲故事、想象未来，我们得出：其一，癞蛤蟆虽其貌不扬，却是益虫，甚至可以入药；其二，古人把月宫称为蟾宫，三足金蟾还是招财吉物；其三，"癞蛤蟆想吃天鹅肉"也许不是笑话，而是一种对梦想的坚持。

小云听完后跑去对那位邻居说："我养的是招财金蟾，你们家还没有呢！"童言稚语，点亮了她思考的乐趣，也培养了她不因评价而轻易否定自己的自信。

还有一次，小云孵鸡蛋，最终孵出五只小鸡，其中花花起初瘦小被欺负，后来却脱颖而出，反压原来最强的大壮。这件事让她惊喜地感受到努力和成长的力量。她说："慢慢来，不放弃，最后也能赢。"我也跟她说："人生是马拉松，不是百米冲刺。"这些故事，就是她的成长实验室。

4. 培养与保护自信

小云三年级时，班级开始竞选大、中、小队长。她一开始放弃竞选大、中队长，把目标锁定为小队长。我问她原因，她说自己其他方面不错，就是成绩似乎不够好。我为她的自知和选择拍手称赞。

竞选当天，小云作为小队长候选人之一，突然有个同学站起来说：

"小队长也要看成绩的吧？"她察觉气氛不对，果断主动退选。我听后对她说："你能够根据形势变化果断调整战略决策，避免不可控局面，这是领导者的判断力。"

但她没有就此退缩，而是说："问题的关键是成绩。"于是她暗下决心努力学习。两个月后的期末考试，她打电话告诉我考了全优。这不是一次成绩上的胜利，而是她内在驱动力、自我反思与行动之间实现的正向闭环。

孩子竞选失败时的自我觉察、父母的正向反馈，以及"目标—问题—努力—成果"的闭环构建，展现了教育的真正内涵：帮助孩子建立自我认知、行动策略和心理韧性。

总之，父母与子女的相处，是"齐家"的核心实践场域，更是培养领导力的第一现场。从时间投入、情绪管理、思维引导到价值塑造，每一个细节都在潜移默化中传递家庭的治理风格与文化基因。齐家，不是管理一个家庭，而是经营一份代际合作的情感共同体；领导力，也不是指挥与掌控，而是激励与涵养。家庭中的每一份爱、每一次倾听、每一场对话，都是构建"齐家领导力"的砖石。

（三）家庭和谐是领导者的根基与试金石

家庭和谐美满是事业成功的基石，这是中国式领导力所强调的"修身、齐家、治国、平天下"之次第的核心所在。领导者能否在家庭中处理好角色、关系与情感，不仅体现其人格修养与责任担当，也直接影响其治事用人、管理组织的能力。因此，如何兼顾事业与家庭，是每一位领导者的必修课。

1. 明确价值观与目标，并与家人分享

> "知止而后有定，定而后能静，静而后能安，安而后能虑，虑而后能得。"
>
> ——《大学》

"知止"作为修身齐家的第一步，不仅意味着在浮躁中学会停

驻，更意味着明确目标、坚定方向。领导者在确立事业目标和人生愿景的同时，也应将这一"止"与家庭成员进行充分沟通。分享，不是输出，而是共建；让家人了解自己的追求，也理解家庭在其中的意义与位置。

我曾与年迈的母亲分享事业规划，她一句"长江水，大家喝"，让我豁然开朗；妻子知我工作繁忙，便默默挑起更多家庭事务，减轻我负担；两岁多的小女儿抓着我耳朵说"爸爸我好爱你"，又突然冒出一句"过马路要小心，驶得万年船"，这份童真与暖意，足以为我注入新的力量。

善于与组织成员沟通愿景，是领导力的体现；善于与家庭成员沟通梦想，同样是齐家智慧的体现。

2. 制定合理计划，确定优先级

"凡事预则立，不预则废。"领导者如欲兼顾事业与家庭，必须制定清晰的时间计划与事务优先级。把握关键时间节点，不仅是对组织负责，也是对家庭的承诺。例如将孩子重要活动、长辈生日、伴侣节日纳入行程管理之中，既体现组织力，也彰显情感智商。

3. 寻求弹性与空间

疫情之后，远程办公、弹性工时已逐步成为现代组织的常态选项。有远见的领导者应主动拥抱这一变革，一方面通过制度为员工提供家庭照料空间，提升团队归属感与忠诚度；另一方面也应为自己争取合理灵活的安排，让陪伴不再成为奢侈。

4. 提高效率，定期反思

"工欲善其事，必先利其器。"优化工作流程、提升效率，是为家庭腾出时间的现实路径。更重要的是定期反思事业与家庭之间的权衡策略，主动调整与优化。

我认识一位企业家，每两周设一天"自省日"，写一篇不少于两千字的反思日记，审视自己是否忽略了孩子情感，是否误伤了配偶沟通。正如曾子所言，"吾日三省吾身"，真正的领导者要有持续自我校准的能力。

5. 设定边界，构建制度

与单位的上级、同事，与家庭中的配偶、父母、子女，都需要适当划定工作与生活的边界。例如，一位职业经理人不再在下班时间接老板电话，而在次日上班第一时间回复，反而赢得了尊重。这并非对抗，而是规则意识的体现。

设定边界、加强沟通，是防止家庭与事业冲突的制度安排。正如治理一国需有章法，齐家亦需"礼"，有界限，方能久安。

6. 关注自己与家人的身心健康

> 身体发肤，受之父母，不敢毁伤，孝之始也。
>
> ——《孝经》开宗明义章

领导者的身体是家庭的脊梁，是组织的基石。身心健康不仅是自我照护的体现，也是对家庭、父母与子女的最初尽责。除此之外，也应主动关注家人的心理状态与健康动态，这不仅是家庭幸福的保障，更体现了领导者的整体关怀能力。

通过倾听、分担、互动，主动参与家务、开展家庭活动、培养共同兴趣，我们在无形中培育的是一种"情感治理力"，它不仅润滑了家庭关系，也提高了组织中处理复杂人际关系的能力。

总之，齐家是一种能力，更是一种领导力的镜像。它要求我们把企业中重视战略、系统、人心、协同的思维方式，带回到最原初的家庭之中，也把家庭中积累的情感智慧与协商能力，反哺到组织与团队的治理之中。家不是事业的障碍，而是你登高望远时最深的力量来源。每一位真正成熟的领导者，都是先学会了"齐家"的人。

章后记："天下第一家"孔氏家族的精神传承

孔子被尊为"至圣先师"，不仅因为其创立的儒家思想奠定了中华文明的精神基石，更因为他所在的孔氏家族，世代传承"修身齐家治国平天下"的理念，成为中国历史上最具影响力的家族之一，被誉为

"天下第一家"。孔子对子女的教诲在《论语》中虽仅寥寥数语，却为孔氏家风奠定了深厚根基。在讨论这一家族的家风传统前，我们有必要回溯孔子祖先的精神轨迹，探寻其中关于"齐家"与"领导力"的文化密码。

（一）孔氏家族最早的家训：正考父铸鼎

> 参天之木，必有其根；怀山之水，必有其源；人之有祖，亦犹是焉。
>
> ——《姓氏寻源·序》

祖先的德行与志业，是一个家族家风的最初源泉。孔子在临终前对来看望自己的弟子子贡说："予始殷人也！"意思是"我的始祖是殷人啊！"说明他深知自身承自殷商贵族血脉，对祖先的德范心怀敬意。《论语》《史记》等史料均明确记载，孔子先祖正是商汤——殷商开国帝王。后来，周武王灭商，封其贵族子孙为宋国诸侯，这其中便包括孔氏先祖微子启。

微子启封宋后，孔氏先祖经历了从王族到诸侯，再到卿大夫的身份变迁。其中一则典型故事是关于"弗父何让国"：宋湣公的儿子鲋祀因不满被叔叔宋炀公继位，谋杀了宋炀公，拥立兄长弗父何为国君。弗父何拒绝即位，因为他难以处理弟弟弑君之罪，于是让国于鲋祀，自身退为卿大夫。

这段历史故事不仅体现了孔氏先祖在权力面前的谦让与自省，也反映出家族内部治理的智慧——舍小我成大我，保家族整体和谐稳固，正是齐家与领导力的重要体现。

正考父，弗父何的曾孙，是宋国的上卿大夫，辅佐三代国君，权重天下却谦卑自持。他铸造一口鼎，刻铭文以警醒自己与子孙，铭文记载于《左传》：

> 一命而偻（lǚ），再命而伛（yǔ），三命而俯。循墙而走，亦

莫余敢侮。饘（zhān）于是，鬻（zhōu）于是，以糊余口。

——《左传·昭公七年》

这个鼎文的意思是："每逢提拔时，我都越来越谨慎和谦卑，第一次是弯腰受命，第二次是鞠躬受命，第三次甚至是俯下身子匍匐在地受命。平时我总顺着墙根走，没有人来侮辱我。生活中勤俭节约，只要有这只鼎煮粥糊口就可以了。"

这就是孔氏先祖"**正考父铸鼎**"的故事，这个鼎上的文字也可以认为是孔氏家族最早的家风和家训。

这个铭文提醒后人无论居何位、无论拥何权，皆需谦逊节俭、慎独自守。这一精神不仅是家风之源，更可视作孔氏家族"领导哲学"的雏形——以德为本，以退为进，以谦守权，是中国式领导力中"修身齐家"的实践样本。

孔氏家族三位先祖——微子启封宋、弗父何让国、正考父铸鼎，展现了家族领袖在权力变迁中的高洁风范。他们不仅重视自身品德修养，更在复杂的政治环境中，展现了对家族和社会责任的担当。

正考父生了个儿子叫孔父嘉，孔父嘉是孔子的六世祖。在此之前，孔子的先祖都是和商王一样姓子，而自弗父何到孔父嘉，共五代，按照周礼规定，族人出了五服之后就要别立宗族。于是孔父嘉"别为公族，故后以孔为氏"，以孔为姓氏的孔氏家族自此正式形成。

孔父嘉在宋国担任大司马，是掌管国家军队的最高长官，但是却被奸臣华父督所谋害。孔父嘉之子木金父为了躲避家族奇祸，只能逃离宋国远走他乡。自此孔氏家族这一脉来到了鲁国，就是现在的山东曲阜。这就是"木金父奔鲁"的故事。[1]

这段从贵族到士人的跌宕转折，表面是身份的降低，实则为孔氏家族的精神升华铺垫了坚实基础。孔子曾说："吾少也贱，故多能鄙事。"这不是自怨，而是对"从卿大夫到平民"的家族历程的真实回响。正是在身份失势之际，孔家后人仍能保持节俭自律、恪守礼法的气度，由内而外修炼品格，显现出"失势而不失德、失位而不失志"

【1】司马迁在《史记》记载的是孔父嘉的曾孙孔防叔为避华氏家族逃奔鲁国，钱穆的《孔子传》也这么说。但多种史料也有不同说法。我们设身处地想一想，木金父被杀父夺母，仇家华父督一定会要斩草除根以绝后患。华氏家族那时势力强大一手遮天，木金父在宋国定然是难以容身。所以更大的可能性是在木金父这一代，也就是孔子的五世祖，就逃到鲁国了。

的家风力量。

这是"齐家"的另一个重要层面：并非依赖于财富与地位维系的家族秩序，而是通过文化、品格与教化所构建的家庭领导力。这种德性的积累与传承，正是支撑孔子后来成为万世师表的深层根基。

（二）孔子对儿子孔鲤的教诲：学诗学礼

孔氏家族在鲁国又传了数代，就到了孔子的父亲叔梁纥。叔梁纥人品出众，博学多才，身材高大，孔武有力，武功高强，是个武林大侠。55 岁时他在一次战斗中徒手扛起城门救出被困将士，62 岁时率三百甲士护送鲁国大夫臧纥出防邑城，又单枪匹马杀回城内，在齐国敌军中来去自如，勇猛无比，自此以后"以勇力闻于诸侯"。

然而这位老英雄虽英勇果敢，却膝下无子。他与正妻施氏生育九女，后又娶妾生一子孟皮，但有足疾。66 岁时，他迎娶 15 岁的颜徵在，年纪相差虽远，感情却十分和谐。公元前 551 年秋，孔子诞生。高大的身形、深远的志向与复合性的家族使命，似乎自这一刻起便注定了这位"长人"[1]的非凡道路。

从叔梁纥的武勇担当，到孔子日后的礼乐文明建设，正是"刚柔并济""文武兼修"的齐家之道的代际转化。孔子的家风最终在他对子女的教育中得以承续，尤以《论语》中"孔鲤过庭"的故事最为人所称道。

> 尝独立，鲤趋而过庭。曰："学诗乎？"对曰："未也。""不学诗，无以言。"鲤退而学诗。他日，又独立，鲤趋而过庭。曰："学礼乎？"对曰："未也。""不学礼，无以立。"鲤退而学礼。
>
> ——《论语·季氏》

孔子曾独自站在堂上，伯鱼（孔鲤，字伯鱼）从堂下庭院快步走过。孔子问他："学《诗》了吗？"伯鱼回答："没有。"孔子说："不学习《诗》，就不懂得怎样交流与表达。"伯鱼退下后就学习《诗》。又有一天，孔子又独自站在堂上，伯鱼快步从庭里走过，孔子问道："学

414

《礼》了吗？"伯鱼回答："没有。"孔子说："不学《礼》，就不懂得怎样立身。"于是伯鱼退下后就学习《礼》。

> 子谓伯鱼曰："女为《周南》《召南》矣乎？人之不为《周南》《召南》，其犹正墙面而立也与。"
>
> ——《论语·阳货》

《论语》还有一段类似的教导，孔子对儿子伯鱼说："你学习《周南》《召南》了吗？人假若不研究《周南》《召南》，就会像面对墙壁傻站着一样，什么也看不见，一步也行不通。"

孔子所提及的《诗》，即《诗经》，是中国最早的诗歌总集，涵盖西周至春秋中期三百余首作品；而"周南""召南"则是《诗经》中《国风》的前两个篇章，以家庭情感与伦理为核心主题，是孔子极为推崇的教育起点。孔子提倡"学礼"，即推重以礼为核心的伦理教化体系。后人编纂的《礼记》虽成于汉代，但广泛承载了孔门之教，其"修身、齐家、治国、平天下"之结构，正体现了家庭教化与领导力培养的内在统一。

孔子不通过训斥或命令，而是通过简洁而有力的语言，让孔鲤意识到"诗"与"礼"对人格修养和社会行为的重要意义。在孔子的思想中，"诗"关乎情感的表达与交流，"礼"关乎行为的规范与尊重，两者是齐家的核心修养。《孔子家语》中更为细节地记录了一段孔子对儿子孔鲤的教导。

> 孔子谓伯鱼曰："鲤乎，吾闻可以与人终日不倦者，其唯学乎。其容体不足观也，其勇力不足惮也，其先祖不足称也，其族姓不足道也，终而有大名，以显闻四方，流声后裔者，岂非学之效也？故君子不可以不学，其容不可以不饬。……夫远而有光者，饬也；近而愈明者，学也。譬之污池，水潦注焉，萑（huán）苇生焉，虽或以观之，孰知其源乎。"
>
> ——《孔子家语·致思第八》

孔子对孔鲤说："鲤儿，我听说可以让人整天不觉得厌倦的，大概只有学习吧。一个人容貌不值得观赏，勇力不值得忌惮，先祖不足以称道，家族姓氏不足以赞扬，但他最终能够博得大名，声名四方远扬，为后世所敬仰，难道不是学习的效果吗？所以君子不能够不学习，容貌不能够不修饰。……表面形象整齐散发光辉，那是修饰的结果；内在明白事理智慧通达，那是学习的成效。比如污水池，雨水注入其中，水草在那长出来。即使有人看到它，谁又知道水池的源头呢？"

这不仅是一位父亲对儿子的谆谆教诲，更是一个家族对世代传承的价值信仰。从"学诗""学礼"到"修容""修德"，孔子强调：成就君子的根本，在于持续学习、不断修身，由内而外涵养风骨，方能"齐家"有力，乃至泽被后世。

因此，"诗礼传家"不仅是一句成语，更是一套系统的家风建构方案：以经典为根基、以德行为核心、以家庭教育为渠道，代代相承，生生不息。

（三）孔氏家族千年的家风家训：《论语》和《家语》

自孔子之后，孔子及其弟子的言行被后世儒家弟子汇集整理，逐渐形成了最能体现孔子思想的《论语》和《孔子家语》。因此，除了《诗经》和《礼记》，《论语》和《孔子家语》就是孔氏家族传承两千年的家风和家训，是孔氏家族"齐家"理念的载体。

1. 第一本孔氏家族的家风家训就是《论语》

《论语》不是传统意义上的家训文本，但在孔氏家族中长期具有家训功能，在中华文化中更被尊为"全民家训"之源。

《论语》全书二十篇，约一万六千余字，内容涵盖了孔子在家教、治学、从政、处世等方面的核心思想。其文风活泼、语言简洁、意味深长，既有严谨的治学态度，也有丰富的人情世故，体现了"内修其身、外安其家"的精神旨趣。

《论语》中大量成语、格言已成为中国家庭教育的文化母体——言而有信、因材施教、哀而不伤、见贤思齐、不耻下问、文质彬彬、诲人不倦、举一反三、克己复礼、名正言顺这些思想指向的都是以修身立德为本的家教逻辑。

北宋开国宰相赵普有一句名言："《论语》二十篇，吾以一半佐太祖定天下。"这就是"半部论语治天下"这一说法的来源。《论语》对于当今时代各行各业的领导者和管理者来说也尤为重要，其中所蕴含的领导思想和管理智慧是极为深邃的广大的。我曾给一个企业家学员班讲授《中国式领导力》课程，后受邀参加了一个他们班同学的生日宴会，带去一套上下册的线装版《论语》作为生日礼物，到现场后才发现当天是两个同学的生日。因此我以上下两册分别送给两个寿星，并寄语"半部论语治天下"，现场所有的企业家学员们感动不已。《论语》中思想和智慧是当今时代的所有领导者们不应该忽视的。

国学大师钱穆先生曾言，中国人无论是谁，都有两件要做，一是自己读《论语》，二是劝他人读《论语》。我对此语深表赞同。《论语》不仅可以塑造家族成员的道德修养与言行规范，更为无数家庭提供了涵养家风、治理家庭的精神指南。其核心理念如"孝悌忠信""克己复礼""言而有信"等，正是齐家所需的品格基础。而在领导力层面，《论语》强调"为政以德""君子务本""身修而后家齐"，从个人修为出发，推及家庭治理、组织管理乃至社会治理，提供了跨越两千年的实践智慧。

2. 另一本孔氏家族的家风家训就是《孔子家语》

与《论语》的语录体不同，《孔子家语》（简称《家语》）篇幅更长、结构更详，是关于孔子日常教育、家事教子、门人训诫的重要补充。《家语》中的大量家庭生活场景与教育细节，为我们提供了孔子"齐家之道"的实践范本。

《孔子家语》长期以来被误认为王肃伪作，学界忽视其价值。然而 20 世纪 70 年代以来，随着《儒家者言》等竹简文献的出土，证明《家语》确为汉前儒者所录，为真实记录孔门言行的重要文献之一。

其中关于家庭教育的记载尤为丰富。例如《致思篇》中孔子教子："容体不足观也，其祖不足称也……终而有大名，岂非学之效也？"强调个人名声的取得不是依靠家世容貌，而是靠学习修养。这种观念恰恰体现了"家风不是靠血统维系，而靠德性积累"的核心精神。

更为重要的是，《家语》提供了一个"家教即领导"的概念延伸：孔子治弟子如治家，治家如治国。《家语》中反复提及"以礼治家""以义导子""以信齐族"，这种将德育、礼仪、教育合一的治家理念，正是家庭领导力的本质所在。

今天我们重提《家语》，不仅是回归儒家文献，更是寻回在现代社会逐渐式微的"家长作为德性引领者"的角色自觉。在领导理论普遍关注权力与效率的当下，《家语》提醒我们：真正持久的领导力，往往萌芽于"齐家"之中，由家庭伦理启航，继而辐射至组织与社会。

因此，无论是《论语》还是《家语》，它们都是孔氏家族传承千年的德性教育蓝本，也是现代家庭治理、代际传承与家族领导力建设的宝贵资源。诗礼传家，并不只是文化装饰，更是一种系统而精密的领导力工程，其目标是培育出既能安身立命、又能领导家庭与组织前行的"内圣外王"之人。

第十三章
中国式领导力的外王之道：
领导团队

【本章导读】

　　《大学》的教化对象是古代中国的帝王将相，故"八条目"中有"治国、平天下"之语。对于适应于现代社会的中国式领导力而言，"治国"可理解为领导者带领团队在自己的"责任田"里获得成就、作出贡献，如企业组织、政府机构、行业协会、公益慈善组织等。在这一领导和管理过程中，有大量成熟的西方领导力理论和技术可以应用。而在中国的本土文化情境下，中国传统文化经典中的智慧，如对人才的辨识和使用、对团队的建设和培养等，也必须要被现代社会的领导者所认识、理解和运用。在这一点上，中国式领导力所倡导的领导思想和管理理念体现了其兼容并蓄、中西合璧的特点。

在我的"中国式领导力"的讲座中，常有学员以为"治国""平天下"是国家领导人的事情，与己无关，这一想法实乃大谬也。中国式领导力倡导"治国""平天下"，是要求领导者要有胸怀天下的格局和志气。须知国家就是一个个家庭、家族、企业、团体等各类组织构成，因此，每一个组织的领导者皆修身、齐家，并且更进一步领导和管理好自己的"一亩三分地"，众多微小力量汇聚，就达到了国治而天下平的目的。

如何领导和管理好自己的组织和团队，进而影响身边更多的人？关于这一问题，古今中外有很多优秀的思想和理论、行之有效的方法和技巧以及各种智慧和启示。而这些都是中国式领导力"外王之道"所应吸纳和包含的内容。

管理无非是"管人"和"管事"，而事情归根到底是人做的，所以领导和管理的核心对象就是人。鉴于此，本章我们先从中国文化中关于识人的智慧谈起。

一、中国自古以来关于识人的智慧

（一）周公吐哺，天下归心

周公，姓姬名旦，亦称叔旦，是周文王姬昌的第四个儿子，周武王姬发的弟弟。周公提出明德慎罚、敬德保民的思想，又制礼作乐，建立西周典章制度，因此备受孔子推崇，对儒家学派思想的形成起到奠基性的作用，汉代以后被儒家尊为"元圣"。

周公非常孝顺，忠厚仁爱。其父周文王姬昌在世时，周公专心辅佐；文王去世后，周公又尽心竭力辅佐其兄长周武王姬发，最终灭了殷商；武王去世后，周公又辅佐年幼的周成王治国，待其长大，还政成王，终成千古佳话。

后来西汉初年的大思想家贾谊（就是前文所说的那位 40 岁早逝的天才贾谊）对周公的历史功绩和地位的评价非常恰当等。

> 文王有大德而功未就，武王有大功而治未成，周公集大德大功大治于一身。孔子之前，黄帝之后，于中国有大关系者，周公一人而已。
>
> ——《新书·礼容下》

周公的封地在鲁国，就是现在山东曲阜。但因为他要留在朝中辅佐周成王治理天下，不能到封地就任，于是就派自己的长子伯禽前往鲁国，由此伯禽就成为鲁国的第一任国君。话说周公担心儿子伯禽到了鲁国之后无法无天、为所欲为，于是就在伯禽临行前，告诫儿子一段话。

> 周公戒伯禽曰："我文王之子，武王之弟，成王之叔父，我于天下亦不贱矣。然我一沐三捉发，一饭三吐哺，起以待士，犹恐失天下之贤人。子之鲁，慎无以国骄人。"
>
> ——《史记·鲁周公世家》

周公告诫儿子伯禽说：我是周文王的儿子、周武王的弟弟、周成王的叔父，天下何人能有我这样的地位呢？但是我洗一次头要三次握起头发，吃一顿饭要三次吐出嘴里的食物，就是为了接待贤士，唯恐怠慢和错失了天下的贤人。你到封地鲁国之后，一定要小心谨慎，不要对人骄横傲慢。

这里解释一下，中国的古人是不剪头发的，所谓"身体发肤，受之父母，不敢毁伤"，所以不剪头发，不论男女，估计成人都是长发及腰，故周公说"捉发"。

周公是用自己的实际行动来举例，告诫儿子到了封地鲁国之后，一定要谦虚谨慎，不能傲慢自大，只有礼贤下士，真诚待人，才能吸引和聚拢更多的人才。周公心知，要治理好一个国家，人才是重中之重。由此，周公求贤若渴、礼贤下士，"一沐三捉发，一饭三吐哺"就成为后来历代帝王将相效仿的榜样。

周公生活的年代是公元前 1000 多年，大概 1200 多年后的东汉末年，一代枭雄曹操就写了一首著名的诗歌《短歌行》，妙用了周公爱惜人才的典故。

> 山不厌高，海不厌深。
> 周公吐哺，天下归心。
>
> ——《短歌行》

曹操这首千古绝唱的主题非常明确，就是希望聚拢天下人才为自己所用。而曹操在现实中的操作，也正是实践了他的"唯才是举"。《三国演义》是四大古典名著之一，也是通俗小说，书中有丑化曹操之嫌，但其中"曹操倒履迎许攸"、待关羽"礼之甚厚"等情节，也从侧面反映出曹操对待人才的态度。

在真实的历史中，曹魏集团先后发布《求贤令》《举士令》《求逸才令》等，就是为了笼络人才。曹操这首《短歌行》也可看作一曲"求贤歌"，而且恰恰因诗歌形式具有独特的感染力，大大地宣传了曹操的用人理念，很好地配合了他所颁发的政令。

（二）三步九征，人焉廋哉——至圣孔子的识人之道

1. 世上没有真正的怀才不遇

周公作为备受儒家学派所推崇的圣人，他的思想自然对以儒家思想为主体的中国文化产生了深远的影响。后世孔子所创立的儒家学派就一直非常重视人才的教育培养和选用。

> 仲弓为季氏宰，问政。子曰："先有司，赦小过，举贤才。"曰："焉知贤才而举之？"曰："举尔所知。尔所不知，人其舍诸？"
>
> ——《论语·子路》

仲弓做了季氏家族的主管领导，向老师请教治理之道。孔子说：

要分清职责，建立制度，各司其职，并且以身作则；宽赦和原谅人们小的过失；选拔举荐贤良的人才。仲弓又问：如何认知贤才而举荐呢？孔子说：只要举荐你所认知的即可，你不认识的，难道别人不会举荐吗？

"先有司"三个字有多种解释，我们并非考据文字，其大意应该就是要建立领导团队。"赦小过"很好理解。我们更应该注意的是孔子告诫弟子的第三句"举贤才"，这是孔子和前辈周公一样重视人才的直接证据。而且孔子认为，真正的人才是不会被埋没的，即老话说的，金子总会发光。

现实中我们常发现不少人自怨自艾又怨天尤人，烦恼自己怀才不遇，又怨恨领导不识人才。现实情况却往往是这种人的自命清高、自我欣赏、自以为是而已。

孔子说这世上没有真正的怀才不遇。要知道"群众的眼睛都是雪亮的"，而领导者既然能够走上领导岗位，自然不是傻瓜，大部分也都是能够辨识出人才的。因此所谓的"怀才不遇"，一种是并非真正有才，仅是自我欣赏自以为是而已；另一种则是德性品行不正，有才无德者乃毒品，优秀明智的领导者其实都认为这种人是坚决不能用的。

2. 全面考察人才，不人云亦云，不求全责备

世人皆知孔子是伟大的教育家、思想家，其实他也是一位优秀的领导者。除了担任中都宰、司空、大司寇等正式的行政官职，展现出杰出的行政管理能力之外，孔子极富个人魅力的领导力也不容忽视。

对于孔子的领导水平，孟子的评价非常精当，"以德服人者，中心悦而诚服也，如七十子之服孔子也"（《孟子·公孙丑上》）。孟子指出孔子的领导力核心就是"以德服人"。儒家学派所倡导的王道仁政首先就是要求领导者自身身正心正、品德高尚，进而对他人施加影响力，德刑兼备，以德为先。

孔子杰出的领导力还体现在他对于人才的识别、教导、爱惜和选用等方面。孔子一生弟子三千，贤者七十二，又周游列国，见多识广，所以他对于看人识人有着极为深刻的见解。

子曰："众恶之，必察焉；众好之，必察焉。"

——《论语·卫灵公》

孔子说，大家都喜欢的人，或者大家都讨厌的人，你未必一开始就喜欢或者讨厌，一定要仔细观察他，然后才能做出判断。

孔子主张认识一个人不能人云亦云，一定是要建立在自身细致观察的基础上。因为每一个人的角度和立场不同，对人的认识和评价也必然不同。孔子的这个教导也是要求我们要拥有自己的立场和观点，避免缺乏主见，随波逐流。

人无完人，孔子主张更为全面地看待和评价一个人，而不是求全责备。我们无法要求每一个人都完美无缺，而孔子最为看重的是一个人的品行品德。孔子对他的女婿公冶长的评价，充分说明了这一点。

子谓公冶长："可妻也。虽在缧绁之中，非其罪也。"以其子妻之。

——《论语·公冶长》

孔子评论公冶长说：可以把女儿嫁给他。他虽然被关在牢狱里，但这并不是他的罪过呀。于是，就把自己的女儿嫁给了他。

公冶长是孔子的弟子，七十二贤之一。相传通鸟语，曾无辜获罪而身陷牢狱。然而孔子却认为，可以把女儿嫁给他。这一段中并没有记载孔子对公冶长更为细节的评价，但孔子一向最为注重一个人的品性德行，因此我们可以想象公冶长的优势所在。事实证明孔子并没有看错，公冶长后来继承孔子遗志，教学育人，成为著名文士。

孔子择婿，不以貌取人，不看重钱财权势，不求全责备，唯重品德和能力，注意长期观察。这些都是识别人才的重要方面。

3. 三步识人之法

子曰："视其所以，观其所由，察其所安，人焉廋哉？人焉廋哉？"

——《论语·为政》

424

孔子说：看明白他在做什么，看清楚他为什么这样做，看仔细他心安于何处，这个人怎么能隐藏得了呢？这个人怎么能隐藏得了呢？

孔子在这一段话中提出了全面识别人才的三个步骤。

第一步："视其所以"，即看他做了什么。人的各种行为，必有其用意，或是为求一己之私利，或是为公众谋利益等。行为的背后是动机，动机有正有邪。动机纯正者，其人必富于仁德；动机邪恶者，其人必寡德。

第二步："观其所由"，即看他的由来，观察他为什么这样做，所采用的手段方式如何。"由"可理解为"由来"，就是看他走什么样的路，也就是孔子常讲的"察其言，观其行"。如果一个人一贯表现是言行一致（不是一时一事，而是始终如此），那么这个人就可信；如果这个人言行不一，就要多多考虑和观察。仔细观察一个人的由来，这样能够从其言行举止中看出他到底是个什么样的人。

第三步："察其所安"，即看他的情感取向，看他"心安"或"情系"何处。要了解一个人的注意力在什么地方，什么才是他最在意的。注意某个人喜欢什么，不喜欢什么。很难想象，一个热衷于和一些蝇营狗苟、一门心思搞歪门邪道之辈打得火热的人能够把事情做好。往里面看一个人真正心安的什么，观察和了解他内心真正的目标和理想，可以更加全面深入地认识他。

孔子认为，如果能够观察和把握一个人的目标和理想，能够了解他因为什么而感到安心，再结合其过去的经历和现在的作为，大概就能了解这个人了。孔子辨识人才的三步骤法比前文所说的"听其言而信其行"又更进一步，并且在现实中具备很强的实用性。

4."九征"识人之法

> 孔子曰："故君子远使之而观其忠，近使之而观其敬，烦使之而观其能，卒然问焉而观其知，急与之期而观其信，委之以财而观其仁，告之以危而观其节，醉之以酒而观其侧，杂之以处而观其色。九征至，不肖人得矣。"[1]
>
> ——《庄子·杂篇·列御寇》

【1】庄子为战国时期道家学派代表人物，其著作中常有假托孔子的言论和事迹。盖因孔子为春秋名人大家，故战国时人常有假托之词，又如《列子·汤问》中的"两小儿辩日"等。此处所引"九征"之法应该也是庄子假托孔子之口的思想。

　　庄子大智慧，虽号称是道家人物，但其著作《庄子》中频繁提及孔子，当然这当中不乏有其道听途说甚至可能是杜撰的孔子的故事。这一篇中提到孔子的"九征"识人之法，不论是否真是孔子所说，都很有借鉴意义，我们不妨了解一下。

　　"九征"之法是通过九种情境来考察一个人。

　　［1］让他远离自己任职，观察其是否忠诚；

　　［2］让他就近在自己身边办事，观察其是否敬慎；

　　［3］让他处理纷乱的事务，观察其是否有能力；

　　［4］对他突然发问，观察其是否有智识；

　　［5］交给他期限紧迫的任务，观察其是否有信誉；

　　［6］把财物托付给他，观察其是否廉洁仁义；

　　［7］告知其面临危难处境，观察其是否谨守节操；

　　［8］使其醉酒，观察他的仪态；

　　［9］把他放到各色人等的群体中杂处，观察其态度与表现，以及能否妥善处理人际关系。

　　这篇文章中，庄子一开始就假孔子之口，说人心比山川还要险恶，了解一个人比预测天象还要困难，自然界尚有春夏秋冬和早晚变化的固定周期，可是人却面容复杂多变、情感深深潜藏。有的人貌似老实却内心骄纵，有的人貌似忠厚却心术不正，有的人外表拘谨、内心急躁却通达事理，有的人外表坚韧却懈怠涣散，有的人表面舒缓而内心强悍。

　　人心像海洋一样深不可测。《庄子》这一段对人的说法并不为过，现实生活中也的确如此。

　　于是针对这一现实情况，《庄子》提出了"九征"识人法，就是把需要了解的对象置于九种不同的情况之下，然后观察其反应。孔子认为上述九种表现一一得到证验，不好的人就会自然显现出来。这其实是对一个人进行全面的仔细观察，通过忠诚、敬慎、能力、智识、信誉、廉洁、节操、仪态、人际等九个方面，构建了一套考察人才的办法，以了解一个人的性格、能力和品行等情况。

不过"九征"中居然还有一个把人灌醉看人仪态的方法，这怎么看也都不太像是孔子出的点子。不过我们也不用去深究这一问题，即便是庄子杜撰，"九征"识人法也极具价值，毕竟庄子本身也是一位大思想家。

5. 人才要注重实战、经世致用

> 子曰："诵《诗》三百，授之以政，不达；使于四方，不能专对；虽多，亦奚以为？"
>
> ——《论语·子路》

孔子说："《诗经》三百篇背得滚瓜烂熟，让他处理政务，却不会办事；让他当外交使节，却不能独立应对。这样书读得很多，又有什么用呢？"

孔子这段话的意思非常明确，那就是书读得多并不代表一个人就一定有实战的能力和水平。

换句话说，学历高并不等于水平高。

儒家思想是经世致用之学，可不是要人们做书呆子，那是所谓"小人儒"了。世人皆知儒家学者彬彬有礼、谦谦君子，却误以为都是手无缚鸡之力的读书人，这是对儒家思想的一大误解。

孔子在这段话中明确表示读书最终是为了要能处理现实中的各种问题和事务的。所谓修己以敬、修己以安人、修己以安百姓，孔子一直相信他所创立的儒家学说可以在现实世界里起到经世安民的作用。因此，他在礼崩乐坏的春秋时期，不辞辛劳，周游列国，就是期望在现实中推行儒家思想的主张。

虽然孔子在世时除了在鲁国短暂为官，人生的其他时间都不见用，甚至被人讥笑为"知其不可而为之"，但这也恰恰说明了他对自己所承继的道统的信仰与坚持。孔子一生收徒办学，秉持有教无类、诲人不倦的教育理念，培养了很多杰出的弟子，在各个诸侯国或从政，或从商，或办学，在经世致用的实践中发挥了巨大的作用和影响力。

6. 知人不易，真诚反省，及时纠正

孔子也有看走眼的时候，关键是能够及时发现并纠正，勇于承认自己的错漏之处。

> 澹台灭明，武城人，字子羽。少孔子三十九岁。状貌甚恶。欲事孔子，孔子以为材薄。既已受业，退而修行，行不由径，非公事不见卿大夫。
>
> 南游至江，从弟子三百人，设取予去就，名施乎诸侯。
>
> 孔子闻之，曰："吾以言取人，失之宰予；以貌取人，失之子羽。"
>
> ——《史记·仲尼弟子列传》

澹台灭明，字子羽，鲁国武城（今山东平邑县）人，比孔子小三十九岁，长相相当丑陋。澹台灭明拜孔子为师时，孔子认为他没多大才能。从师学习以后，子羽回去就致力于修身实践，处事光明正大，不走邪路，不是为了公事，从来不去会见公卿大夫。后来，澹台灭明往南游学到吴地，跟从他学习的有三百多人。其才干和品德传遍了各诸侯国，影响甚大，在当时形成了儒家在南方的一个颇具影响的学派。

孔子听到这些消息，感慨地说：我凭语言判断人，看错了宰予；凭长相判断人，看错了子羽。

孔子在这段话中所说的第一个弟子宰予，我们待会再说。先看他说的第二个弟子子羽，就是这个澹台灭明。这个人可是一个圣贤人士，却因为长相丑陋，一开始被孔子看不上，误以为是无才。没想到子羽学成以后到南方游学，门徒众多，成为儒家学派向南传播和发展的一个极为重要的人物。所以现在江西南昌一带有不少与澹台灭明有关的古迹，甚至南昌下辖的进贤县还因为他在此南游讲学而得名，意为"进能纳贤"之地。

孔子在了解到澹台灭明的作为后，进行了自我批评，说"我以貌取人，看错了子羽啊！"这里我们能够真切地感受到孔子为什么被称颂为"即凡而圣""超凡入圣"。一方面，孔子和我们凡人一样，根据

人家的样貌好坏表现出不同的好恶，以貌取人；另一方面，孔子又能够勇于自我批评，毫不掩饰自己的错误，这是极为难得的。

我很早就知道澹台灭明的故事。20多岁刚参加工作时，公司总部来了个大领导，正好复姓澹台。大家开了一天的会议都很疲惫，休息时我跟这位领导说"我们两家有渊源！"领导吃了一惊，疑惑地看着我。我慢悠悠地说："您家祖上不是澹台灭明，字子羽吗？有子羽斩蛟，为民除害的故事，美名传天下。他是我家祖先孔子的得意弟子。"这个大领导一听，瞬间来了精神，双眼放光，激动不已，因为这是他们家族的荣耀所在。于是总部的领导自此以后就对我熟悉起来，说明多读点书一定是有好处的。

孔子上段话中所说的另一个人宰予，名列"孔门十哲"，是言语科的高才生，甚至排在了子贡的前面，这说明他能言善辩。宰予后来从孔子周游列国，常受孔子派遣，出使齐国和楚国，这说明孔子还是非常看重和倚仗他的才能的。

但是不知为何，孔子常常责骂宰予这个弟子。

> 宰予昼寝，子曰："朽木不可雕也，粪土之墙不可杇（wū）也。于予与何诛？"子曰："始吾于人也，听其言而信其行；今吾于人也，听其言而观其行。于予与改是。"

> ——《论语·公冶长》

宰予大白天睡大觉，结果被孔子骂。宰予也真是惨，因为这段孔子骂他的话已经千古留名，后来成为中国人长辈责晚辈，或老师骂学生的常用语，叫作"朽木不可雕，粪土之墙不可杇"。然后孔子说，我以前看人时听到他说什么就相信他会做什么，我以后看人一定要"听其言而观其行"，就是不能只是听他怎么说，还必须要观察他怎么做。

这也是后来司马迁在《史记》里记载的"以言取人，失之宰予"的来源。

我想孔子之前可能也并不至于听人一席言就完全相信了，主要原因恐怕是这个弟子宰予太能说了，以至于在言语科都排到了子贡的前面，大概能言善辩到了"三寸不烂之舌，能敌百万雄师"的高度。只是后来对照其真实作为，孔子却发现好像不是那么回事，又感觉他太过于花言巧语了。

于是孔子自我批评说，自此以后要"听其言而观其行"。大家请看，原来就算是孔子这样的圣人，也有看人走眼的时候。所以每一个能识人用人的领导者，都是在实践中不断地观察思考、积累经验之后，才练就了慧眼识珠的本领。

（三）八观六验，六戚四隐——吕氏春秋的论人之法

大秦丞相吕不韦，大名鼎鼎，这可是绝对能够识别人才的杰出领导者。比如他遇见在赵国为质的异人，就慧眼识珠认为"奇货可居"，后来异人回到秦国承继大位，这就是秦庄襄王。

吕不韦如此会看人识人，那么他所主持编撰的《吕氏春秋》中的一篇《论人》就不得不学一下，此篇中提出了"外则用八观六验，内则用六戚四隐"的识别人才的方法。

> 凡论人，通则观其所礼，贵则观其所进，富则观其所养，听则观其所行，止则观其所好，习则观其所言，穷则观其所不受，贱则观其所不为。喜之以验其守，乐之以验其僻，怒之以验其节，惧之以验其特，哀之以验其人，苦之以验其志。八观六验，此贤主之所以论人也。
>
> 论人者，又必以六戚四隐。何谓六戚？父、母、兄、弟、妻、子。何谓四隐？ 交友、故旧、邑里、门郭。内则用六戚四隐，外则用八观六验，人之情伪、贪鄙、美恶无所失矣。譬之若逃雨污，无之而非是。此先圣王之所以知人也。
>
> ——《吕氏春秋·论人》

1. 八观六验

首先来看"八观"，这是通过观察一个人在八种不同环境中的表现来识别和评估一个人的内在素养和品质。

（1）通则观其所礼：当他通达顺利之时，看他所持之礼，看他礼遇的是哪些人，看其是彬彬有礼、谦虚谨慎，还是趾高气扬、蛮横无礼。

（2）贵则观其所进：当他处于显贵地位之时，看他举荐的都是什么样的人，看他赞成什么、反对什么，看他的价值取向是什么。

（3）富则观其所养：当他富裕多金之时，看他供养款待什么人，结交什么人，看他追求什么，看他是为富不仁，还是富而有礼。

（4）听则观其所行：当听取他人意见时，看其是否采纳并执行；也可理解为听其言而后观其行，看他是否言行一致，还是说一套做一套。

（5）止则观其所好：当他闲居在家无事可做时，或者在业余时间里，看他有哪些爱好，看他的志趣是什么，兴趣爱好能够反映一个人的品质。

（6）习则观其所言：习是"亲信"的意思，当他在熟悉的人周围时，或是在亲近的领导身边时，看他的言谈是否符合正道。

（7）穷则观其所不受：当他穷困之时，看他是否能够不接受不义之财，这是看一个人是否有气节和风骨，是否能够坚守底线。

（8）贱则观其所不为：当他贫贱之时，看他能否不做不义之事，这是看一个人是否正直上进，尽管地位低下，却堂堂正正。

再来看"六验"，这是通过设置六种不同的情境，来进一步验证一个人品质和性格特点。

（1）喜之以验其守：使之得意，当遇到一点好事，有了一点成绩时，看他是谦虚谨慎，还是骄傲自满，以此来考察操守。

（2）乐之以验其僻：使之高兴，当诱惑近在眼前时，看他是否能不生邪念，还是会放浪形骸，邪僻不正，以此来考察癖好。

（3）怒之以验其节：使之发怒，当被愤怒所笼罩时，看他是会控制好情绪，还是怒气冲天，失去理性，以此来考察是否节制。

（4）惧之以验其持：使之恐惧，当遇到威胁时，看他是意志坚定，坚守信念，还是违心附和，信念动摇，以此来考察信念。

（5）哀之以验其人：使之悲伤，当遇到可怜的人和伤心的事时，看他是慈悲为怀、有恻隐之心，还是麻木不仁、无动于衷，以此来考察人性。

（6）苦之以验其志：使之受苦，当处于艰难困苦之时，看其是否有坚定的意志，以此来考察志气。

2.六戚四隐

《吕氏春秋》除了有考察个人的"八观六验"，还有通过观察其身边的亲属和朋友的状况，来评估其品性和德行，这就是"六戚四隐"。

（1）"六戚"指的是与这个人关系最为密切的六种亲属，包括父亲、母亲、兄长、弟弟、妻子和子女；

（2）"四隐"指的是这个人的朋友、故交、同乡和邻居。

人是一种群居性的动物，一个人的生存离不开与人群的互动。所以可以通过观察一个人身边的人来了解他。一个人身边的人是何状况，很大程度上影响和决定了此人的言行举止和品德素养。"六戚四隐"基本上涵盖了一个人家里家外的交际圈。

俗语称："不是一家人，不进一家门。"一个人的家人和亲戚的状况，可以帮助了解其人。例如，通过观察一个人在其家庭中的角色和责任，可以了解其责任感和家庭观念。我们通常还说结婚并非两个人的事情，还意味着两个家庭联姻，所以寻找人生伴侣一定要看其家庭情况，看其父母兄弟姐妹的状况，其家人的为人处世和价值信念往往会反映出此人的真实情况。这都是在"六戚"范围之内的。

古语云："物以类聚，人以群分。"通过观察一个人交朋识友的情况，可以帮助了解其人。看他是整天和一些狐朋狗友混在一起，还是谈笑有鸿儒，往来无白丁。近朱者赤，近墨者黑，身边亲近的朋友对一个人的影响往往是潜移默化的。"四隐"就是总结出四种在家庭之外的人际关系，这些都是了解一个人品性的重要途径。

除了以上所述要观察"六戚四隐"的情况之外，还需要了解此人与他的"六戚四隐"之间的关系如何。

如果一个人对他的"六戚"都非常孝顺、恭敬、慈爱，则可以认为他是一个有德行的人；如果一个人对他的"四隐"都非常仁慈、诚信、守义，则可以认为他是一个有道义的人。

反之，如果一个人和"六戚四隐"关系都非常差，那么此人可能性格和德行有亏，就需要多加留意和防范。此外，"六戚"与"四隐"相互参验，也可探查一个人是否表里如一、内外一致，还是对人对事暗藏不同标准。

吕不韦本是一介商人，凭谋略与远见官至秦国丞相，位极人臣，其识人用人的本领极为出众。《吕氏春秋》虽然不是吕不韦亲自执笔，却由他主持编修，其书基本以儒家为宗，取各家之长而弃其短，所以能成一家之言，是战国末期的杂家代表作。吕不韦对此书十分看重，宣称此书包揽"天地、万物、古今"之理。为此他还搞了个著名的"一字千金"的事件营销，在咸阳城门上悬挂一千金，声称谁能对此书改动一字，即赏千金。因此，《吕氏春秋》中的"八观六验、六戚四隐"总计24条识人之法应该凝聚了当时众多智者的智慧结晶，值得重视和借鉴。

（四）神骨冰鉴，秘传宝典——曾文正公的相人之术

1. 曾国藩的识人用人

曾国藩被誉为中国古代"为人臣子第一人"，做大臣做到第一名，晚清中兴之重臣，清王朝因为有了他而又苟延残喘了五十年。梁启超甚至说曾国藩是中国历史上"三个半圣人"中的那半个，梁按照"不朽的德行、不朽的功业和不朽的思想"三个标准认为三个圣人是孔子、王阳明和诸葛亮，曾国藩由于德行一项有亏，所以算半个圣人。不过我认为梁启超这一说法仅是其一家之言。中华历史上下五千年，圣贤和英雄人物辈出，所谓圣人又何止这四人，并且将后面几位与"中国第一大圣人"至圣孔子并列，其实也并不妥当。

但梁启超的这一说法也恰恰说明曾国藩的厉害之处。此外，还有两位著名的领导人在年轻时都以他为偶像，这就是毛泽东和蒋介石。毛润之在年轻时给友人黎锦熙的信件中称"愚于近人，独服曾文正"，旷古烁今的伟大领袖能说出这个话，虽然是在他非常年轻的时候说的，但也是对曾氏极高的荣誉嘉奖了。相比之下，蒋中正则称"曾公乃国

人精神之典范；盖已足为吾人之师资矣"。

晚清中兴重臣曾国藩的优秀品质和突出能力为后人所称道的有很多，我印象中非常深刻的是据说他常对友人和学生说的这句话：

> 唯天下之至诚，能胜天下之至伪；唯天下之至拙，能胜天下之至巧。

> ——以讹传讹为曾国藩语录

各位读者一定有印象，本书在前文有专门的章节讲到《中庸》之道的一个极为重要的思想，就是"至诚如神""诚者，天之道；诚之者，人之道"，与曾国藩引用庄子的这段话是同一个意思。

曾国藩就是用他一生的作为来践行了他的"至诚"与"至拙"。除此之外，另一个我印象极为深刻的就是他"打脱牙齿往肚里吞"的韧劲和血性。这个品质我看中国男足最为缺乏，一帮唯利是图的登徒子如何能够踢好球，我看这个所有踢球的运动员都要好好上一课，就是学习曾国藩。没有信仰、没有追求、没有血性，只知道吃海参捞票子开豪车追美女的一帮孙子，怎么能够为国出战？先解散了算球。

话说回来，似乎晚清和民国的近现代时期，湖南人较为统一的特点就是这种韧劲和血性的品质，但不知当今时代的湖南人是否还继承了老一辈的传统，主要是因为湖南卫视娱乐至上影响太大，老是力捧一些咿咿呀呀、涂脂抹粉、不男不女的小鲜肉偶像，搞得全中国人民以为湖南人已经变味了。其实湖南人对中华民族近代以来走出极黑暗的低潮期有着非常突出的贡献，毛主席等老一辈无产阶级革命家有很多人都出自湖南，这一点自不待言，再往前看，甚至有"国家一日不可无湖南，湖南一日不可无左宗棠"之说。

而这个奇人左宗棠与曾国藩亦师亦友，也正是因为曾的大力举荐，最终成就了一代名臣左宗棠，还为中华民族立下了收复新疆的旷世奇功。

还有另一个奇人，也是得到曾国藩的大力举荐和提携，这就是我的老乡李鸿章。曾对李的提携和教导，我以为对李的成长极为重要。

李鸿章固然聪明绝顶，但年轻时总不乏有些许缺点，因为他太过聪明，难免矜才傲物，如偷个小懒啊啥的。话说李鸿章在曾国藩幕府，曾要求大家每日清晨要早起一起吃饭，日久李嫌麻烦要睡懒觉，这一天就推托头疼不来吃早餐，结果曾国藩让几拨人来轮番叫他，说大家都在等你吃饭，你不来，大帅不叫开饭。李没办法，赶忙起床跑去。曾见李来后，不曾一言，端碗吃饭。吃完饭，曾国藩一脸严肃，对李鸿章只说了一句话："少荃，既入我幕，我有一言相告，此处所尚，惟一诚字。"少荃是李鸿章的字。曾国藩说罢，再无他言，转身离席。

曾国藩一开始对李鸿章的评价是"才可大用"，后来上奏举荐李鸿章为江苏巡抚，对李有一个评价。

> 才大心细，劲气内敛。
>
> ——曾国藩评价李鸿章

才大心细是每一个领导者所需要培养的品质，毋庸置疑。但后面这个"劲气内敛"，对各位领导者真是太重要了！大家请好好体会一下。我想李鸿章的这一特质，或许正是由于他的老师曾国藩的刻意培养才练就的。

2.《冰鉴》识人之术

曾国藩一生培养、举荐、提携的人才不计其数，左宗棠和李鸿章正是其中翘楚人物。而曾国藩慧眼识珠、知人善任、识人用人的美名也就此在历史上留下了浓墨重彩的一笔。传说这一本《冰鉴》就是他总结提炼的识人用人之术[1]，其中或不免有其臆测武断，甚至是迷信的一面，但作为领导者的学习材料也非常重要。初读《冰鉴》，一般都带着点猎奇的心理，想要窥探一下曾国藩如何看人，其原文也有点晦涩难懂，所以不大能够读出感觉。我是后来参加工作见识广了，阅人多了，再回头来看此书，然后才有天机重重、不同凡响之感。

"冰鉴"有两种含义，一种是古代盛放冰块的容器；另一种指明镜，古人以冰为镜，比喻洞察事理、明辨是非，说明有鉴别人和事的能力。曾国藩之"冰鉴"当属第二类。

【1】《冰鉴》作者是否确为曾国藩，目前存疑。清代、民国时期有多个版本的《冰鉴》，至少在道光九年（1829年）该书即已刊刻。而那一年曾国藩尚不足19岁，因此不大可能是《冰鉴》一书的作者。《曾国藩全集》的编者也曾查遍曾氏传世的所有文字，从未见他有只字提过《冰鉴》一书。因此，《冰鉴》应该是托名曾国藩之作，其原因应是曾氏素有"相人"之大名。

《冰鉴》识人之术共有七篇，曰：神骨篇、刚柔篇、容貌篇、情态篇、须眉篇、声音篇、气色篇。本节我们就举《冰鉴》第一章"神骨篇"的片段内容以飨诸位读者。

> 一身精神，具乎两目；一身骨相，具乎面部。
>
> ——《冰鉴·神骨第一》

一个人的精神状态，主要集中在两只眼睛里；一个人的骨骼品相，主要集中在一张面孔上。

《冰鉴》开篇第一就是讲神骨。一身精神看双目，各位可以再翻阅一下前文我们论述"中国式领导力的内三合：精、气、神"的那一章节，涵养好自己的精神内三合是每一个领导者每天的必修课。

3. 存乎人者，莫良于眸子

眼睛是精神和心灵的窗口，因此我们不仅要保护好眼睛，更要用心灵和自己的眼睛对话。这句话颇有灵性，也许您会问"如何跟自己的眼睛对话？"我简单一点说，找一清静、清爽、轻松的环境所在，盘腿而坐，舌抵上颚，牙齿轻叩，闭眼静心调息，然后心中默默想着、观照着你的双眼。从左眼想到右眼，从眉毛、眼皮、睫毛、眼球、眼白、瞳孔，一直想到眼睛里面的视网膜，以及控制眼球的每一块肌肉，把你所知道的有关于眼睛的所有部分都好好地想一遍，用你的灵性和精神关照一下你的眼睛。

道家有保护眼睛的功法，我将之改进提升，命名为"九阳神目功"。现代人用眼太过，电子产品对眼睛伤害极大，所以对我们双眼必须要给予额外的特别照顾。"九阳神目功"属于修身环节，此处我们主要讲识人用人，故按下不表。

一个人的精神怎么样主要是看双眼，并且观察双眼还能够看出一个人的邪正，怎么看呢？

> 静若含珠，动若木发；
> 静若无人，动若赴的。

静若荧光，动若流水；

静若半睡，动若鹿骇。

——《冰鉴·神骨第一》

《冰鉴》中给出两种正的眼神，两种邪的眼神。我记得自己看《冰鉴》，有段时间跟着了魔似的，见人就看他的眼睛，然后往这四种眼神中归类，真是好笑。

第一种"静若含珠，动若木发"。这是最好的一种眼神。眼睛处于静态的时候，目光安详沉稳而又有光，真情深蕴，宛如两颗晶亮的明珠，含而不露；处于动态的时候，眼中精光闪烁，敏锐犀利，就如春木抽出的新芽。这个"动若木发"似乎有点牵强，故有人认为应为"动若水发"，意为眼睛动起来时像大水一样漫延过来，让人无法阻挡和拒绝，形容眼睛脉脉含情。

第二种"静若无人，动若赴的"。这也是很好的一种眼神。双眼处于静态的时候，目光清明沉稳，旁若无人；处于动态的时候，目光锋芒外露，很快能够锁定目标，如待弦而发，一发中的。

《冰鉴》评价前两种眼神为"澄清到底"，意思是眼神澄明清澈，这是属于纯正的神情。我们再看来后两种不怎么好的眼神。

第三种"静若荧光，动若流水"。这应该是小奸小恶之眼神。两眼处于静态时，目光好像萤火虫的光芒，闪烁不定；处于动态时，目光好像小桥流水一样，塞塞窣窣，波动不止。有这种眼神的人"尖巧而喜淫"，意为善于伪饰，偷奸耍滑，是一种奸心内萌的神情。

第四种"静若半睡，动若鹿骇"。这个厉害了，是大奸大恶之眼神。两眼处于静态的时候，目光似睡非睡，似醒非醒；处于动态的时候，目光像受惊的小鹿一样，惶惶不安。这种眼神的人"别才而深思"，一则是有智有能，但可能不循正道，一则是深谋图巧，又怕别人窥见他的内心。

《冰鉴》第一章就是讲神骨，所谓"神"主要是讲观察一个人的神态，而神态显化最明显之处就是一个人的眼睛。通过一个人的眼睛看出一个人内心藏有的秘密，嘴巴说话可以心口不一、信口雌黄，但一个人的眼睛是很难骗人的。所以领导者要善于看懂读懂他人的眼睛。

但奸邪之人，往往很善于伪装。

如上文讲的第四种大奸大恶之眼神，往往会被误以为是最好的第一类眼神，两者的外在表现非常类似。因此如果经验不够丰富，不仔细辨认，很难看清他的真面目，这就需要我们拥有敏锐的观察力和判断力。

有一个大概的原则，一个人的目光如果安详沉稳，无游离状态，炯炯有神，就像灯光一样具备神韵，此种人一般属于纯正之人；反之一个人总是目光闪烁，游离不定，惶恐不安，一般都是心藏苟且，多为奸邪之人。

这个世界上"生而知之者"毕竟是极少数，绝大部分优秀的领导者都是在实战当中不断提高和成长的。而认识和判断一个人通常都是需要通过较长时间的综合观察才能够得出符合其真实面目的精准评价。因此，一个领导者往往只有经过了千山万水，看过了芸芸众生，经历无数、阅人无数之后，才能够真正练得慧眼识人、火眼金睛的境界和水平。

最后提一下，其实早在曾国藩《冰鉴》论眼神之前两千年，亚圣孟子就提出了看人眼睛的重要性。

> 孟子曰："存乎人者，莫良于眸子。眸子不能掩其恶。胸中正，则眸子了焉；胸中不正，则眸子眊焉。听其言也，观其眸子，人焉廋哉？"
>
> ——《孟子·离娄上》

孟子说："一个人身上存于内而显于外的，没有哪一处强过他的眼睛。眼睛不能掩盖一个人丑恶的灵魂。心正，则眼睛明亮；心不正，则眼睛昏暗。听一个人说话的时候，观察他的眼睛，这个人还有什么能够隐藏的呢？"

各位有没有发现？亚圣孟子借用了至圣孔子的那句话，就是"人焉廋哉"。

二、西方领导力的团队领导之术

本章谈领导者对团队的领导和管理之术，是中国式领导力外王之道所包含的部分，也是现代西方管理学重点关注的内容。

西方管理学中丰富的且被实践检验证明是有效的团队管理之术也是中国式领导力所要借鉴的内容。本节我们对其中非常重要的部分进行总结提炼。要注意，西方管理学发展百余年来，理论、技术、方法、工具和流程等，何止千万，本节我们所呈现的仅是其中很小的一部分。

（一）领导与管理：孰优孰劣？

领导与管理是两个常被提及且相互关联的重要概念，在本书内容中，我们也常常将两者放在一起讨论。通常情况下，人们会将领导和管理混为一谈，但它们之间有着明显的差异。

哈佛商学院教授约翰·科特（John P. Kotter）在其学术生涯的前半段，将自己的研究重点放在揭示和讨论领导和管理的区别与联系上。

他认为：领导和管理是两个互不相同但又互为补充的行为体系；在日趋复杂和变幻无常的商业社会中，这两者缺一不可，都是取得成功的必备条件。领导未必优于管理，也未必可以取代管理；要获得成功，真正的挑战在于将强有力的领导能力和管理能力结合起来，并使两者相互制衡。

1. 领导和管理的区别

清晰认知领导与管理的差异是领导者根据具体情境灵活运用这两种手段的前提。

我大致总结了领导和管理的七点不同。

（1）关注点不同。领导更加关注人的成长，管理更加关注事的完成。

（2）目标不同。领导更加重视长期目标的实现，管理更加重视短期目标的达成。

（3）目的不同。领导偏重做对的事情，管理偏重把事情作对。

（4）方向不同。领导注重突破和变革，管理注重维持与稳定。

（5）手段不同。领导常用引导和激励的手段，管理常用控制和约束的手段。

（6）资源不同。领导运用影响力完成任务，管理运用职位权力完成任务。

（7）方法不同。领导更加重视恒定不变的价值观和信仰的影响作用，管理更加重视纪律、法规和程序的约束作用。

总的来说，**管理**主要关注维持组织的稳定运行，确保各项事务按照既定的流程和规范进行。管理的核心在于建立和维护秩序，优化资源配置，以及确保目标的达成。它侧重于对具体事务的计划和组织，通过制定政策、分配资源、监控进度和解决问题来实现组织目标。所以管理更加关注的是事。

领导则更侧重于激励和鼓舞团队成员，推动他们超越现有水平，实现更高的成就。领导的核心在于建立愿景，激发团队成员的积极性和创造力，引导他们共同追求更高的目标。领导通过影响力、魅力和战略眼光来塑造团队文化，激发团队潜能。所以领导更加关注的是人。

2. 领导和管理的平衡

实战当中真正能够获得成功的领导者，是需要同时掌握并灵活运用领导和管理这两种手段的，它们两者的适用情境也是不同的。

约翰·科特在自己的研究中提出："取得成功的方法是75%～80%靠领导，其余20%～25%靠管理，而不能反过来。"我们并不知道他的数据是怎样得来的。但凭直觉来看，在现实生活中不同的场景下，到底选择领导手段还是管理手段，一定是变动不居的。甚至是针对同一个下属成员，是采用引导和激励的领导手段更多，还是采用控制和约束的管理手段更多，也是需要根据这个下属在不同时间承担不同工作任务时的状态来确定的。

因此，到底是使用领导手段，还是使用管理手段，需要考虑的因素有很多。

一要考虑工作任务的性质。如果时间紧、任务重且比较复杂，很显然，这时就需要采用管理的手段，清晰地制定时间推进表，责权利分工明确，给出细致的工作计划，从而确保能够及时拿到工作完成的结果；相反，如果工作任务不太紧急，则可以采用领导的手段，按部就班地完成，并在此过程中激励和辅导下属，帮助团队成长和提高。

二要考虑下属的能力和意愿度。如果下属能力强，意愿度也高，工作的主动性也很强，那么应该要使用领导的手段，给予帮助、激励、支持。此时若采用控制和约束的管理手段，容易打击下属的主动性和意愿度，可能对上下级的信任关系产生危害。

三要考虑团队发展的不同阶段。一般情况下，团队刚建立要采用领导手段激励大家鼓足干劲，并明确团队的愿景和价值观；在之后团队不断成长的过程中，要运用管理的手段建立规则、制度和流程等；等到团队相对比较成熟的阶段，则又运用领导的手段，关注成长、突破和变革等。

四要考虑管辖的范围和幅度。高层领导干部一般较多地采用领导的手段，设立愿景，构建文化，激励团队；基层管理干部一般较多地采用管理的手段，注重具体工作任务的达成。

五要考虑外界的变化幅度。外部环境稳定可预测时，一般在团队内部采用领导的手段，寻求突破和变革，关注团队成员的成长和发展；外部环境变动不居时，一般在团队内部采用管理的手段予以控制和约束，以正确应对变化的环境。

六要考虑项目进展的不同阶段。基本逻辑同第三点。

尽管领导与管理在定义和职责上有所不同，但它们在实际工作中是相互依存、相互促进的。有效的领导者通常也是优秀的管理者，他们能够在确保组织稳定运行的同时，激发团队成员的积极性和创造力。同样，优秀的管理者也需要具备良好的领导能力，以便在关键时刻引领团队应对挑战和变革。

因此，领导与管理虽然有所不同，但都是团队组织获得成功不可或缺的关键因素。只有灵活运用两者手段，使它们相互补充、相互促进，才能最终推动组织向更高层次发展。优秀的领导者一定是两手都要硬，既能运用管理手段有效决策和控制，从而拿到工作任务结果；又能运用领导手段建立团队信任，促进学习提高，从而实现员工满意成长。

因此，领导和管理两种手段的综合运用，能够帮助领导者最终实现任务成果和人的成长两者兼具的完美绩效结果，从而走向成功。

（二）领导者权威

领导者权威是西方管理学以及社会学研究领域的一个重点课题。权威是指对权力的一种自愿的服从和支持。人们对权力安排的服从可能有被迫的成分，但是对权威安排的服从，一般则属于认同。反对者可能不得不服从权力做出的安排，但是服从不等于认同。

一个领导者必须要建构自己在团队中的权威，然后才能更为有效地实施领导和管理动作，以实现团队的目标。要想建构自己的权威，首先是要了解权威的来源，以及权威的各种不同类型。

西方世界极具影响力的德国社会学家马克斯·韦伯将权威划分为三种类型：个人魅力型权威、传统型权威和法理型权威。每种类型的权威都有其特定的权力基础和特征。

（1）个人魅力型权威。这是基于某个具有非凡个人魅力的领导者的影响力而形成的权威类型。这种权威模式强调领导者的独特性和对追随者的吸引力。

（2）传统型权威。这是建立在长期习俗和传统信仰的基础之上的权威，具有不可侵犯的神圣性。在这种模式中，行政官员往往被视为君主的代言人，并且可以世袭。

（3）法理型权威。这是基于对正式制定规则和法律的正当性要求而形成的权威类型。在现代社会中，这种合理合法的权威占据主导地位，而其他两种权威主要存在于传统社会中。

韦伯并未对任何一种权威类型有所偏好，而是强调应根据具体情境来分析。这三种权威类型都为统治合法性提供了基础，但现代社会特别强调将合法性与技术合理性相结合，通过提高技术合理性来增强合法性。韦伯在之前研究的基础上提出了"理想型"这一概念，指研究者通过极端化和抽象化建立的理论模型。现代社会组织的"理想型"或者说"理性化"进程表现为法理型权威逐步取代传统型权威和魅力型权威。

马克斯·韦伯毕竟生活在 19 世纪末 20 世纪初，距离我们已经一百多年了。一百多年来对领导者权威这一课题，也有很多新的研究。本书结合现代管理实践需要总结出四种在实践中常用的领导者权威类型。

1. 职位权威

职位权威（structural authority）是指由组织和职位赋予领导者的正式权威。所谓"官大一级压死人"，下属成员屈从于领导的职位权威，往往带有不情愿和不得不服从的意味。因此，一个领导者如果使用职位权威太多太过，可能得不到下属团队的真心拥戴。

2. 智慧权威

智慧权威（sapiential authority）是指一个人拥有并表现出高人一等的知识、技能或能力，因而对他人产生一种影响力，也可称为技术权威或专业权威。大家服从这个人或是愿意听从这个人的指示，是因为他在这一领域是个高手。所以，拥有智慧权威的人不一定担任领导。很多单位里有一些并未担任领导的技术能手，对团队具备重要的影响力，这就是智慧权威。

3. 道德权威

道德权威（moral authority）是指基于个体"德高望重"的人格魅力影响他人决策。它既存在于管理者和被管理者之间，也存在于没有上下级关系的人之间。它建立在双方相互信任和尊重的基础上，又可称为人际权威。

4. 魅力权威

魅力权威（charismatic authority）与马克斯·韦伯所提出的"个人魅力型权威"大致类似，其基础都是领导者的人格力量，以及通过举止和心理投射对他人产生影响的能力。又译为感召型权威，指的是一位领袖人物因为其所具有的与其追随者建立特殊关系的能力从而获得的权力。

以上四种是现代社会组织特别是企业组织中常见的权威类型。领导干部需要综合使用它们。任何权威的单独使用都不能达到最好的效果。例如，职位权威用得太多太过，会造成团队的压抑感，成员并不会真心服从；但如果一点不使用职位权威也是不恰当的，可能会造成团队的松散和懈怠，中国民间俗语所谓"慈不带兵"就是指这种情况。

每个领导者都会有一种自己比较偏好的权威风格，所以了解自己非常重要，这就是老子《道德经》所言的"知人者智，自知者明"。西方管理学善用实证调查和测试问卷等一些工具来帮助人们了解自己。关于领导者自身的权威风格，也有非常实用和准确的问卷，本节限于篇幅原因不做引述。

此外，每个领导者虽然都有自己偏好的权威风格，但要想达到权威使用的最佳效果，一定是要根据环境、任务、对象等条件的不同，灵活使用上述四种不同的权威风格。因此，优秀领导者的权威使用一定是灵活多变的。

（三）情境领导理论

本书在第七章第四节"现代西方领导力理论的变迁及其主要观点"中，曾提到情境领导理论。这一理论是领导力的权变理论中最为重要的理论之一，因为其贴近实战，故备受青睐。

该理论认为，领导者的领导方式应同下属员工的成熟程度相适应，在下属员工渐趋成熟的过程中，领导者应依据下属的成熟水平选择适当的领导风格以取得成功。

因此，就出现了一个特别值得大家注意的概念，叫作员工成熟度。

1. 员工成熟度的四种类型

赫塞和布兰查德将员工成熟度定义为一个员工对自己的工作行为负责任的能力水平和意愿度。很显然它包括两项因素：工作能力和工作意愿度。

工作能力包含一个员工所拥有的知识、技能和经验水平，能够支持他们完成自己的工作任务而不需要他人的指导。

工作意愿度是一个员工做某件工作的意愿和动机，意愿度高的员工不需要太多的外部鼓励，他们更多靠内部动机激励自己完成工作。

基于上述定义，可以将员工的成熟度划分为四个阶段（M1 至 M4）：

M1：无能力、无意愿度。这类员工对于执行工作任务既无能力又不情愿，他们既不胜任工作又不能被信任。

M2：无能力、有意愿度。这通常是一个岗位的新手。这类员工缺乏完成工作任务能力，却愿意从事必要的工作任务，即他们有积极性，但缺乏足够的工作能力。

M3：有能力、无意愿度。这是团队中的不满分子，有能力却不愿意干领导者希望他们做的工作。

M4：有能力、有意愿度。这是明星和骨干员工，既有能力又愿意干领导者让他们做的工作。

请注意，这四类成熟度不同的员工是会不断变化的。新手会因为领导的提携和辅导而迅速成长为有能力又有意愿度的明星和骨干员工；而一个明星和骨干员工也可能因为领导的不信任而迅速变成团队中的不满分子；或者一个不满分子也会因为信服一个新来的领导而迅速改变了自己的工作意愿度，变成了团队的明星和骨干员工。

所以，下属的成熟度如何变化，很大程度上取决于团队领导的领导力水平。

2. 领导行为的两种类型

情境领导理论分析了领导者的领导行为，并将之划分为两种类型，而这两种类型的领导行为进行组合，就得到了四种不同的领导风格。首先我们来看一下两种不同的领导行为。

（1）第一种是工作行为。

这种领导行为一般以比较直接、果断、要求的方式进行。例如，为下属：

设计目标，告诉、指导他要做什么；

规范方法，告诉、指导他要怎么做；

设定标准，告诉、规定他要做到怎样才可接受；

追踪监督，定期检查、追踪；

持续回馈，下属做得不好时，要指出来；

绩效导正，要求下属改正并达成绩效……

（2）第二种是关系行为。

这种领导行为一般以参与、协助、引导、激发的方式进行。例如：

倾听下属；

询问下属的意见；

与下属即兴讨论；

给下属提供意见、想法；

分享经验；

提供资源、帮助；

告诉下属如何找到解决办法；

激励、鼓励下属；

做得好时给下属肯定、赞美；

做得不好时与下属一起想办法；

给下属更多自主空间、决策权力；

定期与下属回顾、咨询……

3. 领导风格的四种类型

领导者面对四种不同成熟度的下属团队，综合运用两种不同类型的领导行为，于是就得到四种不同类型的领导风格。

（1）告知式（tell）领导风格（低关系-高工作）。

主要针对 M1 型下属。告知式领导风格需要领导者定义角色，向下属发号施令，明确告知下属应该干什么、怎么干以及达成的考核标准是什么。

（2）推销式（sell）领导风格（高关系-高工作）。

主要针对 M2 型下属。领导者同时提供指导性的行为与支持性的行为，给予下属激励和指导，同时告知其干什么和怎样干，帮助其提高能力，快速成长。

（3）参与式（participant）领导风格（高关系–低工作）。

主要针对 M3 型下属。领导者深度参与工作任务，与下属共同讨论和决策，保持与下属充分的沟通，为其提供便利的条件以便完成工作任务。

（4）授权式（delegate）领导风格（低关系–低工作）。

主要针对 M4 下属。领导者给予下属充分的信任，有效授权其独立完成工作任务，提供极少的指导或支持。

情境领导理论被誉为 20 世纪重大的领导理论之一。有别于传统的领导特质理论只重视领导者行为能力的修炼，情境领导理论特别强调领导风格要根据下属员工的成熟度情况加以变化。然而，这也决定了这一理论的局限性，它将领导情境简化为较为单一的员工成熟度，忽视了组织文化、任务特性、外部环境等其他因素的影响。但即便如此，情境领导理论还是为领导者提供了一种确定适宜的领导方式和领导风格的方法，强调领导风格不是一成不变的，因而具有很强的实战性，被广泛应用于各种组织和管理情境中。

（四）卓越领导者的五项最佳行为和十大承诺

这个理论源自美国管理学专家詹姆斯·库泽斯（James M.Kouzes）和巴里·波斯纳（Barry Z.Posner），他们在其合著的著作《领导力：如何在组织中成就卓越》中总结出了卓越领导者的五种习惯行为及十大承诺。

这一理论在国内外各大商学院是 MBA、EMBA 学生的重要学习内容之一，我也是在复旦大学管理学院求学时接触到这一理论。在校园里时往往不觉得课堂上学到的理论有多厉害，等到我毕业后再一次踏入职场到世界 500 强企业联合利华（Unilever）工作时，时任领导方炜先生提出要在团队中推行这一理论体系。我在协助他构建"联合利华领导力训练营"项目时，才发现这一体系对于团队建设的实战效果极佳。

本书先概述一下这五种习惯行为和十大承诺的内容（表2）。

表2　卓越领导者的五种习惯行为和十大承诺

五种习惯行为	十 大 承 诺
以身作则	1. 明确自己的理念，找到自己的声音，宣扬共同梦想 2. 使行动和共同理念保持一致，为他人树立榜样
共启愿景	3. 展望未来，想象令人激动的各种可能 4. 诉诸共同愿景，感召他人为共同愿景而奋斗
挑战现状	5. 积极进取，尝试新的方法，寻找机会 6. 进行试验和冒险，不断取得小小的成功，从错误中学习
使众人行	7. 通过强调共同目标和建立信任来促进合作 8. 通过分享权力与自主权来增强他人的实力
激励人心	9. 通过表彰个人的卓越表现来认可他人的贡献 10. 通过创造一种集体主义精神来庆祝价值的实现和胜利

1. 五种习惯行为

这五种习惯行为从字面上看很容易理解，而学习做一个卓越的领导者就可以从模仿这五种习惯行为开始。当然现实世界中，有些领导者做得好，有些则表现一般，我们可以先了解一下不同级别的领导者在这五种习惯行为上的不同表现，将其分成卓越、中等和一般三个级别，并描述不同级别的行为表现。各位领导者也可以借此对照一下自己在日常工作中的表现是否符合卓越领导者的标准。

（1）以身作则。

卓越：领导者提前说好大家应该怎么干，自己带头干，兑现自己的承诺，同时鼓励和引导他人，使团队形成统一的行为规范。

中等：领导者亲自干，同时说明自己的信念与原则，会让团队遵循自己的方式、跟着自己的示范去干活。

一般：领导者自己埋头干活，但不说，只用行为来影响团队，却没有使团队清晰了解自己的做事理念和原则。

（2）共启愿景。

卓越：领导者不但清楚地设定了大目标、分解目标和阶段目标，而且能够有效地组织全体队员相互协作，达成共同目标。

中等：领导者明确说明团队的大目标，也给团队每个人分解目标和阶段性目标，但是整个团队怎样配合和协同不清晰。

一般：领导者知道大目标但是不说，或者只告诉阶段性的目标和分解目标，下属团队光干活，但是不知道意义何在。

（3）挑战现状。

卓越：领导者能够预知变化，提前做出准备，能够承受挑战过程中的压力，提出创新的办法，一步一个脚印地前进，并且最大限度地降低风险。

中等：领导者勇于突破现状，在尝试突破困难和障碍时，对于结果有一定预知，但不够清晰，缺乏创新的办法。

一般：领导者遇到困难和问题时敢于尝试，但对结果无法预知，或者没考虑后果，属于蒙眼蛮干的状态。

（4）使众人行。

卓越：领导者对下属进行充分授权，使众人有明确目标，并能够为自己做事的过程和结果负责，做出创造性的工作。

中等：领导者能够对属下进行明确分工和责任划分，使团队中的每个人责权利明晰，但所有事情都是由领导者自己来制定和推动。

一般：领导者只是简单地安排任务让大家做，在做的过程中缺乏监督和监控，下属只是机械地完成被安排的任务。

（5）激励人心。

卓越：以精神激励为主，能够帮下属设置足够的目标并提供充分成长空间，让每个人形成足够的责任感和荣辱感，并创造和谐的团队文化。

中等：以正向激励为主，惩罚为辅，而且能够将物质和精神激励相结合，在这个过程中能足够尊重他人，营造和谐的环境，适时适度激励。

一般：能够确定明确的行为标准和奖惩制度，奖惩分明，但是轻奖严惩，以惩罚为主。

2. 十大承诺

与五种习惯行为相对应的是卓越领导者应该要达成的十大承诺，这里所谓的承诺，其实是卓越领导者的实践方向。我们可进一步细化成更为具体的行为，以帮助大家对照应用。

（1）明确理念，找到自己的声音。

领导者要进行自我剖析和反省，明确自身的价值观与追求，分析并坚持自身的信念和原则；设定更高的标准以要求自我；并能够客观地评价自我能力、明确优劣势等。

（2）使行动与共同理念保持一致，为他人树立榜样。

领导者需要运用各种方法和手段以使组织整体对理念、目标、愿景等保持一致的共识；要能够自信并充满激情地谈论共同理念；充分利用会议、文件、标识、团队活动等手段宣导共同理念；检查和匡正自身行为，培养优秀的团队成员，为大家树立榜样。

（3）展望未来，描绘愿景。

领导者要展望未来，明确团队的愿景规划，并能够清晰准确地描述未来；与团队成员不断地谈论梦想，并鼓励大家更多地对话；把对未来的想象具体化、具象化；不断地想象如果你和你的团队实现了愿景目标，那将是一幅怎样令人激动和神往的画面。

（4）感召他人为共同的愿景奋斗。

领导者要激活愿景，诉诸共同的理想，具象化和具体化愿景与目标；要了解团队成员；不断感召那些有能力、有意愿的人加盟团队，特别是吸引那些愿望、目标和梦想与自己一致的人；草拟出团队的愿景规划和宣言，与团队不断沟通，以达成一致共识。

（5）追求变化成长，不断寻找机会。

领导者把握主动权，磨炼自己的观察力；将每次工作视为一次历险，激励团队成员成为开拓者；为自己和团队寻找和创造富有意义的挑战；为每一个人的工作增加乐趣，以培养凝聚力；设立机制以鼓励大家发现和把握各种可能的机会。

中国式领导力：修己安人、内圣外王之道

（6）试验和冒险。

带领团队不断地打打小胜仗，以培养团队的信心和乐趣；进行工作中的小实验，树立模范；打破思维禁锢，鼓励大家挑战常规，肯定多样性的假设，用变化的观点不断观察；注意语言的表达，要说"对"，使潜在的争吵变成一场建设性的对话；不要说"但是"，要说"对，而且"；鼓励诚恳、及时地承认错误；积极地反馈和行动，对每一个项目进行事前和事后检验。

（7）促进团结协作。

在团队中营造一种信任的环境，不断鼓励和促进成员间的合作关系；领导者首先要信任别人，信任有传染性，不信任也会迅速蔓延；提出问题，注意倾听，采纳建议；关注收获而不是紧盯甚至是夸大损失。

（8）让他人发展壮大。

为成员提供看得见的支持；通过有效授权在团队中强化自我决策的机制；分配好关键性的工作，以丰富团队工作的内容；提供大量的培训和技术支持以发展能力、增强自信；营造民主的沟通氛围，珍视他人的贡献和价值；有意识地扩大团队成员的影响范围，以培养他们的自信和自豪；营造一种学习的氛围，培育学习型组织。

（9）认可他人贡献。

让团队成员明白，领导者期待他们发挥最佳水平；公开表扬团队成员的贡献，强化他们的地位和声誉；奖励有贡献的成员，无论是物质的还是精神的，在奖励的方法上要力求创新、富有想象力；培训团队积极的期望；善于发现优秀的团队成员，然后给予奖励；不要吝惜感谢的话语和赞美的言辞。

（10）共同庆祝胜利。

创造一种集体主义精神；把庆祝活动列入正式和公开的日程；开辟一些公开表彰的宣传园地；向模范行为颁发具有纪念意义的奖赏；领导者深入基层，敞开心扉，表示关爱；发挥想象力，以自己的方式当好啦啦队长；富有乐趣并充满热情；要善于抓住每一次机会来庆祝价值的实现和取得的胜利。

卓越领导者的五种习惯行为和十大承诺这一理论框架自诞生以来就广受欢迎，它不仅是理论上的推演，更是两位作者从诸多领导场景和实践中所总结提炼出来的。此外，因为这一理论关注的焦点是领导者所展现出的行为，因而在实战中具备很强的可操作性，对领导者的实践工作具有良好的指导作用。

三、领导者演讲沟通的 5C2S 模型

很多年前我刚踏入职场不久，参加了一场国有企业的全员大会。当时我有幸与大领导一起坐在主席台上，负责三件事，一是记录，二是给他倒茶，三是给他点烟。大领导手无片纸，开场时潇洒地说："同志们，今天开个会，我讲三个问题。"我心想，那这个会议可能半小时就结束了，可结果令我大吃一惊。大领导洋洋洒洒讲了快三个小时，我一边记录一边暗自惊叹。你们猜大老板是怎么讲话的？他说第一个问题有三个方面，第一方面有五小点，第一小点有正反两个方面……整场讲话逻辑严密、层层推进、数据翔实、文采斐然。

我当时非常震憾，觉得自己到了六十岁恐怕达不到他这么高的水准。

过了好几年之后，有一次和这位大领导一起吃饭，讲起之前他的讲话所给予我的震撼，大领导说："云中啊，你以为我是即兴演讲吗？"原来，老人家是在家里认认真真地把演讲稿写好了，熟读、背诵、内化，然后抛掉讲稿，潇洒地走上主席台。

原来如此！

凡事就怕认真二字！这句话真不是"鸡汤"。

后来，我就特别注意研究和提升自己的沟通和演讲能力。因为对于一个领导者来说，坐下来能写、站起来能说、走出去能干，是三条最基本的要求。

什么叫领导者的演讲能力？演讲不仅仅是把事情讲清楚、讲明白，更要能讲出层次，讲出感情，讲到他人心里去，让人感同身受。领导

者的一场演讲，要能点燃团队的激情，带给团队积极向上的正能量。

市面上关于演讲技巧的书籍和培训课程多如牛毛，在全面总结了国内外多种关于演讲的技术之后，我提炼出一套非常实用的模型，并将其命名为"领导者魅力演说 5C2S 模型"。这一模型综合了多家世界 500 强企业演讲技巧课程的内容，以及中国人的经典说话技巧，总计包含了近 150 个或大或小的演讲与沟通技巧，并形成了一整套训练方法。多年来，这套方法在很多企事业单位做过培训，实践证明颇为有效。也曾有出版社建议出版图书详细介绍，而演讲与沟通是本书"中国式领导力"中"外王之道"的必备技能，因此我们在此节予以简单介绍。

请看"领导者魅力演说 5C2S 模型"的整体结构图。

◎ 图 13 领导者魅力演说 5C2S 模型

这个模型如同一栋精心设计的智慧建筑，其所蕴含的价值，远非物质财富所能衡量。所谓"人好好在嘴上，马好好在腿上"，又有"良言一句三冬暖，恶语相向六月寒"之说，会说话，会沟通，无疑对每一个人都非常重要。因此，领导者若能熟练掌握 5C2S 模型，将助力领导者在生活和工作中建立更高效的沟通途径。

1. 风范展现

风范展现（conduct）包含演讲与沟通的风范七法，即身法、步法、手法、说法、眼法、听法和心法。其中每一法都有具体的口诀要领和更为深入的内容。例如，说法要具备表达力、挑战力、创造力、变通力、洞察力和感召力这六力。

在此要特别感谢我的老师刘子熙先生，刘老师讲授"国际职业培训师的培训 TTT"课程 30 多年，在 TTT（即 train the trainer）领域是国内的顶尖专家。所谓 TTT 课程，其核心内容就是演讲与沟通，老师在这一领域深耕多年。然而更令我钦佩的是他的境界和涵养，与之接触，如沐春风。

一段演讲的表达包含语言、副语言和身体语言三个部分。西方心理学家艾伯特·麦拉宾（Albert Mehrabian）在 20 世纪 70 年代有一个研究成果，显示沟通信息的传递中，语言仅占 7%，副语言占 38%，非语言占 55%，这一定律被称为"73855 定律"。其中语言就是讲话的具体内容；副语言包括语音、语气、语调、语速、节奏和停顿，总计六项；非语言就是身体语言，即带给对方的视觉形象。虽然有学者质疑他的数据采集是在特定情境中得出的，并不具备普遍代表性，但这一定律也说明，演讲与沟通需要兼顾多维度信息传递，不仅是要被听见，更要能够被感觉、被看见，这样才能达到最佳的效果。

2. 内容组织

内容组织（content）要符合"凤头、牛肚、豹尾"的要求。这一说法是借鉴古代乐府文章的写法，叫作"凤头、猪肚、豹尾"，因为我喜欢吃牛肚而非猪肚，故改之为牛肚。顾名思义，一段话的开头设计要像"凤头"一样精致小巧、美丽精彩，令人印象深刻；一段话的中间内容要像"牛肚"一样有料有味、丰富厚实、层层叠叠；一段话的结尾要像"豹尾"一样有力、精辟、点题。

3. 建设性反馈

在沟通过程中，给予对方建设性反馈（constructive feedback）能够让整个过程更为顺畅，且更容易引导和说服对方。建设性反馈可以运用赞美、询问、反馈这三个步骤。先赞美以获得良好的沟通氛围，再通过询问让对方充分表达，最后抓住时机给予反馈意见，以达到沟通的目的。

4. 现场控制

在演讲与沟通的场景中，领导者如何进行现场控制（control）是一个实战问题。不论何种场景，领导者都需要注意自身情绪的控制，并将压力调控到适当的范围之内（尤其是公众演讲，完全没有压力和压力过大一样，都是有问题的），以使自身处于思维敏捷、意识敏锐的良好状态。领导者在任何演讲和沟通的场合，都需要注意营造适合的气场，以求达到最佳的效果。

5. 自信、自然、投入

"自信人生二百年，会当水击三千里"，领导者需要表现出自信、（confidence）自然和投入，并将此种姿态贯穿在演讲与沟通的全部过程。自负就是妄自尊大，自卑就是妄自菲薄，这两种状态都是不可取的。领导者需要在演讲和沟通环节中培养自身成熟的、纯粹的、恰当的自信状态，从而具备强大的感染力和说服力。

6. 个人风格

按照西方管理学的研究，演讲和沟通的个人风格（style）可以大致分为四种：控制型、分析型、表达型和亲切型。西方心理学和管理学都有实用的量表来帮助测量我们个人演讲和沟通的风格类型。个人风格的类型没有好坏之分，每一种类型都有相应的优缺点。因此，当我们了解了自身的风格，就需要有针对性地规避自身风格的劣势，并发挥优势，同时学习其他几种风格的优势，为我所用。

7. 独家秘籍

我总结提炼了领导者演讲与沟通的独家秘籍（secret），共计有七项，分别是：变通、区分、乐从、快乐、感召、分享和三思。这七项秘籍的每一项中都有具体的技术和口诀。

本节受篇幅限制，不能展开来讲解这一模型细致的内容，留待未来有机会再补上完整的内容，或许需要花时间单独将其整理成书。

领导者的演讲与沟通技巧的应用极为广泛，无论是销售、谈判、客户异议处理，还是市场调研、客户谈话以及组织内部的沟通协调等，都需要领导者熟练并恰当应用演讲与沟通技巧，以达成目标。

因此，领导者的演讲与沟通技巧是中国式领导力"外王之道"的必修课之一。

章后记：半部《论语》治天下，
一句《论语》治企业

前文我们曾经提到"半部《论语》治天下"。相传北宋时期著名政治家赵普为太祖出谋划策，发动兵变，拥立太祖赵匡胤，后被任命为宰相。宋太祖死后，赵匡义当皇帝，别人认为赵普一生只读《论语》，不学无术，当宰相不恰当。赵匡义问是不是，赵普回答："我平生所知只有《论语》，以前是以半部《论语》辅佐太祖平定天下，如今是以半部《论语》辅佐陛下治理天下。"[1] 这就是"半部《论语》治天下"这一说法的来源。

虽然"半部《论语》治天下"的故事未见正史记载，没有可信的史料佐证，如今也有学者质疑其真实性，但并不妨碍这一典故的千年流传。其原因就在于《论语》中所包含的思想和智慧深邃而广大，不仅构建了中国人的精神世界，也为帝王将相的治国理政提供了有益启示。

当今时代，以《论语》为核心内容的儒家学派思想中所蕴含的领导和管理智慧也越来越受到人们的重视，企业界更是如此。日本"经营之圣"稻盛和夫深受儒家思想影响，其经营哲学与《论语》智慧一脉相承。而稻盛和夫的偶像，被誉为"日本资本主义之父"的涩泽荣一，这位印在万元日币上的传奇人物，毕生倡导《论语》加算盘"的经营理念。他在著作《论语与算盘》中阐释了自己的经营管理哲学：《论语》与"算盘"可以并行不悖，真正的商业成功必须建立在道德根基之上，义利合一才是经商的最高境界。

各位读者也会看到，本书所倡导的"中国式领导力"概念也正是在儒家的核心治理思想"修己安人""内圣外王"之道的基础上进行构建的。孔子在《论语》中明确提出"修己以敬""修己安人""修己以

【1】典出宋代罗大经《鹤林玉露》卷七：宋初宰相赵普，人言所读仅只《论语》而已。太宗赵匡义因此问他。他说："臣平生所知，诚不出此，昔以其半辅太祖（赵匡胤）定天下，今欲以其半辅陛下致太平。"

安百姓"，我们据此也可扩展引申出"修己以安天下"的层层递进。另一方面，虽然《论语》并未明确提到"内圣外王"（关于"内圣外王"概念的来源请见本书上篇第七章），但依据全书的思想内容，我们可以概括出以"内圣外王"为核心的儒家治理思想。

当今时代的儒商群体更是将《论语》一书视为治理企业、经营商业的宝典。其中方太集团就是运用儒家思想治理企业的标杆，其董事长茅忠群先生曾创造性地提出"古有半部《论语》治天下，今有一句《论语》治企业"的理念，他所说的这一句就是：

> 子曰："道之以政，齐之以刑，民免而无耻；道之以德，齐之以礼，有耻且格。"
>
> ——《论语·为政》

孔子说："用政令来治理百姓，用刑法来整顿他们，老百姓只求能免于犯罪受惩罚，却没有廉耻之心；用道德引导百姓，用礼制去同化他们，百姓不仅会有羞耻之心，而且有归服之心。"

茅忠群先生正是在自己的企业里确立"道之以德"的治理根基，树立"齐之以礼"的治理规范，进而建立了独具特色的中国式现代化企业治理模式，并提炼出"中学明道、西学优术，道术结合、以道御术"的企业文化核心理念。方太集团在茅忠群先生领导下的多年实践，正是儒家文化思想与现代企业管理的有效融合。

当然，茅忠群先生应该是说这一句话集中体现了儒家思想的核心治理智慧，其实《论语》16 000 多字中所蕴含的领导思想和管理智慧又何止这一句！本书专论领导力，为构建"中国式领导力"这一概念和整体模型，我们所引用的《论语》原文就多达上百条。而这些领导思想和管理智慧在当代著名企业中都有切实的应用，实践证明起到了良好的效果。例如：

"为政以德"的领导核心。华为任正非强调"以客户为中心"，海尔张瑞敏推行"人单合一"，都清晰体现出"德治"的企业管理思维。

"仁者爱人"的管理温度。海底捞的"家文化"，京东拒绝员工外包，坚守员工权益，皆体现出儒家的"仁爱"思想，进而激发出组织的无限活力。

"信而后劳其民"的制度与信任的平衡。"民无信不立。"（《论语·颜渊》）阿里早期"诚信通"体系，京东的"正道经营"，均以"信"为商业根基。

"和而不同"的团队协作。华为的"灰度管理"强调包容差异，与儒家"和合"思想一脉相承。

"见利思义"的商业伦理。福耀玻璃曹德旺坚持"义利并举"，拒绝短视投机，成就全球行业领袖，正是儒家平衡义利、以义为先的实践成果。

......

《论语》的智慧，小可修身，中可治企，大可治国。在 AI 人工智能等高新科技颠覆传统模式、重塑商业形态的当今时代，儒家思想恰似定盘之星，让企业管理既有科技之"术"，更有人文之"道"。而真正的管理智慧，永远建立在对人性深刻理解的大道之上。

半部《论语》可定国安邦，一句《论语》能兴企立业。这不仅是传统文化的现代传承，更是中国智慧对世界管理思想的独特贡献。愿当代各行各业的领导者和管理者常读以《论语》为代表的经典，让中华智慧照亮现代商业文明的未来之路。

第十四章

中国式领导力的外王之道：
平天下（领导力无处不在）

【本章导读】

　　中国式领导力倡导从领导者个体修身养性的"内圣"之法，延伸到领导者家庭的有效治理，对外部组织的正向影响，直至实现领导力无处不在，即领导者的"外王"之道。我们鼓励领导者在其力所能及的范围内充分发挥其自身的领导力和影响力，帮助他人成功，达成团队目标，承担社会责任，实现自身价值，这就是中国式领导力的"平天下"。"取法乎上，仅得其中；取法乎中，仅得其下"，为实现这一领导力的大道与使命，领导者需具备更大的格局和视野，拥有更高的人生追求与价值担当。为此，中国式领导力需要领导者不断修炼个体精、气、神的内三合能量，以助力实现天时、地利、人和的外三合境界，从而实现中国式领导力修己安人、内圣外王的目标。

一、中国式领导力的大道与使命

（一）不知命，无以为君子

何谓"命"？孔子说自己"五十而知天命"，虽是自谦之语，也足以见得"知命"有多难。

> 不知命，无以为君子也。

——《论语·尧曰》

孔子说，不知道天命所在，就不能成为君子。本书中我们将君子理解为当今时代各行各业的领导者和管理者。换句话说，"知命"是成为领导者的先决条件。

中国式领导力的大道与使命，也就是秉持中国式领导力的领导者所应担当的大道与使命。

> 命，使也。从口，从令。

——《说文解字》

"命"是形声兼会意字，从口、从令。甲骨文中有"令"无"命"，西周金文中开始出现"命"字，命、令两字通用。"命"字是在令上叠加一个"口"而成，其本义是命令，含有差遣、指示等义，强调发号施令的意思。

后来"命"字在其本义的基础上延伸出很多其他相关的含义，其中最为重要的就是"命运""生命"和"天命"。正如孔子说"五十而知天命"，也就是说，"命"是"天"发出的"令"。

因此，君子如要"知命"，其关键点在于"知天"。

维天之命，於穆不已。

——《诗经·周颂·维天之命》

孔颖达解释说："言天道运转，无极止时也。"《诗经》这句诗的大意是：天命（天道）在运行，庄严肃穆永不停息。

那么无休无止的天道规律，大人君子要怎样才能了解和把握呢？

孔子曰："天何言哉。四时行焉，百物生焉。天何言哉！"（《论语·阳货》）孟子曰："天不言，以行与事示之而已矣。"正如孔孟所说，天是沉默不语的。因此想要"知天"，就要从天的"四时行"和"百物生"的"行与事"来揭示它的"道与理"。所以"知天"就要知"天道"、明"天理"。

由此可见，想要"知命"，或曰想要"知天命"，关键在于"知天"；想要"知天"，就要知天的"道与理"，即"知天道"和"知天理"。这是要求人要与天相合，最高的境界就是达到"天人合一"。

对此，《中庸》大道给出了具体的方法，就是修炼"至诚"。

唯天下至诚，为能尽其性。能尽其性，则能尽人之性；能尽人之性，则能尽物之性；能尽物之性，则可以赞天地之化育。可以赞天地之化育，则可以与天地参矣。

——《中庸》第二十三章

大人君子修炼"诚"到了极高的境界，就能"尽其性"，进而"尽他人之性"，再到"尽物之性"，然后就可以赞助"天地之化育"，成就"与天地参"，就是人与天地相齐，达到天地人的三才之道，这就是"天人合一"的境界。

由此，我们得出，领导者可以通过修炼自身的"至诚"以达到"天人合一"的境界，然后就可以"知天道"和"知天理"，进而达到"知天命"的阶段。

故至诚无息。不息则久，久则征。征则悠远，悠远则博厚，博厚则高明。

> 博厚，所以载物也；高明，所以覆物也；悠久，所以成物也。博厚配地，高明配天，悠久无疆。
>
> ——《中庸》第二十六章

达到了至诚境界的大人君子，就可以悠远而博厚，博厚而高明载物，高明而覆物，悠久而成物。因此，达到了至诚境界的领导者，其事业就可以生生不息，可悠久，可广大。

知命，要求领导者具备一种超脱于物质世界之上的精神追求。它鼓励人们不仅仅关注眼前的得失，更要思考生命的意义与价值，追求更高层次的精神满足。《庄子·逍遥游》中"至人无己，神人无功，圣人无名"的境界，正是这种追求的生动写照。这种追求，让君子在物质诱惑面前保持清醒和淡然，在精神世界里自由翱翔。

> 故君子居易以俟（sì）命，小人行险以徼（jiǎo）幸。
>
> ——《中庸》第十四章

道德高尚的君子安于自己的地位，不骄不躁，耐心等待天命降临；而无德的小人却会铤而走险，心存侥幸，妄图获得非分之物。

知命，正是对领导者成长与修养的深刻启示。它提醒我们，要成为一个真正的大人君子，就必须要认识自己，理解生命，以君子姿态，从容不迫，进退有度，至诚无息，怀着一颗平和而坚韧的心去面对考验、迎接挑战、战胜困难，最终成就一番事业。

（二）大道之行，天下为公

《礼记·礼运》记载了孔子和弟子的一段对话，这段对话中的思想应该是本书所倡导的领导者应该要追求的人生和事业的大道。

> 昔者仲尼与于蜡宾，事毕，出游于观之上，喟然而叹。仲尼之叹，盖叹鲁也。
>
> 言偃在侧，曰："君子何叹？"
>
> 孔子曰："大道之行也，与三代之英，丘未之逮也，而有志焉。"

"大道之行也，天下为公，选贤与能，讲信修睦。故人不独亲其亲，不独子其子，使老有所终，壮有所用，幼有所长，鳏寡孤独废疾者皆有所养，男有分，女有归。货恶其弃于地也，不必藏于己；力恶其不出于身也，不必为己。是故谋闭而不兴，盗窃乱贼而不作，故外户而不闭。是谓大同。"

——《礼记·礼运》

过去仲尼作为陪祭者参与了蜡祭，祭祀结束，他来到宫门前的望楼上游玩，喟然而叹。仲尼之叹，大概是为鲁国而发的。

当时仲尼的学生言偃随侍在旁，问：老师为何叹息？

孔子说：大道施行的时代，和夏、商、周三代杰出人物当政的时期，我孔丘未能赶得上，但我有志于此。

大道施行的时代是怎样一番景象呢？

孔子充满向往地描述道：大道施行的时代是太平盛世，天下为人们所共有。选拔品德高尚、有才干的人来治理天下，人们讲究诚信，社会和睦共处。所以人们不只把自己的父母双亲当作父母，不只把自己的儿女当作儿女，使老年人能够安享天年，使壮年人能够施展才干，使年幼者能够得到良好的教育成长，使老而无妻的人、老而无夫的人、年幼丧父的孩子、老而无子的人以及残疾的人都能得到供养。男子各尽职责，女子各有夫家。人们不愿让财物委弃于无用之地，但不一定要藏于自家；人们都愿意为公众之事竭尽全力，而不是为自己牟取私利。这样一来，阴谋诡计被抑制而不会发生，劫夺偷盗杀人越货的坏事就不会发生，家家户户都不用关大门。这就是大同社会。

《礼记》是古代一部重要的中国典章制度书籍，《礼运》是《礼记》中的一篇。此篇中借孔子与其弟子的对话，提出了儒家学派极为重要的政治思想和历史观点，这就是："大道之行""天下为公""大同世界"。

这段话的思想对中国历代精英分子产生了深远影响，成了中华民族千百年来无数仁人志士所为之毕生奉献的崇高理想。

何谓天下为公？

天下为公，就是孔子"以天下为一家，以中国为一人"；

天下为公，就是孟子"乐以天下，忧以天下"；

天下为公，就是《吕氏春秋》所云"天下非一人之天下，天下人之天下也"；

天下为公，就是屈原"亦余心之所善兮，虽九死其犹未悔"；

天下为公，就是范仲淹"先天下之忧而忧，后天下之乐而乐"；

天下为公，就是杜甫"安得广厦千万间，大庇天下寒士俱欢颜"；

天下为公，就是孙中山毕生的梦想和追求；

天下为公，就是青年毛泽东所言"天下者，我们的天下；国家者，我们的国家；社会者，我们的社会。我们不说，谁说？我们不干，谁干？"

天下为公，就是天安门城楼上高悬的"世界人民大团结万岁"；

天下为公，就是"协和万邦""和而不同""天下大同"；

天下为公，就是构建"人类命运共同体"！

二、中国式领导力的天下情怀

中国式领导力的大道与使命是与中国人的天命信仰以及天下为公的追求相关联的，因此，中国式领导力要求领导者要涵养连接天下的情怀与格局。

本节我们从中国式领导力的价值和意义、中国式领导力的责任与担当、中国式领导力的格局与视野三个方面对中国式领导力的天下情怀进行阐述。

（一）价值和意义：以人为本，万物并育

"以人为本"和"万物并育"可被视为中国式领导力的价值和意义所在，并且这两点在家庭、团体组织、国家和社会，乃至于整个世界等不同层面上都有着清晰的体现。

皇祖有训，民可近不可下。民惟邦本，本固邦宁。

——《尚书·五子之歌》

祖先早就传下训诫，人民是用来亲近的，不能轻视与低看。人民才是国家的根基，根基牢固，国家才能安定。

《尚书》即上古之书，亦称"书经"，是中国最古老的王室文集，也是中国第一部上古历史文件和部分追述古代事迹著作的汇编。《尚书》的"尚"字，一为"上古之书"的谐音字，一为"人们所崇尚和尊敬的书"之意，相传此书由孔子删订，被列为儒家五经之一。秦始皇焚书坑儒，并下令禁止民间私藏经书，孔门弟子宓子贱后裔伏生冒诛杀之罪，将《尚书》匿藏于壁中，后刘邦平定天下，伏生返回故里，求其所藏《尚书》，损失大半，仅剩28篇，于是抄录整理，这就是今文《尚书》。后来在孔子故宅墙壁中发现了古文《尚书》，古文《尚书》经过孔子后人孔安国整理，篇目比今文《尚书》多16篇。此书所遭劫难颇多，颇为神奇。这部书无疑饱含着中国古圣先贤的绝高智慧，是名副其实的"圣人之言"。

这段《五子之歌》有一个背景。相传夏朝大禹之孙太康，因为德性品行不好，长期在外游玩田猎不归，招致百姓反感，被后羿侵占了国都。太康的母亲和五个弟弟因此被赶到洛河边，追述大禹的告诫而作《五子之歌》，留下了这段远古时代夏朝"失国"的叹息。

"水能载舟，亦能覆舟。"国家长治久安的根本在于人民。历数中国数千年历史的王朝更迭与兴衰成败，可以清晰地看到，得民心者得天下，失民心者失天下，这是颠扑不破的历史真理。政治腐败、横征暴敛，将导致民不聊生、政权倾覆。为政者更应清醒地认识到这一点，敬畏人民，敬畏人民所赋予的权力。

中国文化自古以来就重视人民的力量，并将其看作一个政权成败的关键。中国式领导力在国家治理层面，强调以人民为中心的发展思想，倡导全心全意为人民服务的宗旨，正是对这一古训的深刻践行。

夫霸王之所始也，以人为本。本理则国固，本乱则国危。

——《管子·霸言》

春秋时期齐国名相管仲在对齐桓公陈述霸王之业时，第一次明确提出了"以人为本"。管子类似的言论还有"人者，身之本也；身者，治之本也"（《管子·权修》）；"齐国百姓，公（指齐桓公）之本也"（《管子·霸形》）。

虽然古时候"民惟邦本""以人为本"的思想与当今时代或有内涵上的差异，但这一重视人的力量、人的智慧、人的创造的思想后来因为儒家所倡导的"德治仁政"，而成为中国人数千年来核心的国家和社会治理理念之一。

除了在国家社会层面，中国式领导力在企业组织层面一以贯之地注重和倡导以人为本的管理理念，通过激发员工的积极性和创造力，充分发挥员工的知识与技能，从而为企业不断创造价值，实现组织的可持续发展。

圣人常善救人，故无弃人；常善救物，故无弃物。

——《道德经》第二十七章

老子在《道德经》中说，在高明的圣人（领导者）眼里，世间"无弃人、无弃物"，认为每个人都有其价值和作用，而领导者的关键责任在于如何发现和利用这些价值。

用人之长，天下无不用之人；用人之短，天下无可用之人。

这种思想强调了领导者知人善用的重要性，即需要具备识别和利用每个人优点的能力，才能充分发挥团队的整体效能。

中国式领导力倡导"以人为本"，强调挖掘、引导和发挥每一个人的力量与价值；中国式领导力倡导"和而不同"，强调团队合作、分工协作、沟通协调和持续改进，为组织提供了强大的内部动力；中国式领导力还倡导"诚信为本，义利兼顾"，强调组织承担社会责任，提升组织的社会形象和品牌价值。

　　仲尼祖述尧、舜，宪章文、武。上律天时，下袭水土。辟如天地之无不持载，无不覆帱。辟如四时之错行，如日月之代明。

　　万物并育而不相害，道并行而不相悖。

　　小德川流，大德敦化。此天地之所以为大也。

——《中庸》第三十章

　　仲尼（孔子）继承尧舜的传统，效法周文王、周武王的典章制度。上符合天时规律，下获得水土滋养。（孔子述道章制的工作）就像天地那样没有不能掌控承载的，没有不被包容施惠的。如四季交错运行，像日月照亮天空。然后天下万物能一同发育而不相互危害，各种行为准则能同时进行而不相互矛盾。小的德行像河川一样到处流淌，大的德行像天地一样化育万物。这就是天地之所以被人称颂的原因。

　　中国式领导力不仅要以人为本，强调和发挥人的价值和力量，更要如天地日月一般化育万物。这是中国式领导力遵循天道（也可称为宇宙和大自然的法则）、兼容并蓄、包容承载、和合共生的体现。

　　俗语有云：商场如战场。但在商业环境中除了西方所倡导的无限竞争和你死我活的零和博弈，更有携手共同成长的合作共赢。

　　中国文化所倡导的"万物并育而不相害，道并行而不相悖"的思想，正是体现了对不同文明、不同思想、不同国家、不同组织、不同人群甚至是对竞争对手的尊重和包容。

　　以中国文化为根本基础的中国式领导力，正是具备了这一独特的竞争力和影响力。中国式领导力所蕴含的天地信仰、集体主义精神、合作意识、长远眼光和人文关怀，为企业组织在商业环境中的运作提供了有益的借鉴和启示。中国式领导力所强调的和合共生、合作共赢、开放包容和共同发展，更为全球商业合作注入了不同于西方文化的活力和动力。

　　周虽旧邦，其命维新。

——《诗经·大雅·文王》

中国文化之所以绵延数千年而没有中断，主要原因就是其不断发展、与时俱进。

中国式领导力面对当今时代复杂多变的各种环境，不是抱残守缺、墨守成规，而是积极融入现代化，追求不断创新和发展。一方面，中国式领导力对中华优秀传统文化进行持续不断的深入挖掘和传承，将其中所蕴含的领导思想和管理智慧融入现代管理实践中；另一方面，中国式领导力还深度借鉴和学习西方先进的管理理念和技术手段，从而做到中西合璧，以适应现代社会的领导和管理情境。

（二）责任与担当：至诚尽性，止于至善

格致诚正、修齐治平，从个体到天下，中国式领导力的责任与担当，不仅体现在领导者个人的修为与能力的提升，以及对家庭的安顿与规划，更体现在对社会和国家，乃至对全人类共同福祉与和谐发展的深切责任和关怀。因此，中国式领导力的责任与担当，是一种由内而外、层层递进的精神境界和实践行动。这种领导力，才是推动社会进步、国家繁荣与全球和谐的重要力量。

中国式领导力的责任层次，第一在个体。领导者需要关注自身的个人能力、素养、境界、水平和品格的提升，乃至整个身心的成长。正如《大学》所言，"修身、齐家、治国、平天下"，修身是起点，也是基础和根本。领导者需通过不断学习、反思与实践，提升个人的道德品质、专业素养和领导能力。孔子提出"修己以敬"，中国式领导力的责任与担当，首先正是领导者对自身的要求。其实我们每个人都是自己最终的责任人，领导者更要摈弃自暴自弃、自怨自艾、自我放逐、自我妥协等对自己不负责任的行为和思想。

中国式领导力的责任层次，第二在家庭。照顾和安顿好家人是基本人伦、人之常情。一个对家庭和家人不负责任的人，即使身处高位，也几乎不可能在其他地方有责任担当。

中国式领导力的责任层次，第三在组织。不论身在何种单位，不论承担何种岗位，我们都需要在其中作出贡献、呈现价值，这是对团

队、对组织以及对自身影响范围内他人的责任与担当。

中国式领导力的责任层次，第四在社会。社会责任是一个组织及其领导者对社会应承担的责任。一个组织应以一种有利于社会的方式进行经营和管理，并积极倡导正确的价值观，引领社会风气，促进社会进步。社会责任的担当通常是组织承担的高于其自身目标的社会义务。它超越了法律与经济，是对领导者的道德要求，因此肯定不具备强制性，但是正因为如此，社会责任对领导者提出了更高的要求。

中国式领导力的责任层次，第五在国家与人民。能力越大，责任越大。我们需要站在更高的角度认识自己的领导工作，需要具备国家情怀、全局意识与战略视野。习近平总书记说："一个人不爱国，甚至欺骗祖国、背叛祖国，那在自己的国家、在世界上都是很丢脸的，也是没有立足之地的。"保卫和热爱国家，为国家和人民真诚奉献，全心全意为人民服务是每一个领导者所不应忽视的责任担当。

中国式领导力的责任层次，第六在全人类与全世界。我们所做的一切，我们所承担的一切，应该是要有益于全世界的共同发展和全人类的美好未来。这也正是中国式领导力的天地信仰和天下情怀所在。

中国式领导力在以上的六个责任层次中，除了第一条对自己负责之外，其他都需要领导者运用自身影响力最大化发挥外在人、财、物的力量和价值，即所谓的"人尽其才"和"物尽其用"。那么怎样才能够达到这一点？这又需要领导者回归到第一条，即所谓"壹是皆以修身为本"。

（三）格局与视野：运筹帷幄，胸怀天下

前文谈到，西方管理学一个研究项目的调查结果显示，受人尊敬的领导者品质中排名第一的是真诚，排名第二的是有前瞻性，排名第三的是有激情。前瞻性就是一个领导者宏大的格局与广阔的视野。

1."运筹帷幄，决胜千里"

不谋万世者，不足谋一时；不谋全局者，不足谋一域。

眼界开阔者，方能洞见未来；格局宏大者，方能把握现在。

领导者只有站在更高的角度，具备全局性的包容与格局，拥有战略性的眼光和视野，才能够把握正确的方向，引领团队不断前行。

1937年7月7日爆发"七七事变"，中国人民开始全面抗击日本侵略。第二年的1938年5月，毛泽东用如椽之笔撰写了著名的《论持久战》。而此后整个抗日战争的发展也验证了他的英明预见。这篇文章是毛泽东为中国人民抗日战争所撰写的战略性指导文件。

毛主席后来甚至教育全党干部说，没有预见性，就不能称为领导。

中国式领导力强调领导者要培养全局性和战略性的格局与视野。如《孙子兵法》所言："夫未战而庙算胜者，得算多也。"领导者需具备深远的战略眼光，善于从全局出发，"运筹帷幄之中，决胜千里之外"。

领导者能否"运筹帷幄"考验的是格局与视野，而能否"决胜千里"则更加考验的是行动力，考验能否影响和凝聚整个团队，使众人一致前行。

上下同欲者胜。

——《孙子兵法·谋攻》

《孙子兵法》有言，有五种情况可以使战争获得胜利，其中一条就是团队上上下下目标一致、思想一致。兵家圣典启示我们领导者一定要做好团队的思想政治工作，注意建设好组织和团队的文化思想氛围。

1927年，毛泽东率领秋收起义部队到达江西省永新县三湾村进行改编，首次提出把"党支部建在连上"，这就是著名的"三湾改编"。"支部建在连上"不仅确立了党对军队的绝对领导，更是把思想政治工作开展到军队的基层建设中，使官兵不仅行动一致，更能够目标一致、思想一致。毛主席的这一创举也可以说与《孙子兵法》的思想不谋而合。

上之所好，下必从之。

——《孟子·滕文公上》

孟子在劝诫为政者时说了这句话，说明领导者的行为喜好对下属团队具有潜移默化的引领作用。现实世界中，领导者或温文尔雅，或积极进取，所带领的团队往往也会表现出相应的风格。因此，作为领导者的一言一行，皆需深思熟虑，以引领团队和组织正确的发展方向。

中国式领导力强调以人为本，注重发挥团队成员各自的力量与价值，即人尽其才，物尽其用。

中国式领导力强调团结协作，孟子曰，"天时不如地利，地利不如人和"，领导者需善于凝聚人心，形成合力，共同推动组织的发展和进步。

中国式领导力还倡导开放包容，领导者需具备宽广的胸怀和包容的心态，尊重差异，海纳百川，正所谓"泰山不让土壤，故能成其大；河海不择细流，故能就其深"。

……

这样，领导者既能在思想上"运筹帷幄之中"，又能在行动中带领团队"决胜千里之外"。

2."修齐治平，胸怀天下"

"胸怀天下"是一种典型的中国式表达。

因为只有中国人和中华民族才有"天下"的意识，"天下"的概念也是中国文化所独有，体现了中国人对于世界、社会、人生的独特理解和追求。中国人的天下观认为，"天下"包括了我们所知的人类整体，代表着已知的全部文明世界，即"天下一体"。

中国人自古以来生活在广袤的大陆环境中，很早就有自己的"天下观"。早在商朝时期，中国人对"天下"的认识就已经相当完备。商人将天下分为"四方"和"中央"两个部分，形成中国人"天下观"的基本要素。周朝时期，"天下观"逐渐贯彻到政治理念中，到了秦汉时期真正实现了"大一统"的政治体制。经过隋唐、宋、元、明、清各朝代，中国传统的"天下观"理念及其所形成的政治统治秩序日臻完善。

政治实践中"大一统"的追求，也伴随着文化思想上"天下一体"

观念的不断深入。《尚书》中的"协和万邦"、《周易》中的"万国咸宁"、《论语》中的"四海之内皆兄弟"、《礼记》的中"天下为公""天下一家"、……都是中国文化中"天下观"的具体表达。"天下观"由此成为中国人共同的思想观念。

中国人在政治和文化领域的"天下"观念，客观上涵养了中国社会的领导者所具有的格局与视野，"胸怀天下"成了中国的领导者们的理想追求。

这种胸怀天下的理想，让中国社会的精英阶层"以天下为己任"，通过修身、齐家，进而治国、平天下。修身导向是"天下观"的基石，内修方能外治。为了实现"平天下"的最高理想，中国人历来都十分注重个人修养和品德的提升。

这种胸怀天下的理想，让中国社会的领导者们以"天下为公"构建理想的"大同世界"。这种理念强调公共利益高于个人利益，追求社会的公平与正义。

这种胸怀天下的理想，追求实现"六合同风，九州共贯"的"天下一统"。这种多元一统的格局充分尊重各种民族、各种文化的独立性。一花独放不是春，百花齐放春满园，这一直是中华民族的美好愿景。

在当今时代，中国人的"天下观"具备无与伦比的时代价值。

中国式领导力"胸怀天下"的格局与视野，为全球治理提供了新思路。传承和弘扬中华文化"协和万邦"的天下观，强调合作与共赢，为解决全球性问题提供了借鉴。

中国式领导力"胸怀天下"的格局与视野，也是中华优秀传统文化"天下观"的卓越创造，是塑造和传播中国智慧、中国精神的重要载体，弘扬"天下观"将有利于扩大中国文化在全世界的影响力。

中国式领导力"胸怀天下"的格局与视野，将助力构建人类命运共同体。中国古代文化的大同理想在当今时代的最新表达就是"人类命运共同体"。这一理念与"天下观"一脉相承，强调全世界共同追求和平、发展、合作、共赢的美好未来。

三、中国式领导力之"时乘六龙以御天"

（一）中华民族的龙图腾

中国人有一个共同的称呼，叫作"龙的传人"！

龙，是中华民族的共同符号，是中国人的图腾。

龙，在中国文化中是无比神奇、神秘和神圣的。

相传炎帝和黄帝在战败蚩尤、统一中原后，兼容并蓄各个氏族部落，图腾标志也逐渐发展变化，兼取被吞并的其他氏族的标志性图案，最终拼合成了一种虚拟的综合性神灵，它拥有蟒蛇的身，鳄鱼的头，雄鹿的角，猛虎的眼，红鲤的鳞，巨蜥的腿，苍鹰的爪，白鲨的尾，长须鲸的须，最终形成了统一的华夏民族。

龙作为祥瑞，已经成为中华文化的一种符号，也融入了百姓的日常生活中。例如，元宵节舞龙灯，二月二剃龙头、食"龙食"，端午节赛龙舟等。

龙图腾的形象体现了中国文化和中华民族包容、博大的精神气质和特点。中华民族是最早体悟到人性的民族，在龙图腾的形成过程中突出地表现了这种人性。这就是为了团结、亲近被吞并的氏族部落的人们，并没有完全消灭他们的精神崇拜和文化寄托，而是将他们图腾中的一部分加在了自己图腾身上。可见龙的形象就是一种和合团结的象征，表现了中华民族远古祖先极其宝贵的和合精神，是中华民族精神的一个源头。

除了和合精神，龙的文化、龙的传说还蕴含着中国人深邃和丰富的文化理念，如天人合一的宇宙观、仁者爱人的价值观、协和万邦的国际观、和而不同的社会观、人心和善的道德观以及兼容并包的多元文化观等。拥有如此丰富的内涵，我们当以龙的传人而自豪。

（二）乾卦"六条龙"与中国式领导力的六种精神

在《周易》乾卦的经文中出现了"六条龙"，这"六条龙"分别对应优秀领导者的六种精神，所蕴含的智慧可谓是"致广大而尽精微"。优秀的领导者要认识、理解、掌握这"六条龙"，以应对和解决管理工作中的各种问题。

乾：元，亨，利，贞。

初九，潜龙，勿用。

九二，见龙在田，利见大人。

九三，君子终日乾乾，夕惕若厉。无咎。

九四，或跃在渊，无咎。

九五，飞龙在天，利见大人。

上九，亢龙，有悔。

用九，见群龙无首，吉。

——《周易·乾卦》

上爻	▬▬▬	上九：亢龙，有悔	亢龙：自我反省的精神
五爻	▬▬▬	九五：飞龙在天，利见大人	飞龙：引领实现的精神
四爻	▬▬▬	九四：或跃在渊，无咎	跃龙：灵活变通的精神
三爻	▬▬▬	九三：君子终日乾乾，夕惕若厉。无咎	惕龙：自强谨慎的精神
二爻	▬▬▬	九二：见龙在田，利见大人	见龙：主动担当的精神
初爻	▬▬▬	初九：潜龙，勿用	潜龙：学习积累的精神

◎ 图14 乾卦"六条龙"与中国式领导力的六种精神

1. 潜龙

《周易·乾卦》初九爻："潜龙，勿用。"

《周易·象传》中说："'潜龙勿用'，阳在下也。"《周易·文言》中说："'潜龙勿用'，阳气潜藏。"

我们以一个人的发展成长来比喻，初九爻潜龙代表着学习积累、静待时机的阶段，所以说"勿用"。注意，勿用并不是不用，而是说不轻易显露，不轻易出手，默默地积蓄力量。所以这一条龙是潜伏着的，是蓄势待发的。

《周易·文言》进一步说："子曰：'龙，德而隐者也。不易乎世，不成乎名，遁世无闷，不见是而无闷。乐则行之，忧则违之，确乎其不可拔，"潜龙"也。'"这一段话是描述潜龙的作为，潜龙是隐居起来的有才德的君子，他们的操行非常坚定，不为世俗所转移，他们不追求名声，远离世事而没有苦闷，没有因为言行不受世人赏识而感到烦恼。他们对喜欢做的事情就积极去做，对可忧虑的事情就避开，坚守自己的正道而不为外物所动。

总结一下，在潜龙阶段我们要把握以下三个要点。

第一是"潜藏"和"下"。阳气潜藏，阳在下也。我们要非常清晰地知道自己的这一人生阶段，身处卑贱的地位，身在恶劣艰苦的环境，要知道潜藏。老子在《道德经》里也说："上善若水，水善利万物而不争。处众人之所恶，故几于道。"为什么水是上善，因为水把自己放得很低下，别人不愿意去的地方，他愿意去，所以更接近于道的形式。所谓道，是老子在《道德经》中顶礼膜拜的一种境界。

第二是"无闷"。就是不苦闷、不烦恼。潜龙意味着寂寂无闻，意味着寂寞和不为人所知，更不为人所用。但是在这种状况下，君子依旧能够积极向上，乐观开朗，并能够苦中作乐，把自己的生活、工作、学习都安排得很好。所以真正的潜龙，不仅没有苦闷，而且能够自得其乐。

第三是"勿用"之用。前面说过勿用不代表不用，"勿用"是收敛起来，隐藏起来，不显摆，不妄动，为将来的有用而积极准备，这是在潜藏阶段的"用"。所以潜龙都是非常明确自身的优劣势、明确自己的志向所在的，不到时机，不到火候，他们不会轻易显山露水。

中国历史上有很多人在潜龙勿用阶段留下美名。简单举两个例子。

第一个就是卧薪尝胆的越王勾践。勾践在被吴王夫差打败之后，深深地潜藏，默默地积蓄着自己的力量，后来终于在范蠡、文种等一帮仁人志士的帮助下，打败吴国成就一代霸主。后来蒲松龄作对联说：苦心人，人不负，卧薪尝胆，三千越甲可吞吴。所以潜龙阶段需要苦心。

第二个例子是诸葛亮。诸葛亮字孔明，号卧龙。这个号就隐含着潜龙勿用的意思。诸葛亮躬耕南阳，号称一介布衣，其实他非常明白自己的人生阶段就是潜龙勿用的阶段。在积蓄力量、学习成长的同时，他也密切关注着天下大势，所以虽然身居茅庐却洞悉天下，最后终于等到一个好时机，就是刘备三顾茅庐来请他出山。

所以在我们陷入困境，甚至落魄落难的时候，要学会如龙潜深渊，藏锋守拙，伺机而动。我们要非常清楚地了解自己所处的阶段是什么。一件事情的发展可能都有它的潜龙阶段，例如我和女儿下国际象棋，我告诉她在开始阶段排兵布阵，形成战略态势，就需要潜藏，不能让对手看到你的意图，这是下棋的潜龙阶段，它可能比较短暂；一个人的发展成长也一定有它的潜龙阶段，比如你到了一个新单位、新环境，就需要细致观察、了解情况，切忌张牙舞爪、博人眼球，这是潜龙；又比如你学习新的技能考取新的证书，积累广博的人脉等，这也是潜龙阶段。

明确了我们在这件事情上、在这个时间段里是潜龙，我们就应该有潜龙的作为，千万不能冒冒失失、毛手毛脚，而是应该小心谨慎、学习积累、默默等待，而一旦时机成熟，就果断行动，甚至是一飞冲天，去实现自己的目标。

潜龙勿用的阶段，君子需要一种学习和积累的精神！

2. 见龙

《周易·乾卦》九二爻："见龙在田，利见大人。"

第二条龙是见龙，注意这个"见"是"现"的通假字，念作 xiàn 而不是 jiàn。此时的龙出现于田野上，宜于见大人。龙已经到了现身的时候，而此时应该拜见大人。什么是大人？大人就是领导者，就是有资源、有地位、有影响力的人。酒香也怕巷子深，经过潜龙勿用的阶段，学习提高、积累沉淀、默默修炼之后，这条龙已经成长了，于是可以出山了，于是就到了见龙的第二阶段。

在《周易·象传》和《周易·文言》中都描述了见龙的特征以及应该有的作为。比如："'见龙在田'，时舍也。"龙在这个时候的处境向好，逐渐舒展宽松起来。又如："学以聚之，问以辨之，宽以居之，仁以行之。"这是说明此时的龙应该要如何做学问，如何做人，如何做事。

总结一下，见龙阶段要注意如下四点。

第一，戒除傲气。人不可有傲气，但不可无傲骨。见龙阶段的君子一定要注意，否则空有一身本事，却不见大人提携。现实生活中我们常见一些人怀才不遇，都与一个傲字有关。有傲骨就是有骨气，志存高远，但千万不可有傲气。傲气会让你目中无人，傲气会蒙蔽你的双眼，傲气让你过高地估计自己的能力。所以，但凡有傲气都会令人生厌，也会让原本可能是你生命中的贵人离你远去。

第二，把握机会展现自我。见龙阶段要适度展现自己的才能，从而让大人得以认识你的能力和抱负。此时不是潜龙，所以要善于发现和把握机会，该出手时就出手。比如在企业里打工，要适时把握机会展现自己的能力，不论是做一个项目，还是在管理层大会上做一段讲话等，要抓住机会让管理层认识到你的能力。

第三，明确自身优劣势，规避劣势，发挥特长。老子在《道德经》讲，"知人者智，自知者明"。见龙必须要认识自我，在自己擅长的领域勇于展示自我。有人沟通能力强，有人文章写得好，有人看问题较为深刻，也有人就是卖力肯干，那么我们就要有针对性地展示自己的能力。

第四，善于发现大人，并主动出击。何为大人？大人就是有道德、有品位、有地位、有影响力的领导者，就是我们生命中的贵人。韩愈有云："千里马常有，而伯乐不常有。"古时候认字的人可能不到1%，而当今时代教育普及，有人开玩笑，到上海的人民广场扔砖头，砸到的不是本科就是硕士，可能还有几个是洋博士。所以在这样人才济济的社会，如何出人头地，答案就在于你一定要主动出击，不能一味地等待和徘徊。生命中的贵人可能不会自己找来，所以我们要主动寻找他、靠近他、拥抱他、热爱他，说的俗一点，抱紧贵人的大腿。

其实如果我们拥有一双智慧的眼睛，我们的大人和贵人无处不在。俗话说"十步之内必有芳草"，十步之内也必有高人和贵人。我想起二三十年前我参加高考，父母或许对我有信心，所以没有陪考，但是中午不能回家，吃饭问题要解决，于是我就蹭了同学老王和他爸的午餐，还连蹭了好几天，所以老王和他爸就是我的贵人；我刚参加工作，我的领导曾总赏识我、提携我、保护我，我没钱吃饭他借钱给我，并且从来不要我还，我到北京他总是请我吃饭，他就是我的贵人；我孤身一人来上海参加考试，丽丽姐带我认识勇哥、晓峰哥等几个大哥，他们不仅请我吃饭喝酒，还跟我讲细致的备考经验，他们就是我的贵人；我在上海买第一套房，同学老哈为劝我当机立断而死皮赖脸地要帮我垫钱，他就是我的贵人；甚至深夜我从学校跑出宿舍买个 6 块钱的牛肉炒饭，口袋里却只有 3 块钱，夜宵摊老板不仅不收钱还给我加了一个鸡蛋，这个老板也是我的贵人。

总结一下，见龙阶段，是在潜龙阶段学习了知识、积累了能力之后所达到的第二个阶段，此时我们要把握机会适度地显山露水、展示能力，即见龙在田；此时更要注意寻找、靠近、拥抱你的贵人，即利见大人。

见龙在田的阶段，领导者要发挥出主动积极勇于担当的精神。

3. 惕龙

《周易·乾卦》九三爻："君子终日乾乾，夕惕若厉。无咎。"

九三爻没有写"龙"字，但乾卦以龙喻君子，所以可以总结其为"惕龙"。

九三爻有两个部分。第一部分"君子终日乾乾"，是说一个君子在这一阶段就要主动积极、自强不息，每天非常努力地工作。所以"终日乾乾"四个字充满了阳刚之气，我甚至托朋友请一个书法家专门写了这四个字挂在书房里以自勉。第二部分是"夕惕若厉。无咎"，这条龙到了晚上就非常警惕，注意安全，这样就没有大的错失。

这条龙为什么要警惕？因为"见龙在田"现多了会招人嫌弃，招人烦。各位可以想象一下，在一个单位里，如果一个员工总是爱表现、爱出风头，私下里大家肯定是恶评如潮的，谓之"现世宝"。所以"见龙在田"要适可而止。到了九三爻阶段，我们每天认真努力地工作，但并不代表所有人都认可，所以就需要同时保持警惕之心，小心谨慎，该低调时要低调，该退让时要退让，是虎得卧着，是龙得盘着。

惕龙阶段，领导者要具有自强不息、小心谨慎的精神。

4. 跃龙

《周易·乾卦》九四爻："或跃在渊，无咎。"

这是龙的第四种境界，可以飞到天上，也可以跳进深渊。能上能下，能隐能显，能大能小，能软能硬，能屈能伸，变化无穷。

如果这条龙在"终日乾乾"的工作中遇到了绝大的障碍，经过卓绝的努力也无法跨越这个障碍，此时龙还有另一条选择，那就是再一次跳到深渊当中，潜伏下来，也就是再一次变回到"潜龙勿用"的状态。这样龙就没有大的错失，保得全身而退，继续韬光养晦，以待时机。

因此，当我们遇到很大的困难、问题和障碍时，除了积极进取，费尽千辛万苦以战胜困难、解决问题、跨越障碍，其实还有一个可能更加明智的选择，那就是远离困难、避开问题、绕开障碍。

一个优秀的领导者一定是身段柔软、善于变通的，是善于跳跃闪躲的，一定不是头脑一根筋，不会钻牛角尖，不会在一棵树上吊死，更不是非要一条道走到黑。

所以，跃龙就是一个领导者根据现实情况灵活变通的精神。

5. 飞龙

《周易·乾卦》九五爻："飞龙在天，利见大人。"

这条龙经过了学习积累的潜龙、主动担当的见龙、小心谨慎的惕龙、灵活变通的跃龙阶段之后，已经获得大家的认可，熟悉了整体环境，具备了引领潮流、带领团队的全部条件，于是就可以"飞龙在天"，身居显要地位，成就一番事业，实现自身更好的价值了。

飞龙在天的阶段犹如考试得了满分，相当于在自己所处的领域已经得心应手，身居翘楚之位。那么此时如何能够百尺竿头，更进一步呢？

《周易》的经文真是暗藏玄机，它说"利见大人"。在此阶段，龙应该要注意观察大人何在，向有地位、有影响力、有智慧的大人领导者请教。或许大人一两句话的点拨，会让我们醍醐灌顶，他们的见识和智慧往往能够给我们打开一扇窗，发现另一番此前从未见到过的美好风景。

飞龙在天阶段，领导者需要发挥的是引领和实现的精神。

6. 亢龙

《周易·乾卦》上九爻："亢龙有悔"。

一条高亢的龙如果一味地狂妄自大、不可一世，那就一定会有让他后悔的事情发生。

所谓"人狂必有祸，天狂必有雨"，讲的就是亢龙不知道改变，最终引致灾祸之事发生。

当一个人身居高位时，身边的不同意见和反对的声音会越来越少，奉承附和的声音会越来越多，这个时候很容易自我膨胀。如果不懂得低调反思，不知道自我反省，不愿意反观自照，就容易得意忘形，进而亢龙有悔。

亢龙有悔，在这一阶段特别要求领导者要具备自我反省的精神。

（三）六龙乃一龙，时乘六龙以御天

其实上述这六条龙，只是一条龙，是一条龙面对不同情况时所幻化出的不同状态。

《周易·乾卦》用九爻说"群龙无首，大吉。"这是乾卦的最高境界——和谐，也就是一个领导者适时幻化成六条龙，因应调整，变化无穷。这个和谐就是《乾卦》所追求的最佳境界，叫作"元，亨，利，贞"，这是形容天的四种品德。《周易·文言》中解释："'元'者，善之长也；'亨'者，嘉之会也；'利'者，义之和也；'贞'者事之干也……君子行此四德者，故曰：'乾：元，亨，利，贞'。"

> 大明终始，六位时成。时乘六龙以御天。
>
> ——《周易·象传》

《周易·象传》中解释说：太阳（和月亮）周而复始地运行从不欺人，乾卦的六爻各个方位应时而形成。也可理解为天地上下东南西北六合之数因应而成，各归其位，天时循环运行不悖。这个时候应该要按时乘着这六条龙所驾之车在天空中巡行。

这段话的意思是说大人君子要秉承"大明终始，六位时成"的精神，把握规律，各归其位，各应其时，然后"时乘六龙以御天"，就是要认识、学习、把握、驾驭，并灵活化用六条龙的特质应对，以顺应天道。

因此，乾卦"六条龙"是《周易》教导中国人的一个大智慧，乃无价之宝，当然易学智慧"致广大而尽精微"，这"六条龙"只是其中一个内容。

一个人如果能够认识和理解这"六条龙"，那么做人做事可达到"无咎"的状态，就是基本可无大的错失；更进一步，一个人如果能够自如地把握和驾驭好这"六条龙"，那基本可以立于不败之地；再进一步，一个人如果能根据现实中不同的境遇状况，灵活化用这"六条龙"的特质应对，就可以无往而不利，达到"群龙无首，大吉"的状态，人生各个方面也基本能够获得圆满。

至此，一个领导者也能通过"时乘六龙以御天"而成为一名真正的大人君子，做到"夫'大人'者，与天地合其德，与日月合其明，与四时合其序，与鬼神和其吉凶"，看破明了进退存亡之道。

章后记：庄子的寓言：木雁之间，龙蛇之变

庄子实在是一个太会编故事和讲故事的人，比如我们下文要引用的《庄子·山木》就是由各自独立的九个寓言故事组成，每个故事都蕴含着深邃的人生哲理。所以看《庄子》是一件特别快乐的事情。当然，看原典古文或许没那么有趣味，这就需要我们加入自己的想象。我看《庄子》时脑海中总是能浮现出我的一个世外高人朋友老陈，他噘着小嘴腆着小肚子讲故事的样子跟我想象的庄子有点像。

我们先来看这一则故事的原文。

　　庄子行于山中，见大木，枝叶盛茂，伐木者止其旁而不取也。问其故，曰："无所可用。"庄子曰："此木以不材得终其天年。"

　　夫子出于山，舍于故人之家。故人喜，命竖子杀雁而烹之。竖子请曰："其一能鸣，其一不能鸣，请奚杀？"主人曰："杀不能鸣者。"

　　明日，弟子问于庄子曰："昨日山中之木，以不材得终其天年；今主人之雁，以不材死。先生将何处？"庄子笑曰："周将处乎材与不材之间。材与不材之间，似之而非也，故未免乎累。若夫乘道德而浮游则不然，无誉无訾（zǐ），一龙一蛇，与时俱化，而无肯专为；一上一下，以和为量，浮游乎万物之祖，物物而不物于物，则胡可得而累邪！此神农、黄帝之法则也。若夫万物之情，人伦之传则不然。合则离，成则毁；廉则挫，尊则议有为则亏，贤则谋，不肖则欺，胡可得而必乎哉！悲夫！弟子志之，其唯道德之乡乎！"

　　　　　　　　　　　　　　　　　　　　——《庄子·山木》

　　庄子行走于山中，看见一棵大树枝叶茂盛，伐木的人却不去动手砍伐。问他们是什么原因，（伐木的人）说："没有什么用处。"

　　庄子说："这棵树就是因为不成材而得以终享天年！"

　　庄子走出山来，留宿在朋友家中。朋友高兴，叫童仆杀鹅款待他。童仆问主人："一只能叫，一只不能叫，请问杀哪一只呢？"主人说："杀那只不能叫的。"

　　第二天，弟子问庄子："昨日遇见山中的大树，因为不成材而终享天年，如今主人的鹅，因为没有用而先被杀掉。先生怎么看呢？"

　　庄子笑道："我将处于成材与不成材之间。处于成材与不成材之间，好像合于大道却并非真正与大道相合，所以这样不能免于拘束与劳累。假如能顺应自然而自由自在地游乐也就不是这样。没有赞誉没有诋毁，时而像龙一样腾飞，时而像蛇一样蛰伏，跟随时间的推移而变化，而不偏滞于某一方面；时而进取，时而退缩，一切以顺和为度量，优游自得地生活在万物的初始状态，役使外物，却不被外物所役使。如此，怎么会受到外物的拘束和劳累呢？这就是神农、黄帝的处世原则。至于说到万物的真情，人类的传习，就不是这样的。有聚合也就有离析，有成功也就有毁败；棱角锐利就会受到挫折，尊显就会受到倾覆，有为就会受到亏损，贤能就会受到谋算，而无能也会受到欺侮，怎么可以一定要偏滞于某一方面呢！可悲啊！弟子们记住了，恐怕还只有归向于自然吧！"

成材的树木都被砍伐，不成材的树木因为无用而无人问津，也因此得以幸存下来枝繁叶茂；不能打鸣叫唤的雁（鹅）因为无用而被杀掉，有能力叫唤的雁（鹅）因为有用而得以幸存。

山木无用却能保全，雁（鹅）不能鸣因而被杀。现实世界就是这么魔幻。庄子的弟子显然非常疑惑，于是请教庄子。我看能问出这个问题本身就很高明了。

庄子的回答也颇为玄乎，他说现实世界里很难找到一条万全的路，然后给了几个极为重要的原则：

其一，"一龙一蛇，与时俱化"。

后人将其总结为一个充满智慧的成语，叫作"龙蛇之变"。一个君子就应该有时像龙，有时像蛇。条件具备时，君子要像龙一样腾飞万里、喷云吐雾、普降甘霖、展示才华；条件不具备时，君子要像蛇一样蛰伏泥土、隐身不出、伏于草莽、虫蚁为伍。

何时如龙？何时如蛇？庄子说要看情况，与时俱化也。

所以，君子不以成为飞龙而高傲自大、耀武扬威，也不以蛰伏为蛇而自卑自怜、妄自菲薄。君子待以时日而已也。

有一篇北宋著名宰相吕蒙正的奇文叫作《寒窑赋》，不确定是否是吕蒙正所作，但着实写得非常好，各位可以看一看。比如文中有这样一句：

青春美女，却招愚蠢之夫；俊秀郎君，反配粗丑之妇。蛟龙未遇，潜水于鱼鳖之间；君子失时，拱手于小人之下。

——《寒窑赋》

其二，"物物而不物于物"。

乍看这句话很难搞懂。这句话里总共有四个"物"，第一和第三个"物"是动词，第二和第四个"物"是名词。这样一看就简单多了，意思是"要役使外物，而不是被外物所役使"。

君子役物，小人役于物。

——《荀子·修身》

同样的话，后来儒家的集大成者荀子也说过，他说："君子役使外物，小人被外物所役使。"真正的大人君子是不被外物所迷惑所拖累的，相反的，天地万物都能够为我所用。比如有人抽烟，没有了烟就浑身不自在，明显有了烟瘾；比如有人喝酒，一天不喝就浑身不自在，明显有了酒瘾。这就是"小人役于物"，被烟和酒所奴役了。抽烟喝酒的高明境界是抽也行喝也行，不抽不喝也可以，如此你就掌控了烟酒，这就是"君子役物"，这种状态也是符合"中庸"大道的。

庄子的意思是说，最好的办法是"龙蛇之变"，君子要身段柔软，因时变化，上可九天揽月，下可五洋捉鳖，君子都是能上能下、能高能低；同时役使外物而不被外物所役使，耐得住寂寞，忍得了孤独，受得了委屈，收得住脾气，忍得了他人。如此这般，浮游于"万物之祖"，徜徉于"道德之乡"，于是就可无拘无束，逍遥自在。

木雁之间，龙蛇之变。

做人尚且如此，领导者更需感悟。

第十五章

中国式现代化呼唤中国式
领导力的诞生

【本章导读】

以儒家思想为主体的中华文化强调积极的经世致用、建功立业，而非消极的遁世修行。中国式领导力的"内圣之法"与"外王之道"二者并非割裂，而是相辅相成、相得益彰，内圣是外王的根本基础，外王是内圣的延展升华，如同中国古代哲学阴阳两道的对立统一、互化融合。所谓"孤阴不长，独阳不生"，中国式领导力倡导内圣和外王联系贯通，不可偏废。中国式领导力根植于中华优秀传统文化，并在当今时代创造性转化、创新性发展，充分展现中华文化自信。中国人民成功走出了中国式现代化道路，创造了人类文明新形态，中国式现代化的发展呼唤中国式领导力的诞生，并在中华民族伟大复兴的历史进程中发挥其应有的力量和价值，也为全世界领导和管理的理论创新和实践发展作出贡献。

中国式领导力根植于博大精深、源远流长的中华文明和具有辉煌灿烂悠久历史的中华优秀传统文化，是对中国人自古以来在实践和思考中所凝练出的领导思想和管理智慧的高度提炼，也是对当今西方现代管理学优秀思想的借鉴与融合。

中国式领导力不忘本来、吸收外来、面向未来。

只有对我们中华民族本来的文化传承和历史积淀拥有清晰和深刻的认识，中国式领导力才会根深叶茂，领导者才能够站得更高，看得更远。而培养出一个具有深厚文化底蕴的团队应该是每一位秉持中国式领导力的领导者所要追求的目标。

今天各类组织的领导者，无论是中国人还是外国人，要领导包含有中国人的团队，就应该要培养中国式领导力，就必须"要认识今天的中国、今天的中国人，深入了解中国的文化血脉，准确把握滋养中国人的文化土壤"。

因此，我们有必要认识和理解何为"中华"，何以"中国"。

因此，我们有必要梳理一下中国式领导力赖以成长和发展的根基，这就是中华文明，认识和了解中华文明数千年来的历史演进。

一、筚路蓝缕，跋山涉水！中华文明的历史演进

中华民族以自强不息的决心和意志，筚路蓝缕，跋山涉水，走过了不同于世界其他文明的发展历程。只有清晰梳理中华文明的起源、形成、发展和成长的历史脉络，我们才能够深刻认识中华文明的多元一体格局，才能够深刻理解当今时代的中华文化自信。

英国历史学家汤因比在《历史研究》中研究了二十余种文明，认为只有中华文明是世界上唯一延绵至今、未曾中断的文明。作为世界

四大古文明之一的中华文明是人类文明史上的一颗璀璨明珠。三皇五帝、先秦诸子、汉唐气象、宋明风韵……中华文明的演进历程可谓是一幅波澜壮阔、跌宕起伏的历史画卷，这幅画卷所展现的中华故事绵延数千甚至是上万年。

（一）中华文明探源：百万年、一万年、五千年

2002 年，中国启动了中华文明探源工程，就中华文明的起源、形成与早期发展形成了系统认知。经过整整 20 年，60 多个单位，400 多位专家学者的不懈努力，实证了中国拥有百万年的人类史、一万年的文化史和五千多年的文明史。下文我们试图总结这一探源工程的研究成果并将其拓展至当今时代。

距今 10 000 年中华文明奠基。距今 11 000 年前后，全球气候变暖，促进了东亚和西亚的农业产生与发展，为文明的诞生奠定了基础。这一阶段，人类开始定居生活，华北地区的先民驯化了粟和黍，长江中下游地区的先民开始种植稻，石器磨制和陶器制作技术的出现为农业生产发展提供了技术支持。

距今 8 000 年中华文明起源。在距今约 8 000 年前的新石器时代，农业发展促使人口增长、村落增加、手工业发展和社会进步。这一时期出现了众多独立的史前文化，如仰韶文化、红山文化等。这些文化各具特色，共同构成了中华文明多元起源的格局。

距今 6 000 年中华文明加速。中华文明起源的节奏加速。农业技术进一步发展，人口显著增加，各地的手工业也取得显著进步，同时社会分化加剧，开始出现统治阶层，也出现了军事防卫和聚落间的战争。各地文化之间的交流也日益频繁，促进了文明的融合与发展，逐渐形成了独具特色的地域文化。

距今 5 000 多年进入文明社会。这是中华文明史上非常重要的一个时期。长江中下游等地区相继进入了文明阶段。这一时期，城市、金属冶炼和阶级分化等文明要素逐渐出现并发展。社会分工获得重大进展，统治阶层掌握大量社会财富，良渚文化大规模的水利系统、农

耕技术的发展、掌握仓廪等国之大事，以及礼器的出现和礼制的初步形成显示，这一时期的国家建立在宗教、政治、经济、军事等全面发展的基础之上，标志着中华文明正式进入国家形态。

距今 4 300 年中原崛起。气候发生变化，中华各地文明进程出现转型，长江中下游地区文明衰落，而黄河中游地区文明进程加速发展，黄河中游的势力集团逐步壮大，并开始占据优势，中原崛起。山西陶寺和陕西石峁两座巨型都邑相继出现，标志着中原地区文明的快速发展。

距今 4 000 年王朝建立。夏王朝在中原地区建立，这是中国历史上第一个有明确文字记载的王朝，标志着中华文明进入以中原地区王朝为引领的文明一体化进程。部落联盟向国家形态的转变是中华文明史上的一个重要里程碑。《尚书·禹贡》中的"九州"基本涵盖了华北、华中和华东地区，表明在夏王朝建立之初，黄河中游势力集团已经扩展至黄河中下游和长江中下游，形成了范围广大的天下观。

距今 3 000 年王权巩固。夏朝之后，商朝和周朝相继崛起，王权得到进一步巩固。商朝继承了夏朝开创的礼制，政治、经济、文化和社会进一步发展，形成了以甲骨文为代表的成熟的文字体系，冶金术和礼制对更为广阔的区域产生影响，政治势力与文化影响东到大海，西及陇山，南跨江汉，北至燕山。这一时期，国家制度不断完善，社会结构更加稳定。西周初年通过"封邦建国"，册封至亲和功臣建立诸侯国，实现了王朝对王畿之外广大地区的稳固统治，加强了中央集权，促进了各地文化的交流与融合。周朝进一步完善了礼制体系，形成了以青铜器的种类和数量差别构成的器用礼制等级。周朝分为西周与东周，东周又分为春秋与战国。西周是中华文明进程中十分关键的时期，以分封制、宗法制、礼乐制为特征的文明形态，以周天子为核心的天下共主的国家结构，进一步强化了中央集权制度。春秋战国时期出现了儒家、道家、法家、墨家等诸子百家，以及孔子、老子、韩非子等灿若星辰的古圣先贤，奠定了中国古代哲学的基础。

距今 2 200 年统一多民族国家形成。公元前 221 年，秦始皇统一中国，"海内为郡县，法令由一统"，中华文明进入到大一统国家的文明阶段，开启了统一多民族国家形成发展的格局和新阶段。汉朝时期，这一格局得到进一步巩固和发展。此后，天下大势，合久必分，分久必合。中华大地虽然历经多次的分裂与统一，但统一多民族国家的"大一统"理念始终深入全体中国人的心灵，成为中华文明发展极为重要的特征之一。

两汉至隋唐。"天下一家"的格局逐渐稳固并成为中国人的人心所向。秦汉时期大一统王朝建立，郡县制成为地方政权重要组织形式，中央建立起强有力的集权体制。文字的统一、儒学成为主导意识形态，对中国人的思想和行为产生深刻的影响。隋唐推动了科举制度的建立，为中华文化的繁荣打下基础，这一时期政治稳定、经济繁荣、文化昌盛，长安城成了当时全球最大的城市之一。

宋辽西夏金至元明清。中华文明进一步发展。中国的经济中心逐渐南移，稻米种植面积大增。各民族间的交往、交流和交融不断深化，文化因为印刷术的发明得到更为广泛的传播。宋辽西夏金至元明清的近千年发展，既加速了中华民族的大交融，更推进了中华文明在民族大交融下的新飞跃。

近代低谷的挑战与斗争。1840 年鸦片战争以后，中国逐步沦为半殖民地半封建社会，中华民族遭受了前所未有的劫难，中华文明也面临前所未有的挑战。1921 年中国共产党的诞生让中国的面貌从此焕然一新。在中国共产党的坚强领导下，历经 28 年艰苦卓绝的斗争，中国人民终于走出近代的百年屈辱，建立了人民当家作主的中华人民共和国。

中华民族伟大复兴的进程。中国人民在中国共产党的领导下，坚持和发展中国特色社会主义，推动物质文明、政治文明、精神文明、社会文明、生态文明协调发展，创造了中国式现代化的新道路和人类文明的新形态。中国人正昂首阔步走在中华民族伟大复兴的历史进程中。

我们用区区数千字穿越中华大地的千年万年，试图展示充满艰辛与辉煌的中华文明历史演进。从文明的起源与奠基到中原的崛起与王朝的建立，再到王权的巩固与国家的统一，以及文明的传承与创新和近代的挑战与中华民族的当代复兴，当我们细细端详这一历史画卷之时，真是心潮澎湃，情难自禁。

（二）何为中华？何以中国？

2010 年中国的 GDP 达到了 40 万亿元人民币，超过日本成为世界第二大经济体。2023 年虽然此前持续经历新冠疫情的严重影响，中国的经济依然获得了 5.25% 的高增长，国内生产总值（GDP）达到 129.43 万亿元人民币，占全球 GDP 比重的 18% 左右。人均 GDP 由 1952 年的 119 元增加到 2023 年的 89 358 元。这个数据一对比就很容易理解，如今已逾古稀之年的父辈一代为何都有着深刻的饥饿记忆。中国的发展随着上世纪 70 年代末的改革开放，40 多年来的进步真可谓是翻天覆地，为全世界所瞩目。

中国人完全可以淡然地看待这些进步，因为从历史的纵深视角来看，我们其实也就是从 1840 年鸦片战争开始落后了 180 年而已。然而，就在这落后的 100 多年时光里，有多少仁人志士为了救国图强而抛头颅、洒热血，亿万中华儿女为了中华民族的伟大复兴而努力奋斗、奉献一生。

因为我们有一个共同的家园叫作"中国"！

因为我们有一个共同的标签叫作"中华儿女"！

何为中华？何以中国？这两个富有诗意的问题，探讨的不仅是中华与中国的内涵和特质，也是之所以成为中华与中国的内在根源。

邓小平同志说："我是中国人民的儿子，我深情地爱着我的祖国和人民。"邓公朴实无华的话语或许从情感上回答了何为中华、何以中国的深情之问。

"中华"一词，内涵丰富且深远，它不仅是一个地理概念，更是一个文化、历史和民族的象征。中国古称"华夏"，后称"中华"，最初是指黄河流域一带，即华夏民族的聚居地，是中华民族最初兴起的地方。随着历史的发展，"中华"的地理范围逐渐扩大，涵盖了整个中国的领土；"中华"代表了中华民族源远流长，博大精深的文化传统和价值观念；"中华"承载了中华民族数千年的历史记忆和民族情感，是全体中国人自豪感和归属感的来源。在现代，"中华"逐渐扩展为指代整个中华民族和中华文化，是全体中国人民的共同称谓，它代表了中国的文化传统、民族精神和国家形象，强调的是中华民族的文化认同和民族自豪感，它体现了中华民族的团结和凝聚力，是中华民族共同的文化标识。

"中国"一词，含义同样隽永丰富，它既是一个国家的名称，也是一个文明、文化和民族的象征。"中国"是一个主权国家，拥有广阔的领土和丰富的资源，它有着自己独特的政治体制、经济体系和社会结构；"中国"代表了中华文明，是世界上最古老，最灿烂的文明之一，这一文明历经多次兴衰更替和转型，始终保持着强大的生命力和创造力；"中国"承载了中华民族的文化传统和价值观念，这种文化体系兼容并蓄、海纳百川，不仅塑造了中华民族的精神面貌和道德准则，还对世界文化产生了深远影响；"中国"是一个多民族的统一国家，这些民族在长期的历史发展过程中相互融合、相互借鉴，共同创造了丰富多彩、灿烂辉煌的中华文化。

"中华"和"中国"，从国家和民族、历史和地理、文化和文明等多个角度来看，虽然各自有不同的侧重点，但它们都体现了中华民族的历史传承和文化认同，代表了中国的国家形象和民族尊严，是中华民族共同的精神家园和文化根基。无论是"中华"还是"中国"，都承载着中华民族深厚的历史底蕴、文化传统和民族记忆，是我们全体中华儿女不断前行的动力源泉。

讲清楚"何为中华，何以中国"的问题，就是向全世界讲清楚中国特色、中国精神和中国智慧，就是讲清楚中国是什么样的文明和什么样的国家，讲清楚中国人的宇宙观、天下观、社会观、道德观，讲清楚中华文明突出的连续性、创新性、统一性、包容性、和平性，让中华文化的独特魅力和中华文明的突出特性充分展现出来，不断提升国家文化软实力和中华文化影响力，让世界更好读懂中国、读懂中国人民、读懂中华民族。

二、中国式领导力与中华文化自信

中国式领导力与中华文化自信之间存在着紧密而深刻的联系。"文化自信"可谓是本书"中国式领导力"的文化基因。因此，全面和深刻地理解"文化自信"对于我们培养中国式领导力至关重要。

（一）文化自信、文化自觉到文化自强

文化自信是一个民族、一个国家以及一个政党对自身文化价值的充分肯定和积极践行，并对其文化的生命力持有坚定信心。

习近平总书记曾多次强调要建立中华文化自信。2014年2月24日他提出要"增强文化自信和价值观自信"；之后两年间又提出"增强文化自觉和文化自信，是坚定道路自信、理论自信、制度自信的题中应有之义"；"中国有坚定的道路自信、理论自信、制度自信，其本质是建立在5 000多年文明传承基础上的文化自信。"2016年5月和6月习主席指出"我们要坚定中国特色社会主义道路自信、理论自信、制度自信，说到底是要坚持文化自信"；"坚定中国特色社会主义道路自信、理论自信、制度自信、文化自信"；在庆祝中国共产党成立95周年大会的讲话中指出"文化自信，是更基础、更广泛、更深厚的自信"。

文化自信自此之后成为继道路自信、理论自信和制度自信之后，中国特色社会主义的"第四个自信"。

我们为什么要坚定文化自信？

因为没有文化自信，民族便会失去其本质属性，国家的发展亦会迷失方向；因为"文明特别是思想文化是一个国家、一个民族的灵魂。无论哪一个国家、哪一个民族，如果不珍惜自己的思想文化，丢掉了思想文化这个灵魂，这个国家、这个民族是立不起来的。"[1]

自1840年鸦片战争开始的百余年来，与文化自信相悖的"文化自

【1】习近平：《在纪念孔子诞辰二千五百六十五周年国际学术研讨会暨国际儒学联合会第五届会员大会开幕会上的讲话》，人民出版社2014年版，第9页。

卑"与"文化自负"相继上演。

"文化自卑"是对自身文化价值的轻视、怀疑乃至否定的态度和心理。鸦片战争以后，有相当一部分国人"文化自卑"，或主张全面清算传统文化弊端，或主张全盘西化，甚至产生了对民族文化的罪恶感。

20 世纪 30 年代，中国正处于列强入侵的深重民族危机中，忧国忧民的知识分子中居然有人主张要将汉字"拉丁化"，认为繁体汉字难于书写，笔画多，耗时长，增加了汉语言的学习难度，不方便中国文化的传播，还说什么"汉字不除，国家难兴"。你可能想不到有哪些人抱持这一主张，著名的有瞿秋白、吴玉章、鲁迅等人，我猜这样的大牛人物或许是想要为救中国而先"下一剂猛药"，矫枉过正。上个世纪初的年代，中国积贫积弱，任由西方列强欺凌，发生"文化自卑"的情况，或许是寻求救国良药的前辈们病急乱投医，所以也情有可原。但就在中国政治、经济、文化等获得全面长足发展之后的今天，依旧有不少言必称西方优势论的崇洋媚外者，并且其中还不乏有许多的高级知识分子。

我曾在一个论坛中遇到一位国内某商学院的所谓德高望重的教授，此君 60 多岁，80 年代出国留学，现在拿着美国绿卡，回到中国的高校掘金。他在台上大言不惭地对比中美两国优劣，其观点片面、偏颇、偏激，核心意思就是要隐晦地表达"美国乃天堂，中国乃地狱"。我在其后上台演讲，开场就直截了当地说："某教授的观点不敢苟同，大漂亮国那么好，为什么您现在还回来地狱的中国不愿意离开？"殊不知再尊贵的身份也掩饰不了其内心的空洞与自卑。

"文化自负"是对自身文化价值自满自足和妄自尊大的态度和心理。以我为尊的"天朝"意识在历史上曾极大损害了中国的科学技术和文化的发展。规模浩大的郑和下西洋本已打开了世界文化进入中国的窗口，但明朝政府基于文化的自我满足而采取的"阻断"策略，让我们失去了进一步丰富、充实和成长的机会。清政府在文化上的傲慢偏见，换来的则是"坚船利炮"打击下的文化溃退。回顾中国数千年的发展历史，四大发明、文化国粹，为我们所自豪的中国元素数不胜数。但是在当今科学技术日新月异的新时代，我们决不可站在"功劳簿"上沾沾自喜，固步自封，唯有打破"自负"的思想，才能够以开放谦卑的心态向世界其他文明学习和借鉴，创造出中华文化新的发展和成长。

历史一再证明，"文化自卑"和"文化自负"都不能成为中华文化的发展之路。在对待文化发展的态度上，我们必须要秉持全面和科学的态度与原则，不急不躁，不卑不亢，去其糟粕，取其精华，从而建立成熟的、客观的、纯粹的中华"文化自信"。"文化自信"是在当今时代中华民族伟大复兴的历史进程中，我们必然也必须要走过的里程碑。我们要从逐步建立中华文化自信开始，到自觉形成中华文化使命意识的"文化自觉"，再到建立中国特色文化强国的"文化自强"。

"文化自信"是信念和超越。文化自信是一个民族、一个国家对自身文化价值的充分肯定和对自身文化生命力及其未来发展前景的坚定信念，是对本民族文化价值的认同和肯定，是对自身文化的生命力所持有的坚定信心。这种自信体现了对自身文化传承和发展成果的自豪感和归属感，是激励人们攻坚克难、克敌制胜的思想动力和精神支撑。

"文化自觉"是觉醒和担当。文化自觉是源于文化的使命意识。传统文化的创新创造需要评价实施主体能够自觉意识到时代所赋予的责任以及发展文化的历史使命。因此，文化自觉是一个民族站在世界历史高度对其自身文化的理性思考和创造性发展，是对民族精神的自觉反思和提升，是生活在特定文化历史环境中的人对其文化的深刻认识和自我觉醒。

"文化自强"是目标和方向。文化自强是在文化自信和文化自觉的基础上，实现文化自主创新和自立自强的目标，从而建立具备中国独有特色的文化强国。这需要我们不断加强文化建设，提升文化软实力，推动文化产业的发展和创新。同时，我们还要积极参与国际文化交流与合作，展示中华文化的独特魅力，增强中华文化在国际社会的影响力和竞争力。

一个民族的优秀传统文化代表着该民族的终极生活理想。这样的理想为国人提供了生活和生命的终极意义，是难以替代的精神家园。从文化自信到文化自觉，再到文化自强，它们共同构成了推动中华文化繁荣兴盛的重要力量，为实现中华民族伟大复兴的中国梦提供了坚实的文化支撑。

（二）中华文化自信的三个内涵

中华文化自信包含哪些内容？特别是其中的"文化"包含哪些内容？对此很多人并不十分清晰。这是我们坚定文化自信所必须要厘清的基本问题。

文化自信的内涵包括了三部分内容：一是对中华优秀传统文化，二是对革命文化，三是对社会主义先进文化的深刻认同和自信。

1. 中华优秀传统文化

源远流长、博大精深的中华优秀传统文化为文化自信提供了深厚的底蕴支撑。它能"增强做中国人的骨气和底气"，是我们最深厚的文化软实力，是我们文化发展的母体，积淀着中华民族最深沉的精神追求。

"天下兴亡，匹夫有责"的担当意识；

"国而忘家，公而忘私"的价值理念；

"鞠躬尽瘁，死而后已"的牺牲精神；

"己所不欲，勿施于人"的处世之道；

"精忠报国""赤胆忠心"的爱国情怀；

"当仁不让""舍生取义"的牺牲精神；

"革故鼎新""与时偕行"的创新思想；

"兼济天下""扶危济困"的公德意识；

"以人为本""民惟邦本"的治国理念；

"载舟覆舟""居安思危"的忧患意识；

"止戈为武""协和万邦"的和平思想；

"与人为善""和而不同"的东方智慧；

"儒法并用""德刑相辅"的治理思想；

"天人合一""天下为公"的理想追求；

"自强不息""厚德载物"的天地精神；

……

这些千百年传承的思想观念，已浸润于每个中国人的心灵，成为百姓日用而不觉的价值观，构成中国人的独特精神世界，是中华民族奋发进取的精神动力，是全体中国人民思想和智慧的源泉。正如习近平总书记所说，中国传统思想文化"体现着中华民族世世代代在生产生活中形成和传承的世界观、人生观、价值观、审美观等，其中最核心的内容已经成为中华民族最基本的文化基因。这些最基本的文化基因，是中华民族和中国人民在修齐治平、尊时守位、知常达变、开物成务、建功立业过程中逐渐形成的有别于其他民族的独特标识"。

2. 革命文化

革命文化是中国共产党成立以来，领导中国人民在新民主主义革命、社会主义革命和建设、改革开放和中国特色社会主义新时代的长期革命斗争实践中形成的一种独具中国特色的先进文化。

鲜明独特、奋发向上的革命文化体现了中国共产党人的坚定信念、英勇奋斗和无私奉献，在长期的努力奋斗中构筑起我们自己的精神谱系。

如新民主主义革命时期的建党精神、井冈山精神、苏区精神、长征精神、遵义会议精神、延安精神、抗战精神、红岩精神、西柏坡精神、东北抗联精神、南泥湾精神等；

如社会主义革命和建设时期的抗美援朝精神、"两弹一星"精神、雷锋精神、焦裕禄精神、大庆精神（铁人精神）、红旗渠精神、北大荒精神等；

如改革开放时期的改革开放精神、特区精神、抗洪精神、载人航天精神、北京奥运精神、劳模精神（劳动精神、工匠精神）、青藏铁路精神、女排精神等；

如中国特色社会主义新时代的脱贫攻坚精神、抗疫精神、"三牛"精神、科学家精神、企业家精神、探月精神、新时代北斗精神、丝路精神等。

这些富有时代特征、民族特色的宝贵精神财富，正是我们在长期艰苦卓绝的革命斗争过程中不断积累而形成，脱胎于中华民族优秀文化传统，同时又在新形势下不断进行着再生再造、凝聚升华，从而为我们在新的历史条件下推进文化建设奠定了坚实基础。

3. 社会主义先进文化

社会主义先进文化的关键在于"先进"二字。

文化具有多样性和历史性。在当代社会，有先进的文化，有落后的文化，也有腐朽反动的文化。反映和适应先进生产力的发展要求，代表和维护最广大人民的根本利益的文化，才是先进文化。先进文化是人类文明进步的结晶，能够顺应人类社会发展规律，揭示人类社会未来发展方向，为人类社会文明进步提供强有力的思想保证、精神动力和智力支持的文化。

因此，社会主义先进文化是面向现代化、面向世界、面向未来的，是承前启后、继往开来的。它是对中华优秀传统文化和红色革命文化的继承和发展，是运用马克思主义为指导所进行的文化创造。社会主义先进文化的明显特征是中国特色社会主义的共同理想、以爱国主义为核心的民族精神和以改革创新为核心的时代精神，体现了社会主义核心价值观。

社会主义先进文化将适应和推进中国社会生产力的发展，是具有科学性和实践性，具有鲜明时代性和前瞻性的一种文化，它与广大人民群众的实际利益紧密联系，更是一种兼容并蓄、博采古今中外一切优秀思想和智慧的文化。

正因为如此，西方现代管理学的优秀的思想理论和技术，只要是能够适应和推进中国社会生产力的发展，那么就可以被归属于先进文化，也是我们文化自信所应吸收和包容的内容。

因此，社会主义先进文化是不断发展和进步的，它在汲取古今中外各种文化元素的过程中，去其糟粕取其精华，不断地丰富和修正自己，不断地更新和完善自身。在短短几十年的社会主义实践中，我们创造了中国道路、中国模式、中国奇迹、中国智慧，已充分说明社会主义先进文化是一种有生命力的文化，是一种体现人类文明发展进步方向的文化。

（三）文化自信是中国式领导力的文化基因

文化自信是提升国家文化软实力的重要源泉，它将增强中华民族文化软实力，帮助我们在全球化背景下保持自身文化定力，应对文化的冲突与融合。可以说文化自信是中华民族伟大复兴的精神支撑和动力源泉。

文化自信的三大内容元素有机融合，构成了中华文化的中国特色和独特底蕴，这些元素不仅渗透在中国的经济、政治、社会等方面，更深深影响了全体中国人的思维方式、行为方式、生活方式和审美追求。

中国式领导力深植于中华优秀传统文化、中国革命文化以及社会主义先进文化之中，这些文化元素塑造了中国式领导力独特的内涵和特质。

"中国式"三个字本身就实实在在体现了中华文化自信。

因此可以说，没有中华文化自信，就没有"中国式领导力"。文化自信是"中国式领导力"的文化基因和根本支撑。在领导者培养自身中国式领导力的过程中，文化自信发挥着至关重要的作用。

其一，文化自信为中国式领导力提供了深厚的文化底蕴支撑。中国的传统文化中蕴含着丰富的治国理念、道德准则、领导思想和管理智慧，这些为领导者提供了宝贵的思想资源和行为指导。通过深入挖掘和传承这些文化资源，中国式领导力得以在实践中不断磨砺和提升。

其二，文化自信有助于增强中国式领导力的凝聚力和向心力。在全球化日益深入的今天，各种思想文化交流、交融、交锋更加频繁，只有坚定文化自信，才能在国际舞台上保持独特的魅力和影响力，从而吸引更多人的认同和支持。

其三，文化自信将推动中国式领导力的创新与发展。在新的时代背景下，中国式领导力需要不断适应时代需求，兼容并蓄、创新完善。文化自信将为中国式领导力提供源源不断的内在动力和创新灵感，推动其在实践中不断探索、突破和提升和成长。

在未来的发展中，各类组织的领导者和管理者们应该要继续弘扬中华优秀传统文化和革命文化，推动社会主义先进文化的发展和创新，从而为中国式领导力的发展以及中华文化自信提供更加坚实的支撑和保障。

三、中国式现代化与中国式领导力

（一）中国式现代化呼唤中国式领导力的诞生

2022 年中国共产党第二十次全国代表大会上正式提出"以中国式现代化全面推进中华民族伟大复兴"。"中国式现代化"这几个字简洁明了、铿锵有力、内涵深刻、彰显自信、饱含希望！之前我们在企业管理实战以及管理咨询工作中已经研究"领导力"体系多年时间，并很早就开始注重挖掘和提炼中国文化中的领导思想和管理智慧，更将其有意识地与西方管理学进行有效融合。而当"中国式现代化"在二十大正式提出之后，我们也很自然地随之将这一深植于中国文化的领导力体系命名为"中国式领导力"。

中国式现代化呼唤中国式领导力的诞生！

随着"中国式领导力：修己安人、内圣外王之道"概念和整体模型的逐渐成熟，与其相关的课程和讲座也越来越受欢迎。2024 年我仅在复旦大学校内就开设近 50 场这一主题的相关讲座，学员群体除了在校学生，更多的则是政府机关的领导干部、央国企的管理层、民营企业的管理层以及企业家群体。此外，我还经常受邀到外资企业进行授课或开设讲座。"中国式领导力"的受欢迎程度可见一斑。"中国式领导力"的广受欢迎，深刻体现了中国式现代化进程中的文化特色需求，反映了广大各行各业的领导干部对于具有中国特色和底蕴的领导思想和管理智慧的迫切实践需求。

中国式现代化是中国共产党领导的社会主义现代化，它既有各国现代化的共同特征，更有基于中国国情和实际的中国特色。这一现代化进程不仅涉及经济、政治、文化、社会、生态等多个领域，而且强调民富国强、政治民主、精神文明、社会和谐、生态美丽的全方位发展。这种全面性和特殊性要求广大领导干部的领导力建设和培养必须与之相适应和匹配，需要具备中国特色的独特的品质和能力。

因此，随着中国式现代化的历史进程不断深入，中国式领导力的全新概念应运而生。

中国式领导力与中国式现代化是内在关联的。二者都是深深根植于中华优秀传统文化，充分展现中华文化自信，凸显了对中华优秀传统文化的创造性转化和创新性发展。中国式现代化的历史进程需要中国式领导力的助力和推动，中国式领导力也需要在中国式现代化的指导和实践中不断发展和完善。

中国式领导力融通古今、中西结合、立足现实、面向世界，充分展现中华文化自信，其所蕴含的"修己安人、内圣外王之道"的思想和智慧为中国式现代化的不断深入推进提供了强有力的支持和保障。中国式现代化是一个复杂而艰巨的任务，需要强有力的领导力来支撑。而中国式领导力以其独特的优势和特点，可为中国式现代化提供了坚实的领导基础和动力源泉。在中国式领导力的支持下，中国可以更好地应对各种风险和挑战，推动经济和社会的持续健康发展。

中国式现代化需要与之相适应的领导力来引领和推动。中国式领导力的出现，正是对这一需求的积极回应和有效满足。中国式领导力是中国文化在现代化进程中的独特体现。它的出现不仅推动了中国式现代化的发展，也向世界展示了中国文化的独特魅力和智慧。

领导和管理虽是来自西方的现代词汇，但领导力并非西方独角戏。中国人民成功走出中国式现代化道路，创造了人类文明新形态，中国式现代化的发展更是呼唤"中国式领导力"的诞生，并在中华民族伟大复兴的历史进程中发挥其应有的力量和价值，为全世界领导和管理的理论创新以及实践发展作出贡献。

（二）中国式领导力的历史方位和未来发展

"中国式领导力"的未来发展将伴随着中国式现代化的历史进程，更依托于当前中华民族所处的历史方位，以及作为社会中坚力量的各行各业的领导者们自动自觉的历史定位。

在人类文明的发展历程中，中华文明可谓是最为先进，也是内涵最为丰富的一种文明形态。两千五百年前，大成至圣先师孔子就被誉为是顺应时势变化的"圣之时者"。他所创立的儒家学派以及在此基础上发展出来的儒家思想也继承了孔子的这一特点，在历史上的任何时代都是与时俱进、不断成长的，这也客观上决定了以儒家思想为主体内容的中华文明的先进性和时代性。

当今时代，我们正经历"三千年未有之大变局"，我们也将有幸见证中华民族伟大复兴的历史进程。在这样一个"新时代"的历史方位上，中华文明必将重新站上世界文明的最高峰，如同1840年之前的两千多年历史一样，引领人类和世界的发展与进步。毫无疑问，人类文明的未来演进将是中西文明的大融合、大发展，中国文化兼容并蓄西方科学技术与组织管理思想的精华后，将助推中华文明进一步创造性转化和创新性发展。由此，中华文明必将引领全球现代文明的转型与发展，成长为更加完善和成熟的"中华民族现代文明"。

马克思·韦伯在其著作《新教伦理与资本主义精神》中深刻揭示了新教伦理与西方资本主义文明兴起的密切关系，认为新教伦理和资本主义精神有天然的亲和性，并因此赋予了现代欧美西方资本主义不择手段追逐经济利益的世俗活动以"神圣"的意义和"天职"的内涵。由此，新教伦理为现代理性资本主义提供了一种合理的心理驱动力和道德能量，从而成为资本主义兴起的精神动力，创造了辉煌的资本主义文明。

然而，虽然在此前两百年创造了巨量的物质财富，促进了科学技术的进步，推动了社会生产力的发展，但资本主义贪婪和逐利的本质却把权力和国家机器都变成了其剥削和掠夺的工具。如今伴随着西方世界种种危机的爆发和各类怪诞现象的出现，之前隐藏在所谓"独立""自由""民主"和"文明"表象之下的资本主义的先天缺陷和本质罪恶，也逐渐暴露在全世界面前。

就是在这样一个此消彼长的世界局势大变革、中华民族大复兴的

"新时代"，作为各行各业的领导者和管理者的社会中坚力量，我们应该深度思考怎样更好地承担历史使命，把握时代所赋予的发展机遇；在这样一个三千年未有的大变局的历史方位中，我们更应该思考和追求比生存和发展更为深远的生命意义、社会意义和历史意义。这应该成为当今时代大人领导者们自动自觉的历史定位和人生追求。将我们的领导和管理工作主动融入中华文明伟大复兴的历史进程中，乃至主动融入中国引领人类文明进步的全球历史进程中，从而为中国乃至全世界各行各业的进步发展与创新创造提供澎湃的不竭动力，为中国人民乃至全世界人民的幸福生活贡献我们的力量和价值。

在这一过程中，"中国式领导力"的未来发展也将呈现出更加多元化、创新化和国际化的趋势，助力领导者不断提升自身的领导能力和综合素质，以适应全球化和中国式现代化的需求，满足领导者自身历史定位和实现追求的种种需要。

其一是中国式领导力的多元化发展。中国式领导力将进一步多元文化发展，吸收和融合世界各种文化的优秀元素，尊重不同文化背景的个体差异性和多样性需求，形成更加开放和包容的领导风格，推动其在全球范围内的传播和应用。

其二是中国式领导力的创新性发展。面对日益复杂多变的社会环境和市场需求，中国式领导力将不断探索和创新领导方式，应对各种新的挑战和机遇，同时注重激发组织的创新活力，推动组织的创新创造，从而实现组织的可持续发展。

其三是中国式领导力的国际化拓展。随着中国在全球地位的不断提升以及国际合作和交流的日益频繁，中国式领导力的经验和智慧也必将会被全世界所逐渐认知，从而提升其国际影响力。同时在全球化背景下，中国式领导力也将面临更多的国际挑战和机遇。中国式领导力也将要求领导者不断培养全球视野和战略思维，准确把握国际形势的变化和发展趋势，为组织制定科学的战略决策。

除了以上三点，中国式领导力也将持续不断地自我进化和提升。中国式领导力"内圣""修己"的思想使得领导者更加注重持续学习和自我修炼。通过反思和总结，不断更新自己的知识和技能体系，关注全世界范围内领导理论的发展和实践动态，提升自身的领导能力和综合素质。毫无疑问，这也会反过来促进中国式领导力理论的自我进化和不断发展。

章后记：楚辞体《中国式领导力颂》

吾辈驽钝且不敏兮，亦志在八荒，
思中国式领导力兮，我心潮荡漾。
修己安人之大德兮，已自古有之，
内圣外王之大道兮，载史册绵长。

观历史洪流浩荡兮，华夏英雄辈出，
皆以修身而齐家兮，更治国平疆。
孔孟遗训传千古兮，有五德五常，
此领导力之渊薮兮，当追溯传扬。

古圣先贤之智慧兮，似北辰朗朗，
吾辈生于此盛世兮，宜当仁不让。
修己必先正其心兮，去私欲之妄，
安人必以诚其意兮，得人心所向。

内圣者心灵纯净兮，如明镜高悬，
外王者威仪赫赫兮，如日月之光。
道之以德齐之以礼兮，有耻且格，
己所不欲勿施于人兮，协和万邦。

德主刑辅以德为本兮，不以力而服人强，
春风化雨秋霜凝露兮，润心田而铸忠良。

中学明道西学优术兮，兼并蓄而纳百川，
中西合璧以道御术兮，知本末而有良方。

路漫漫其修远兮，吾将上下而求索，
中国式领导力之思想兮，指引方向。
传承文脉而不失其本兮，亦有坚守，
与时俱进以创新成长兮，开新篇章。

颂中国式领导力兮，情激荡而难平，
志存高远定乾坤兮，我愿尽平生之力。
胸怀天下安社稷兮，吾辈皆心系苍生，
为中华之崛起而奋斗兮，诚我华夏儿女之所望！

2024 年 12 月 4 日于上海新江湾城

后　记

　　这本书的诞生不是心血来潮，而是在经历过 10 多年管理学和心理学的专业学习和训练、15 年职场的实战打拼，再加上超百场与领导力相关的培训课程和讲座的历练之后，才逐渐萌生和确定了撰写本书的想法。

　　多年来有不少朋友和师长曾建议我出书，我皆不置可否，不是不想写，也非不能写，实是不敢写。过去写书信，第一句常用"见字如晤"一语，每翻开一本书或一篇文章，何尝不是和作者对坐晤谈呢？我们读《论语》，孔子与弟子论道的情形就如在眼前一样栩栩如生；我们读《将进酒》，诗仙李白好似就端着酒杯豪情万丈却醉眼蒙胧地邀我们共饮；我们读《红楼梦》，仿佛跟着曹雪芹一起欣喜、惊奇、悲悯和无奈。

　　因此，一本好书就应该是作者与每一位读者的晤面交谈，是心灵上的共鸣，是思想上的共振，是情感上的共情。如果读者没有产生共鸣、共振和共情的阅读体验，就难以称之为好书。正是因为对于落笔成文的敬畏，我一直未敢动笔。

　　一切都是最好的安排。2023 年春季学期刚开学，当我感觉应该可以写的时候，范丽珠教授和陈纳教授向复旦大学出版社做了热情推荐。四月份我提交了详细的著书计划和样章，出版社方毅超编辑亲自到现场听了我的两场关于"中国式领导力"的讲座，5 月 17 日就签订了约稿合同。这一天正是我的小女儿小朵的一周岁生日，我想这本书的筹划过程真可谓是和女儿小朵共同成长的过程。

然而正如孩子的成长要克服重重困难一样，这本书的撰写过程也并非一帆风顺。

首先是行文风格的确定。我在庄重严谨和轻松自在之间难以定夺。方毅超编辑一语点醒梦中人，他说大家希望看到的是一本轻松并带来阅读乐趣的书籍，而非博士论文或学术专著。后来陆续有更多的师长看了初稿后提出同样观点，甚至有人建议"平常讲座怎么讲，书就应该怎么写"。行文风格确定之后，我每写完数章都要发给一些朋友和老师提前阅读并征求修改意见。

其次是经典的引用。本书需要对中国本土文化中的领导思想和管理智慧进行提炼和总结，而中国古代经典浩如烟海、灿若星辰，其中所蕴含的思想和智慧"致广大而尽精微"，这无疑对作者的知识储备与应用提出了极高的要求。因此，本书一定有功力不逮甚至是讹误之处，深望各位读者朋友海涵和指正。

最后是文本体量的变化。或是因为行文风格的转变，或是因为"中国式领导力"主题的宏大，原计划全书20万字，但是在撰写过程中发现每一章要讲的内容都很多，导致全书体量直接逼近70万字。好在出版社老师和其他一些师长在读了稿件之后给予了充分肯定。

在本书近两年的撰写过程中，我得到了诸多师友的鼓励、支持、督促和引领。

感谢众多师长一直以来的关心和爱护，他们是：复旦大学范丽珠教授、陈纳教授、赵伟韬教授、谢遐龄教授、李元旭教授，文化学者鲍鹏山教授，同济大学曾亦教授，中山大学黎红雷教授，上海大学李靖教授，上海中医药大学徐海峰老师，《中华孔学》杂志社袁玉立教授，实战培训界前辈刘子熙老师等师长。

感谢复旦大学出版社严峰书记、王卫东总编对本书出版的大力支持，感谢方毅超编辑对本书撰写过程中每一个细节的关心，感谢张美芳编辑对书稿提出的细节审核意见和建议；感谢前辈上海同欣进修学校年逾九十的黄国桢董事长、上海现代物流指导中心黄春老师及其团队、凯度智库张进老师（堂老师）和Mika主任、高鲲资本朱家俊董事长、创物说崔智慧总经理及其团队，还有前辈大哥李晓峰师兄和徐丽丽姐；感谢老同学祝宏伟、罗友斌两位才子出手帮我润色稿件。

感谢我在职场打工时的老领导和老同事的关注与支持，他们是：华润雪花啤酒集团的曾申平先生、联合利华的方炜先生和许炳校先生、原卡夫食品的陈宝庆先生（宝哥）、汉高集团钟经伟先生等。

感谢诸多孔氏宗亲的关心和支持，他们是：世界孔子后裔联谊总会孔众会长、孔氏南宗家庙孔令立主任、安徽省孔子后裔联谊会孔祥云会长、天象集团孔令发董事长、上海麦金地集团孔德顺董事长、中国孔子基金会孔子学堂特聘讲师孔为峰老师、沧州孔子学会孔繁义会长，还有孔德予、孔德源、孔志刚、孔庆亮、孔铮、孔彦卿、孔峨眉、孔亚平等宗亲，感谢曲阜孔子书院的孔天、王斐、金岚等老师及团队的支持，特别鸣谢本书的封面创意设计孔万修宗亲。

感谢我的家人，著书这两年恰是小女儿小朵牙牙学语、蹒跚学步之时，没有家人的理解和支持（尤其是我的爱人、岳父和岳母大人以及我的姐姐），同步完成工作和著书，并照顾一家老小，这是难以想象的事情！

最后我要诚挚地感谢各位读者朋友，当您翻开此书时，我们的生命就产生了连接，见字如晤！

推荐语

（按姓氏首字母排序）

陈宝庆

原卡夫食品中国区域销售总监，全国培训师

孔云中是我在卡夫食品做企业领导力培训的最佳搭档。我自豪地说：云中将世界 500 强企业领导力建设的成功基因，完美地植入国学精髓；这一中西合璧的全新视角为中国企业家打开了一扇创新思维、教练思维的智慧之窗，大家得以感悟：中西领导力思想和管理智慧交汇产生的效能是如此宏大，又是如此精妙！

陈国华

山东济宁市十七届人大常委会副主任，儒学儒商精神与中国式现代化课题组组长

孔老师提出的"中国式领导力"的全新概念回应了中国式现代化的发展和要求，对新时代企业家如何弘扬优秀传统文化和儒商精神很有借鉴意义。其"修己安人、内圣外王之道"的内容饱含中国传统文化治国理政的精髓与智慧，并且能够与时俱进兼容并包，尝试与现代西方的管理思想做结合，这些都与现代儒商精神相契合。因此本书非常适合当代儒商企业家阅读。

崔智慧

创物说战略咨询董事长兼总裁，宅品时光品牌创始人

作为云中的复旦同学兼事业合作伙伴，十几年来我们共同学习，相互鼓励，一路成长，彼此见证着在担任职业经理人和创业者修行实践过程中的酸甜苦辣。正是因为这些深刻而丰富的人生经历，这本《中国式领导力》才具有无比丰盈的能量，助力读者打通领导力任督二脉，将华夏文明与智慧注入现代领导力情境，适合一边品读一边复盘，逐渐优化与迭代领导思维模式，以不变胜万变地应对风云变幻的商业环境与未来世界。这本书绝对值得静心反复品读。

方炜
联合利华中国区全域销售及数字化营销总经理

孔老师与我是老同事，15年前曾一起打造联合利华"领导力训练营"项目。看到这部基于孔老师多年实战历练和学术研究而诞生的《中国式领导力》，我很为他高兴。本书切入点独特，古代治理之道和儒道法墨兵提炼得很精彩，内容尽显中国文化博大精深，同时又与现代西方管理思想融会贯通，"中国式领导力"的提法更是紧扣时代脉搏，是一本极为适合本土领导者深度阅读的好书。

高旭升
方太集团方太学校执行校长

当前，企业界的领导力理论主要来源于西方，更关注技巧与工具之"术"；而根植于中华优秀传统文化的领导和管理智慧，更关注心性与修炼之"道"，两者都是人类智慧的结晶。"中国式领导力"中西合璧，相辅相成，以道御术，威力无穷。中国式现代化呼唤中国式领导力。云中老师推出《中国式领导力》一书，可谓恰逢其时，为企业经营管理实践、为中国式现代企业管理模式的探索提供了丰富而宝贵的理论支撑和方法指导。

何慕
联纵智达咨询集团创始人、董事长

云中大作一看书名就气魄雄伟，文化自信，再细看内容，果然没有陷入领导和管理的技术性窠臼。全书高屋建瓴，中西结合，读起来酣畅淋漓，没有学术的刻板和枯燥，语言和故事都相当精彩。我作为云中在复旦的老哥，为他大大点赞！推荐此书给各行各业的老板们，要培养自己的"中国式领导力"。

黄春

上海现代物流科技培训指导服务中心总经理

初识云中于课堂，相交相知于教育战线，折服于他的气度及对传统文化的广博精深的造诣。今欣闻云中老师推出《中国式领导力》一书，既契合当前中国式现代化呼唤中国式领导力的时势，又与他的实践和研究领域高度吻合，中西融通，古今贯通，诚意正心，值得推荐。

孔德顺

上海麦金地集团董事长，中国工商联农业产业商会执行会长

云中新书《中国式领导力》立意高远、气魄宏大、引经据典、信手拈来，读起来让人神清气爽，为之振奋。作为孔氏宗亲的年轻一代，他的努力和成绩值得点赞。这本书传承了中华文化基因，兼蓄西方管理学成果，很好地体现了对中华文化的自信。书中所呈现的中国式领导力的渊源、内涵和框架，值得我们当代儒商企业家思考和学习。

孔繁义

河北医科大学硕士生导师，河北沧州孔子学会会长

"中国式领导力"的全新概念提得好！展现了中国特色、中国风格、中国气派和中华文化自信，还兼容并蓄了西方相关学科的优秀思想，体现出中华文化海纳百川的胸怀与格局。云中作为我们孔家年轻的宗亲，一直努力上进，《中国式领导力》新书的出版显示出他扎实的西方管理学和国学功底，值得赞赏。

孔华威

交个朋友董事，起点资本合伙人，中科院计算所上海分所原所长

老祖宗孔子首先是教育家，但其思想核心始终围绕"修身齐家治国平天下"的治理主题。而领导力是现代西方观念，并已融入各级教育，但云中博士在本书中以儒家思想理念为基础元素构建"中国领导力"，在当下国际格局下，极具创新，值得参阅。

孔令发

天象集团董事长

这本《中国式领导力》既有理论高度又紧扣实战需求，对企业家群体来说，是一本难得的领导力修炼和管理境界提升的宝典。云中拥有西方管理学和心理学专业背景，但他学习西方却不盲从西方，而是根植 5 000 年中华优秀传统文化，借鉴吸收西方优秀思想，这正体现了他作为孔子后裔的文化自信和使命担当。

孔为峰

中国孔子基金会孔子学堂特聘讲师，齐鲁文化之星，曲阜十佳儒学讲师

欣闻云中宗亲新书问世，为之欣喜。内容引经据典，信手拈来；儒墨道法，异彩纷呈；古今结合，中西合璧，可谓文质兼美。与众乐乐为真乐！此书我将置于案头，也希望更多的人同读同乐。云中说，中国式现代化的发展呼唤"中国式领导力"的诞生，此乃"君子时中"。祝我孔门之秀云中先生——时中至善！

孔祥云

世界孔子后裔联谊总会副会长，安徽省孔子后裔联谊会会长

"修己以敬""修己以安人""修己以安百姓"是大成至圣先师孔子的理想，"内圣外王"一语更是可以总括儒家思想的"成人"理念。云中作为孔家的年轻一代，用这些中华文化的经典智慧构建现代管理学的"中国式领导力"，值得重视和赞赏。他多年来学习与实践取得很好的成绩，是我们安徽孔子后裔的骄傲！

孔亚平

畅销书作者，著有古汉字读物《中国字》、古天文绘本《天空的旅程》

云中兄的中国式领导力，以中国文化为底色，融通中西，道贯古今，为当今的企业提出了中国特色的领导和管理解决方案，就像华为治企一样，追求社会价值而不是利润至上，以道治企，以德兴企，以企证道，以企明德。更难能可贵的是，这些理论不是纸上谈兵，而是云中兄多年为企业培训的经验总结，有很强的实战价值，是一本难得的好书。正所谓：皇帝王伯贯古今，修己安人神自清。内圣外王一太极，中式领导世界兴。

黎红雷

中山大学教授、博士生导师，全国新儒商团体联席会议秘书长

中国式现代化需要中国式领导力。本书勾勒了"五千年中华文明之树"，提炼出皇道、帝道、王道和霸道四种古代中国的领导之道，并在汲取诸子百家智慧和比较现代西方理论的基础上，构建了"修己安人、内圣外王"的中国式领导力整体框架，为中华民族的伟大复兴提供了文化的助力。

李靖

上海大学经济学院副教授、硕士生导师

云中博士的《中国式领导力》一书尝试构筑中国古代管理智慧与现代西方领导力理论之间的桥梁，将儒家"修己安人、内圣外王"的实践智慧升华为具有生命力的形而上"中国式领导力"理论。这确能突破固有学科理论的藩篱，让管理理论和领导力理论迸发出新的生命力。读者可通过此书领悟中国式领导力的内涵、明晰其构建路径、掌握实践技能；未来的相关研究也可以此书为鉴，在学科交叉中博采百家之长，守正而创新。

李元旭
复旦大学管理学院教授、博士生导师

管理学领域东西方思想的融合在全世界已是必然趋势。在中国经济和影响力持续增加的大背景下，孔博士结合其专业知识和多年跨国公司的实战管理经验，再加上圣贤后裔的家学渊源，创造性地提出"中国式领导力：修己安人、内圣外王之道"的全新概念，不仅是管理学理论的突破和创新，也为企业管理实战领域的领导者提供了成长的路径和目标。

刘子熙
中国著名实战培训导师，培训师职业成长和组织学习发展领域的先行者和奠基人

云中是少见的天才型职业培训师，授课既生动又深刻，控场敏锐且收放自如。更难得的是，他不断精进努力，变在变之先，新书《中国式领导力》深入浅出，振聋发聩，隐约已具气象万千之势，进而以势统道、以道御法、以法使术、以术用器、以器显效。广大职场人士和企业家值得拥有并认真研读，以佐个人成长，助推企业发展。

茅忠群
方太集团董事长兼总裁，当代儒商企业家代表性人物

云中老师以中华优秀传统文化修己安人、内圣外王之道的整体逻辑和框架，整合东西方领导与管理的思想智慧和技术工具，呼应中国式现代化的发展，创造性地提出"中国式领导力"的概念和模型，令人耳目一新。综观全书内容，融通古今中外，理论实战结合，与方太"中学明道、西学优术、中西合璧、以道御术"的文化理念和价值观高度契合。

孟亮

孟子公益基金会理事长

孔云中先生所提倡之"中国式领导力"从古代先贤思想中总结智慧，结合现代西方管理学经验，回应了当今世界时局的挑战，古为今用，洋为中用，是孔孟之道在当今社会的良好表达，体现了中华文明博大精深、兼容并包的气质和精神。

聂永有

上海大学经济学院执行院长、教授、博士生导师

孔老师新书《中国式领导力》是一本中西结合、极具特色的管理能力和系统思维提升教材。在中国浩瀚五千年的历史长河中，祖先们提出了诸多的领导智慧与管理技巧，为今天的管理活动提供了充分的养分。期待各位读者在中国式现代化的历史征程中，真正领悟和把握"中国式领导力：修己安人、内圣外王之道"的真谛。

王元强

香柏泓石基金风控总监，铁马营科创副总经理

"道亦有道"，看多了西方管理类书籍对于领导力的诠释，再来研读云中的这本新书，忽有耳目一新之感。书中提及的诸子百家治理之道，在中国不同历史时期起到了安民治世的功效，其与现下流行的西方领导力实际上可以互为借鉴。这对有志于系统性加强组织能力、提升领导效能的管理者来说，确实值得一读！

邬盛根

上海大学新闻传播学院广告学系主任，中新经纬特约专家

你所学习的经营管理知识、概念与理论体系，是否关乎你所处的文化背景？是否关乎你所处的应用场景？类似的问题最近在我脑子常常浮现。云中创造性地提出并赋能"中国式领导力"这个词，是一场关于中国传统管理思想的文化溯源与激活，博古开来。

颜廷淦

曲阜孔子文化学院院长，中华文化促进会颜子文化委员会会长，世界颜氏总会署理会长、总秘书长

孔老师是至圣孔子后裔，有家学渊源，又谈吐不俗、气质出众，拥有 15 年企业管理实战经历后，重返高校攻读博士学位，这种不断精进成长的追求如同"不改其乐"的复圣颜子一般，令人钦佩。他的丰富成长经历和巨量知识储备都让这本《中国式领导力》具备了非同一般的价值，我愿大力推荐此书！

袁玉立

《中华孔学》杂志社总编，教授

本书从修己安人、内圣外王之道解读中国式领导力，发掘并阐释了中国古代仁政思想的当代价值，凸显了中国治理的人文精神与理性元素。中国式领导力是一种爱人安人的力量，也是一种知行合一的力量。基于本书对于领导力生成的中国式和人性化诠释，我向社会读者推荐本书。

曾申平

华润啤酒（控股）副总裁

与云中友在华润共事多年，其后他赴复旦深造，定居上海，又在著名全球企业任高管，累积了丰富的管理实战经验。多年来我们联系紧密。他志存高远，百战归来再精研学术，令人钦佩。这本《中国式领导力》是他多年观察、思考和实践的结果，也是独特视角下的中国经典文化同现代领导力学科相融合的著作。祝愿云中友在中国式领导力领域贡献更多的发现！

曾亦

同济大学人文学院哲学系教授、博士生导师，经学研究院院长，兼任复旦大学儒学文化研究中心副主任，复旦大学上海儒学院副院长、

秘书长

作者全书运笔饱含对中国文化的深情，"中国式领导力"的提法也紧扣"中国式现代化"的时代最强音，体现了作者强烈的文化自信，能够引起读者的共鸣。同时，全书将中国与西方领导力领域的优秀思想相结合，化用于当今时代的社会实践，体现出作者对中华优秀传统文化的"造性转化"和"新性发展"。这是学术界所乐见的研究，值得称赏。

张进

英国凯度咨询智库主任，商业战略与企业能力赋能咨询名师

过去四十多年，中国企业管理领域流行西方管理模式。"抄作业"固然高效，但最多做到追平。要超越，必需迭代。云中博士新书《中国式领导力》梳理儒、道、法、墨、兵家的理论精华，提炼应世的中国式领导力模式，为中国企业继往开来、提升全球竞争力开了一扇新窗，为企业管理咨询界开了一条实践新路。

张志强

西安强与强供应链管理公司董事长，原山西水塔醋业集团总裁

我与孔博士是复旦老同学兼挚友。每次与他沟通，胜读十年书，总有如沐春风之感，那种收获的喜悦与深刻的启发，不可名状。该书浓缩了孔博士多年积累的广博理论知识、构建的深邃思想体系和沉淀的丰富实践经验，对于企事业单位领导者"内圣外王"的修炼和我们每个人"修己安人"的修行，都极具价值，值得认真品读。

赵伟韬

复旦大学管理学院"全球领导力与沟通策略"课程主讲教授

以儒家思想为代表的中国传统文化千百年来不断传承和演进，对东方管理哲学的形成和发展产生了深远影响。云中博士的《中国式领导力》不仅是对中国哲学思想的传承，也是对当代领导艺术的创新。

它呈现了作者对中国式管理哲学的独到见解，同时为领导力理论研究和实践发展提供了新的视角和策略，值得一读。

钟经伟

汉高消费品大中华区事业部副总裁

《中国式领导力》一书系统梳理了各流派管理思想，紧扣"中国式"关键词，在倡导培养本地化管理人才的时代背景下，为管理理论建设与实践提供了重要支撑。孔博士结合结合理论研究与实战经验，博古论今，使内容兼具深度与包容性，适合已在职场有一定年限的职业经理人或企业家作为提升管理能力、归纳管理智慧的参考书籍。

朱家俊

上海高鲲资本董事长兼总裁，华东政法大学特聘教授

孔博士在跨国公司工作多年，其培训课程生动活泼、紧贴实战，中西结合、内容深刻，在各大知名企业备受欢迎。后来他转入高校专攻学术，这本书是其20多年实战积累和学术研究的结晶。书中提出的"中国式领导力"的概念体系，不仅是管理学理论的创新突破，也为各类企业的领导力实战体系建立和管理团队的领导力素养提升，提供了借鉴和学习的完备图景，值得大力推荐！

图书在版编目（CIP）数据

中国式领导力:修己安人、内圣外王之道/孔云中著. --上海: 复旦大学出版社,2025.6
ISBN 978-7-309-17177-8

Ⅰ.①中…　Ⅱ.①孔…　Ⅲ.①企业领导学-中国　Ⅳ.①F279.23

中国国家版本馆 CIP 数据核字（2024）第 006368 号

中国式领导力:修己安人、内圣外王之道
孔云中　著
责任编辑/方毅超

复旦大学出版社有限公司出版发行
上海市国权路 579 号　邮编: 200433
网址: fupnet@ fudanpress.com　http://www.fudanpress.com
门市零售: 86-21-65102580　　团体订购: 86-21-65104505
出版部电话: 86-21-65642845
常熟市华顺印刷有限公司

开本 787 毫米×1092 毫米　1/16　印张 34.25　字数 477 千字
2025 年 6 月第 1 版
2025 年 6 月第 1 版第 1 次印刷

ISBN 978-7-309-17177-8/F · 3027
定价: 108.00 元